COURS
DE
PHILOSOPHIE

PAR

CHARLES DUNAN

PROFESSEUR DE PHILOSOPHIE AU COLLÈGE STANISLAS
DOCTEUR ÈS LETTRES

PARIS
LIBRAIRIE CH. DELAGRAVE
15, RUE SOUFFLOT, 15

COURS

DE

PHILOSOPHIE

SOCIÉTÉ ANONYME D'IMPRIMERIE DE VILLEFRANCHE-DE-ROUERGUE
Jules BARDOUX, Directeur.

COURS
DE
PHILOSOPHIE

PAR

CHARLES DUNAN

PROFESSEUR DE PHILOSOPHIE AU COLLÈGE STANISLAS
DOCTEUR ÈS LETTRES

PARIS
LIBRAIRIE CH. DELAGRAVE
15, RUE SOUFFLOT, 15

1893

PSYCHOLOGIE

INTRODUCTION

CHAPITRE PREMIER

OBJET ET MÉTHODE DE LA PSYCHOLOGIE

1. Définition de la psychologie. — La psychologie peut être définie, conformément à l'étymologie, la *science de l'âme*.

Qu'est-ce que l'âme, du moins l'âme humaine? Car c'est de l'âme humaine que nous avons à nous occuper surtout.

Si l'on veut donner à ce mot *âme* un sens vraiment intelligible, on dira que l'âme c'est l'homme lui-même, mais l'homme en tant qu'être intelligent et moral, par opposition à l'homme physique. Sans doute, l'âme peut être encore autre chose que ce que nous venons de dire, elle peut être je ne sais quelle essence subtile et purement spirituelle; mais c'est là une question que nous n'aurons à examiner que plus tard, en métaphysique. Pour le moment, ce que nous avons à étudier c'est l'homme intellectuel et moral, et rien de plus.

Mais qu'est-ce que l'homme intellectuel et moral? L'homme intellectuel et moral se caractérise par tout un groupe de faits qu'on appelle *faits de conscience*, tels que le plaisir et la douleur, le désir, la perception, le souvenir, le jugement, la résolution volontaire, en un mot par tous ces faits qui nous apparaissent comme des affections ou des actes de ce que nous appelons le *moi*.

Ainsi le but qu'on se propose ici, c'est de constituer la science des faits de conscience, c'est-à-dire de ranger systématiquement ces faits en groupes définis, suivant leur nature, et de les expliquer en les rattachant à leurs principes.

2. Légitimité de la psychologie. — Cependant une question préjudicielle se présente : la psychologie, comme science, est-elle possible ? Pour qu'elle le soit, c'est-à-dire pour qu'elle puisse se constituer à part de cette autre science qui étudie l'homme physique, et qui s'appelle la *physiologie*, il faut évidemment qu'il existe une différence bien tranchée entre les faits physiologiques et les faits psychologiques, et que, outre une nature propre, les premiers aient à l'égard des seconds une certaine indépendance. La réalité de cette indépendance ne serait pas facile à montrer pour le moment, mais elle est impliquée, au moins en une certaine mesure, dans la différence de nature que présentent les deux classes de faits. Il peut donc nous suffire de montrer cette différence de nature.

3. Différence des faits psychologiques et des faits physiologiques. — Les faits psychologiques diffèrent des faits physiologiques par leur nature, disons-nous. En effet, les faits physiologiques se passent dans l'étendue, d'où il résulte que :
 1° Ils occupent un lieu dans l'espace ;
 2° Ils ont une intensité, et même une intensité mesurable ;
 3° Ils sont réductibles aux lois mécaniques en dernière analyse, attendu que tout phénomène se produisant dans l'étendue doit avoir pour fond dernier le mouvement. Du reste, la science a prouvé, d'une part, que les phénomènes physiologiques sont explicables par les lois physico-chimiques de la matière, et, d'autre part, que les phénomènes physico-chimiques sont eux-mêmes réductibles à des phénomènes de mouvement. Le fondement mécanique des faits physiologiques est par là mis hors de doute.

Les faits psychologiques présentent tous les caractères opposés à ceux-là. Ils ne se passent point dans l'étendue, et par conséquent :
 1° Ils n'occupent aucun lieu dans l'espace, c'est-à-dire qu'ils ne sont point localisables. Il est vrai que souvent nous tendons à les localiser, et c'est pourquoi nous disons, par exemple : J'ai mal à la tête, j'ai mal à la main ; mais ces localisations sont illusoires, ainsi que nous le verrons plus tard.
 2° Plusieurs d'entre eux ont une intensité, il est vrai, mais non pas une intensité mesurable, quoi qu'en ait dit l'école psycho-physique de Fechner. On comprend bien qu'un coup reçu soit deux, ou

trois, ou quatre fois plus fort qu'un autre; mais on ne voit pas que deux sensations se comparent entre elles au point qu'il soit possible de dire que la première est deux, trois, ou quatre fois plus forte ou plus faible que la seconde.

3° Enfin les phénomènes psychologiques n'ont aucune communauté de nature avec le mouvement, et sont tout à fait irréductibles aux lois mécaniques.

Mais ce n'est pas seulement par leur nature que les faits psychologiques et les faits physiologiques diffèrent entre eux, c'est encore par la manière dont ils sont connus. Les faits physiologiques sont connus par les sens, c'est-à-dire par la vue, le tact, etc. ; les faits psychologiques sont connus par la conscience, c'est-à-dire par le sentiment immédiat et interne que nous en avons. Ce qui caractérise d'une manière très particulière ce sentiment, c'est qu'il est exclusivement personnel, c'est-à-dire que la conscience d'un fait psychologique est une connaissance propre à celui qui en est le sujet. Celui qui veut, qui se souvient, qui souffre, etc., est le seul à savoir ce qui se passe en lui; et si d'autres peuvent s'en faire une idée, c'est uniquement par conjecture et d'après les signes que le sujet considéré donne de son état. Au contraire, la connaissance par les sens est une connaissance prise du dehors, qui n'appartient pas au sujet, et qui peut avoir lieu chez une multitude d'individus différents.

4. Méthode de la psychologie : possibilité de l'observation personnelle. — Comment se constituera l'étude des faits psychologiques ?

Évidemment, par la conscience, puisque c'est par la conscience que ces faits sont connus. Mais on a élevé contre la connaissance par la conscience plusieurs objections.

La première est relative à la difficulté que présente une étude attentive par la conscience, étude qui pourtant est nécessaire pour arriver à une connaissance précise des faits. Quand des observateurs armés d'instruments puissants étudient des phénomènes sensibles très délicats, il arrive souvent, dit M. Cournot, que des erreurs se glissent dans l'observation. A combien plus forte raison de telles erreurs seront-elles à redouter lorsqu'il faudra étudier des faits internes et d'une nature encore plus délicate, comme sont les faits psychologiques ! La précision, qu'on obtient à grand'peine dans le premier cas, ne semble-t-elle pas tout à fait impossible à obtenir ici ? — Cela est vrai; mais, comme on le verra plus loin, nous n'aurons pas toujours besoin de cette précision extrême. Il n'est pas nécessaire, en général, d'étudier les faits psychologiques en quelque sorte à la loupe, ce à quoi du reste ils se prêteraient mal; et si quelquefois une précision plus grande est nécessaire, ce sera à nous d'apporter à l'observation tout le soin, toute la pénétration dont nous sommes capables. Mais la difficulté ne serait pas une raison suffisante de renoncer à la science.

On objecte encore que l'observation par la conscience est impossible, en raison de la nature même des choses. En effet, dit-on, vous voulez étudier une émotion, un sentiment, etc. Pour cela il faut que cette émotion et ce sentiment ne soient pas incompatibles avec l'état d'esprit qu'exige l'observation ; mais c'est ce qui n'a point lieu. Si vous voulez vous étudier vous-même en colère, vous ne le pourrez pas, puisque la colère exclut le sang-froid que l'observation suppose. — Cette observation serait fondée si nous étions obligés d'étudier les faits psychologiques au moment même où ils se produisent. Mais nous avons la ressource d'user de la mémoire et de la réflexion. Ainsi, à la condition de me souvenir des impressions éprouvées quand j'étais en colère, je puis très bien analyser ma colère passée maintenant que je suis de sang-froid. Ce qui rend observables les phénomènes extérieurs, c'est qu'en se projetant dans l'espace ils se détachent de nous, et s'extériorisent par rapport à l'œil ou à la main qui les perçoit. Le temps produit à l'égard des faits de conscience un effet d'extériorisation tout à fait semblable ; c'est-à-dire que, par cela même qu'il est passé, le fait psychologique se détache de la conscience présente et peut devenir objet pour elle. Du reste, aucun raisonnement ne saurait prévaloir contre un fait positif. Or, en fait, il n'est pas un homme si grossier qu'il n'ait quelque idée de son être moral. La connaissance des faits psychologiques par la conscience est donc certainement possible.

5. Insuffisance de l'observation personnelle. — Mais l'observation personnelle ne suffit pas au psychologue, et cela pour plusieurs raisons.

En effet :

1° Ce qu'on cherche en psychologie, comme dans toute théorie scientifique, ce sont des vérités générales. Or il est clair qu'on ne peut dégager des vérités générales qu'à la condition d'étudier et de comparer un certain nombre de cas particuliers. Si le psychologue voulait s'en tenir à l'étude de lui-même, il ne pourrait nous donner qu'un tableau de sa nature particulière, quelque chose comme des mémoires ou des confessions, dit M. Rabier[1] ; ce n'est pas là ce qui nous intéresse.

2° A supposer même que cette comparaison ne fût point nécessaire, il y aurait lieu encore de multiplier les observations en en faisant varier les objets ; car c'est une règle générale dans les sciences qu'on ne doit jamais se contenter d'une observation unique, et qu'il faut toujours refaire soi-même ses expériences sous des formes variées, et les faire refaire par d'autres, pour se bien assurer qu'on ne s'est pas trompé.

3° L'étude psychologique au moyen de la conscience personnelle ne peut être faite que par des hommes parvenus à l'âge adulte et vivant au sein de sociétés civilisées ; c'est-à-dire que cette étude ne peut porter que sur des esprits dont toutes les facultés sont à l'état de plein épanouissement. Sans doute une pareille étude est fort intéressante, mais elle ne suffit pas. Ce qui nous intéresse, ce ne sont pas seulement nos facultés complètement développées, c'est encore la loi de leur développement ; d'autant plus que le seul moyen de les bien connaître, c'est de savoir comment elles se forment. Donc il faudra tâcher de saisir par l'observation les différentes étapes du progrès qui s'est fait en elles.

Ainsi le psychologue doit sortir de lui-même et porter ses observations sur des sujets étrangers. Mais sur quels sujets? D'abord sur les autres hommes dont il est entouré, et qui lui ressemblent le plus par leur culture intellectuelle, parce que ce sont ceux-là qu'il comprendra le mieux ; puis sur les hommes qui sont éloignés de lui dans le temps ou dans l'espace, et qui, pour cette raison, présenteront avec lui des différences plus accusées. Pour ce dernier objet, l'étude de l'histoire et les récits des voyageurs pourront lui servir beaucoup. Puis il passera à l'étude des natures rudimentaires et primitives, l'enfant et le sauvage. Enfin il ira jusqu'à l'observation des animaux, qui forment le terme le plus éloigné de toute cette série.

Cette étude de la nature psychologique, c'est ce qu'on appelle la *psychologie comparée*, et l'on voit par ce qui vient d'être dit que la psychologie comparée n'est pas une annexe ou un dernier chapitre de la psychologie en général, qu'elle en est une partie essentielle et constitutive, et qu'au fond toute psychologie repose sur une comparaison de faits psychologiques chez divers sujets.

---

1. *Psychologie*, p. 37.

Ajoutons qu'il est dans la nature des cas spéciaux plus intéressants que les autres, parce qu'ils sont plus rares, et plus instructifs, parce qu'ils mettent en évidence ce qu'il eût été impossible d'apercevoir dans les cas normaux. Tels sont les cas pathologiques ou les maladies mentales. Par exemple, on ne peut pas voir très bien chez un sujet sain quelle est la dépendance de la pensée à l'égard de l'organisme. Mais cette dépendance devient manifeste, au contraire, quand, dans un sujet malade, nous voyons l'altération de l'intelligence suivre l'altération des organes. C'est pour cela que l'étude des cas anormaux est pour la psychologie d'une si grande importance. Du reste, il est évident que toujours nous aurons besoin de recourir à la lumière de la conscience personnelle; car, pour comprendre ce qui se produit dans l'âme d'autrui, il faut pouvoir interpréter les signes extérieurs que nous avons de son état psychique. Par exemple, je ne pourrais savoir qu'il y a chez un tel une perversion de la mémoire, si je ne possédais pas la mémoire moi-même, et si je n'en avais pas conscience.

6. Idée générale des facultés de l'âme. — Maintenant, quel sera proprement l'objet de la psychologie? Reconnaître les faits psychologiques et les bien observer n'est que le prélude de la science. Mais le véritable but de la science, c'est d'expliquer les faits en les rattachant à leurs causes, qui sont les *facultés* de l'âme.

Qu'est-ce donc qu'une *faculté?* On a considéré longtemps les facultés comme des pouvoirs spéciaux de l'âme participant à sa nature métaphysique; c'est-à-dire que l'âme, considérée comme subsistant à part des faits psychologiques que nous constatons, était supposée posséder trois pouvoirs également distincts des faits auxquels ils donnaient naissance: le pouvoir de sentir, celui de penser, et celui de vouloir. Ainsi l'on rendait compte du fait que nous pensons par un pouvoir ou une faculté que nous avons de penser, et ainsi du reste. Ce genre d'explication rappelle trop le procédé qui consiste à expliquer comment l'opium fait dormir en invoquant une *vertu dormitive.* En fait, si nous pensons, il est sûr que nous avons la faculté de penser; mais une faculté, à le prendre ainsi, se réduirait à un mot vide de sens. Laissant donc de côté la nature métaphysique de l'âme et de ses pouvoirs, nous appellerons *facultés* les différents groupes de faits semblables entre eux que l'observation constate en nous. Par exemple, la mémoire sera l'ensemble de nos souvenirs; la perception extérieure, l'ensemble des connaissances que nous fournissent nos sens. Cela étant, quand nous traiterons d'une faculté, soit, si l'on veut, de la mémoire, nous ne chercherons pas à déterminer ce que peut bien être en soi le pouvoir métaphysique de l'esprit duquel procèdent ces faits bien constatés qu'on appelle des souvenirs. Nous chercherons à expliquer le souvenir lui-même, le souvenir en général, c'est-à-dire le souvenir dégagé des particularités qui font qu'un souvenir est tel ou tel. Quant à la mémoire, elle se réduira à n'être qu'un mot commode pour désigner l'ensemble de nos souvenirs, et aussi notre aptitude à les produire; mais cette aptitude même sera encore un fait déterminable expérimentalement, comme est, par exemple, la fréquence de la perception simultanée de deux objets, d'où résulte qu'en percevant une fois isolément l'un de ces objets, de suite nous pensons à l'autre. Et en ce sens il nous sera permis de parler d'une genèse et d'un développement de nos facultés, puisque les causes qui donnent lieu à la production de faits d'un certain ordre, et qui sont elles-mêmes des faits, sont susceptibles de développement.

Le sens qu'il faut attacher au mot *faculté* étant ainsi bien déterminé, disons de suite que tous les psychologues contemporains sont d'accord pour reconnaître l'existence de trois grands groupes de faits psychologiques, ou facultés, qui sont : la *Sensibilité*, l'*Intelligence*, et la *Volonté*. L'étude de ces trois facultés constituera la psychologie même, du moins dans sa partie expérimentale. Mais, avant d'aborder cette étude, nous devons nous appliquer à celle d'un fait qui enveloppe et domine tous les faits psychologiques sans exception, qui est leur condition à tous, et qui, par conséquent, ne peut ni rentrer dans un groupe particulier, ni former lui-même un groupe à part : la *Conscience*.

CHAPITRE II

DE LA CONSCIENCE

7. Deux formes de la conscience : conscience réfléchie. — Le mot *conscience* se prend en psychologie en deux sens différents. En un premier sens, on appelle conscience cette sorte de retour que doit faire l'esprit sur lui-même pour s'examiner, et qui, à ce titre, est la condition et la méthode obligée de la psychologie. Ainsi entendue, la conscience prend encore le nom de *réflexion*, ou celui de *conscience réfléchie*. Que la conscience réfléchie soit extrêmement importante comme faculté, ou, pour mieux dire, comme opération de l'esprit, c'est ce qui est aisé à comprendre d'après ce qui vient d'être dit ; mais il est manifeste aussi qu'elle est un fait *sui generis*, qu'elle a une nature propre, et que, par conséquent, elle n'a nullement le caractère d'un fait dominant et enveloppant tous les faits psychologiques. Aussi n'est-ce pas de cette forme de la conscience que nous avons à nous occuper maintenant. La conscience réfléchie c'est, en somme, l'effort de l'intelligence pour s'expliquer des faits psychologiques dont on a pu garder le souvenir. Comme faculté, elle se résout donc en deux autres facultés, la mémoire et la raison. C'est donc à la théorie de la mémoire et à celle de la raison que nous devons nous reporter pour la connaissance de la conscience réfléchie. Mais ces deux théories ne pourront être traitées que plus tard.

8. Conscience spontanée : identité de la pensée et de la conscience. — Mais il y a, avons-nous dit, une autre forme de la conscience que la réflexion par laquelle le sujet s'étudie lui-même dans ses états psychiques conservés par la mémoire. En effet, on appelle encore *conscience* le sentiment immédiat ou, si l'on veut, la connaissance que nous avons de tous nos états psychologiques, sensations, désirs, volitions, etc., au moment même où ils se produisent. Par exemple, je vois un objet, et je sais que je le vois; j'éprouve une douleur, et cette douleur je la sens, je la connais en quelque manière, puisque je puis en parler. Ce sentiment ou cette connaissance immédiate que j'ai des faits psychologiques qui se produisent en moi, c'est la conscience, mais la conscience dite *spontanée*, par opposition à la réflexion ou conscience réfléchie. Cela étant, la question qui se présente c'est de rechercher d'où vient la conscience spontanée, c'est-à-dire comment nous connaissons nos états psychologiques.

Cette question se pose, disons-nous, et pourtant en soi elle est absurde. En effet, lorsque nous demandons quelle est la condition pour que quelque chose d'extérieur, une table, une maison, soit connu de nous, la question est raisonnable, et la réponse très simple est qu'il faut que cette table, cette maison, deviennent pour nous des objets de pensée ou de perception. Mais, lorsque nous demandons de même quelle est la condition pour que notre pensée ou notre perception soient connues de nous, il est clair que nous traitons cette pensée ou cette perception comme des objets extérieurs, et c'est là ce qui est absurde. Donc il n'y a pas lieu en réalité de se demander comment nous connaissons nos états psychologiques, ou, plus exactement, comment nous en prenons conscience : par conséquent, la conscience doit être inhérente aux faits psychologiques eux-mêmes, et ne résulte pas d'une action nouvelle de l'esprit différente des faits considérés. Du reste, on peut démontrer par un raisonnement dont le fond, sinon la forme, est emprunté à Aristote, que la pensée est immédiatement consciente d'elle-même. Soit A la connaissance d'un objet extérieur. Supposons que la pensée A soit la connaissance de son objet, et ne soit pas immédiatement consciente, c'est-à-dire ne se connaisse pas elle-même : il faudra alors une seconde pensée B pour connaître la pensée A. Mais la pensée B, pour la même raison, ne sera pas consciente d'elle-même; donc il faudra une troisième pensée C pour connaître la pensée B, et ainsi de suite, jusqu'à ce que l'on rencontre une pensée H qui soit à la fois la connaissance de son objet et la connaissance d'elle-même, c'est-à-dire qui soit immédiatement consciente. Cette pensée H devra se trouver nécessairement; autrement je ne saurais jamais que je perçois l'objet extérieur, puisque toute la série des pensées A, B, C, etc., me demeurerait étrangère. Mais, du moment qu'il faut admettre l'existence d'une pensée qui soit à la fois la connaissance de son objet et la connaissance d'elle-même, les intermédiaires sont inutiles, et nous pouvons dire de suite que A est une telle pensée. Ajoutons que l'expérience confirme pleinement là-dessus la théorie. Voir, c'est savoir que l'on voit, et celui qui n'a pas conscience de voir ne voit pas ; souffrir, c'est sentir sa douleur, et ainsi du reste.

Donc la pensée, et par ce mot nous désignons ici tous les faits psychologiques sans exception, est immédiatement consciente, c'est-à-dire est la connaissance d'elle-même en même temps que de son objet. Toutefois il faut observer que le mot *connaissance* est ici très mal appliqué, parce que toute connaissance suppose la dualité et l'opposition du sujet qui connaît et de l'objet qui est connu, opposition qui n'a pas lieu dans le cas que nous considérons, puisque la pensée ne se dédouble pas pour prendre conscience d'elle-même. En fait, la pensée ne peut connaître, à proprement parler, que ses objets, qui sont des choses extérieures. C'est donc parler très improprement que de dire : « La pensée se *connaît* elle-même ; » et pourtant nous sommes obligés d'employer ce terme pour expliquer autant qu'il se peut la conscience spontanée, puisque la langue ne renferme aucune autre expression qui soit plus exacte. Seulement nous aurons à bien prendre garde, pour ne pas devenir dupes des mots.

9. Conséquences qui résultent de là. — Il résulte de ce que nous venons de dire plusieurs conséquences importantes :

1° Nous devons rejeter l'opinion des philosophes écossais et de quelques-uns de leurs partisans français, Jouffroy, Garnier, etc., d'après lesquels la conscience serait comme un œil ouvert sur nos états psychologiques, de sorte que toute pensée, toute sensation qui passeraient dans le champ visuel de la conscience seraient connues de nous, et deviendraient ce que l'on appelle conscientes, les autres demeurant inconscientes. Cette théorie des Écossais tend à faire de la conscience une faculté spéciale ayant son mode d'action propre, comme la mémoire ou le sens de la vue. Pour nous, au contraire, la conscience est un mode universel et nécessaire des faits psychologiques ; elle leur est inhérente à tous, et ne suppose aucune faculté en dehors de celles qui donnent lieu à ces faits eux-mêmes.

2° Il faut se défier des mots par lesquels on désigne la conscience, et qui semblent impliquer une dualité de la conscience et de la pensée. Par exemple, le mot *sens intime* a ce défaut, parce qu'il prête à une assimilation de la conscience aux sens extérieurs. Quant au mot *perception intime* ou *interne*, il est tout à fait inacceptable.

3° C'est une erreur de considérer, ainsi qu'on le fait souvent, la conscience spontanée comme un minimum de conscience réfléchie. La vérité est qu'il y a hétérogénéité absolue entre les deux formes de la conscience ; puisque la conscience réfléchie suppose nécessairement une opposition entre la pensée actuelle qui pense, et l'état psychologique antérieur qui est pensé, en même temps qu'un intervalle de temps écoulé entre les deux ; tandis que la conscience spontanée est identique à son objet, ou plutôt qu'elle n'a pas d'objet, la conscience spontanée et l'état psychologique quel qu'il soit étant une seule et même chose.

4° La conscience spontanée est une connaissance parfaite et adéquate de son objet, toutes réserves faites d'ailleurs quant à l'emploi de ces deux mots *connaissance* et *objet*, dont nous ne pouvons pas nous passer ici, mais qui, pour les raisons qu'on a exposées, sont absolument inexacts. En d'autres termes, les faits psychologiques qui se produisent en nous sont identiquement tels que nous les sentons et que nous les éprouvons : par exemple, on voit, on entend, on souffre, tout justement comme on a conscience de voir, d'entendre et de souffrir ; ce qui, du reste, semble évident, puisque voir et entendre c'est avoir conscience de voir et d'entendre. Du moment où l'on admet que la conscience et l'état psychologique ne font qu'un, il est clair qu'il n'y a même pas lieu de se demander s'ils peuvent différer l'un de l'autre.

Cette conséquence de la théorie est d'autant plus intéressante que, dans tout autre cas que celui de la conscience spontanée, c'est-à-dire partout où reparaît la dualité du sujet qui connaît et de l'objet qui est connu, la connaissance est inadéquate à son objet, ou, comme on dit quelquefois, est *subjective* et *relative*. En effet, considérons dans leur dualité le sujet qui connaît et l'objet à connaître. Pour que cet objet soit connu, il faut qu'il donne lieu à un acte du sujet pensant, c'est-à-dire à une pensée, ou, plus exactement, à une sensation ; sans cela il lui demeure totalement étranger. Mais il est clair que cette sensation devra exprimer beaucoup plutôt la nature du sujet dans lequel elle se produit que celle de l'objet qui y a donné lieu ; de sorte qu'il sera impossible qu'elle soit la copie fidèle et l'image exacte de l'objet en question. On peut éclaircir ceci par une comparaison grossière, mais saisissante. Une pierre tombant dans l'eau produit à la surface de l'eau des mouvements et des ondulations qui expriment évidemment beaucoup plutôt la nature de l'eau en tant que fluide que la nature de la pierre. De même pour le rapport du sujet pensant ou sentant avec les choses extérieures. Les choses extérieures doivent avoir quelque action sur le sujet sentant ; autrement celui-ci ne les connaîtrait pas. Mais ce que le sujet sentant connaît en fait, c'est l'impression produite sur lui-même par l'objet, et non pas l'objet dans sa réalité absolue ; d'où il résulte que notre connaissance du monde extérieur (si le monde extérieur a une existence indépendante de nous, ce qu'il faut bien admettre) est toute subjective et relative, c'est-à-dire illusoire, quoique légitime et bien fondée, vu notre nature d'êtres sentants. Ainsi les choses sont pour nous, non pas ce qu'elles sont en elles-mêmes, mais ce qu'elles nous apparaissent : tel est le principe de l'importante doctrine qu'il ne faut pas exagérer d'ailleurs, et que l'on appelle la doctrine de la *relativité de nos connaissances*.

Mais, pourra-t-on dire, si la conscience est ainsi une connaissance parfaite du sujet par lui-même (toujours sous les réserves qui ont été indiquées quant à l'emploi impropre de ce mot *connaissance*), il est incompréhensible que la psychologie ne soit pas depuis longtemps achevée, et même qu'elle ait pu jamais être un objet d'étude. Si nous nous connaissons si bien nous-mêmes de prime abord, d'où viennent les incertitudes, les erreurs de la science psychologique et son peu d'avancement ? Cette objection repose sur une double confusion. D'abord la science psychologique n'a pas seulement pour objet la constatation des faits, mais aussi leur explication et leur rattachement à des lois mentales de plus en plus générales. Or il est évident que la conscience spontanée, en nous mettant en présence des faits, ne nous révèle rien quant à leurs lois de dérivation et à leurs modes de production. Ensuite, même si l'on s'en tient à la considération des faits psychologiques eux-mêmes, abstraction faite de ce qui les explique, on devra remarquer que ces faits, pour être connus d'une manière utile à la science, ont besoin d'être observés avec soin et analysés, et que l'observation et l'analyse se font, non par la conscience spontanée, mais par la conscience réfléchie. Or, c'est dans la conscience spontanée seulement que la pensée se pénètre ainsi elle-même, et se voit en quelque sorte telle qu'elle est d'une manière parfaite ; tandis qu'au contraire, dans la réflexion, nous nous étudions nous-mêmes comme du dehors, ce qui donne lieu aux préjugés, aux passions, à l'inattention, à la précipitation du jugement, et cause des erreurs de toutes sortes. On voit donc bien que les imperfections de la science psychologique n'ont rien d'incompatible avec le caractère de perfection que nous avons attribué à la conscience spontanée.

5° Toutes nos pensées sont conscientes, puisque, la conscience et la pensée étant une seule et même chose, il n'est pas possible évidemment que l'une des deux aille sans l'autre; et elles le sont toutes pleinement et absolument, puisque, en vertu du même principe, dire qu'une pensée peut être plus ou moins consciente reviendrait à dire qu'une pensée peut être plus ou moins elle-même, ce qui est absurde.

Mais ici nous nous trouvons en présence d'une théorie importante, très en faveur aujourd'hui dans bon nombre d'écoles, et qu'il ne nous est pas permis de passer sous silence : la théorie de l'*inconscience*.

10. L'inconscience. — Y a-t-il de l'inconscience, ou n'y en a-t-il pas? En d'autres termes, peut-il y avoir en nous des états psychologiques sans conscience? Qu'il puisse y avoir des états psychologiques sans conscience réfléchie, la chose n'est pas douteuse. L'inadvertance et l'oubli ne sont pas des phénomènes rares, et il est certain qu'il se produit en nous beaucoup de pensées et d'impressions que nous ne remarquons point. Il ne peut donc y avoir à cet égard aucune divergence entre les philosophes.

Mais voici qui pourrait donner lieu à plus de difficultés. Il existe une théorie célèbre, qui vient de Leibniz, que ce philosophe désignait lui-même par le nom de *théorie des petites perceptions*, et qui paraît impliquer que, la sensation diminuant d'intensité, la conscience disparaît avant que cette sensation soit tout à fait éteinte. Si tel est le vrai sens de cette théorie, elle est manifestement en opposition avec ce que nous avons dit plus haut, que la pensée et la conscience spontanée ne font qu'un. En fait, cette opposition n'existe pas; mais, pour nous en assurer, il nous faut examiner la pensée de Leibniz.

D'après Leibniz, il y a en nous beaucoup de perceptions qui sont très réelles, et dont nous n'avons aucun sentiment. Par exemple, le bruit de la mer n'est que la somme des cent mille bruits élémentaires que produisent les cent mille vagues dont la mer se compose. Ces cent mille petits bruits, je ne les discerne pas dans ma conscience, et pourtant il faut bien que je les entende en quelque manière, puisque ce sont eux qui, réunis, forment le bruit de la mer que j'entends fort bien, et que cent mille zéros de perception ne sauraient faire une perception réelle. Ce sont donc bien des perceptions, mais des perceptions inconscientes.

Ce raisonnement de Leibniz doit-il être admis? Si l'on peut appeler inconsciente — et on le peut sans doute — une perception qu'il nous est impossible de discerner en nous-mêmes par la conscience, et que nous ne connaissons que par voie de raisonnement, comme il est certain qu'il y a en nous de telles perceptions, ainsi que le prouve l'exemple cité par Leibniz, il en faut bien conclure qu'il existe des perceptions inconscientes. Mais comment comprendre qu'il puisse y avoir en nous des perceptions réelles sans que nous soyons capables de les discerner par la conscience? Il y a à cela deux causes, dont la première est l'habitude. Le propre de l'habitude, c'est, en effet, d'émousser nos perceptions, et de finir par nous les rendre insensibles. C'est ainsi que, comme le fait remarquer Leibniz, un meunier n'entend plus le tic tac de son moulin. Mais cette sorte d'inconscience que produit l'habitude n'est pas, en général, absolue ni définitive, et le sentiment distinct peut reparaître, pourvu que l'attention se porte sur l'objet. Par exemple, le meunier entendra son moulin, comme une autre personne, pourvu qu'il pense à l'écouter. La seconde cause produit, au contraire, une inconscience radicale, et dont aucun effort d'attention ou de volonté ne peut venir à bout. Cette seconde cause consiste en ce que certaines perceptions se produisent en même temps qu'une multitude d'autres perceptions semblables, desquelles nous ne réussissons pas à les isoler; de sorte que ce qui est objet de conscience distincte, ou d'*aperception*, comme dit Leibniz, c'est l'ensemble de ces perceptions élémentaires, à l'exclusion de chacune d'elles. Par exemple, supposons que mille hommes crient ensemble sous mes fenêtres. Je ne pourrai certainement pas distinguer la voix de tel de ces hommes parmi toutes les autres, et pourtant, s'il criait seul, je l'entendrais fort bien. Toutes les autres voix empêchent-elles donc la voix de cet homme de parvenir jusqu'à moi? Non, mais elles l'étouffent; elles rendent la perception que j'en ai indiscernable et, par conséquent, inconsciente en quelque manière, sans la supprimer.

Ainsi Leibniz a raison, les petites perceptions sont réelles ; et les applications qu'il fait de ce principe ne sont ni moins justes ni moins heureuses que le principe lui-même. Il est certain que nous avons à tout moment quelque sentiment de toutes les parties de notre corps; car une partie de notre corps dont nous n'aurions aucun sentiment serait morte pour nous, et, en réalité, ne nous appartiendrait pas. A la vérité, nous n'avons point de perceptions distinctes de tout ce qui se passe en nous. Nous ne sentons pas une goutte de sang circuler dans nos veines, parce que cette goutte circule avec une multitude d'autres, et que nous avons l'impression du tout que ces gouttes forment ensemble, et non pas de chacune d'elles en particulier; mais il n'est pas douteux que, si l'action d'une goutte de sang pouvait être isolée de l'action produite par toutes les autres, nous aurions de cette goutte une conscience très distincte. Du reste, le sentiment même que nous avons de l'ensemble de nos états corporels est plus souvent confus que distinct. Ce sentiment s'exprime par de l'aise ou du malaise, par des goûts et des dispositions que nous sommes incapables d'analyser, et qui nous meuvent souvent à notre insu.

Ce qui est vrai de notre corps est vrai aussi de la nature entière. Tous les phénomènes de l'univers, de même que les états de notre propre corps, s'expriment dans notre âme par des perceptions insensibles. Un coup de canon est tiré en Amérique, je l'entends, disait Leibniz : c'est-à-dire que ce coup de canon ébranle l'atmosphère tout entière avec une intensité qui va décroissant à mesure qu'on s'éloigne davantage du lieu où il a été tiré, et que moi, d'ici, j'en éprouve encore une impression très faible, qui se mêle avec une multitude d'impressions du même genre, de sorte que je n'en puis avoir aucun sentiment distinct. C'est ainsi que chaque âme est, comme le disait encore Leibniz, une sorte de « miroir de tout l'univers ».

Mais cette théorie leibnizienne des petites perceptions est-elle conciliable avec ce qui a été dit plus haut au sujet de l'identité de la conscience spontanée et de la pensée? Elle l'est parfaitement. Leibniz, en effet, entend bien que la conscience subsiste toujours dans la mesure où la perception subsiste ; et même il se garde d'établir entre ces deux choses aucune différence, fût-ce de nom seulement. Ce qu'il met à part de la pensée, c'est uniquement l'*aperception distincte*, par laquelle la conscience réfléchie est rendue possible.

Disons donc, pour conclure, qu'à ne considérer que la conscience spontanée définie comme elle l'a été au début, l'inconscience ne peut pas être, et que c'est même un mot vide de sens; mais que, si par le mot conscience on entend une intensité et une distinction de nos états psychologiques suffisante pour nous permettre de les apercevoir, alors il faut admettre la réalité de l'inconscience.

11. Autres théories sur l'inconscience. — Dans la psychologie contemporaine il est encore très fréquemment question d'inconscience; mais l'absence de conscience est toujours prise au sens d'absence de pensée; car personne ne songe plus à distinguer la pensée et la conscience, comme faisaient les Écossais. Dès lors les philosophes qui parlent d'inconscience ont généralement pour objet de faire intervenir en psychologie quelque chose qui n'est pas la pensée, c'est-à-dire de soumettre les faits de conscience à des influences qui ne seraient plus de nature psychologique, ni même peut-être de nature purement organique. Nous n'avons pas à entrer dans l'examen de ces théories; mais il est une erreur assez courante, et qui s'y rattache, que nous devons signaler.

D'après certains physiologistes, la conscience aurait en nous des intermittences; c'est-à-dire que la conscience serait un concomitant accidentel et non permanent de notre vie physiologique. Il pourrait donc arriver, par exemple dans le sommeil profond et dans certaines phases de l'hypnose, que la vie psychologique se trouvât chez un homme totalement suspendue, pour reprendre plus tard, quand les circonstances physiologiques seraient devenues plus favorables. Cette thèse, on le voit, est l'absolu contre-pied de celle de Descartes, d'après laquelle, au contraire, « l'âme pense toujours ». Les raisons sur lesquelles on la fonde sont principalement des raisons tirées de l'expérience. Or il est aisé de voir que ces raisons sont faibles. La théorie des petites perceptions nous montre, en effet, que le sentiment que nous avons d'une partie de notre être, et même de notre être tout entier, est susceptible de décroître au point de rendre impossible tout exercice de la réflexion, sans que pour cela il puisse s'anéantir tout à fait. Vouloir renfermer la vie psychique dans les limites de l'aperception distincte est donc une doctrine insoutenable. Du reste, il faut reconnaître que, cette dernière doctrine une fois admise, la conséquence qu'on en tire est nécessaire. Les faits montrent avec une telle évidence l'aperception distincte suspendue en nous dans une multitude de cas, que si l'on fait consister dans cette aperception toute la vie de l'âme, on sera obligé d'accorder que la vie de l'âme peut s'éteindre et se rallumer ensuite comme un flambeau. L'absurdité de cette conséquence apporte donc une confirmation nouvelle à la théorie leibnizienne des petites perceptions.

12. La conscience comme source d'idées. — La conscience étant la connaissance que nous prenons de nous-mêmes, et constituant, par conséquent, cette forme de notre expérience qu'on peut appeler l'*expérience interne*, doit être pour nous une source d'idées, de même que, par exemple, le sens de la vue qui nous fait connaître ce que c'est qu'une couleur, et le sens de l'ouïe qui nous apprend ce que c'est qu'un son; et les idées dont elle est pour nous l'origine sont évidemment celles qui se rapportent à notre nature psychologique. Ainsi c'est la conscience qui apprend à chacun de nous ce que c'est que jouir et souffrir, se souvenir, vouloir, etc. Elle est aussi l'origine de l'idée du *moi,* ou de la personne morale. Enfin il convient d'y rattacher certaines idées relatives à des choses qui ne peuvent se réaliser que dans une conscience, par exemple l'idée d'intention ou de *finalité,* les idées de délibération, d'hésitation, et une multitude d'autres semblables.

PREMIÈRE PARTIE

LA SENSIBILITÉ

CHAPITRE PREMIER

LE PLAISIR ET LA DOULEUR

13. Nature et origine du plaisir et de la douleur. — La *sensibilité* est définie assez souvent *la faculté d'éprouver du plaisir et de la douleur.* Cette définition est inexacte, parce qu'il n'existe pas, à proprement parler, de faculté correspondante aux phénomènes de plaisir et de douleur. Le plaisir et la douleur sont, comme la conscience, des modes très généraux et même universels de tous les faits psychologiques, c'est-à-dire que tout fait psychologique est nécessairement agréable ou pénible, comme il est nécessairement conscient. Cela seul explique que le plaisir et la douleur ne doivent point être rattachés à une faculté spéciale et *sui generis*, comme la mémoire ou l'imagination, puisque, s'ils devaient l'être, ils formeraient, comme les faits de mémoire ou d'imagination, un groupe à part entre tous les faits psychologiques. Cependant il y a pour nous une raison de les rattacher à la sensibilité: c'est qu'ils tiennent à ce qu'il y a de passif dans notre nature, et que le mot *sensibilité,* en son sens le plus général et aussi le plus exact, exprime justement le côté passif de notre être.

On ne peut pas songer à définir le plaisir et la douleur, parce que ce sont des choses dont la notion est simple, indécomposable, et irréductible par conséquent. A vouloir les définir on se condamnerait à se répéter sans profit, et à dire, par exemple : « Le plaisir est une chose agréable ; » ce qui ne signifie rien. Du reste, toute définition serait superflue, parce que chacun sait assez par expérience ce que c'est que le plaisir et la douleur. Mais, si nous ne pouvons, réduire les notions que nous avons du plaisir et de la douleur à des notions plus simples et logiquement antérieures, nous pouvons assigner au plaisir et à la douleur des origines, en tant qu'ils se produisent dans le temps et qu'ils ont des causes.

Voici donc comment on peut comprendre leur origine psychologique. Être c'est agir; c'est-à-dire qu'un être est en tant qu'il agit et dans la mesure où il agit. Mais une activité ne saurait être indéterminée. Il faut qu'elle s'exerce sous certaines formes particulières qu'on appelle des *fonctions*. Ainsi l'existence consiste proprement dans l'exercice des fonctions que notre nature comporte. De plus il faut admettre, pour des raisons sur lesquelles nous aurons à revenir plus tard, qu'il y a dans tous les êtres qui ont vie et sentiment un besoin d'être et un effort spontané pour conserver l'existence. On peut donner à ce besoin d'être et à cet effort le nom de *tendance*. Dès lors l'effort pour être, et par conséquent pour agir, devient une tendance à accomplir les différentes fonctions par lesquelles l'existence se conserve. Si cette tendance est satisfaite, c'est-à-dire si la fonction s'exerce, l'être vivant et sentant se trouve dans un état conforme aux exigences de la nature, état dont il a conscience, puisque, comme nous l'avons vu plus haut, tous nos états organiques sont représentés dans la conscience générale que nous avons de nous-mêmes. Or cette conscience d'un état conforme (ou contraire) à la nature, nous ne disons pas *produit* le plaisir (ou la douleur), mais *est* le plaisir (ou la douleur); ce qui revient à dire que nos plaisirs et nos douleurs ne sont que nos états conformes ou contraires à notre nature, en tant que nous en avons conscience. On voit par là que les émotions agréables ou pénibles ne requièrent l'intervention d'aucune faculté particulière, et résultent simplement de l'exercice de notre activité sous toutes ses formes.

14. Théorie d'Aristote. — Ainsi le plaisir est, comme l'avait bien vu Aristote, le résultat, ou plutôt l'expression immédiate dans notre conscience de l'action produite conformément à la nature. Il en est comme l'épanouissement, et « il s'y ajoute comme à la jeunesse sa fleur ». Aristote précise encore davantage sa pensée en déterminant les conditions positives dans lesquelles le plaisir apparaît. En général, les besoins de notre nature sont limités, et les forces dont nous disposons pour y satisfaire limitées aussi. Par conséquent, ce que la nature demande de nous c'est l'exercice d'une activité moyenne, tenant le milieu entre l'inaction et l'activité excessive. Si ces conditions sont remplies, le plaisir doit apparaître;

c'est-à-dire que lorsque notre activité est comprimée, il y a douleur; que lorsqu'elle peut se développer librement, le plaisir naît; et qu'enfin, lorsqu'elle est portée au delà de ses limites naturelles, la douleur reparaît. Le plaisir est donc, comme dit Aristote, intermédiaire entre deux douleurs. L'expérience, du reste, confirme entièrement ces vues. Un empêchement à l'accomplissement de nos fonctions nous est toujours douloureux : par exemple, le silence, l'obscurité, l'immobilité, nous sont très pénibles, surtout à la longue; une lumière douce, des sons d'une intensité modérée, une activité physique qui n'est pas excessive, nous sont agréables; et enfin l'intensité croissante de ces trois sensations, comme de toutes les autres d'ailleurs, ramène la douleur.

15. Rapports du plaisir avec la tendance. — A l'égard des rapports du plaisir et de la douleur avec les tendances de notre nature, il résulte manifestement de cette théorie que la tendance est antérieure au plaisir, et qu'elle lui donne naissance. Condillac cependant soutient la thèse contraire, et prétend que c'est le plaisir qui est le fait primitif, et que la tendance en vient, bien loin qu'il soit engendré par elle. Il est certain que Condillac a raison pour ce qui regarde les tendances particulières, et pour ce que nous nommerons plus tard les *inclinations*. Ainsi, on ne peut avoir du goût pour un mets qu'après en avoir mangé et l'avoir trouvé bon. Mais il en est autrement pour les tendances générales et indéterminées, comme la tendance à l'alimentation, par exemple. Ce n'est pas parce qu'il a du goût pour le lait que le petit enfant cherche pour la première fois le sein de sa nourrice, c'est parce qu'il a besoin de s'alimenter; mais plus tard, ce qu'il a fait d'abord par tendance innée, il pourra le refaire pour le plaisir. Voici donc quels sont les rapports du plaisir et de la tendance. A l'origine est la tendance innée, laquelle est générale et indéterminée, du moins à certains égards, par exemple la tendance à l'alimentation. Cette tendance commence par chercher au hasard l'objet qui peut la satisfaire. Sitôt qu'elle a rencontré cet objet, le plaisir a lieu, et alors naît une inclination particulière, dérivée de la tendance première, et dirigée vers l'objet connu pour agréable. Le plaisir joue ainsi, par rapport à la tendance générale, le rôle d'une sorte d'éclaireur, dont la fonction est de montrer à cette tendance les voies dans lesquelles elle doit s'engager. La même chose pourrait se dire de la douleur, *mutatis mutandis*. Si le plaisir est le principe des faits sensibles du genre *goût*, *inclination*, etc., la douleur en engendre d'autres du genre *dégoût*, *aversion*, etc., et ces sentiments répulsifs ne peuvent évidemment concerner que les objets qui nous ont causé quelque peine.

Il résulte de là que nous pouvons trouver du plaisir dans le développement de toutes les tendances de notre nature. Mais nos tendances sont de deux sortes, spirituelles et corporelles, parce que notre nature est double. Il y a donc comme deux sources de nos plaisirs, mais deux sources de valeur et de puissance bien différentes. Nos tendances physiques répondent à des besoins limités, servis par des forces également limitées. Par exemple, le corps n'exige et ne peut prendre chaque jour qu'une certaine quantité de nourriture. Les plaisirs auxquels donne lieu la satisfaction de ces tendances ont donc des bornes, qui sont nécessairement bientôt atteintes. Au contraire, dans l'ordre spirituel, nos besoins, nos forces, et par conséquent nos capacités pour la jouissance, n'ont point de limites. Notre connaissance peut s'étendre indéfiniment sans que l'esprit rassasié de savoir dise jamais : « C'est assez. » De même, nulle contemplation esthétique, nulle perfection morale, ne passeront jamais la mesure de ce que nous pouvons aimer et de ce dont nous sommes capables de jouir. D'où il suit que la sagesse consiste à développer en soi les tendances de l'ordre spirituel préférablement à toutes les autres.

16. Solution de deux problèmes. — Ces considérations vont nous permettre de résoudre deux questions assez importantes au sujet du plaisir et de la douleur.

1° Y a-t-il des sensations, ou, plus généralement, des états de conscience qui ne soient ni agréables ni pénibles? La théorie dit non. Tout état de conscience est l'expression d'un état physiologique nécessairement conforme ou contraire à notre nature : il est nécessaire, par conséquent, que tout état de conscience soit agréable ou désagréable. Mais l'expérience semble témoigner du contraire. On peut se demander, sans qu'il soit facile de résoudre la question, si une multitude de sensations très communes, comme la vision d'une feuille de papier blanc, l'émission d'un son banal, nous causent de la douleur ou du plaisir. Voici comment se lève cette contradiction, qui n'est qu'apparente. Tous ces états de conscience qui paraissent indifférents répondent à un exercice normal de nos sens; par conséquent, ils doivent être agréables; seulement l'habitude les a émoussés. L'habitude, en effet, produit ce résultat qu'un état de conscience, en se prolongeant, perd de son intensité et de son acuité. On peut donc comprendre qu'ayant du matin au soir les yeux ouverts sur une multitude d'objets colorés de teintes plus ou moins douces, nous n'éprouvions plus de plaisir vif à voir. Mais ce serait une erreur de croire que ce plaisir qui n'arrive plus jusqu'au seuil de la conscience distincte ait disparu tout à fait. Il demeure caché dans les profondeurs de notre vie *subconsciente* ou *infraconsciente,* très réel pourtant, et très réellement, quoique très confusément senti : autrement, on n'expliquerait pas la douleur que nous cause un séjour prolongé dans l'obscurité. De même la santé est un immense bien; mais la continuité en émousse la jouissance chez les gens bien portants. Au contraire, lorsque après une maladie les forces reviennent, on se sent comme renaître, et c'est pourquoi rien n'est plus agréable que l'état de convalescence.

2° La vie, au point de vue de la sensibilité pure, et abstraction faite de toute considération morale, est-elle bonne ou mauvaise? Ou, en d'autres termes, la somme des plaisirs l'emporte-t-elle dans la vie sur celle des douleurs, ou la somme des douleurs sur celle des plaisirs?

Si nous nous référons à notre théorie, nous devrons dire évidemment que la vie est bonne en soi, et qu'elle est bonne même pour les plus malheureux, puisque, enfin, même aux plus malheureux il reste toujours l'ensemble des fonctions vitales, voir, entendre, penser, vouloir, agir, et que exercer les fonctions vitales est le bien suprême selon l'ordre de la nature, et la source de toutes les jouissances. Cependant les pessimistes prétendent que la vie est mauvaise, et que la somme des douleurs y est en très grand excédent sur celle des plaisirs. Cette thèse des pessimistes paraît vraie si l'on ne met en regard des douleurs vives que les plaisirs vifs que la vie peut nous donner; mais elle est fausse si l'on tient compte des plaisirs émoussés. Les pessimistes diront-ils que ces plaisirs ne sont rien, justement parce qu'ils sont émoussés? Ce serait une erreur singulière, et nous n'aurions qu'à les renvoyer à Épicure, qui avait si bien compris, au contraire, que les plaisirs émoussés sont les vrais plaisirs, que le bonheur n'est fait que de ces plaisirs-là, et que le sage doit se garder avec soin de la recherche des plaisirs vifs, parce qu'ils sont passagers, et que nous les payons presque toujours par des douleurs qui les surpassent. Quant au grand nombre et à l'intensité des douleurs dont la vie humaine est remplie, bien loin de prouver que la vie est mauvaise, ils prouveraient plutôt qu'elle est bonne. En effet, ce qui fait l'intensité d'une douleur à un moment donné, c'est le contraste qui s'établit entre l'état présent du sujet et son état antérieur. Donc, plus l'état antérieur était excellent, plus la douleur sera vive; de même que lorsqu'on tombe de plus haut, les chutes sont plus rudes. C'est pourquoi ce sont toujours les natures les plus délicates qui souffrent le plus. Les hommes qui ont été les plus heureux deviennent les plus malheureux quand ils tombent dans l'infortune. Aussi est-ce une illusion de s'imaginer, comme les philosophes de l'école anglaise, qu'on parviendra à supprimer la douleur en élevant de plus en plus par la science et par les inventions utiles la somme des commodités de l'existence. On rendra les hommes plus délicats et plus sensibles aux accidents inévitables de la vie ; voilà tout.

On dira peut-être qu'un raisonnement inverse de celui-ci prouverait, en partant de la considération des plaisirs vifs, que la vie est très mauvaise, puisque, apparemment, le plaisir, comme la douleur, suppose un contraste. Mais c'est là une idée erronée. La douleur suppose le passage d'un état plus parfait à un état moins parfait ; mais il n'est pas vrai, quoi qu'en dise Spinoza, que le plaisir suppose le passage d'un état moins parfait à un état plus parfait. Le genre de contraste que suppose le plaisir vif chez les êtres sensibles, c'est celui de l'état présent, qui est bon, avec l'état antérieur, qui pouvait être également bon, mais qui était d'une nature différente, et non pas le contraste d'un état bon avec un état mauvais antérieur. En d'autres termes, le plaisir est un état normal et conforme à la nature, qui ne requiert que des conditions positives. La douleur, au contraire, est un état anormal, contraire même en un sens à la nature, et qui requiert des conditions négatives. Voilà pourquoi l'intensité de la douleur mesure la grandeur des biens dont nous sommes privés, sans qu'on puisse dire inversement que l'intensité des plaisirs mesure la grandeur des maux d'où nous sommes sortis.

Il resterait à classer les plaisirs et les douleurs. On peut le faire simplement en les rapportant à leurs causes. Ces causes sont physiques, ou intellectuelles et morales. De là deux catégories de faits affectifs : les plaisirs et les douleurs résultant de causes physiques, comme une brûlure, une saveur douce, etc., et que l'on appelle quelquefois *sensations*; les plaisirs et les douleurs causés par des phénomènes de l'ordre intellectuel ou moral, le chagrin que cause la perte d'un ami, le plaisir d'un succès obtenu, etc., et que l'on appelle *sentiments*. Nous verrons plus tard que les mots *sensation* et *sentiment* ont des acceptions différentes de celles-là, et plus autorisées.

CHAPITRE II

LES TENDANCES

17. L'amour de soi, ou l'effort pour durer, principe de toutes nos tendances. — Le plaisir et la douleur ne sont, d'après ce qui a été dit plus haut, que des faits ultérieurs et dérivés de notre nature sensible. Ce qui constitue vraiment cette nature, c'est l'activité avec ses tendances ou déterminations primordiales[1]. Nous devons donc rechercher quelles sont les principales tendances de l'homme, et les rattacher à leurs causes.

Le principe commun de toutes les tendances de l'homme, — et la même chose est vraie pour les animaux, qui, comme nous, participent à la vie sensible, — c'est l'effort que tout être fait spontanément pour conserver sa nature telle qu'elle existe. Descartes a nié la réalité de cette disposition primordiale de tous les êtres à faire effort pour se conserver, et a attribué le fait qu'ils durent à une intervention permanente de la toute-puissance divine, qui les crée en quelque sorte à tous les instants. C'est ce que l'on appelle la théorie de la *création continuée*. Nous ne pouvons pas donner ici les raisons métaphysiques qui condamnent la doctrine de Descartes sur ce point, et qui établissent la solidité du principe contraire, fermement proclamé par Spinoza et par Leibniz; mais nous pouvons montrer que ce dernier principe est confirmé par l'étude des faits. Chez tous les êtres doués de vie on constate, en effet, un effort puissant, non seulement pour conserver leur être, mais encore pour l'accroître. Tout ce qui vit tend à se développer dans toute la mesure

---

[1]. Si les tendances sont actives en un sens, puisqu'elles provoquent en nous l'action, elles sont passives en un autre sens, par rapport à l'activité pure, qui n'appartient qu'à la volonté seule, et c'est ce qu'exprime le mot de *sensibilité*, par lequel on désigne tout l'ensemble de nos tendances; mais nous n'avons pas à nous préoccuper ici de ce second aspect de la nature des faits sensibles.

de ses forces, et même à transmettre la vie qu'il possède. « La plante est née, dit Aristote, il faut qu'elle meure. Mais avant de mourir elle cherchera à se perpétuer dans une autre elle-même, afin de participer, autant qu'il est en elle, de l'éternel et du divin. » Cet effort encore inconscient dans la plante devient conscient, à des degrés divers, chez l'animal et chez l'homme. De là l'amour pour la vie, et l'horreur que manifestent tous les êtres sensibles pour leur destruction. Et, qu'on le remarque bien, ce que nous aimons dans la vie ce ne sont pas seulement les plaisirs dont elle est la condition, puisque parfois ce sont les plus malheureux qui s'y attachent le plus désespérément; c'est la vie pour elle-même : *primum vivere*.

> Le trépas vient tout guérir,
> Mais ne bougeons d'où nous sommes.
> Plutôt souffrir que mourir,
> C'est la devise des hommes.
> (La Fontaine, *la Mort et le Bûcheron*.)

L'effort universel des êtres pour se conserver est donc un fait incontestable.

Comment cet effort donne-t-il naissance à la totalité de nos tendances? — C'est un grand principe de métaphysique, et tout aussi vrai que le précédent, qu'être c'est agir, qu'un être *est* dans la mesure où il agit. Il suit de là que l'effort pour être, c'est nécessairement l'effort pour agir. Par conséquent, tout exercice de notre activité, c'est-à-dire, en définitive, toute fonction de notre nature, implique une tendance spontanée à l'accomplir. L'aveugle-né n'éprouvait pas de tendance à voir. Dès que le sens de la vue lui est ouvert, voir devient pour lui un immense plaisir et un impérieux besoin. Il en est de même pour toutes choses. Ainsi c'est la fonction même, déterminée par notre constitution physique ou spirituelle, qui développe spontanément la tendance naturelle en vertu de laquelle nous l'accomplissons. Il suit de là que nos tendances peuvent se classer très exactement d'après les fonctions auxquelles elles correspondent ; et comme notre nature est double, à la fois corporelle et spirituelle, et nos fonctions de deux sortes par conséquent, nous devons reconnaître en nous deux catégories de tendances, les unes relatives à la vie du corps, les autres à celle de l'âme. Les premières prennent les noms d'*instincts*, d'*appétits*, de *penchants*; les secondes n'ont pas reçu, soit dans la langue vulgaire, soit dans la langue philosophique, de noms qui servent à les désigner d'une manière spéciale.

18. Tendances relatives à la vie corporelle. —

Les fonctions corporelles peuvent se ramener à trois principales : 1° conservation de l'individu ; 2° conservation de l'espèce ; 3° fonctions de relation ; d'où trois catégories de tendances relatives à la vie corporelle :

1° A la fonction de conservation de l'individu correspond la tendance générale qu'ont les êtres organisés à se conserver, ou l'instinct de conservation, c'est-à-dire, chez les êtres conscients, l'amour de la vie et l'horreur de la mort. Mais la conservation de la vie suppose des conditions, dont la première est l'alimentation. Nous devons donc avoir une tendance naturelle à chercher notre nourriture. De plus, comme nous aimons non seulement l'être, mais encore le bien-être, nous rechercherons tout ce qui pourra nous procurer du plaisir et nous éviter de la douleur. Cette disposition générale peut être considérée comme la mère de toutes les industries et de tous les arts.

2° A la fonction de conservation de l'espèce correspond d'abord l'instinct de reproduction, puis l'instinct d'allaitement, et l'instinct paternel ou maternel (qu'il ne faut pas confondre avec le sentiment paternel ou maternel, lequel est propre à l'homme, et d'un tout autre ordre).

3° Nous vivons dans un monde de corps avec lesquels nous sommes en relation par les perceptions de nos sens et par la faculté de locomotion. Ces relations sont des conditions essentielles de notre vie physique, et constituent pour nous des fonctions indispensables à remplir. Nous devons donc avoir tendance à exercer nos sens, c'est-à-dire aimer à voir, à entendre, à palper, à flairer, à goûter, pourvu que ce soit au degré d'intensité et sous les formes que la nature comporte. De là aussi le besoin de mouvement et, quand la fatigue est venue, le besoin de repos, puisque le repos fait cesser la douleur attachée à la fatigue, et qu'il est en même temps la condition d'un mouvement plus vif.

19. Tendances relatives à la vie spirituelle. —

Quant aux fonctions spirituelles, elles consistent dans l'exercice des trois facultés de l'âme, la sensibilité, l'intelligence et la volonté. L'ensemble de nos tendances spirituelles consiste donc dans des dispositions à exercer avec toute l'intensité possible nos trois facultés. Il est, du reste, facile de s'assurer que ces dispositions existent réellement dans la nature humaine.

1° A l'égard de la sensibilité, on constate que l'homme aime en général à sentir et à être ému, et cela est au point que souvent on préfère les émotions pénibles à l'absence de toute émotion. De là le goût si répandu des romans émouvants et des spectacles tragiques. Il y a même des natures tellement grossières et si peu sensibles, que le besoin d'émotions fortes les conduit jusqu'aux lieux où s'accomplissent des exécutions capitales. C'est de là que viennent encore chez beaucoup de gens l'amour des aventures, le goût du péril, etc.

2° Nous avons besoin aussi d'exercer l'intelligence. Ce besoin ne doit pas être confondu avec l'amour de la science, qui ne tend qu'à la vérité, et pourtant il en est inséparable. L'intelligence veut un aliment; mais quel autre aliment que la vérité peut-il y avoir pour elle? Aussi, le besoin d'exercer l'intelligence ne va pas sans un certain effort pour atteindre le vrai. Cependant ce n'est pas la conquête du vrai qui donne satisfaction à ce besoin, c'est l'activité mentale, quelle que soit d'ailleurs la valeur de l'objet sur lequel cette activité s'exerce. C'est pour cela que l'on remédie à l'ennui par le jeu, qui est un emploi désintéressé donné à l'activité de l'esprit. On joue pour jouer, dit-on, ou pour se distraire : cela veut dire pour ne pas laisser l'esprit inactif; ce qui implique bien que l'intelligence aussi a besoin d'exercer sa fonction.

3° Enfin il est encore des tendances ayant pour objet l'exercice de la volonté; c'est-à-dire que nous aimons naturellement à vouloir et à commander. Mais à qui commanderons-nous? D'abord à nous-mêmes, d'où l'*amour de la liberté;* puis aux autres; et ce dernier besoin, si vif chez certaines natures, est le principe de ce qu'on nomme ambition, recherche de l'estime, amour de la gloire, etc. L'origine de ces passions est aisée à comprendre. Avant tout nous voulons être, c'est-à-dire agir, et étendre notre influence en nous et hors de nous. « A voir tant d'hommes nous obéir, dit Bossuet, on a de la peine à se considérer soi-même comme un seul homme. » C'est qu'il y a là une sorte d'extension de notre personnalité, c'est-à-dire la chose du monde qui répond le mieux au plus fondamental de nos penchants.

20. Autres faits sensibles qui dérivent des tendances. — Du fait de nos tendances primitives résultent des conséquences qu'il nous faut maintenant signaler. Toute tendance cherche naturellement à se satisfaire, et elle se satisfait par l'accomplissement de la fonction correspondante. Il y a même nécessité à ce que la fonction soit accomplie et la tendance satisfaite, puisque la vie n'est que l'ensemble des fonctions de tout ordre de l'être vivant. De là le *besoin*, lequel engendre l'*effort* par lequel il peut se satisfaire. Le besoin, comme la tendance dont il est inséparable, n'est pas toujours conscient. La plante a des besoins, et n'en a pas conscience. Chez les animaux, au contraire, le besoin devient conscient, s'il n'est pas satisfait, non pas directement et par lui-même, mais indirectement, par la douleur dont il est la cause. De plus, les êtres vivants, ne trouvant pas en eux-mêmes de quoi satisfaire leurs tendances, se portent naturellement vers les choses extérieures. On ne vit point matériellement, sinon pour un temps très court, de sa propre substance, mais de l'ingestion de substances étrangères qui servent d'aliments ; on ne vit point intellectuellement de la contemplation de soi, mais de l'intelligence qu'on a du monde des corps et du monde des esprits. Quand un objet étranger a donné ainsi satisfaction à quelqu'une de nos tendances, nous éprouvons pour lui ce que l'on appelle un *désir*. Le propre du désir c'est de tendre à la possession, sans rien de plus. Il est naturel et spontané, comme la tendance ; mais il en diffère en ce que la tendance est un fait primordial, et ne suppose rien avant elle, tandis que le désir suppose l'expérience du plaisir que peut nous procurer l'objet extérieur. De plus, la tendance est générale et indéterminée, tandis que le désir a toujours pour objet quelque chose de particulier et de défini. Celui qui a faim ne recherche pas tel mets plutôt que tel autre ; celui qui désire un mets ne recherche que celui-là, et ne se satisferait d'aucun autre.

Au désir s'oppose l'*aversion*; c'est-à-dire que, lorsque nous avons éprouvé qu'un objet nous cause de la douleur, nous nous en éloignons, en vertu du même principe qui nous fait rechercher ce qui nous a procuré du plaisir.

Lorsque le désir prend un certain caractère de permanence, il constitue ce qu'on appelle une *inclination*. Si, de plus, il est violent et peu disciplinable par la raison, on lui donne le nom de *passion*.

Le désir n'est pas encore le dernier terme de la série des phénomènes sensitifs qu'engendre la tendance. Lorsque nous avons désiré un objet pour le plaisir ou pour l'avantage qu'il nous procure ; que ce désir s'est changé en inclination, quelquefois même en passion, par l'effet de l'habitude ; et que, suivant un terme impropre, mais consacré par l'usage, nous avons *aimé* cet objet, il arrive souvent qu'oubliant la cause primitive de l'attachement qu'il nous inspire, nous finissions par l'aimer pour lui-même, sans avoir égard à l'utilité que nous en pouvons retirer, ce qui ne veut pas dire sans avoir égard à la joie que nous cause sa possession. Par exemple, on commence par aimer l'argent en considération des plaisirs et des biens de toutes sortes dont il est la condition, puis on finit par aimer l'argent pour l'argent même, sans songer à en rien faire, et uniquement pour le plaisir de le posséder : et c'est en cela que consiste proprement l'avarice; car, tant qu'on n'en est pas arrivé là, on est avide plutôt qu'avare. Il est évident que le désir ainsi transformé perd son caractère naturel d'égoïsme, et prend le caractère d'une inclination désintéressée en quelque manière, puisqu'on aime alors l'objet pour lui-même, et non plus pour soi. Ainsi l'avare aime l'argent comme si l'argent avait une valeur absolue. C'est même justement cette aberration de l'intelligence et du cœur qui fait de l'avarice quelque chose de si monstrueux.

En résumé, nous devons reconnaître dans la tendance naturelle et primitive le point de départ d'une série de phénomènes sensibles qui dérivent les uns des autres suivant une loi nécessaire, et qui sont les suivants : tendance, besoin, effort, plaisir, désir ou inclination intéressée, et enfin affection ou inclination plus ou moins désintéressée pour l'objet qui nous a procuré du plaisir. Tous ces phénomènes, tenant aux conditions générales de la nature sensible, doivent évidemment se retrouver chez les animaux comme chez l'homme. Nous passons maintenant à un ordre de faits supérieurs et proprement humains, les *sentiments*.

CHAPITRE III

LES SENTIMENTS

21. L'amour principe de tous nos sentiments. — Les tendances que nous venons d'examiner et les faits qui en dérivent ne sont pas toute notre nature sensible. L'observation constate encore un fait entièrement différent de tous les précédents, l'*amour*, principe de tous nos sentiments.

L'amour est, en soi, indéfinissable; aussi n'a-t-il pas besoin de définition, parce qu'il ne faut qu'être homme pour savoir ce que c'est qu'aimer. Prenons-le donc tel qu'il est donné dans la conscience humaine. Toutefois, il sera bon, pour préciser un peu, d'écarter certaines acceptions usuelles du mot *amour* que nous n'avons nullement en vue ici. Par exemple, on dira couramment qu'on *aime* la musique ou le vin de Bordeaux. Cela signifie simplement que l'on trouve du plaisir à ces choses. On dit encore que tel *aime* sa maison ou son champ. Cela signifie qu'il y est fortement attaché, et qu'il serait désolé de s'en séparer. Ce n'est pas là encore l'amour au sens où nous avons à le prendre. L'amour dont il est question pour nous, c'est l'*affection*; par exemple, c'est l'affection d'un ami pour son ami, d'un père pour son fils. C'est en ce dernier sens seulement que l'amour est un sentiment, et même qu'il est le principe de tous les sentiments.

22. Nature de l'amour. — L'amour est un fait proprement humain, c'est-à-dire un fait qui ne se rencontre que chez l'homme. Certaines apparences pourraient cependant donner lieu de croire que les animaux sont capables d'amour comme les personnes : par exemple, un chien donne des signes de joie en revoyant son maître, il le sert fidèlement, il meurt, dit-on, quelquefois sur sa tombe; voilà des marques non équivoques d'affection véritable. Oui, dirons-nous, de cette sorte d'affection, ou plutôt d'attachement, qui naît de l'habitude, et dont nous avons déjà donné un exemple plus haut en parlant de l'amour, désintéressé à sa manière, que l'avare porte à son trésor. Il est certain que le développement naturel et spontané de nos tendances primordiales peut engendrer, comme nous l'avons vu[1], des phénomènes sensibles dont les manifestations sont tout à fait semblables à celles de l'amour véritable. Ainsi, entre le dévouement d'un chien et celui d'un ami, il peut n'y avoir pas de différences à faire pour qui n'a égard qu'aux apparences. Ces différences sont réelles pourtant, si l'on va au fond des choses.

Comme chez l'animal on trouverait chez l'homme l'amour sensible, c'est-à-dire cet amour inférieur qui n'est pas l'amour, et qui vient de l'habitude, d'un amour-propre dont on a plus ou moins conscience, et aussi des sens et de leurs appétits. Mais la conscience révèle de plus en nous un amour supérieur, le seul amour véritable, qui n'est point *né de la chair,* comme disent les théologiens, et qui, ne tenant en rien à la matière, ni au temps, ni à quoi que ce soit de périssable, est en nous ce qu'il y a de plus parfaitement libre et de plus réellement divin. C'est l'amour qui met la nature humaine au-dessus de la nature animale, plus que toute autre chose, plus que la raison même, du moins plus que la raison sous sa forme abstraite et scientifique; car, ainsi que nous le verrons plus tard, dans sa perfection et dans son fond dernier la raison n'est qu'une seule et même chose avec l'amour et la liberté. A la vérité, il ne semble pas qu'on puisse dès cette vie rencontrer l'amour dans sa pure essence. Partout il est plus ou moins mélangé d'appétits et de désirs; et pourtant, ce qui prouve bien que la conscience humaine ne le méconnaît pas, c'est l'admiration qu'elle éprouve pour sa beauté toutes les fois qu'elle le rencontre. Un amour né du jeu spontané de nos tendances n'exciterait pas de pareils transports.

Nous n'avons pas à étudier ici l'amour en lui-même, mais seulement l'amour humain tel que l'observation nous le fait connaître. La première question qui se pose à ce sujet est celle-ci : Qui peut être objet d'amour?

23. Qui peut être objet d'amour? — A notre avis, par cela même que seules les personnes sont capables d'aimer, seules aussi elles peuvent être objets d'amour. En voici la raison. L'amour tend naturellement à la perfection; mais la suprême perfection

---

[1]. A la fin du chapitre précédent.

c'est l'amour lui-même : tout ce qui n'est pas capable de s'élever jusqu'à l'amour n'est que poussière et néant. Il résulte de là que le seul objet possible de l'amour c'est ce qui est soi-même, ou du moins ce que nous jugeons capable d'amour, c'est-à-dire les personnes et les choses personnifiées. Il est même si nécessaire d'aimer pour être aimable que l'amour que nous donnons aux personnes est toujours en proportion de celui dont nous les croyons capables. On pardonne beaucoup à ceux qui ont le cœur bon. Si Dieu peut être de la part de l'homme l'objet d'un amour plus grand que tous les autres, c'est que l'homme a le sentiment confus, mais très réel, que Dieu est lui-même l'amour parfait et infini.

On s'imagine quelquefois qu'il est possible d'aimer des animaux. C'est une erreur. Nous pouvons être très fortement attachés à des animaux, et même à des choses insensibles ; mais, pour que nous puissions les aimer, il faut que nous leur prêtions une âme capable d'amour comme la nôtre. C'est ce que Lamartine a fortement senti et exprimé dans ces beaux vers :

> Montagnes que voilaient les brouillards de l'automne,
> Vallon que tapissait le givre du matin,
> . . . .
> Objets inanimés, avez-vous donc une âme
> Qui s'attache à notre âme et la force d'aimer ?
> (*Milly*.)

Une autre opinion non moins inacceptable que la précédente est celle qui consiste à croire que nous pouvons aimer les choses de l'ordre le plus abstrait. Suivant les partisans de cette théorie, il existerait en nous trois catégories de sentiments : les sentiments *personnels* et intéressés ayant pour objet nous-mêmes ; les sentiments *altruistes* ou désintéressés ayant pour objets nos semblables ; et enfin certains sentiments appelés *impersonnels* ou *supérieurs*, et dont les objets seraient de pures abstractions, comme le vrai, le beau, le bien. Pour réfuter cette théorie, il suffira de faire remarquer que le vrai, le beau, le bien, considérés dans leur nature abstraite, ne sont rien que des mots. Ce qui existe, et ce qui seul peut être objet d'amour, par conséquent, ce sont les pensées vraies, ou l'aptitude à les produire, les objets beaux et les actions bonnes. Aimer le vrai, le beau et le bien abstraits serait donc n'aimer rien du tout. Mais les pensées vraies et les actions bonnes sont elles-mêmes encore des abstractions en quelque sorte, si on les considère indépendamment des sujets dans lesquels elles se réalisent. Donc ce que nous pouvons aimer ce sont seulement ces sujets pour la grandeur de leur intelligence, pour la beauté de leurs formes, ou pour la moralité de leurs actions.

On fait observer cependant que nous tendons au vrai sans autre considération que celle du vrai lui-même, et avec un désintéressement absolu. Rien n'est plus exact; mais on aurait tort de conclure de là soit à un sentiment, soit, comme on dit quelquefois, à une inclination pour la vérité en soi, et en tant qu'essence abstraite. Il faut bien comprendre, en effet, que l'intelligence est naturellement faite pour la vérité, et que la vérité seule peut la satisfaire. Dès lors, il n'est pas nécessaire de supposer dans notre nature un penchant spécial à l'égard de la vérité pour expliquer comment l'intelligence se porte vers le vrai, s'attache au vrai, même sans intérêt, et répugne au faux d'une manière absolue. On a reproché à Reid bien souvent d'avoir inventé un *instinct de véracité* et un *instinct de crédulité* pour rendre compte du fait que, spontanément, nous disons ce que nous pensons et nous croyons ce que l'on nous dit. Mais les philosophes qui prétendent que nous cherchons la vérité parce que nous avons l'*amour du vrai* font-ils autre chose que ce que faisait Reid? L'intelligence, en cherchant la vérité, remplit d'elle-même sa fonction naturelle, et il est inutile de supposer qu'elle y est déterminée par un phénomène dépendant de la sensibilité. Le beau et le bien donneraient lieu à des réflexions analogues. Donc, d'une manière générale, les sentiments ou inclinations dits *impersonnels* ne sont rien de réel : nous ne pouvons aimer que des personnes, ou, ce qui revient au même, des choses personnifiées.

Du reste, comme on l'a dit déjà, si nous aimons les personnes, c'est toujours pour les qualités qu'elles possèdent. Ces qualités peuvent être réelles ou imaginaires. Il ne servirait même à rien qu'elles fussent réelles si nous ne les apercevions pas, et il importe peu qu'elles ne le soient pas du moment que nous croyons les apercevoir. Entre l'amour et l'imagination la solidarité est donc étroite. L'amour, le plus souvent, naît d'une illusion ; cette illusion, il l'entretient encore,

> Et dans l'objet aimé tout nous devient aimable.

On a fait remarquer, à ce propos, que nous préférons en général la perfection *en puissance* à la perfection *en acte:* le bouton plaît plus que la rose; on s'attache à l'enfant ou à l'adolescent plus qu'à l'homme fait. Il y a à cela deux raisons. La première c'est qu'à l'égard de ce qui n'est encore que perfection en puissance et espoir d'un développement futur, l'illusion reste pour nous possible. Au contraire, pour tout ce qui est achevé et a donné sa mesure, l'imagination complaisante ne peut plus grand'chose. Il suffit qu'un enfant soit gentil et éveillé pour que ses parents voient en lui le germe des plus brillantes qualités de l'esprit ; mais qu'un homme fait ait l'esprit médiocre, l'amour le plus aveugle aura de la peine à en faire un homme de génie. La seconde raison c'est que l'amour veut pouvoir contribuer à la perfection de l'objet aimé. Cela est aisé à comprendre. Une perfection que nous avons contribué à développer est notre œuvre, en partie du moins ; elle est presque notre perfection à nous-mêmes. Le sentiment personnel qui, comme on l'a dit déjà, se mêle nécessairement à l'amour, trouve donc là une satisfaction très vive, laquelle réagit sur le sentiment affectueux, et tend à en augmenter l'intensité. Si cette satisfaction vient à manquer, il faut que le cœur soit bien généreux pour que son affection n'en soit pas atteinte. On explique par là ce fait étrange que la plupart des hommes ont une tendresse plus vive pour leurs enfants, à qui ils ne doivent rien, que pour leurs parents, à qui ils doivent tant ; et que, généralement, on préfère ses obligés à ses bienfaiteurs. (Voy. *le Voyage de M. Perrichon.*) La raison en est simplement qu'on peut beaucoup pour les premiers, et peu de chose pour les seconds.

On dira que, s'il en est ainsi, nous ne devons guère pouvoir aimer Dieu, puisque de lui nous tenons tout, et que sans lui nous ne pouvons rien. Mais cette difficulté se résout aisément pour qui sait se faire une idée exacte de l'amour de Dieu. L'amour de Dieu, en effet, ne ressemble nullement à l'amour des hommes, bien qu'il en soit le principe. Aimer les hommes, c'est se donner à eux, et par là même se mettre au-dessus d'eux en quelque manière ; car ce qui aime est plus excellent que ce qui est aimé, et en amour, comme en toutes choses, *il vaut mieux donner que recevoir*. Aimer Dieu c'est, au contraire, s'anéantir devant lui, c'est comprendre et sentir que lui seul est grand, c'est savoir que nous lui devons tout et aimer à tout lui devoir. L'amour humain est le plus magnifique témoignage que nous puissions nous donner à nous-mêmes de notre grandeur : l'amour divin est inséparable d'un sentiment profond de notre bassesse, et du besoin absolu que nous avons de Dieu. Voilà pourquoi nous aimons les hommes en proportion de ce que nous avons fait pour eux, et Dieu en proportion de ce que nous avons reçu de lui.

24. L'amour est désintéressé : réfutation du système de La Rochefoucauld. — L'amour est désintéressé par essence, ou plutôt il est le désintéressement même : cela signifie que nous n'admettons pas plus de sentiments personnels que de sentiments prétendus impersonnels et supérieurs. Parler d'*amour de soi*, c'est dénaturer le sens du mot, et l'usage seul peut faire excuser l'emploi d'une locution si défectueuse. Sans doute il est permis d'appeler *amour de soi* l'effort de l'être pour accomplir ses fonctions. Mais ce que l'on peut opposer à l'amour désintéressé ce n'est pas l'amour de soi ainsi entendu, c'est l'égoïsme. Or l'égoïsme consiste à rapporter tout à soi, à ne juger des choses que par la considération du profit ou du dommage qu'on en peut soi-même retirer, en un mot, à faire de soi le centre de l'univers : mais l'égoïsme n'est pas réellement l'amour de soi; car qui dit amour dit affection, dilection, disposition à sacrifier à l'objet aimé ses goûts, ses intérêts, tout ce par quoi on est attaché à l'existence. Or il est clair que nous n'éprouvons pas un sentiment pareil à l'égard de nous-mêmes. Vivre pour soi seul n'est donc pas s'aimer soi-même, c'est n'aimer rien du tout, c'est être incapable d'amour.

Un tel état d'âme peut-il se rencontrer dans l'humanité? Existe-t-il des humains assez déshérités des dons du Ciel pour n'avoir point d'affections en dehors de celles qui tiennent à la nature animale? On serait tenté de le croire en voyant comment tant de gens comprennent l'existence, et de quelle façon ils traitent leurs semblables. Mais un homme qui serait inaccessible au sentiment de l'amour ne serait plus un homme. Il faut donc admettre que, si beaucoup d'hommes sont ordinairement durs et égoïstes, il n'en est aucun dans l'âme duquel le feu de l'amour ne couve en secret et ne se ranime quelquefois. Chez les meilleurs d'entre nous la générosité ses défaillances; il est impossible que, chez les plus mauvais, un bon sentiment ne puisse jamais s'élever.

S'il en est ainsi, s'il est vrai que l'égoïsme n'est absolu et radical chez aucun homme, que penser d'une doctrine suivant laquelle il serait absolu et radical chez tous les hommes, sans exception possible? Cette doctrine est monstrueuse, et pourtant elle existe. Elle a même inspiré des systèmes entiers de philosophie, celui de Hobbes, par exemple. Mais Hobbes prend l'égoïsme universel et nécessaire pour un fait indiscutable, et il ne cherche même pas à l'établir. La Rochefoucauld fait plus : il entreprend de démontrer ce fait par l'analyse des principaux sentiments du cœur humain, et cette analyse, souvent admirable de subtilité et de finesse, le conduit à cette conclusion générale que « toutes nos affections, toutes nos vertus, vont se perdre dans l'intérêt comme les fleuves dans la mer ».

Que cette doctrine soit, moralement, très dangereuse, c'est ce qu'il est facile d'apercevoir. Si, en effet, l'homme est incapable d'un sentiment vraiment désintéressé, la loi morale ne peut lui commander le désintéressement, puisque « à l'impossible nul n'est tenu »; et comme la seule chose que puisse nous commander la loi morale c'est le renoncement à ce qui flatte nos passions, c'est-à-dire, précisément, le désintéressement, il s'ensuit que, si La Rochefoucauld a raison, la loi morale n'a plus d'objet. Mais, en général, il ne suffit pas pour réfuter une doctrine de lui opposer les conséquences qu'elle entraîne, parce que ce n'est pas là faire voir où est le vice de la doctrine. Nous devons donc chercher une réfutation plus directe. La chose, du reste, est assez facile.

La thèse du livre des *Maximes*, telle que la présente son auteur, est incertaine, et peut être prise en deux sens différents. Il est des moments où La Rochefoucauld paraît admettre que nous sommes tous égoïstes sciemment et de propos délibéré. Au contraire, quelquefois il parle des subtilités merveilleuses de l'amour-propre, qui font que, croyant agir pour les autres, nous ne cherchons en réalité que notre intérêt. Entre ces deux manières de présenter l'égoïsme des humains il faudrait choisir, car il est clair qu'elles s'excluent l'une l'autre. La Rochefoucauld soutiendrait peut-être qu'elles sont vraies toutes deux, mais applicables à des cas différents. La réponse ne serait pas recevable, attendu que dire que nous sommes égoïstes quelquefois à notre insu, et quelquefois de propos délibéré, c'est dire une chose que tout le monde sait, et qui ne peut être contestée par personne. Mais la question est de savoir si ces deux *quelquefois* comprennent la totalité des cas réels. Or c'est là un point que La Rochefoucauld est dans l'impossibilité absolue de démontrer, puisqu'il n'envisage jamais que des cas particuliers. Pour que sa doctrine eût un sens, il faudrait qu'il pût formuler une loi générale embrassant tous les cas sans exception, et, par conséquent, qu'il s'attachât à l'un de ses modes d'explication en rejetant l'autre absolument. Il ne l'a pas fait, mais nous allons le faire pour lui, et considérer ce que valent individuellement ses deux arguments.

Sous sa première forme, la thèse est évidemment inadmissible, car elle est trop contraire à l'expérience. Quel est l'homme qui n'a pas conscience d'avoir, au moins une fois dans sa vie, cherché à être utile ou agréable à autrui sans aucun retour sur lui-même? On dira que cette conscience est peut-être une illusion ; c'est possible, mais cette illusion existe. On ne peut donc pas dire que l'égoïsme volontaire et impudent soit un fait universel.

Sous sa seconde forme la thèse est-elle plus aisément soutenable? Il ne le semble pas. En effet, comment pourrions-nous être égoïstes quand nous avons l'intention de ne pas l'être? Le désintéressement est-il en soi autre chose que la volonté d'être désintéressé? Qu'importe que des impulsions égoïstes, agissant au plus profond de nous-mêmes, nous poussent en secret à agir dans tel sens, et peut-être nous y déterminent? L'important n'est pas de savoir comment nous agissons, mais bien ce que nous voulons ; car si notre volonté est bonne, notre cœur l'est aussi ; et notre désintéressement est réel, même si nous subissons à notre insu l'influence de désirs égoïstes. Seulement il est entendu qu'il faut que notre bonne volonté soit réelle et ne se borne pas à une pure apparence. On dira que toute la question est précisément de savoir si notre bonne volonté est apparente ou réelle. Mais, si elle n'est pas réelle, nous retrouvons la thèse de La Rochefoucauld sous sa première forme. Pour rester dans l'hypothèse où nous sommes placés maintenant, il faut donc admettre que la bonne volonté est réelle, et dès lors elle implique, comme on vient de le dire, le désintéressement.

Du reste, si le livre des *Maximes* abonde en pensées ingénieuses ou profondes, il est certain qu'un bon nombre des analyses qu'il contient sont superficielles et fausses. Par exemple, il n'est pas vrai qu'être bon « ce soit prêter à usure sous prétexte de donner »; que la reconnaissance soit « comme la bonne foi du marchand, qui entretient le commerce »; que la pitié « ne soit qu'une habile prévoyance des maux où nous pouvons tomber » : et comme c'est sur des analyses de ce genre que repose entièrement la thèse de La Rochefoucauld, nous pouvons dire que cette thèse manque absolument de fondement, ce qui suffirait à la rigueur pour nous dispenser de la réfuter, puisque, suivant l'adage ancien, *quod gratis affirmatur gratis negatur*.

Si maintenant on exigeait une démonstration positive du fait que l'homme est capable d'aimer les autres êtres pour eux et non pas pour lui-même, voici celle que nous pourrions proposer, et que nous empruntons, en la modifiant un peu, à M. Fouillée[1].

Personne ne peut contester que, si nous nous pensons nous-

---

[1]. *Critique des systèmes de morale contemporains*, p. 18.

mêmes, nous pensons aussi les autres êtres de la nature. Or il est impossible, en raison de l'unité fondamentale de toutes nos facultés, que ce qui est objet pour notre intelligence n'excite dans notre sensibilité aucun intérêt. Donc le seul fait que nous pensons les autres êtres *pour eux-mêmes* implique que nous les aimons ou que nous les haïssons à quelque degré, et *pour eux-mêmes*. Et comme on ne veut pas prétendre, apparemment, que nous haïssons tout ce que nous pensons, il faut admettre qu'il est des êtres que nous aimons *pour eux-mêmes*, et sans égard à ce qu'ils peuvent valoir par rapport à nous.

25. La haine contraire de l'amour. — A l'amour s'oppose la haine, son contraire. Tout ce que nous venons de dire de l'amour pourrait se répéter au sujet de la haine, *mutatis mutandis*. Comme l'amour, la haine est un sentiment mélangé d'appétits, de désirs, et surtout d'aversions. Comme l'amour aussi, la haine agit sur l'imagination, dont, en retour, elle subit l'influence; c'est-à-dire qu'elle vit d'illusions, et qu'elle entretient les illusions qui la flattent. Comme l'amour enfin, la haine est en soi un sentiment désintéressé, ainsi que le prouvent bien, selon une très juste remarque de Hume, les efforts et le sacrifice de leurs biens, de leur bonheur et de leur vie même qu'ont fait parfois certaines personnes pour satisfaire une passion haineuse[1]. La seule question particulière à laquelle la haine puisse donner lieu, c'est de savoir si, de même qu'il y a en quelque sorte deux amours, l'un naturel, qui naît du développement spontané de nos tendances, et l'autre d'essence supérieure, auquel seul le nom d'amour convient véritablement, et qui est identique à la volonté libre, il y a aussi deux haines, l'une naturelle, tenant à la sensibilité et pouvant se rencontrer chez les animaux, l'autre tenant à la volonté, libre comme elle et propre à l'homme. A notre avis, c'est par l'affirmative que cette question doit être résolue. L'amour c'est la volonté bonne; la haine, la volonté perverse : dans les deux cas le fond est identique.

On peut se demander encore s'il ne conviendrait pas de réduire, avec Bossuet, la haine à l'amour même, et de dire que la haine que nous portons à un objet ne vient que de l'amour que nous éprouvons pour son contraire. C'est là une question difficile, que nous serions tenté de résoudre dans le sens opposé à celui

---

[1] Voy. *Bug Jargal*, ou le Claude Frollo de *Notre-Dame de Paris*.

de Bossuet. L'amour d'un objet n'est pas, à notre avis, une explication suffisante de la haine qu'on a pour l'objet contraire. La haine doit donc être quelque chose de positif et de fondamental, comme l'amour. La haine, nous venons de le dire, c'est la volonté perverse. Or il semble que la volonté puisse être perverse originellement et radicalement, comme elle peut être bonne. Mais nous ne pouvons pas discuter ici ce point, qui se rattache aux plus importants et aux plus embarrassants problèmes de la métaphysique, ceux du mal et de l'erreur.

26. Première classification des sentiments. — Nous avons dit que l'amour est le principe commun de tous nos sentiments. Il en est l'élément fondamental, mais non l'élément unique. Autrement, nous n'aurions jamais qu'un seul sentiment, qui serait l'amour lui-même : or nous en avons une infinité. On peut dire que l'amour est à l'ensemble des éléments qui concourent avec lui pour former un sentiment complexe ce que, dans un son donné ayant hauteur et timbre, le son fondamental est aux harmoniques. Ces éléments qui viennent s'adjoindre à l'élément fondamental de l'amour peuvent être extrêmement divers : ce sont, en général, des désirs, des images, des tendances particulières même inconscientes; et la variété des combinaisons qui peuvent se produire de cette manière est telle que l'on ne trouverait jamais chez deux individus différents deux sentiments absolument identiques l'un à l'autre. Chacun a sa manière d'aimer, fût-ce un seul et même objet; c'est-à-dire que chacun de nos sentiments est l'expression de notre personnalité tout entière, et qu'il porte l'empreinte de notre physionomie morale, laquelle, comme on sait, ne nous est pas moins personnelle que notre physionomie extérieure. C'est pour cela que la matière du drame et de la poésie, depuis six mille ans qu'on la cultive, n'est pas encore épuisée.

Classer méthodiquement les sentiments serait difficile, à cause de leur nombre illimité et de leur variété. Tout ce que l'on peut faire, c'est d'énumérer les principaux d'entre eux, en montrant leurs rapports soit à l'amour soit à la haine, puisque l'amour et la haine en sont les éléments essentiels, et en faisant voir quels éléments accessoires s'ajoutent à ceux-là pour donner au sentiment total son caractère et sa physionomie.

Parmi les sentiments qui ont l'amour pour base on peut citer :

La *sympathie*, qui n'est que l'amour uni à une disposition à prendre part aux joies et aux souffrances de l'objet aimé;

La *bienveillance*, c'est-à-dire l'amour accompagné d'un souhait de voir heureuse la personne qu'on aime ;

Le *respect*, c'est-à-dire l'amour uni à la considération des qualités morales d'une personne et à la crainte de lui déplaire ;

L'*estime*, c'est-à-dire l'amour uni à un jugement d'approbation sur les actes de la personne aimée ;

L'*admiration*, c'est-à-dire l'amour joint à la considération de la grandeur, du mérite et des qualités non plus morales, mais naturelles, de la personne aimée.

Voici maintenant d'autres sentiments qui ont pour fond commun la haine, et qui sont les contre-parties des précédents :

L'*antipathie*, c'est la haine jointe à la disposition à abandonner autrui à son sort sans prendre part à ses joies ni à ses peines ;

L'*envie*, c'est la haine avec le souhait de voir arriver du mal à autrui ;

Le *mépris*, c'est la haine jointe à la désapprobation du caractère ou des actions de celui qu'on hait ;

Le *dédain*, c'est la haine unie à l'opinion de notre supériorité sur autrui.

Ces harmoniques du sentiment fondamental n'en sont pas seulement des concomitants ajoutés après coup, ils en sont aussi très souvent les antécédents et les promoteurs. Par exemple, on a commencé par reconnaître la valeur morale d'une personne. Ce n'est là qu'un jugement, mais ce jugement provoque un mouvement affectueux plus ou moins vif, et l'on a alors le sentiment de l'estime. Pour s'élever soi-même on veut rabaisser autrui, et parce qu'on veut le rabaisser on le hait sous les formes de l'envie, du dédain, etc. On comprend dès lors que non seulement la nature, mais encore l'intensité d'un sentiment, varie avec le nombre et la puissance des harmoniques qui l'accompagnent. Ainsi M. Herbert Spencer fait observer avec raison que l'étonnante puissance du sentiment qu'on nomme proprement *amour* (amour d'un sexe pour l'autre) s'explique fort bien par ce fait que toutes les tendances de notre nature, les corporelles comme les spirituelles, se rencontrent dans ce sentiment et y trouvent leur satisfaction. De même, et pour des raisons tout à fait analogues, quoique inverses, la répulsion que nous inspirera un objet sera d'autant plus grande qu'il froissera davantage nos sentiments naturels.

27. Autre classification des sentiments. — On peut encore classer les sentiments d'un point de vue différent, par rapport à l'étendue des groupes sociaux qu'ils ont pour objets. Partant de là, on est conduit à reconnaître quatre sentiments principaux :

1° La *philanthropie*. — On est porté quelquefois à confondre la philanthropie avec le cosmopolitisme. C'est une erreur. Le cosmopolitisme n'est pas un sentiment, c'est une thèse suivant laquelle les frontières des nations devraient être abaissées, et tous les peuples confondus en un seul peuple. La philanthropie, au contraire, est un sentiment : c'est l'amour des hommes en général. Mais comment l'entendre ? Dira-t-on que nous aimons ou que nous devons aimer tous les hommes ? C'est impossible, par la raison simple qu'on n'aime que ce que l'on connaît, et que nous ne connaissons qu'un très petit nombre d'hommes. Il serait donc absurde de nous demander un sentiment affectueux pour une infinité de personnes dont nous n'aurons jamais connaissance. La philanthropie consisterait-elle plutôt dans un sentiment de bienveillance embrassant ensemble l'humanité tout entière ? On l'a entendue ainsi quelquefois ; mais c'est encore là une doctrine inadmissible, attendu qu'il n'est pas dans la nature de nos sentiments d'être collectifs : on n'a pas un seul et même sentiment pour deux personnes à la fois, mais deux sentiments différents s'adressant séparément à chacune de ces personnes. Dès lors, la philanthropie ne peut être qu'une disposition générale, et ordinairement inactive, à assister tout homme qui pourra avoir besoin de secours, pour la seule raison qu'il est homme. Que cette disposition existe chez tous ceux d'entre nous que n'a pas gâtés un incurable égoïsme ; qu'elle subsiste même à quelque degré chez tous les hommes, sans en excepter les plus mauvais, c'est ce qui ne peut se contester. Nous avons tous le sentiment confus qu'un homme, quel qu'il soit, a sur nous des droits que ne posséderait pas un animal, cet animal nous fût-il cher. Il y a entre tous les membres de la grande famille humaine une solidarité naturelle, dont le sentiment s'éveille en nous dès que nous voyons souffrir l'un de nos semblables, fût-ce un homme indigne, fût-ce un ennemi.

> Homo sum, humani nihil a me alienum puto,

a dit admirablement Térence, et cette belle maxime est demeurée comme la formule immortelle de la vraie philanthropie.

Si, maintenant, au sentiment naturel qui nous porte à considérer tous les hommes comme nos frères et à les assister dans leurs besoins vient se joindre la considération que Dieu nous commande de les aimer parce que lui-même les aime, et que leurs âmes sont d'un prix infini comme les nôtres; si, en d'autres termes, nous les aimons en Dieu et pour Dieu, — et il n'y a pas d'autre manière de les aimer bien, — la philanthropie change de nom, en même temps que sa nature s'élève : elle devient la *charité*.

2° Le *patriotisme*. — Le patriotisme est un sentiment très complexe, et dont il serait par là même difficile d'en donner une analyse entière. En soi, c'est un sentiment désintéressé, puisque, sous l'empire de ce sentiment, tant d'hommes sont morts avec joie pour leur patrie; et cependant l'intérêt, ou tout au moins les inclinations personnelles, y tiennent une grande place. Ainsi notre amour de la patrie est fait de l'amour que nous avons pour le pays natal, pour notre famille, pour nos amis, et aussi pour nos intérêts matériels. Le patriotisme est ce qui lie entre eux tous les membres d'un même État, et ce qui les attache à la patrie commune. Pour que ce sentiment puisse naître parmi des hommes et se développer, il faut donc que ces hommes aient une patrie, ce qui n'arrive pas toujours. Les sauvages ont leur tribu, qui est pour eux comme une extension de la famille, et au sort de laquelle leur sort personnel est attaché; ils n'ont pas de patrie à proprement parler. L'idée de patrie est une idée qui ne peut naître que chez un peuple dont la nationalité est constituée à un certain degré, et qui déjà est parvenu à un état assez avancé de culture intellectuelle et morale. Le sentiment patriotique est donc, non pas un sentiment primitif et inné dans l'homme, comme la philanthropie; c'est un fruit du progrès des idées et de la civilisation : raison de plus pour le cultiver dans les âmes.

Au patriotisme on peut rattacher l'*esprit de corps*. L'esprit de corps consiste dans l'union naturelle que contractent entre eux des hommes vivant ensemble, livrés aux mêmes occupations, ou ayant des intérêts communs. Par exemple, l'esprit de corps existe au plus haut point dans l'armée, dans la marine, dans certaines grandes administrations d'État. En général il tend à se développer d'autant plus qu'il est moins contre-balancé par l'esprit de famille, lequel, au contraire, est plutôt individualiste.

3° Les *affections de famille*. — Ces affections varient avec la nature des relations que la famille comporte. Par exemple, l'amour du père pour son fils n'est pas l'amour du frère pour son frère, de l'époux pour son épouse. Ce qui fait la force des affections de famille c'est sans doute la communauté du sang et du nom, mais surtout la communauté des intérêts, et, plus encore que tout le reste, les souvenirs d'enfance, la longue habitude de vivre ensemble, et, comme dit le poëte :

> La douce accoutumance, ouvrière d'amour.
> (Lucrèce, trad. Martha.)

4° Les *affections électives*. — On donne ce nom à des affections individuelles dont nous avons nous-mêmes librement choisi les objets. On peut ramener ces affections à deux principales, l'*amour* et l'*amitié*. Nous ne pouvons pas donner ici une analyse détaillée de ces deux sentiments : c'est une matière qui a été abondamment traitée par les anciens, et surtout par Aristote[1] pour ce qui concerne l'amitié, et par les romanciers et les poëtes dramatiques de tous les temps pour ce qui concerne l'amour. Contentons-nous de marquer brièvement les différences principales que ces deux sentiments présentent.

L'amitié, sans être exclusive, est jalouse, en ce sens qu'elle veut être payée de retour. C'est un sentiment délicat, fondé sur l'estime et sur la bienveillance réciproques, et que, par suite, on froisse aisément. L'amour, tenant davantage à la sensibilité physique, est exclusif en ce sens qu'il n'admet pas de partage; mais il résiste mieux aux épreuves de l'ingratitude. C'est un sentiment ardent, qui s'éveille parfois tout à coup avec une intensité extraordinaire. L'amitié, plus calme et plus intellectuelle par nature, demande du temps pour se former; mais, comme elle croît plus lentement, elle est aussi plus durable.

28. Le sentiment religieux. — Il est encore un sentiment qui n'a point sa place dans les diverses classifications que nous avons proposées, parce qu'il est le principe de tous les autres sentiments, et qu'il les dépasse tous : c'est le sentiment religieux. S'il est vrai, comme nous l'avons dit, que le véritable objet de l'amour ce soit la perfection, non pas la perfection abstraite, mais la perfection concrète et vivante que réalisent les personnes à des degrés divers, comment n'aimerions-nous pas de toutes les forces de notre cœur Celui qui est la perfection absolue et la source de toute perfection, c'est-à-dire Dieu? L'expérience, il est vrai, montre que Dieu tient au contraire une place bien petite dans le cœur d'une multitude d'hommes. La chose est aisée à comprendre. Dieu échappe à nos sens : si nous pouvons le trouver quelque part, c'est en nous-

---

1. *Morale à Nicomaque*, liv. VIII et IX.

mêmes et dans le for intérieur de la conscience. Or la plupart des hommes, tout entiers captivés par les objets extérieurs, songent peu à rentrer en eux-mêmes, et finissent par en perdre le goût et même le moyen. De là vient qu'ils courent toute leur vie après des fantômes, oubliant la seule vraie réalité pour les plus trompeuses apparences. Pourtant leur illusion même témoigne que l'amour de Dieu est encore le moteur qui les fait agir ; car, que cherchent-ils dans la nature sensible, sinon la perfection et le bonheur ? Cet amour est, chez eux, sorti de sa voie, altéré et corrompu, mais il subsiste, parce qu'il est impérissable Pour le cœur de l'homme, comme pour sa pensée, et bien plus encore que pour sa pensée, Dieu est et demeure, en dépit des plus grands égarements, le principe de tout.

CHAPITRE IV

LES PASSIONS ET LES ÉMOTIONS

20. La passion au sens de saint Thomas et de Bossuet. — Le mot *passion* se prend en philosophie en deux sens différents. Au premier sens, qui est celui de saint Thomas, de Bossuet et des Cartésiens en général, le mot passion désigne tous les états affectifs de l'âme, tout ce qui est en nous irrationnel ; de sorte que tous les phénomènes de sensibilité, ou à peu près, sont compris dans les passions ainsi entendues. Partant de là, Bossuet, après saint Thomas, distingue onze passions principales, qu'il divise en deux groupes : les passions *concupiscibles*, qui ne supposent aucun obstacle entre elles et leur objet, et les passions *irascibles*, qui supposent, au contraire, un obstacle entre elles et leur objet. Les premières sont au nombre de six, qui s'opposent deux à deux comme des contraires, et qui sont : l'*amour* et la *haine*, le *désir* et l'*aversion*, la *joie* et la *tristesse*. Les autres sont au nombre de cinq : l'*audace* et la *crainte*, l'*espérance* et le *désespoir*, et enfin la *colère*.

Cette manière d'envisager et de classer les passions est légitime sans doute, car, évidemment, rien n'empêche de donner le nom de passions à tous les mouvements de l'âme dont le principe n'est ni dans la raison ni dans la volonté ; mais on comprendra que nous ne puissions pas l'adopter après l'étude que nous avons déjà faite des sentiments. Ainsi, parmi les sentiments, et même au premier rang, nous avons rencontré déjà l'amour et la haine ; nous ne pourrions donc plus les laisser au nombre des passions sans faire double emploi. De plus, nous pensons avec Kant qu'il y a lieu de distinguer les émotions des passions proprement dites, et cela nous oblige à retrancher encore de la liste de Bossuet la joie, la tristesse et la colère. Reste le désir et l'aversion, avec l'audace et la crainte, l'espérance et le désespoir. Mais l'audace et la crainte ne sont évidemment que deux formes différentes du désir : l'espérance, c'est le désir uni à la conviction qu'on possédera l'objet désiré, et le désespoir, c'est le désir uni à la conviction qu'on ne le possédera pas, ou qu'on devra subir l'objet pour lequel on a de l'aversion. Toutes les passions doivent donc, ce semble, se réduire pour nous à ces deux passions contraires, le désir et l'aversion.

30. Autre théorie des passions. — Le désir et l'aversion doivent, en effet, être considérés, sinon comme les passions fondamentales, du moins comme les sources de toutes nos passions. Mais tout désir ne constitue pas une passion par lui-même : il faut, comme nous l'avons déjà dit, réserver ce nom de *passions* aux désirs devenus habituels et peu ou point disciplinables par la raison ; et l'on appellera *inclinations* les désirs habituels qui n'ont pas pris assez de force pour que la raison ne puisse aisément les refréner, s'il est utile ou convenable de le faire.

On remarquera que cette définition des passions concorde bien, et concorde seule, avec l'acception qu'on donne à ce mot dans le langage courant. Par exemple, on parlera de la passion du jeu, de la passion de l'amour ; on dira que l'ambition et l'avarice sont des passions : il est clair que toutes ces acceptions du mot passion ne peuvent désigner que le désir plus ou moins ardent, mais surtout irrationnel, qui parfois nous porte vers certains objets desquels nous attendons du plaisir.

Ainsi c'est à l'inclination que la passion s'oppose, et ce qui constitue entre ces deux faits une différence fondamentale, c'est que l'inclination, étant plus modérée, nous laisse la libre possession de nous-mêmes, tandis que la passion, plus ardente, tend toujours à nous ravir l'exercice de la raison et de la liberté.

Mais cette différence n'est pas la seule. On en peut signaler plusieurs autres, qui du reste se rattachent à celle-là :

1° Les inclinations d'un homme vivent généralement en bonne harmonie les unes avec les autres. Par exemple, aimer sa femme et ses enfants n'empêche nullement d'aimer sa patrie. C'est même le contraire qui a lieu. Nos inclinations se constituent par groupes suivant leurs affinités, et c'est la nature de ces groupes qui fait le caractère de chacun ; de sorte que, loin de se contrarier entre elles, nos inclinations se soutiennent et se déterminent en quelque sorte mutuellement. Il est fort à croire que celui qui a été bon, fils sera aussi bon époux, bon père et bon citoyen. Au contraire, la passion est jalouse, intolérante et exclusive. Une grande passion exclut en général toutes les inclinations modérées qui sont naturelles à l'homme, et surtout elle est incompatible avec toute autre passion vive, à moins que celle-ci ne tende au même objet qu'elle. Par exemple, l'ambitieux peut être avide d'argent, parce que l'argent est un moyen pour parvenir aux honneurs; mais le véritable ambitieux n'aime réellement ni sa famille, ni ses amis, ni sa maison, ni son champ, ni rien de ce qui attache un homme dont les aspirations sont plus modestes. C'est pour cela que, lorsqu'une grande passion vient à être définitivement privée de son objet, il se produit dans l'âme un vide affreux, et souvent un violent désir de mourir. C'est qu'une grande passion détruit tout ce qui nous attache à la vie, à savoir nos affections et nos inclinations, de même qu'un grand arbre ne permet à aucune plante de pousser à son ombre. L'arbre abattu, le sol apparaît dans sa nudité désolante.

2° L'inclination a pour fin la seule satisfaction des besoins et des penchants de la nature. Si elle nous porte vers des objets déterminés que nous avons éprouvés nous être agréables, c'est plutôt en vue de leur utilité pour l'accomplissement de nos fonctions que pour le plaisir même attaché à leur possession, en quoi elle a un caractère de véritable désintéressement. La passion, au contraire, est égoïste ; elle n'a nullement en vue l'accomplissement des fonctions ni la conservation de la vie, mais le plaisir seul. Souvent même par ses exigences elle tend à la ruine du corps et des facultés de l'âme, en tant que celles-ci dépendent des organes. Ainsi le gourmand, loin de manger pour vivre, détruit sa santé, à laquelle il préfère le plaisir de manger.

31. Causes générales du développement des inclinations et des passions. — L'essence commune des passions et des inclinations c'est, comme nous l'avons dit, le désir d'éprouver à nouveau un plaisir déjà éprouvé ou simplement imaginé. Au désir que peut éveiller en nous le souvenir du plaisir passé se joignent en général certaines tendances naturelles, et quelquefois aussi des sentiments. Par exemple, ce qui nous fait désirer de revoir un ami, ce n'est pas seulement le souvenir des joies que nous avons autrefois goûtées avec lui, mais c'est aussi la sympathie qu'il nous inspire. Naturellement, l'effet de ces adjonctions c'est de renforcer l'intensité du désir. D'autres causes encore contribuent à produire ce résultat, par exemple l'attention et l'habitude : c'est-à-dire que le fait d'avoir longtemps concentré son attention sur un objet a pour effet naturel de faire éprouver de l'attrait pour cet objet. Ainsi, on n'aimait pas autrefois les mathématiques, mais maintenant on les aime pour les avoir beaucoup étudiées. Donc différentes causes, en dehors du plaisir éprouvé, contribuent soit à faire naître, soit à fortifier, soit au contraire à amoindrir en nous les inclinations; mais parmi ces causes la plus importante, en raison de sa puissance, et aussi en raison de sa nature, c'est la volonté.

La volonté agit sur les inclinations et sur les passions de deux manières différentes : par l'attention dont elle est maîtresse, et par l'action. La passion, en effet, vit de deux choses : d'images ou de représentations, et de satisfactions réelles. Si donc la volonté n'intervient pas pour détourner l'attention des objets que la passion convoite; si surtout elle attise les désirs en présentant à l'esprit des images; si enfin elle consent à l'acte même, elle contribue à donner à la passion une puissance qui peut à la fin devenir presque irrésistible. Au contraire, en privant la passion de son objet, la volonté travaille de la manière la plus efficace à la détruire; car, comme dit Bossuet, « la passion se lasse de toujours convoiter sans être jamais satisfaite, de n'avoir que la malice du crime sans en avoir le plaisir; c'est pourquoi la passion frustrée commence à s'affaiblir, et, toujours impuissante, prend le parti de se modérer ». Cependant il arrive quelquefois que des passions s'exaltent par le fait qu'elles sont froissées : par exemple, l'amour et l'orgueil. Dans ce cas, on peut juger que la raison a perdu tout empire; et là où la raison est définitivement impuissante, il est clair qu'il n'y a plus de remèdes.

Il est d'autres causes encore qui agissent sur les inclinations et sur les passions, soit pour les faire naître, soit pour augmenter leur puissance, soit pour modifier leur cours : par exemple, l'âge, le sexe, le tempérament, la situation sociale, les circonstances extérieures. Mais la cause qu'il faut noter surtout à cause de son caractère étrange, c'est l'association des idées. C'est une loi que, lorsque deux idées sont associées dans notre esprit, le sentiment que nous éprouvons pour l'un des deux objets qu'elles représentent se reporte sur l'autre, et l'on a ainsi ce que quelqu'un a appelé l'amour et la haine *par ricochet*. C'est pour cela que des personnes qui s'affectionnent se laisseront, avant de se quitter, de ces menus objets qu'on appelle des *souvenirs*, et auxquels chaque ami tiendra infiniment en mémoire de son ami. De même un matelot, dit Adam Smith, ne brûlera jamais la planche sur laquelle il s'est sauvé du naufrage. C'était autrefois un usage des cours de donner de l'avancement à l'officier qui apportait la nouvelle d'une victoire. On pourrait citer une multitude d'exemples analogues. Du reste, il pourra arriver, par un effet de la loi d'habitude, que le sentiment né ainsi par accident s'attache à son objet d'une manière définitive, et persiste alors que les causes qui y ont donné lieu ont disparu. Par exemple, on tient quelquefois à des riens parce qu'ils nous viennent de personnes chères, et l'on continue à y tenir alors même que le souvenir de ces personnes s'est effacé de notre mémoire.

32. Utilité et dangers des passions. — Les passions sont-elles bonnes ou mauvaises?

Deux écoles dans l'antiquité se sont surtout occupées de ce problème. Suivant les Stoïciens, les passions seraient toutes mauvaises, attendu que la perfection de l'activité humaine consiste à n'agir jamais que par raison, sans subir les entraînements de la sensibilité. Kant, plus tard, a repris cette même doctrine. Les Épicuriens soutenaient, au contraire, que toutes nos passions sont bonnes, vu qu'elles tendent toutes au plaisir, et que le plaisir est le bien suprême de l'homme. Du reste ils accordaient que, tout en étant bonnes, les passions ont besoin d'être modérées par la raison.

En parlant des passions comme ils l'ont fait, les Stoïciens et Kant d'une part, les Épicuriens de l'autre, avaient surtout en vue leur valeur au point de vue moral. Pour nous, qui n'avons pas à nous occuper ici de morale, nous envisagerons plutôt la passion au point de vue naturel; et la solution à laquelle nous nous arrêterons, c'est qu'il serait également dangereux de s'abandonner à toutes les passions et de les proscrire toutes sans discernement.

D'abord, qu'il y ait des passions mauvaises en soi, c'est ce qui n'est pas douteux. Sans doute, les passions en général répondent à des fonctions et à des besoins de notre nature; mais il est une foule de besoins auxquels nous satisfaisons très bien sans autre excitant que l'appétit naturel, par exemple le besoin du boire et du manger : aussi la gourmandise est-elle une passion bestiale, et, de plus, une passion dangereuse pour le corps, puisqu'elle nous sollicite à aller au delà du véritable besoin. Mais il est aussi des passions dont l'objet est noble, et dont aucune loi de notre nature ne borne le développement à une limite précise: tels sont l'amour paternel et maternel, le patriotisme, l'amour de la science, etc. Vouloir retrancher de l'âme humaine ces passions serait une erreur grave; car, dans beaucoup de cas, ce sont ces passions qui font la grandeur de l'homme. Il y a dans la vie des circonstances où les difficultés à vaincre sont telles que la volonté et la raison réduites à leurs propres forces n'en viendraient pas à bout. On a besoin alors de l'aiguillon d'une passion qui rende capable d'héroïsme; mais sans passions on ne fait rien de grand au monde. Du reste, il ne faut pas oublier que les passions les meilleures sont irrationnelles, et que toutes, par conséquent, ont besoin d'être contenues et dirigées par la raison. L'expérience montre même que ce sont les passions les plus nobles qui sont susceptibles des égarements les plus monstrueux. Il importe donc au plus haut point que la raison reste toujours maîtresse. Une grande passion est comme un bon cheval, par lequel il faut se laisser porter, mais non pas emporter.

32 bis. Les Émotions. — Les émotions ressemblent beaucoup par leur nature aux passions, avec lesquelles on les a du reste souvent confondues. Une émotion, c'est généralement un mouvement violent et brusque de l'âme produisant un mouvement corrélatif dans le corps. Ainsi les émotions font rougir, pâlir, quelquefois tomber en défaillance; elles peuvent aller jusqu'à provoquer des troubles permanents, la folie, la paralysie, etc. Le propre de l'émotion c'est d'être passagère; car, si la cause qui l'a produite persiste, on finit par s'y accoutumer, et si l'on ne s'y accoutumait pas, c'est nécessairement qu'elle aurait produit des troubles organiques irrémédiables.

Le mot *émotion* désigne encore dans la langue philosophique actuelle, mais assez improprement peut-être, les faits de sensibilité en général, et principalement les plaisirs et les douleurs. Il vaut mieux, à notre avis, lui conserver le sens plus restreint que nous venons d'indiquer.

DEUXIÈME PARTIE

DE L'INTELLIGENCE

PRÉLIMINAIRES

DIVISION DES FACULTÉS INTELLECTUELLES

Le mot *Intelligence* désigne, non pas précisément une faculté de l'esprit (à moins qu'on ne le prenne dans le sens particulier de raison), mais plutôt l'ensemble de nos facultés intellectuelles ; de sorte qu'étudier l'intelligence, c'est étudier les diverses formes que prend en nous la faculté de connaître.

Les facultés intellectuelles peuvent se diviser en deux groupes : les facultés *inférieures* ou *sensitives*, et les facultés *supérieures* ou *rationnelles*.

Le propre des facultés sensitives, c'est d'avoir leur condition nécessaire, mais aussi, autant qu'on en peut juger, leur condition suffisante dans l'organisme. Nous voulons dire par là que les fonctions organiques auxquelles ces facultés sont liées sont l'unique principe duquel leurs opérations dépendent. Mais il importe de remarquer que, si ces facultés procèdent du corps, c'est d'un corps organisé et vivant qu'elles procèdent, par conséquent d'un corps qu'une âme anime. Ce serait donc une grave erreur de croire qu'elles ont leur fondement dans la matière pure et simple, ou, comme on dit, dans la matière brute. Quoi qu'il en soit, du moment que ces facultés ont leur condition suffisante dans l'organisme, on comprend qu'elles doivent se trouver chez les animaux, et qu'elles soient caractéristiques de la vie animale au même titre que l'automotion. On peut les ramener à trois : la faculté d'acquisition des idées sensibles, ou *perception extérieure* ; la faculté de conservation des idées, ou *mémoire ;* la faculté de combinaison, ou *association des idées* et *imagination*.

Mais les facultés sensitives et animales ne sont point encore l'intelligence, au sens élevé du mot, qui en est aussi le sens exact. Percevoir, se souvenir, combiner des images, ce n'est pas comprendre. Il y a donc chez l'homme une fonction supérieure de l'esprit, qu'on peut appeler proprement *raison*, dont l'objet est d'élaborer la connaissance sensitive pour l'amener à l'état d'intelligibilité. La raison et ses opérations ne sont plus, comme les facultés sensitives, sous la dépendance immédiate des fonctions organiques. Elles constituent comme une vie nouvelle et supérieure, et cette vie est propre à l'homme. Du reste, il est évident que les opérations rationnelles ne nous donnent que la forme de la connaissance intellectuelle, et supposent toujours avant elles la matière que fournissent les opérations sensitives. L'activité supérieure de l'esprit ne peut s'exercer à vide; car, pour comprendre, il faut avoir à comprendre quelque chose, et ce quelque chose, matière nécessaire que met en œuvre la raison, ce sont les faits que nous révèlent les sens. De même que, suivant la pensée d'Aristote, la vie *animale*, caractérisée par la sensation et par le mouvement, suppose avant elle la vie *végétative* (la seule que possèdent les plantes), qu'elle s'appuie sur la vie végétative et qu'elle la dépasse, de même aussi la vie *raisonnable* suppose avant elle la vie animale, s'y appuie et la dépasse, bien loin de pouvoir s'y réduire.

Les fonctions supérieures qui se rattachent à la raison sont : l'attention, l'abstraction volontaire ou réfléchie, la généralisation, le jugement et le raisonnement.

CHAPITRE PREMIER

DE LA PERCEPTION EXTÉRIEURE

33. Distinction de la sensation et de la perception. — La perception extérieure est la faculté par laquelle nous connaissons le monde des corps et des objets sensibles. Il faut bien distinguer la perception proprement dite de la simple sensation. Nous avons cinq sens, qui sont : la vue, l'ouïe, le toucher, l'odorat et le goût. L'exercice naturel et spontané de l'un de ces sens constitue ce qu'on appelle proprement la sensation. Ainsi voir une couleur, entendre un son, voilà des sensations. La perception commence au moment où la sensation nous fait connaître un objet. Exemple : voir du blanc c'est une sensation, mais voir une feuille de papier blanc c'est une perception. On peut donc dire que la sensation ne nous fait pas connaître le monde extérieur, mais que la perception nous le fait connaître, puisqu'elle nous révèle des objets.

La sensation ne demande pas à être expliquée : c'est un fait immédiat, qui n'a pas besoin d'interprétation, et qui n'en pourrait recevoir. Ainsi, pour voir la couleur d'un objet qui est devant moi, je n'ai qu'à ouvrir les yeux : pour la perception il en est autrement. La perception est un fait complexe, non primitif, mais dérivé, et dont on peut assigner la loi de développement. L'expérience, du reste, montre très nettement que le fait de percevoir un objet n'est pas naturel ni primitif; car un aveugle à qui l'on vient de rendre la lumière ne voit que des couleurs, et ne se les représente pas du tout comme enveloppant des objets, ainsi qu'il arrive à ceux qui jouissent depuis longtemps du sens de la vue. C'est donc que le fait de percevoir un objet coloré, un corps résistant, etc., suppose de notre part une certaine expérience, et plusieurs opérations dont nous n'avons pas conscience, en raison de la facilité et de la rapidité avec lesquelles nous les accomplissons, grâce à l'habitude.

L'objet de la théorie de la perception extérieure, c'est d'analyser ces opérations multiples, d'en découvrir le mécanisme secret, et de comprendre, à la lumière de la réflexion, ce que nous faisons tous sans hésitations et sans efforts depuis notre enfance.

34. Distinction des qualités premières et des qualités secondes des corps. — Voici d'abord une considération qui va nous permettre d'introduire dans le problème de la perception une simplification considérable. Toutes celles des qualités des corps qui nous sont connues par l'exercice immédiat de nos cinq sens, couleur, son, odeur, saveur, température, rugosité, etc., et enfin résistance, n'appartiennent point aux corps eux-mêmes, et n'ont de réalité en eux que par rapport à nous. Ce sont des impressions purement *subjectives* de notre sensibilité, et par conséquent de simples illusions, illusions bien fondées sans doute, mais illusions pourtant qu'il importe de ne pas prendre pour des réalités. On exprime en philosophie ce caractère illusoire des sensations dont nous parlons en disant que la couleur, l'odeur, la température, etc., sont des *qualités secondes des corps*. Dès lors, nous aurons certainement à expliquer comment des sensations telles que la couleur nous apparaissent comme des qualités des corps qui leur seraient inhérentes ; mais, pour ce qui est de savoir comment nous percevons les corps eux-mêmes, la question va se trouver évidemment simplifiée, puisque nous allons avoir affaire à une nature de corps moins complexe que nous ne devions le supposer au premier abord. Voyons maintenant les raisons par lesquelles on peut prouver la subjectivité des qualités dites secondes.

Ces raisons sont nombreuses et décisives ; elles se tirent de la physiologie, de la physique, et même de l'expérience vulgaire.

La physiologie d'abord établit que ce qui donne à l'une de nos sensations sa qualité, couleur, son, odeur, etc., c'est le nerf sensitif duquel cette sensation dépend. Par exemple, la couleur n'exprime rien que la nature du nerf optique par lequel elle est perçue ; le son, la nature du nerf auditif, et ainsi du reste[1]. Ce qui le prouve, c'est que :

---

[1]. Ce n'est pas là une vérité définitive, car, au contraire, les expériences de Magendie et de Ch. Bell ont prouvé que les nerfs sensitifs ne diffèrent en rien les uns des autres, et même qu'ils ne sont point spécifiquement différents des nerfs moteurs ; de sorte que la vraie condition des sensations qu'ils provoquent en nous lorsqu'ils sont ébranlés, est dans les cen-

1° Un même phénomène agissant simultanément sur divers nerfs sensitifs donne lieu pour chacun d'eux à la sensation afférente à ce nerf. Par exemple, un courant électrique agissant sur les yeux produit la sensation d'une étincelle ou d'un éclair, c'est-à-dire une sensation de lumière; agissant sur l'oreille, il produit un crépitement; sur la main, un picotement; quelquefois même, agissant sur l'organe du goût et sur celui de l'odorat, cette saveur et cette odeur particulières qu'on appelle saveur et odeur d'ozone. Cependant ce phénomène n'est pas autre chose en lui-même qu'un mouvement de la matière : les qualités sensibles par lesquelles il nous est révélé n'ont donc de réalité qu'en nous.

2° Inversement, si l'on fait éprouver à un seul et même nerf sensitif des impressions différentes, les sensations résultantes seront variables sans doute, mais elles seront toutes de même nature : sensations de couleur s'il s'agit du nerf optique, de son s'il s'agit du nerf auditif, etc. Ainsi un coup de poing sur l'œil, la section du nerf optique, l'action de certains poisons comme la belladone, donnent également lieu à des phénomènes lumineux, et il en est de même pour les autres organes de nos sens.

La physique montre ensuite que ce qui nous apparaît comme des couleurs, des sons, des saveurs résidant dans les objets, ne leur appartient pas en réalité; que tous les phénomènes de la nature se réduisent à un phénomène unique, le mouvement, et que les prétendues qualités sensibles des corps ne sont pas autre chose que des apparences toutes subjectives par lesquelles se révèlent à nous des mouvements de la matière que nous ne percevons pas directement et en eux-mêmes. Pour le son d'abord, la chose est évidente. La cloche n'est point sonore par elle-même, et ce que lui communique le choc du marteau c'est un mouvement, et pas autre chose. Pour la chaleur et la lumière, c'est le même cas. Ces deux phénomènes résultent, l'un des actions produites sur nos organes par des mouvements intestins de la matière des corps; et l'autre, des actions exercées sur nos yeux par des vibrations d'une matière très subtile que nos sens ne perçoivent point, et qu'on nomme l'éther. On connaît même partiellement la nature des vibrations auxquelles donnent lieu les deux sortes de mouvements que nous appelons lumière et son. Ainsi, tandis que les vibrations sonores sont longitudinales, c'est-à-dire se produisent dans le sens du rayon par-

tres nerveux auxquels ils aboutissent. Mais peu importe pour l'objet que nous nous proposons ici; et il n'est pas inexact, pourvu qu'on l'entende bien, de dire que c'est le nerf sensitif sur lequel agit un corps qui donne à la sensation éprouvée sa qualité.

tant du corps, on sait que les vibrations lumineuses sont transversales, c'est-à-dire se produisent normalement à ce rayon [1]. Bien plus, on a pu calculer les nombres variables de vibrations qui donnent lieu aux différents phénomènes lumineux que l'on appelle les couleurs, et ces nombres sont prodigieux. Par exemple, la couleur rouge, qui est à une extrémité du spectre solaire, répond, suivant Helmholtz, à 451 billions de vibrations par seconde, et la couleur violette, qui est à l'autre extrémité, à plus de 730 billions de vibrations. Toutes les autres couleurs perceptibles du spectre répondent à des nombres intermédiaires entre ces deux-là. Quant à la chaleur, on a pu déterminer à quelle quantité de travail mécanique répond une quantité de chaleur donnée. Tout cela ne laisse aucun doute relativement à la nature des phénomènes lumineux et calorifiques.

Quant aux phénomènes d'odeur et de saveur, leur subjectivité n'est pas moins incontestable. Comment croire, par exemple, que le musc soit odorant par lui-même, et le sucre sapide par lui-même ? N'est-il pas évident au contraire que l'odeur de l'un et la saveur de l'autre consistent uniquement dans l'action exercée par leurs molécules sur les papilles du palais, de la langue et des fosses nasales ? Du reste, le sens commun lui-même est d'accord avec la science sur ce point ; car il n'est personne qui puisse considérer sérieusement la pêche comme sapide au même titre qu'elle paraît étendue, divisible ou même colorée.

Enfin nous avons dit que l'expérience vulgaire apporte ici encore son contingent de preuves. Par exemple, pour ce qui concerne la couleur, il est certain que si la couleur était une propriété des corps eux-mêmes, tous les hommes, et même tous les animaux, verraient les mêmes objets sous les mêmes couleurs, puisque, s'ils les voyaient sous des couleurs différentes, il faudrait admettre que les couleurs perçues sont conditionnées par l'organe visuel de chacun, ce qui va contre l'hypothèse. Or il n'est pas douteux que les impressions de couleurs produites par un même objet sur différentes personnes ne varient avec ces personnes. Ce qui prouve bien du reste qu'il en est ainsi, c'est le cas des daltonistes, qui de deux couleurs complémentaires l'une de l'autre n'en perçoivent qu'une seule. Par exemple, là où une personne dont la vue est normale voit du rouge et du vert, certains daltonistes ne voient que du vert. Pour la température, il est une expérience bien simple qui en

---

1. Saigey, *la Physique moderne*, p. 51.

montre nettement la subjectivité. Que l'on mette l'une de ses mains dans de l'eau très chaude et l'autre dans de l'eau glacée ; que l'on mette ensuite ses deux mains ensemble dans un vase contenant de l'eau tiède, cette eau paraîtra chaude à l'une des deux mains, et froide à l'autre.

35. La résistance est encore une qualité seconde. — Nous n'avons rien dit encore au sujet de la résistance, et cependant nous l'avions rangée de prime abord au nombre des qualités secondes. Plusieurs psychologues ne sont pas de cet avis, et considèrent, au contraire, la résistance comme une qualité constitutive de la nature des corps, par conséquent comme une qualité *première*. La raison qu'ils en donnent c'est qu'un corps est essentiellement quelque chose qui résiste. Nous pouvons, disent-ils, voir des couleurs, entendre des sons, sentir le chaud, le froid, sans savoir si nous sommes en présence d'un véritable corps, ou du moins sans avoir l'idée d'aucun corps déterminé. Au contraire, quand nous avons palpé et éprouvé une résistance, nous sommes certains d'être en présence d'un vrai corps, et non d'un fantôme. La résistance est donc la caractéristique même de la nature corporelle.

Ces raisons ne paraissent pas convaincantes. Il est bien vrai que lorsque nous voulons nous assurer qu'un objet dont nous voyons l'image, ou dont nous croyons entendre le son, est réellement devant nous, c'est au témoignage du toucher que nous avons recours, et à la sensation de résistance que nous nous fions définitivement. Cela tient à ce que le tact est moins exposé que nos autres sens à ce que l'on appelle, assez improprement d'ailleurs, des *sensations subjectives*, c'est-à-dire à des représentations sans objet extérieur : encore serait-ce une erreur de croire qu'il en soit tout à fait exempt. Mais il ne résulte pas de là que la résistance soit par excellence la qualité constitutive des corps. Supposons, en effet, avec Descartes, un corps tel que toutes les fois que nous nous en approchons il se retire, et cède sous la main sans jamais nous opposer la moindre résistance : en sera-t-il moins un corps pour cela ? Du reste, c'est là une supposition qui n'a rien de chimérique. L'expérience montre, en effet, que la résistance diminue à mesure que croît la puissance musculaire à laquelle elle s'oppose. Par exemple, tel objet qui oppose une résistance invincible à la main d'un petit enfant pourra paraître sans consistance à celle d'un géant. Cela prouve, d'une part, que la résistance n'est point une qualité absolue des corps, mais une qualité relative, comme la couleur ou la température; de sorte qu'un même corps présente différents degrés de résistance à différents sujets, comme une même surface présente différentes couleurs à différents yeux; et, d'autre part, qu'il est possible de concevoir l'accroissement illimité d'une puissance musculaire, accroissement dont le terme idéal serait l'évanouissement total de la résistance opposée à cette puissance par un corps, sans que ce corps cessât pour cela d'être réel.

Peut-être, il est vrai, lorsque l'on parle de la résistance comme d'une qualité première des corps, a-t-on en vue moins la résistance elle-même, qui est une qualité trop évidemment subjective, que la cohésion des molécules, que l'on juge être tout à fait indépendante de nos perceptions. A le prendre ainsi, nous n'aurions plus d'objections à formuler. La cohésion moléculaire est certainement quelque chose d'objectif au même titre que, par exemple, les mouvements de la matière éthérée qui donnent lieu en nous à la sensation de couleur. Mais c'est de la résistance qu'il est question ici, et non pas de la cohésion moléculaire; de même que, lorsque l'on parle de la subjectivité des couleurs, ce sont les couleurs elles-mêmes qui sont en cause, et non pas les mouvements qui y répondent hors de nous. Il n'y a donc lieu, en aucune façon, de faire intervenir ici la cohésion moléculaire.

En résumé, la résistance est une sensation, comme la couleur; elle est donc nécessairement, comme la couleur, une modification de nous-mêmes en tant qu'êtres sensibles, et non une propriété constitutive de la nature des corps extérieurs.

36. Perception de l'espace : nativisme et empirisme. — Il nous faut maintenant, par la pensée, défalquer des corps tout ce qui n'existe en eux que par rapport à nous, c'est-à-dire les qualités secondes, et les réduire à ce qui leur appartient en propre, c'est-à-dire aux qualités premières. Que leur restera-t-il après ce retranchement? Il leur restera d'abord ces mouvements de la matière élémentaire qui produisent en nous les impressions de lumière, de chaleur, de résistance, etc. Mais ces mouvements ne peuvent pas devenir objets de perception pour nous, puisque, précisément, la lumière, la chaleur, la résistance, sont les impressions toutes subjectives par lesquelles seules ils nous sont manifestés. Comme objet à percevoir, il ne reste plus dès lors que la somme de tous ces mouvements ou le corps lui-même, en tant qu'il occupe une portion de l'espace universel, c'est-à-dire en tant qu'il a une étendue et une configuration. L'étendue, voilà en effet la qualité première des corps, et leur seule qualité première, comme l'ont dit, sous des formes différentes, Descartes, Leibniz et Kant. Un corps n'est en somme qu'une étendue configurée d'une certaine manière, et au sein de laquelle s'agitent une infinité de mouvements divers. Percevoir les corps, c'est donc avant tout percevoir leur étendue.

Toutes les théories relatives à la perception de l'étendue peuvent se ramener à deux, le *nativisme* et l'*empirisme*. Il serait inutile d'entrer ici dans la discussion de toutes les formes qu'ont prises ces deux théories; réduisons-les l'une et l'autre à l'essentiel, afin de les discuter dans leurs principes.

Le nativisme consiste dans cette assertion que nous percevons l'espace immédiatement et par l'exercice naturel et spontané de nos sens, de la même manière que nous percevons toutes les qualités sensibles, comme la couleur ou le son ; de sorte qu'il suffirait, suivant les nativistes, d'ouvrir les yeux pour voir l'étendue d'un corps en tant qu'elle est colorée, et de poser la main sur ce corps pour percevoir son étendue en tant qu'elle est résistante. Suivant les empiristes, au contraire, l'étendue n'est jamais pour nous l'objet d'une perception immédiate : nous ne la connaissons qu'à la condition de la parcourir, et la notion que nous en prenons n'est autre que la notion prise de la série des mouvements par lesquels elle a été parcourue.

A notre avis, chacune de ces deux théories, prise à la rigueur, conduit à des exagérations. Elles ont toutes deux leur part de vérité; mais il faut les concilier, puisqu'elles s'excluent, ou prétendent s'exclure l'une l'autre.

Pour plus de clarté, nous distinguerons dans le problème de la perception de l'espace deux questions, que nous examinerons séparément : 1° Est-ce successivement ou simultanément, c'est-à-dire avec ou sans mouvement de l'organe percepteur, que nous percevons une étendue donnée? 2° Comment apprécions-nous la grandeur d'une étendue perçue ?

37. La perception d'une étendue donnée est-elle successive ou simultanée? — Ainsi que nous venons de le voir, l'empirisme répond à cette question en disant que la perception d'une étendue donnée, supposant le mouvement de l'organe percepteur, est successive; le nativisme, en disant que cette perception, ne supposant aucun mouvement, est simultanée. Examinons d'abord la solution empiriste.

Cette solution est inacceptable pour deux raisons :

1° Les empiristes prétendent que nous sommes incapables de percevoir d'un seul coup une portion réelle de l'espace, et que toute étendue, si petite qu'elle soit, est toujours perçue successivement, c'est-à-dire par parties. Cela implique que nous ne percevons jamais de l'espace qu'un point indivisible à la fois, et que, par conséquent, l'idée que nous avons d'une étendue donnée, c'est l'idée d'une multitude de points indivisibles contigus les uns aux autres. Or de même que, pour des raisons faciles à apercevoir, et que personne du reste ne conteste, on ne peut pas admettre que l'espace soit composé de points sans étendue juxtaposés les uns aux autres, on ne peut pas admettre non plus que notre idée de l'espace soit celle d'une multitude de points agglomérés, parce que, que l'on considère l'espace ou l'idée de l'espace, l'absurdité de la supposition est la même.

Ainsi l'empirisme implique une erreur absolue relativement à la nature de l'espace. Il est aisé de voir qu'il implique encore relativement à la nature du temps une erreur toute semblable. En effet, si nous ne percevons jamais qu'un point de l'espace à la fois, c'est, apparemment, que notre perception ne dure jamais que l'instant indivisible, puisque, si cette perception avait une durée effective, il n'y aurait aucune raison pour qu'elle n'eût pas comme objet une étendue effective. Donc le présent dans lequel nous vivons n'est qu'un instant indivisible; et, par conséquent, tous les instants indivisibles du temps nous sont donnés les uns après les autres : c'est-à-dire que le temps est composé d'instants indivisibles, comme l'espace de points indivisibles : deux suppositions également absurdes.

2° Si nous ne percevions l'espace que successivement, nous devrions juger que les différentes parties de l'espace n'existent qu'en succession ; de même que nous jugeons que les notes d'un air de musique entendues les unes après les autres sont produites successivement. Or il est certain que les parties de l'espace nous apparaissent, non pas comme successivement, mais comme simultanément existantes. Un philosophe empiriste, M. Herbert Spencer, a cherché à résoudre cette difficulté de la manière suivante. Lorsque j'entends une série de sons, dit en substance M. Spencer[1], mes

---

[1]. *Principes de psychologie*, VI° partie.

perceptions se produisent toujours dans le même ordre; et comme cet ordre est successif, j'en conclus que la série des sons est successive. Au contraire, si je parcours l'espace du point A au point Z, j'éprouve une série de sensations échelonnées de A à Z. Mais je puis aussi parcourir le même espace de Z à A, et si je le fais, j'éprouve identiquement les mêmes sensations que j'ai éprouvées déjà de A à Z, avec cette seule différence que l'ordre de ces sensations se trouve renversé. La possibilité de renverser ainsi l'ordre de mes sensations, lorsque je parcours l'espace, est ce qui me fait connaître que les parties de l'espace existent simultanément, et non pas successivement.

Cette théorie lève-t-elle la difficulté que nous signalons ? Il ne le semble pas. En effet, de quelle nature sera notre connaissance de la simultanéité des parties de l'espace, si cette connaissance est fondée sur la possibilité de renverser l'ordre de nos sensations ? Ce sera une connaissance spéculative, mais non pas une représentation effective de nos sens. Sachant que, dans la série dont parle M. Spencer, le terme M précède le terme N lorsque je vais de A à Z, et que c'est le terme N qui précède le terme M lorsque je reviens de Z à A, je pourrai bien juger que M et N ne se succèdent pas, et même je concevrai peut-être qu'ils sont simultanés; mais je le concevrai comme je conçois, par exemple, que la terre est à 30 millions de lieues du soleil, c'est-à-dire sans me représenter rien. La simultanéité des parties de l'espace demeurera donc pour moi une *pure idée*. Est-ce ainsi que les choses se passent ? Concevons-nous seulement les parties de l'espace comme coexistantes, ou nous semble-t-il que nous les voyons et que nous les sentons coexister ? Évidemment, nous croyons voir et sentir, sinon les parties de l'espace, du moins celles d'une étendue restreinte, toutes à la fois. Or c'est là un fait dont la théorie de M. Spencer, et l'empirisme en général, ne peuvent rendre compte.

La solution empiriste du problème qui nous occupe ainsi écartée, il reste la solution nativiste; mais celle-ci, prise à la lettre, ne serait guère plus satisfaisante que la première, car elle donne lieu à des difficultés analogues. En effet, le nativisme suppose implicitement que l'espace, du moins en tant qu'il est pour nous objet de perception, est composé d'étendues partielles toutes parfaitement unes et indivisibles, juxtaposées les unes aux autres ; ici l'étendue d'un mur, puis celle d'une table, d'un fauteuil, etc. Or il est évident que l'espace n'a pas pour éléments composants et ultimes les étendues partielles qu'on peut reconnaître en lui. L'empirisme composait l'espace avec des points indivisibles ; le nativisme le compose avec des étendues indivisibles : les deux procédés se valent et sont tout aussi incorrects l'un que l'autre.

Ainsi le nativisme ne peut nous offrir aucune conception acceptable de l'espace. Pour le temps c'est la même chose. En effet, cette intuition toute d'une pièce d'une étendue donnée qu'affirment les nativistes se fait dans une durée donnée ou bien dans un instant indivisible. Si c'est dans un instant indivisible, le nativisme compose le temps avec des instants indivisibles, exactement comme faisait l'empirisme. Si c'est dans une durée donnée, il faut admettre que cette durée est indivisible, c'est-à-dire parfaitement simultanée, puisque, si on la suppose successive, l'étendue correspondante sera perçue successivement, donc par parties, ce qui est contre l'hypothèse. Dès lors, on doit concevoir le temps comme composé de durées partielles qui se succèdent les unes aux autres, mais dans le corps desquelles il n'y a aucune succession ; ce qui est doublement absurde, puisque dans une durée, si courte qu'on la suppose, il y a toujours des parties qui se succèdent, et qu'en outre il est tout aussi impossible de composer le temps avec des durées indivisibles qu'avec des instants indivisibles.

Si l'empirisme et le nativisme sous leur forme absolue sont également inacceptables, quelle serait donc la véritable solution du problème ? Des discussions qui précèdent il résulte que le nativisme a raison sur un point : à savoir, que ce que nous percevons de l'espace ce sont des parties réelles, c'est-à-dire de vraies étendues, et non pas des points indivisibles. Mais où le nativisme a tort, c'est lorsqu'il présente ces étendues comme définies, délimitées et rigides en quelque manière. A en croire les nativistes, l'idée d'une étendue de grandeur donnée entrerait dans notre conscience d'un seul coup et comme un bloc ; de sorte que l'organe soit de la vue, soit du tact, percevrait cette étendue sans se mouvoir. Mais, si l'organe perçoit sans se mouvoir, l'organe est mort ; car la vie est un changement et un renouvellement perpétuels. Si donc la perception est un phénomène de la vie, il faut qu'elle soit quelque chose de mobile, ce qui revient à dire que la portion du temps et de l'espace qu'elle embrasse est inassignable, puisqu'elle varie sans cesse ; de même que l'amplitude d'un corps qui se dilate ou qui se contracte d'une manière continue est impossible à déterminer d'une manière rigoureuse, sans que pour cela on puisse dire que cette amplitude n'est rien. Ainsi, la perception d'une étendue donnée n'est jamais intégralement ni définitivement constituée. Elle est un mouvement et un progrès du sujet sensible; mais elle porte constamment sur une étendue réelle, et elle se passe dans une durée réelle, au lieu de porter, comme l'empirisme le suppose, sur des points mathématiques et sur des instants indivisibles, qui ne sont que des fictions de l'esprit.

En somme on voit que, sur cette première question, le nativisme, sans avoir raison totalement, a raison en partie, puisqu'il faut lui accorder que l'étendue des corps est pour nous l'objet d'une intuision simultanée, et non pas d'une série d'intuitions successives. Quant à l'empirisme, il a tort absolument. Il est vrai que ce que nous avons dit de la nécessité d'admettre un mouvement dans l'organe percepteur pourrait sembler être en sa faveur, puisque, précisément, tout ce que l'empirisme soutient c'est que la perception de l'espace requiert un mouvement de l'organe. Mais il n'y a là qu'une apparence. Le mouvement dont parlent les empiristes c'est, en effet, un mouvement de translation, permettant à l'organe d'occuper successivement tous les points de l'étendue qu'il s'agit de percevoir. Le mouvement dont nous avons parlé, et que les nativistes ont eu le tort de méconnaître, à notre avis, c'est, au contraire, un mouvement de l'organe sur lui-même, mouvement qui rend la sensation active, et par lequel l'organe perçoit l'étendue sans changer de place, ou du moins sans avoir à la parcourir. Il est clair que ces deux mouvements sont fort différents l'un de l'autre.

38. Comment apprécions-nous la grandeur d'une étendue perçue ? — Sur cette seconde question c'est, au contraire, le nativisme qui a tort, et l'empirisme qui a raison. Suivant les nativistes, en effet, nous apprécierions la grandeur d'une surface d'après la masse plus ou moins grande des points lumineux ou tactiles dont notre œil ou notre main reçoivent l'impression. Or c'est là une opinion tout à fait inadmissible.

D'abord on peut objecter au nativisme là-dessus que, tout au moins pour ce qui concerne les surfaces perçues visuellement, la masse des points lumineux que leur image forme sur la rétine varie avec leur distance, et cela pour une même surface. De plus, l'expérience prouve que ce n'est jamais la masse des points perçus qui nous donne la mesure de l'étendue. Pour s'assurer à cet égard, il suffit d'observer des aveugles. Si les nativistes étaient dans le vrai, un aveugle posant sa main à plat sur une surface assez petite devrait pouvoir dire de suite, rien que par le sentiment de la partie de sa main avec laquelle cette surface est en contact, quelle en est la grandeur. Ce n'est pas ce qui a lieu. L'aveugle, pour avoir la mesure d'une étendue, est obligé de la parcourir. Par exemple, si vous lui mettez dans la main une pièce de cinq francs, il en appréciera les dimensions en en décrivant le contour avec ses doigts, ou en en parcourant le diamètre. Il est vrai que, lorsque ses sens sont exercés, l'aveugle peut user de procédés plus expéditifs. Ainsi il jugera souvent des dimensions d'après l'écartement de ses doigts ou de ses bras portés aux extrémités de l'objet. Mais le procédé naturel et nécessaire au début, c'est celui que nous avons indiqué.

Il est donc certain que la mesure de l'espace ne peut être obtenue que par le mouvement, non pas par le mouvement de l'organe sur lui-même, mais par un mouvement de translation à travers l'espace à mesurer. C'est ce qu'ont très bien compris les psychologues empiristes. L'espace c'est, suivant la très juste expression de M. Bain, « la carrière du mouvement », ou le champ dans lequel un certain mouvement est possible; ce qui revient à dire que l'intervalle entre deux points se mesure nécessairement par l'amplitude du mouvement qu'il faut exécuter pour se rendre de l'un à l'autre. Par exemple, un intervalle de dix pas c'est dix pas à faire, et nul ne peut avoir l'idée d'un intervalle de dix pas entre deux objets s'il n'a pas fait lui-même les dix pas, ou s'il ne les conçoit pas comme possibles. Le nativisme, en supposant que l'œil ou la main peuvent, sans déplacement d'aucune sorte, juger des dimensions d'un corps, a donc commis une grave erreur.

Ainsi, percevoir l'espace et le mesurer sont deux opérations distinctes l'une de l'autre; opérations qui supposent l'une comme l'autre, à la vérité, des mouvements de l'organe percepteur, mais des mouvements de natures fort différentes. L'expérience, du reste, fournit sur ce point encore des témoignages directs. L'un des chirurgiens qui ont rendu la vue à des aveugles-nés, le docteur Dufour, de Lausanne, présentait au nouvel opéré deux petits rectangles de papier blanc ayant même base, mais l'un une hauteur double de celle de l'autre. Celui-ci vit bien qu'il y avait une différence entre ces deux objets; mais il ne put dire de quelle nature elle était, ni, à plus forte raison, laquelle des deux feuilles de papier était plus grande que l'autre. Ce fait montre avec évidence que l'on peut percevoir une grandeur, même d'une manière distincte, sans être capable de l'apprécier, et que, par conséquent, nos perceptions primitives de l'étendue vont sans aucune mensuration des dimensions de l'étendue.

39. La vision de l'étendue transversale. — Faisons l'application de la théorie qui vient d'être exposée aux deux sens par lesquels l'espace peut être perçu, la vue et le toucher. A l'égard de la vue, il y aura lieu de distinguer entre la perception de l'étendue transversale et celle de l'étendue en profondeur.

Pour l'étendue transversale, il résulte de ce que nous avons dit qu'elle est perçue immédiatement par le sens de la vue; c'est-à-dire qu'un œil s'ouvrant pour la première fois à la lumière perçoit non pas, comme le supposent les empiristes, des points lumineux indivisibles, mais des masses lumineuses de grandeur indéterminée, et variant continuellement avec les mouvements internes de cet œil. Du reste, les surfaces que l'œil embrasse ainsi d'un seul regard ont des dimensions limitées. C'est pourquoi, lorsque nous voulons percevoir des surfaces qui dépassent ces limites naturelles de notre champ visuel, nous sommes obligés de faire mouvoir les yeux dans leurs orbites, quelquefois même de tourner la tête et le corps tout entier. Quant à la mesure des surfaces ainsi perçues, il est impossible que la sensation nous la donne immédiatement. En effet, cette mesure ayant pour expression la quantité en durée et en vitesse du mouvement par lequel une étendue est parcourue, il faudrait pour cela que la vue pût nous révéler à l'avance ce que serait en durée et en vitesse le mouvement nécessaire pour parcourir l'étendue considérée, ce qui est évidemment impossible.

L'application des principes se fait ici sans difficulté ; mais une remarque est nécessaire sur un point particulier. Ainsi que nous l'avons fait observer déjà, la grandeur sous laquelle nous apparaît un objet donné varie en raison inverse de la distance à laquelle cet objet se trouve par rapport à nous. La raison en est qu'à mesure qu'un objet s'éloigne davantage, les images auxquelles donne lieu cet objet sur nos deux rétines vont en diminuant. Cependant l'expérience montre que ce résultat ne se produit pas toujours. Par exemple, un homme qui est devant nous ne nous apparaît pas, en général, plus petit à vingt pas qu'à dix. C'est que la connaissance que nous avons de la taille exacte de cet homme réagit à notre insu sur nos perceptions visuelles, et nous dispose à ne pas tenir compte de la diminution qui se produit dans nos images rétiniennes lorsque cet homme s'éloigne de nous. Il y a là, pour le dire en passant, une confirmation nouvelle de ce que nous avons avancé plus haut, à savoir, que l'appréciation des grandeurs est affaire de jugement, et non pas de perception immédiate. Ajoutons que, pour l'étendue transversale (et la même chose est vraie pour la profondeur de l'espace), nous avons parfois des sensations qui non seulement ne nous font pas connaître immédiatement la grandeur, mais qui encore ne peuvent donner lieu de notre part à aucune interprétation, même incertaine ou fantaisiste. Par exemple, qui pourrait dire quelle distance nous jugeons exister entre deux étoiles que nous voyons briller dans le ciel ? Le soleil nous apparaît grand comme une assiette : si nous savons qu'il est immense, c'est par une connaissance scientifique, non par une interprétation de la perception visuelle que nous en avons.

Il est enfin une difficulté qu'il faut signaler au sujet de la vision transversale : c'est que nous voyons les objets droits, alors que leurs images peintes sur nos rétines sont renversées. Mais cette difficulté, qui a beaucoup préoccupé les physiologistes, ne paraît reposer que sur une confusion d'idées. D'abord, il est assez étrange de supposer qu'une image, parce qu'elle est renversée sur nos rétines, doive être renversée aussi dans notre conscience. Si l'on imprime de travers un cachet dans la cire, l'empreinte sera de travers ; mais la conscience n'est pas une cire, et la sensation visuelle n'est pas un décalque des images rétiniennes dans l'esprit. En second lieu, il importe de remarquer que, si les images rétiniennes sont renversées, c'est aux yeux d'un observateur qui les considère du dehors, et qui les oppose à leurs objets, par rapport auxquels elles lui apparaissent symétriquement inverses. Mais, pour le sujet même dans les yeux duquel les images vont se peindre, cette opposition n'existe pas. Pour ce sujet donc, qui ne voit que les objets extérieurs, et non pas ses images rétiniennes, tous les objets étant situés de la même manière doivent apparaître tous droits ou tous renversés : ou plutôt, pour un tel sujet, il n'y a plus rien de droit ni de renversé, puisque ces désignations n'ont de sens que dans leur opposition l'une avec l'autre, et qu'ici l'opposition fait défaut. En définitive, demander si nos perceptions, dans leur ensemble, nous présentent les objets comme droits ou comme renversés, c'est poser une question qui n'a pas de sens. Mais il est très vrai que, dans le groupe de nos perceptions une fois constituées, il se trouve des objets qui, normalement, devraient toucher la terre par un de leurs côtés, et qui, par accident, la touchent par le côté opposé. C'est là ce qui nous donne l'idée de la station renversée, à laquelle alors s'oppose tout naturellement la station droite. Ainsi, le droit et le renversé apparaissent quand nos perceptions sont constituées, non avant qu'elles le soient ; et, par conséquent, il n'y a pas lieu de se demander comment elles peuvent se constituer droites.

40. La vision de l'étendue en profondeur. — Si nous distinguons la vision en profondeur et la vision transversale, ce n'est pas qu'elles se constituent par des processus différents : on va voir, au contraire, que l'analogie des deux cas est extrême. Mais c'est justement cette analogie qu'il nous faut mettre en lumière, parce qu'elle a été maintes fois contestée.

La théorie à ce sujet peut se résumer en quelques mots. De même que nous voyons immédiatement l'étendue en superficie, sans avoir pour cela la moindre idée de ses dimensions tant qu'un mouvement produit à travers cette étendue ne nous les a pas révélées, de même nous voyons l'étendue en profondeur, sans pouvoir juger des distances autrement que par la durée et la vitesse des mouvements nécessaires pour les parcourir.

Sur ce dernier point, à savoir que le mouvement seul peut nous faire connaître les distances en profondeur, il n'y a pas de difficultés. Le principe de M. Bain, que l'espace est la carrière du mouvement, et qu'un certain intervalle c'est la possibilité d'effectuer un certain mouvement en ligne droite, est toujours vrai, et trouve ici son application d'une manière tout aussi évidente que pour l'étendue transversale. Mais où les opinions divergent, c'est au sujet du premier point, à savoir que, sans pouvoir juger en aucune façon des distances en profondeur, nous voyons pourtant de prime abord la troisième dimension de l'espace comme nous voyons les deux premières : c'est-à-dire que nous projetons immédiatement et spontanément hors de nous dans l'espace nos sensations visuelles.

Les raisons qu'on a données pour contester l'extériorisation spontanée de nos images visuelles — nous ne parlons pas, encore une fois, des raisons par lesquelles on prouve que la vue est incapable de nous faire connaître les distances en profondeur, raisons auxquelles il est impossible de ne pas adhérer — peuvent se ramener à deux. La première est une raison d'ordre spéculatif, que Berkeley a formulée le premier, et que nous retrouverons plus loin. La seconde est une raison de fait, que nous devons discuter de suite. En 1728, un médecin anglais, Cheselden, put, pour la première fois, opérer un aveugle d'une cataracte congénitale, et par là lui rendre la vue. Depuis, la même opération a été répétée un assez grand nombre de fois. Or tous les aveugles rendus à la lumière qu'on a interrogés avec quelque soin ont été unanimes à dire que les objets extérieurs leur apparaissaient *touchant leurs yeux;* d'où plusieurs psychologues ont conclu que la situation primitive des images visuelles est dans un plan tangent à l'œil, et que, si ces images s'extériorisent par rapport au sujet, c'est seulement plus tard, et suivant un processus que l'on a même prétendu déterminer. Mais à cela M. Janet a répondu, avec justesse ce semble, qu'il ne faut pas prendre à la lettre cette expression des nouveaux voyants que les objets leur paraissent *toucher leurs yeux* (*Revue philosophique*, janvier 1879). Il est, en effet, à remarquer que les aveugles se servent des mêmes mots que nous, mais qu'ils s'en servent en leur donnant des sens différents, puisque leurs perceptions sont différentes des nôtres. De plus, à cet égard, un aveugle nouvellement opéré est encore un aveugle, puisqu'il n'a pas eu le temps d'adapter son langage à ses perceptions nouvelles. Or, dans le langage des aveugles, le mot *toucher* désigne d'une manière générale toute perception d'objets qui se fait sans déplacement des membres ni du corps entier. Un aveugle nouvellement opéré, percevant sans se mouvoir les objets qu'il aperçoit, doit donc dire et dit en effet qu'il les *touche;* mais ce n'est là qu'une locution vicieuse due à l'imperfection de son expérience.

Ainsi, s'il y a une raison de fait pour rejeter l'extériorisation spontanée des images visuelles, c'est une raison sans valeur; mais il y a au contraire des raisons fortes et même décisives pour admettre cette extériorisation.

D'abord il est certain que, si la vision de la profondeur de l'espace n'était pas aussi primitive et naturelle que celle des dimensions transversales, si elle ne tenait pas comme cette dernière à la constitution même de notre être, jamais nous ne verrions l'espace en profondeur, attendu que l'idée de l'une des dimensions de l'espace ne peut pas s'engendrer dans notre esprit. En effet, si l'idée de l'une des dimensions de l'espace avait en nous une genèse, il en serait de même pour les deux autres dimensions, c'est-à-dire qu'il existerait un processus générateur de l'idée de l'espace lui-même, et alors il nous faudrait revenir au pur empirisme des psychologues de l'école anglaise, théorie qui a été réfutée.

En second lieu, supposer que nous ne voyons pas d'abord la profondeur de l'espace, c'est supposer que la vue ne nous fait connaître primitivement que l'espace à deux dimensions. Or l'espace à deux dimensions n'est pas une réalité, c'est une conception abstraite de l'esprit. L'espace ayant essentiellement et indivisiblement trois dimensions, il est impossible qu'il nous apparaisse dans la perception avec deux dimensions seulement. Du reste, l'expérience montre que nous ne nous représentons jamais deux dimensions de l'espace sans que l'idée de la troisième nous soit invinciblement suggérée ; et si nous sommes capables d'imaginer un plan sans épaisseur appréciable, c'est toujours en le considérant comme une section faite dans l'espace à trois dimensions ; de sorte que l'idée de deux dimensions est inséparable de l'idée de la troisième.

Maintenant, comment peut-on comprendre l'extériorisation spontanée de nos images visuelles ? Berkeley la jugeait impossible. « La distance, disait Berkeley, étant une ligne qui va directement à l'œil, ne peut donner lieu dans le fond de l'œil qu'à la peinture d'un seul point, qui reste toujours le même, que la distance devienne plus grande ou plus petite[1] » ; ce qui revient à dire qu'aucune raison n'existant pour que l'image lumineuse nous apparaisse à telle distance plutôt qu'à telle autre, elle ne nous apparaît à aucune distance, et par suite elle ne s'extériorise pas. Mais M. Bain lui-même va nous fournir la réponse à cette difficulté.

Le raisonnement de Berkeley repose évidemment sur la supposition que la sensation visuelle est une sensation toute passive et toute brute. Or il s'en faut de beaucoup qu'il en soit ainsi. C'est une erreur absolue, suivant M. Bain, de considérer la sensation visuelle comme une simple impression produite par l'objet extérieur sur la rétine. A cette impression viennent, au contraire, s'adjoindre les sensations multiples et prodigieusement délicates auxquelles donnent lieu les divers mouvements des muscles oculaires. Ces mouvements se produisent lorsque, l'objet apparaissant, l'œil s'adapte de lui-même pour en obtenir la vision la plus nette possible suivant la distance ; et par conséquent, il est faux de dire qu'un objet lumineux nous donne toujours la même sensation, à quelque distance qu'il se trouve.

Ainsi certains mouvements internes des yeux donnent lieu en nous à la représentation dans le sens transversal d'étendues qui demeurent indéterminées, parce qu'elles varient sans cesse : d'autres mouvements du même genre donnent lieu à la projection des

---

[1]. *Nouvelle théorie de la vision*, § 2.

images dans le sens de la profondeur à des distances qui demeurent également indéterminées pour la même raison. On voit que l'analogie est parfaite, comme nous le disions plus haut, entre les deux perceptions; ce qui du reste était certain d'avance et inévitable, en raison de l'absolue homogénéité de l'espace, et de l'impossibilité d'établir une distinction quelconque de nature entre l'une des trois dimensions et les deux autres.

41. Caractère symbolique des perceptions visuelles. — La vue nous révèle donc directement des étendues visibles, tant dans le sens de la profondeur que dans le sens transversal; mais elle est incapable de nous faire connaître par elle-même des dimensions et des grandeurs, même des dimensions et des grandeurs relatives, ainsi que le prouve l'observation faite par le docteur Dufour et que nous avons rapportée. C'est, il faut le redire encore, le mouvement seul qui mesure l'étendue. Par conséquent, si nous pouvons juger, rien que d'après nos perceptions visuelles, quelle distance existe entre deux points que nous apercevons, c'est que l'image que nous avons sous les yeux nous est un signe de la possibilité d'exécuter, de l'un de ces points à l'autre, un mouvement d'une amplitude donnée. Ainsi, à l'égard des intervalles et des distances, c'est-à-dire à l'égard de la quantité des étendues en général, il n'y a dans tout ce que nous fournit le sens de la vue que des signes, qu'il nous faut interpréter en nous référant à l'expérience que nous avons faite antérieurement des mouvements nécessaires pour parcourir ces étendues.

Cependant, dans la perception visuelle tout n'est pas signe des distances et des grandeurs au même degré ni de la même manière. Nous sommes devant un objet, à la distance qu'il faut pour le voir, comme on dit, *en vraie grandeur*, c'est-à-dire assez près pour que son image ne soit pas rapetissée à nos yeux. Cette image nous fait connaître le mouvement qu'il y aurait à faire pour passer d'une extrémité de l'objet à l'autre, et à ce titre elle est un signe, et non une perception effective de la vraie grandeur; mais c'est un signe du premier degré, c'est-à-dire un signe révélant immédiatement la vraie nature de la chose. L'objet s'éloigne, son image diminue, et néanmoins je reconnais encore la grandeur de l'objet. C'est que l'image diminuée m'est un signe de l'image que j'obtiendrais si j'étais à la distance où l'on perçoit *en vraie grandeur*. L'image diminuée est donc *le signe d'un signe,* ou un signe du second degré. A l'égard de la profondeur, c'est la même chose. Certaines circonstances telles que l'état musculaire de mes yeux, le plus ou moins de netteté de l'image, etc., me déterminent à projeter à cent pas de moi dans l'espace un objet que je perçois; ce sont donc des signes de la nécessité de projeter à cent pas. Mais la projection de l'image à cent pas n'est pas une perception directe de cent pas en profondeur; c'est simplement la représentation de cent pas à faire pour atteindre l'objet. Donc la projection de l'image à cent pas est un signe de la distance, non la perception de la distance même; et comme ce signe évoque immédiatement l'idée de la chose signifiée, c'est un signe du premier degré. Quant à l'état musculaire des yeux, à la netteté plus ou moins grande de l'image, etc., qui ne m'indiquent que la manière dont l'image doit être projetée, ce sont des signes du second degré.

On remarquera que pour la profondeur le signe du premier degré suppose toujours avant lui le signe du second degré, tandis qu'il n'en est pas de même pour les dimensions transversales, puisque, lorsque nous percevons directement en vraie grandeur, l'image de l'objet en vraie grandeur n'a pas à nous être suggérée par telles ou telles circonstances.

42. Interprétation des signes que nous fournit la vue. — Comment se fait l'interprétation des signes que nous fournit la vue, soit quant à la profondeur de l'espace, soit quant à l'étendue tranversale? A l'égard des signes du premier degré, il ne saurait y avoir de difficulté. L'image d'un objet m'apparaît projetée dans l'espace : pour mesurer la distance de cet objet à moi j'ai un moyen simple, qui est de parcourir la distance en question. Pour l'étendue transversale le procédé est le même; c'est-à-dire que, pour mesurer une surface que je perçois en vraie grandeur, je n'ai qu'à exécuter un mouvement ou du bras, ou de la main, ou du corps entier, de l'une des extrémités de cette surface à l'autre. Mais l'interprétation des signes du second degré est un peu plus complexe. Il y aura ici à considérer séparément le cas de l'étendue transversale et celui de la profondeur.

J'aperçois dans le lointain une maison, par exemple, et je lui attribue, me fondant sur ce que j'en vois, de certaines dimensions. Cela revient à dire : Je juge que, si j'étais à quelques mètres seulement de cette maison, j'éprouverais la sensation que peut produire en moi une maison de telles dimensions vue en vraie grandeur. Qu'est-ce qui détermine mon jugement à cet égard? Des facteurs multiples peuvent contribuer à la constitution de ce jugement. D'abord j'ai peut-être quelques indications sur la grandeur vraie de cette maison : par exemple, je puis compter les fenêtres et les étages. Dans ce cas, l'image d'une maison de tant de fenêtres et de tant d'étages est vivement évoquée en moi, et c'en est assez pour me renseigner sur la grandeur de la maison que j'ai sous les yeux. Il en sera de même pour tout objet de grandeur connue, et dont les dimensions ne peuvent guère varier, comme un homme ou un cheval. Si l'objet est de grandeur inconnue, je n'ai plus guère qu'une ressource, c'est d'apprécier sa distance. Plus j'aurai lieu de juger que cette distance est grande, plus je devrai estimer grand l'objet en question.

Pour la profondeur de l'espace, l'observation en est, pratiquement, plus délicate, mais aussi les moyens d'information dont nous disposons sont plus nombreux et plus variés. D'abord il y a des moyens secondaires, tels que la grandeur apparente de l'objet, si sa vraie grandeur est connue ; par exemple, suivant la grandeur que prend à nos yeux l'image d'un homme, nous pouvons juger assez aisément à quelle distance de nous il se trouve. Puis il y a le plus ou moins de distinction de l'image, le plus ou moins de netteté des contours, en tenant compte de l'état de l'atmosphère, et enfin l'énumération rapide des objets interposés entre l'objet considéré et nous ; par exemple, des mètres de pierres ou des arbres sur une route, quelques légers monticules dans une plaine, des vagues à la surface de l'eau, peuvent nous être de précieux points de repère. Mais le signe par excellence de la distance en profondeur, c'est l'état musculaire des deux yeux. Les yeux, en effet, s'adaptent spontanément à la vision la plus nette possible des différents objets suivant la distance, et cette adaptation donne lieu à des états musculaires différents dont nous avons conscience. Ainsi, lorsqu'un objet s'éloigne, les cristallins des yeux s'aplatissent pour donner lieu à une moindre réfraction des rayons visuels ; l'angle que forment les deux axes visuels devient plus aigu ; les deux images rétiniennes, assez différentes l'une de l'autre quand l'objet était plus proche, deviennent de plus en plus semblables. Sans avoir une connaissance distincte de tous ces changements, nous en avons un certain sentiment, et c'est ce sentiment qui nous avertit, après une longue série d'expériences, cela va sans dire, que l'objet est à telle distance, et que nous devons reporter son image dans l'espace de telle façon. Au début, nous éprouvions toutes ces impressions, comme à l'heure actuelle, mais elles ne nous instruisaient pas, parce que nous n'en connaissions pas la signification. Mais, depuis, nous avons appris que lorsque l'état musculaire de l'œil est tel, l'objet est à telle distance ; c'est pourquoi, sitôt que nous éprouvons à nouveau cet état musculaire, nous jugeons de suite de la distance de l'objet, sans avoir besoin de mesurer cette distance, comme nous faisions avant de la connaître. Il y a là un simple phénomène d'association et de suggestion spontanée des idées. Le sentiment musculaire et la notion de la distance étant associés dans notre esprit, quand ce sentiment se reproduit, il éveille le souvenir de la distance.

Quant à l'utilité de la substitution des perceptions symboliques aux perceptions symbolisées, elle est aisée à comprendre. La grandeur de l'image, la netteté de ses contours, l'état musculaire de mes yeux quand je la regarde, tout cela m'est donné immédiatement. Il m'est donc très avantageux de pouvoir juger de la distance en profondeur d'après toutes ces impressions, au lieu de la mesurer d'une manière effective. La connaissance que je prends par là de cette distance n'est qu'indirecte à la vérité, mais elle est suffisamment sûre, et surtout, ce qui est capital, elle est rapide, tandis que la constatation directe ne peut se faire que lentement et péniblement. On peut dire de l'œil la même chose que de l'homme : il a tout à apprendre. Mais, quand il a appris, c'est un organe merveilleux, parce qu'il embrasse tout et qu'il résume tout. Grâce à lui nous pouvons, sans bouger de place, parcourir et mesurer l'espace tout entier.

43. Caractère symbolique des perceptions tactiles et musculaires. — Tout ce que nous venons de dire au sujet du caractère symbolique des perceptions visuelles pourrait se répéter, sauf les changements convenables, au sujet des perceptions tactiles et musculaires. De même que l'œil, en recevant l'impression d'une masse de points lumineux, connaît directement l'étendue visuelle sans pouvoir en apprécier les dimensions, la main, se trouvant en contact avec une masse de points résistants, connaît l'étendue tactile sans pouvoir juger de sa grandeur. Et les procédés par lesquels les deux sens s'instruisent sont analogues ; c'est-à-dire que les perceptions du tact, comme celles de la vue, nous deviennent, après une expérience suffisante, des signes du mouvement qu'il y aurait à faire pour parcourir l'objet perçu, et par là nous en fournissent accidentellement la mesure. Enfin, l'analogie se poursuit encore si l'on considère les sensations musculaires des deux organes. Les états musculaires de nos yeux nous font connaître des distances soit en superficie, soit en profondeur, lorsque nous en avons appris la signification. Les états musculaires de nos membres, c'est-à-dire certains écartements des doigts, des bras, des jambes, nous révèlent de même des intervalles lorsque nous en savons la signification. On peut comprendre par là déjà que, contrairement à un préjugé très répandu, le tact n'a aucun privilège sur la vue pour la perception de l'espace.

CHAPITRE II

DE LA PERCEPTION EXTÉRIEURE (SUITE)

44. La perception de l'espace chez les clairvoyants et chez les aveugles. — Mais toutes ces considérations ne sont encore que préliminaires. Il reste à savoir, et c'est évidemment l'essentiel, comment et par quel sens nous percevons l'espace. Comme le sens de la vue prend une grande part à cette perception chez tous ceux qui voient, le problème général de la perception comporte nécessairement deux questions distinctes : comment la perception de l'espace se constitue-t-elle 1° chez les clairvoyants, 2° chez les aveugles ; mais nous pouvons nous contenter de traiter ici la première.

45. Deux théories possibles sur la perception de l'espace. — Ce principe fondamental une fois admis, que l'amplitude d'une étendue n'est connue que par le mouvement, et que la notion que nous prenons d'un intervalle donné c'est la notion même du mouvement nécessaire pour le parcourir, on a le choix entre deux hypothèses : ou bien le mouvement par lequel nous connaissons l'espace est le mouvement de notre propre corps, et, par suite, ce qui nous instruit à cet égard c'est le sentiment que nous avons de la locomotion de nos membres, ou bien c'est le mouvement d'un corps quelconque, soit d'un corps étranger, soit de notre propre corps, le mouvement de notre propre corps étant perçu en quelque sorte du dehors, comme le serait le mouvement d'un corps étranger.

De ces deux solutions, la première paraît la plus naturelle ; aussi a-t-elle été adoptée par la majorité des psychologues, et particulièrement par les psychologues de l'école anglaise contemporaine, qui en ont donné une théorie très étudiée. C'est pourtant la seconde qui est la vraie, à notre avis, pour des raisons que nous allons faire connaître.

46. Théorie de l'école anglaise. — Quel est le sens par lequel nous percevons les mouvements de notre propre corps ? On peut juger que c'est la vue; car il semble que nous voyons nos mouvements lorsque nous nous mouvons. Mais cette opinion ne saurait être adoptée par les psychologues de l'école anglaise. En effet, à l'égard de la vue, le mouvement d'un de nos membres ne présente rien de particulier ni de distinctif dans la somme des mouvements qui se produisent autour de nous : je vois le mouvement de ma main comme je verrais le mouvement de la main d'un autre; et si, pour en juger, je n'avais que mes yeux, je devrais considérer ces deux mains comme m'étant également étrangères. Ainsi, vouloir que le mouvement soit perçu par la vue, c'est vouloir que nous percevions le mouvement de notre propre corps comme nous percevrions celui d'un corps quelconque, et c'est adopter la seconde des solutions dont nous avons parlé, celle que l'école anglaise repousse. Du moment que les mouvements de notre propre corps sont supposés avoir, pour nous faire connaître l'espace, un privilège sur ceux des corps étrangers, il faut admettre que nous avons de ces mouvements un sentiment qui nous les révèle comme nôtres, et, par conséquent, un sentiment plus intime que celui auquel peut donner lieu l'exercice de la vue.

Ce sentiment, c'est ce que M. Bain a appelé le *sentiment musculaire*. Voici ce que l'auteur désigne par cette expression. Supposons que j'étende l'un de mes bras vers la droite. A cette position correspond en moi un état de conscience particulier dû à l'état des muscles de mon bras : voilà le *sentiment* ou la *sensation musculaire*. Que maintenant je ramène mon bras d'un mouvement continu de la droite vers la gauche, j'éprouverai dans chacune des positions qu'il occupera une sensation particulière et nettement différenciée de toutes les autres, à tel point que, dans l'obscurité absolue, je pourrai savoir, rien que par la sensation musculaire éprouvée, comment mon bras est placé. En même temps que j'ai conscience de la série de mes sensations musculaires, j'ai conscience aussi de la vitesse plus ou moins grande avec laquelle cette série se déroule, et du temps que dure ce déroulement. Or, quand on sait la vitesse d'un mouvement et le temps que ce mouvement a duré, on a par là même la connaissance de l'espace parcouru. Le mouvement de notre bras de droite à gauche nous fait donc connaître l'intervalle qui sépare les positions extrêmes de notre main dans ce mouvement, c'est-à-dire une portion de l'espace total. D'autres mouvements du bras, de haut en bas par exemple, nous révèlent d'autres portions de l'espace, et enfin, le mouvement du corps entier par le moyen des jambes nous permet de parcourir, et par suite de connaître, toutes les régions de l'espace et toutes les distances qui séparent les différents objets. Telle est la théorie que nous avons à discuter.

47. Discussion de cette théorie. — Cette théorie est inacceptable, et cela pour plusieurs raisons.

D'abord il est manifeste que c'est une théorie radicalement empiriste. En effet, si ce sont les sensations musculaires auxquelles donne lieu la locomotion de nos membres qui nous font connaître l'espace, comme ces sensations n'admettent entre elles qu'un rapport de succession, et excluent tout rapport de simultanéité, il est clair que nous percevons l'espace point par point, comme le veut l'empirisme, et que nous n'avons jamais l'intuition simultanée d'une étendue quelconque, si petite qu'elle puisse être. En réfutant l'empirisme absolu d'une manière générale, nous avons donc du même coup réfuté la théorie suivant laquelle l'espace serait perçu par le sens musculaire, du moins perçu de la manière dont l'entend M. Bain.

En second lieu, c'est une conséquence de la même théorie que nous ne voyons l'espace en aucune manière, pas plus que nous ne l'entendons. En effet, si la notion d'espace est constituée par une série de sensations musculaires actuelles, ou par le souvenir d'une telle série, l'espace ne peut pas se voir, puisqu'une sensation des muscles ne peut évidemment être objet de vision. Aristote, il est vrai, croyait que certaines qualités des corps, et l'espace en particulier, pouvaient être perçues indifféremment par plusieurs sens, de sorte qu'il appelait ces qualités des *sensibles communs*, par opsition à celles qui ne peuvent être perçues que par un seul sens, comme la couleur, le son, etc., et qu'il appelait des *sensibles propres*. Mais c'est qu'Aristote, lorsqu'il parlait ainsi, considérait les qualités sensibles comme des *objets* pour nos sensations, ce qui est une grave erreur. En effet, comment une sensation pourrait-elle nous révéler autre chose qu'elle-même? On comprend qu'elle le puisse lorsque la sensation est associée dans notre esprit avec l'idée de l'objet qu'elle doit nous rappeler, et lorsque, par conséquent, nous avons eu déjà quelque connaissance de cet objet; mais que la sensation nous fasse connaitre quelque chose de différent d'elle-même et de tout à fait inconnu, cela est impossible. Quoi qu'en aient dit les Stoïciens, et après eux les Écossais, il ne peut pas exister de signes proprement *révélateurs*. Or, qu'on le remarque bien, pour que nos sensations pussent nous faire connaitre des qualités des corps qui seraient comme leurs objets ou leurs contenus, il faudrait que nos sensations fussent proprement des *signes révélateurs*. Ainsi les qualités sensibles ne sont pas manifestées par nos sensations, elles sont nos sensations elles-mêmes : la couleur n'est pas l'objet ni le contenu de la sensation visuelle, *elle est la sensation visuelle*. Donc, par le fait qu'un son n'est pas une odeur, ni une résistance une couleur, l'hypothèse que l'espace est perçu par le sens musculaire exclut absolument l'hypothèse qu'il le soit par la vue. Là-dessus, du reste, les psychologues anglais sont parfaitement d'accord avec nous. Mais peut-on dire vraiment que l'espace ne se voit pas? et n'est-il pas certain, au contraire, que les images visuelles occupent un lieu dans l'espace, qu'elles s'y étendent et s'y étalent? Dès lors, comment prétendre qu'elles sont étrangères à l'espace? Berkeley le dit cependant, et soutient que l'espace visuel est un fantôme d'espace qui n'a rien de commun avec l'espace véritable. Mais à cela on peut répondre que c'est pourtant à ce fantôme d'espace que se rapportent toutes nos représentations, toutes nos sensations, et même tous nos mouvements; car, si je me meus, c'est par rapport à des images visuelles que mon déplacement me paraît s'effectuer; si je prends une direction, c'est la vue qui me l'indique. Illusoire tant qu'on voudra, l'espace visuel est celui dans lequel nous vivons par nos perceptions. La place qu'il occupe dans notre conscience est même tellement prédominante, qu'on n'y peut plus retrouver le moindre vestige de la notion d'un espace musculaire, à supposer qu'une telle notion ait jamais pu s'y former, ce que nous contestons, puisque, encore une fois, l'idée d'espace est visuelle ou musculaire, mais ne peut pas être l'un et l'autre. M. Bain soutient que juger de la distance qui nous sépare d'un objet dont nous percevons l'image visuelle, c'est se représenter la série des sensations musculaires par lesquelles nous aurions à passer pour franchir cette distance; mais la conscience ne dit rien de semblable. Sans doute, juger que le pied d'un arbre est à dix pas, c'est juger qu'il y aurait dix pas à faire pour l'atteindre; mais l'image que j'ai dans l'esprit de chacun des dix pas que je ne fais pas, et que je pourrais faire, est une image visuelle, non une image musculaire : je vois en esprit l'amplitude de mon pas, je ne la sens pas à titre de souvenir musculaire. Et ce qui prouve bien qu'il en est ainsi, c'est qu'il est indifférent de mesurer une distance soit avec son propre pas, soit avec le pas d'autrui, soit avec un mètre. Or il est évident que le pas d'autrui et un mètre sont des mesures visuelles. Dire que nous n'avons de l'espace aucune idée visuelle est donc une erreur absolument manifeste.

Enfin il est facile de prouver, contrairement à ce que prétend Berkeley, que les couleurs sont dans l'espace véritable, — nous voulons dire dans l'espace où sont effectivement contenus les corps, abstraction faite de la question de savoir par quel sens cet espace peut être perçu, — et que chacune d'elles y occupe précisément la même position que le corps qu'elle manifeste à nos yeux. M. Bain lui-même accorde implicitement ce fait, par lequel est ruinée la théorie de l'école anglaise, lorsqu'il écrit en substance ceci [1] : « Soient deux flammes de bougies donnant deux points lumineux. J'ignore à première vue quelle distance sépare ces deux flammes ; mais je le saurai *si je puis mouvoir mon bras de l'un à l'autre des deux points lumineux que j'aperçois.* » N'est-ce pas là, en effet, avouer que les deux points lumineux sont dans l'espace, puisque le mouvement que j'effectue de l'un à l'autre est assurément lui-même dans l'espace, et avouer de plus que l'image visuelle de chacun d'eux coïncide exactement avec la flamme qui lui correspond ?

Il est vrai qu'il y a à cette conclusion une objection qui paraît au premier abord considérable : c'est que souvent nous voyons les objets dans des situations qui ne sont pas leurs véritables situations dans l'espace. Mais cette objection se résout facilement par la distinction de la vision de *fait* et de la vision de *droit*. Tout ce que nous soutenons, c'est que l'espace est pour les clairvoyants un objet de perception visuelle. *En droit* donc, tous les corps apparaissent à nos yeux situés précisément là où ils se trouvent en effet. Qu'après cela des circonstances particulières, comme la présence de milieux translucides, viennent altérer cette vision de droit, et la transformer en une vision de fait dans laquelle la situation des images est autre que celle de leurs objets, c'est là un accident dont il n'y a pas à s'occuper au point de vue de la théorie générale de la perception. Si la lumière n'était pas réfractée par l'atmosphère qui enveloppe notre terre, nous verrions les astres là où ils sont, au lieu de les voir à une place différente : cela suffit pour que l'on puisse dire avec vérité que l'espace est perceptible à nos yeux, et que les situa-

---

1. *Les sens et l'intelligence*, p. 333.

tions que nous voyons les corps y occuper sont leurs situations véritables.

48. La notion qu'ont les clairvoyants de l'espace est purement visuelle. — Ainsi nous percevons l'espace visuellement, et, du moment que nous percevons l'espace visuellement, il est impossible que nous le percevions musculairement, puisque, comme on l'a vu plus haut, il ne peut pas y avoir d'objet commun à deux sens différents. Chez les clairvoyants donc la notion d'espace est due purement et exclusivement au sens de la vue. D'où il résulte que, si nous percevons et mesurons l'espace, c'est par des mouvements *vus*, non par des mouvements *sentis*, et conséquemment par le mouvement en général, non par un mouvement qui soit exclusivement nôtre et qui soit perçu en tant que tel.

Est-ce à dire pourtant que les sensations musculaires ne puissent nous faire connaître l'espace à aucun titre et d'aucune manière ? Non. Les sensations musculaires peuvent, au contraire, nous avertir que nous nous mouvons, et il est certain que, dans l'obscurité ou les yeux fermés, nous connaissons la position de nos membres d'après le sentiment que nous avons de l'état de nos muscles ; seulement les images évoquées en nous par ce sentiment sont toujours visuelles, et jamais musculaires. En fait, lorsque je me meus, j'ai bien l'idée du mouvement que j'exécute, même si je ne le vois pas des yeux de mon corps ; mais c'est qu'alors je le vois des yeux de mon esprit et en imagination. Je juge bien d'un intervalle par l'écartement de mes bras et de mes jambes ; mais l'image qu'éveille en moi la sensation de l'écartement de mes membres est toujours une image visuelle. Il y a donc réellement, comme le veut l'école anglaise, entre les sensations visuelles et les sensations musculaires un rapport de signe à chose signifiée ; mais ce rapport est précisément l'inverse de ce que prétend M. Bain ; c'est-à-dire que ce ne sont pas les sensations visuelles qui rappellent les sensations musculaires, mais au contraire les sensations musculaires qui rappellent les sensations visuelles.

49. En quel sens on peut dire que nos sensations visuelles ne nous font connaître l'espace que d'une manière symbolique. — Comment accorder cette solution avec ce qui a été dit plus haut, que la connaissance de l'espace par le moyen des sensations visuelles n'est pas immédiate, parce que la vue ne saurait nous révéler à l'avance quel mouvement il y aurait à effectuer pour franchir tel intervalle? La conciliation se fait le plus simplement du monde, comme on va le voir.

Quand nous disons que l'espace, du moins pour les clairvoyants, est de nature visuelle, cela signifie qu'il peut devenir objet de perception pour nos yeux, et cela par lui-même. Un son, une odeur, le sentiment particulier qui répond à la contraction d'un muscle, ne le peuvent pas; mais l'espace le peut, disons-nous. Du moment en effet que l'espace est objet pour nous de perception sensible, il faut bien que, par sa nature, il fasse partie du domaine de quelqu'un de nos sens. Or le sens au domaine duquel il se rattache c'est, suivant nous, la vue. Mais cela ne signifie nullement qu'il suffise d'ouvrir les yeux pour connaître l'espace immédiatement et d'une manière parfaite. Les sensations visuelles ont besoin d'être interprétées. Ce que nous soutenons simplement, c'est qu'elles le sont en d'autres sensations visuelles, et non pas en sensations musculaires ou tactiles. Un homme ouvre pour la première fois les yeux à la lumière : ses sensations, considérées en elles-mêmes, sont exactement ce que seraient celles d'un clairvoyant depuis longtemps exercé; et pourtant on peut dire qu'il ne voit rien, parce qu'il ne connaît pas le sens de ce qu'il voit. Plus tard, quand il aura acquis l'expérience nécessaire, il verra encore les mêmes choses, mais il les verra tout différemment, parce que ses sensations éveilleront en lui une multitude d'idées, et lui révéleront une foule de choses. Par exemple, telle image qui n'est à l'origine que l'image de deux points brillants, me fait connaître, lorsque j'en ai appris la signification, quelle direction j'aurais à prendre, et combien de pas j'aurais à exécuter, d'abord pour me rendre d'où je suis à l'un de ces points, et ensuite de ce point à l'autre. La vision des deux points brillants évoque donc dans mon esprit d'une manière très rapide, et presque sans que j'en aie conscience, toute une série d'images qui constituent ma connaissance des grandeurs, des distances, des directions, etc. ; mais les images ainsi évoquées sont visuelles, c'est-à-dire que je me représente visuellement le mouvement à faire pour aller de tel point visible à tel autre. Nos perceptions visuelles sont des symboles, mais ce qu'elles symbolisent ce sont encore des perceptions visuelles.

Cela suppose qu'en dehors de ces perceptions visuelles dont il a été question dans le chapitre précédent, et qui ne nous font point connaître l'espace d'une manière directe, mais seulement d'une manière détournée et symbolique, il en est d'autres par lesquelles l'espace nous est révélé immédiatement, et d'une manière en quelque sorte absolue. Ces dernières sont les perceptions que nous avons des différents mouvements par lesquels l'espace est parcouru autour de nous par les différents corps de la nature, et ce sont ces perceptions qui sont symbolisées par les premières, lesquelles sont par là symboliques. Par exemple, j'ai l'image d'une tour dans le lointain. La teinte de l'objet avec la dégradation des couleurs, l'aspect des objets interposés, la sensation que j'ai de l'état musculaire de mes yeux quand je regarde la tour, tout cela est immédiat, et tout cela m'est un signe de la nature de l'objet et de sa distance : voilà la perception symbolique. Mais je me mets en marche, ou je vois marcher quelqu'un pour se rendre à cette tour : ce mouvement est une chose qui m'instruit de l'espace directement, et non d'une manière détournée. Cette fois j'acquiers la connaissance des choses elles-mêmes : voilà la perception symbolisée.

50. La localisation de nos sensations hors de nous. — Nous venons d'étudier la perception de l'espace d'une manière générale, et par là nous pouvons nous rendre compte de la manière dont on perçoit les grandeurs, les figures et les situations des différents corps. Mais un corps n'est pas seulement une portion de l'espace total située en tel lieu et présentant telle configuration. L'étendue, qui est sa propriété fondamentale, n'est pas en lui toute pure et toute nue. Cette étendue est colorée, résistante, elle a une certaine température, une certaine consistance, etc., et elle apparaît comme telle à nos sens. Il est donc nécessaire d'expliquer comment, après avoir perçu les corps en tant qu'étendus, nous les percevons en tant que colorés, résistants, chauds ou froids, etc.

D'abord il est certain que toutes ces qualités, qui sont les qualités secondes, n'appartiennent point aux corps eux-mêmes : on en a vu plus haut les raisons. Ce que nous appelons la perception de telle qualité, de la couleur par exemple, d'un corps, n'est donc pas autre chose que l'*attribution* faite par nous à ce corps de ce qui en soi n'est que notre sensation à nous-mêmes. Percevoir un corps comme coloré, c'est détacher de soi en quelque sorte l'état purement subjectif produit par l'action de ce corps sur le sujet sensible, et en revêtir ce corps lui-même, en en faisant une chose qui désormais lui appartiendra, et non plus à nous. Dès lors la vraie question de la perception des qualités secondes des corps revient à rechercher comment nos sensations se détachent de nous pour se porter sur les corps extérieurs, autrement dit, comment elles se *localisent* dans l'espace.

Que cette localisation soit illusoire, toute nécessaire et toute bien fondée qu'elle est, c'est ce que nous venons de reconnaître, et ce dont tous les psychologues sont d'accord. Mais où les divergences commencent, c'est lorsqu'il s'agit de déterminer la manière dont cette localisation se produit. Plusieurs en font un résultat de l'association des idées et de l'habitude. M. Taine, par exemple, pense que la sensation d'étendue est distincte de la sensation de couleur, et que, si nous rattachons telle impression de couleur à telle étendue déterminée, c'est par une opération spéciale, dont il décrit le mécanisme, et dont l'association et l'habitude font à peu près tous les frais[1]. A notre avis, cette opinion est inacceptable. La sensation de la couleur et celle de l'étendue sont inséparables l'une de l'autre, non seulement *en fait,* mais encore *en droit;* c'est-à-dire qu'il ne suffirait pas d'alléguer, comme c'est peut-être la pensée de M. Taine, qu'en fait les deux sensations ne sont jamais séparées, et que, lorsque la sensation d'étendue se constitue, la sensation de couleur vient toujours s'y adjoindre et faire corps avec elle : il faut aller plus loin, et dire que les deux sensations sont formées par un seul et même processus, comme on voit la laine et la soie ne former qu'un seul et même tissu ; de sorte que l'une des deux ne pourrait pas se constituer sans l'autre. Il n'y a donc pas lieu de rechercher avec M. Taine comment s'opère l'adjonction de la couleur à l'étendue : couleur et étendue ne font qu'un dans notre perception ; et la même chose est vraie à l'égard de la résistance, de la température et des autres qualités sensibles. Une exception toutefois doit être faite pour les sons, et peut-être pour les odeurs. C'est que les sons et les odeurs nous apparaissent, non point comme des qualités appartenant aux corps sonores et aux corps odorants, mais comme des impressions purement subjectives de notre sensibilité. Si donc nous les localisons dans l'espace, où naturellement ils n'ont point de place, c'est après coup, et par un processus à part. Ce qu'on vient de dire n'est applicable qu'aux qualités qui nous sont données par les sens comme inhérentes aux corps que nous percevons, et par conséquent ne concerne pas les sons ni les odeurs.

51. La localisation de nos sensations dans notre

---

1. *De l'Intelligence,* t. II, p. 145.

propre corps. — Mais ce n'est pas seulement dans le monde extérieur que nous localisons nos sensations, c'est encore dans notre propre corps, et cela est vrai surtout des sensations de plaisir et de douleur. Par exemple, nous disons souvent : J'ai mal à la tête ; j'ai mal à la main. Que cette localisation soit illusoire comme la précédente, c'est ce qui n'est pas douteux. Si nous avions réellement mal dans notre tête ou dans notre main, il faudrait dire qu'un état de conscience peut être dans l'espace, ce qui est absurde. Du reste, une multitude de faits prouvent que nous n'avons de sensations réelles dans aucune partie de notre corps, et, particulièrement, ce fait bien connu que les amputés, vingt ans quelquefois et plus après l'opération subie, se plaignent de fourmillements, d'élancements, etc., dans le membre qu'ils n'ont plus. Mais, tout illusoire qu'elle est, la localisation de nos sensations a besoin d'être expliquée, puisqu'elle est un fait.

On y peut distinguer trois stades successifs.

D'abord, à la différence de nos états purement intellectuels, jugements, raisonnements, etc., qui ne se situent jamais en aucune manière, toutes nos sensations affectives sont représentées dans notre conscience comme des états de notre corps, et par conséquent elles y prennent d'elles-mêmes et nécessairement une certaine situation. Quant à l'endroit où elles se localisent, c'est l'extrémité périphérique du nerf sensitif dont l'ébranlement les a produites. On peut le prouver par plusieurs faits d'expérience. Si l'on excite le nerf cubital dans une partie intermédiaire de son parcours, par exemple au coude, où il vient presque affleurer à la peau, la commotion nerveuse que l'on ressent se situe, non pas au coude, mais à l'extrémité du nerf, c'est-à-dire dans les deux derniers doigts et dans la paume de la main. Nous venons de citer les illusions des amputés ; ce sont encore des faits à l'appui de ce que nous avançons, puisque ces illusions prouvent que les sensations se localisent, non pas même à l'extrémité actuelle, mais à l'extrémité primitive et normale du nerf sensitif quand le corps était intact. Plusieurs psychologues ont contesté que ce premier stade de la localisation fût immédiat et spontané. Cela revenait à dire que nous n'avons de notre corps aucun sentiment inné. Mais, à supposer que la sensation fût, à son origine, totalement étrangère au corps et sans lien avec lui, comme est un jugement, par exemple, on se demande par quel artifice il nous serait possible de l'y faire entrer, même d'une façon purement illusoire; et comment, d'autre part, si aucune de nos sensations ne nous révélait directement notre corps, l'idée même de ce corps pourrait jamais naître en nous. Il n'y a donc aucun doute possible à ce sujet : la localisation de nos sensations affectives dans notre corps en général, et même aux extrémités des nerfs sensitifs, est un fait immédiat et inhérent à la nature de ces sensations elles-mêmes.

Toutefois il est certain que ce premier stade de la localisation ne nous instruit absolument pas de la nature ni de la position du membre affecté d'une manière agréable ou pénible; de sorte que, dans les cas où le sujet s'y arrête, il souffre, par exemple, dans son corps, sans pouvoir dire où il souffre. La raison en est aisée à comprendre. Toute situation est nécessairement relative, et pour que l'on puisse assigner à une partie sa position dans un tout, il faut qu'on ait de ce tout au moins une idée topographique générale. Par exemple, si, étant plongé dans une obscurité profonde, et ne sachant pas vers quel côté de l'horizon vous êtes tourné, vous voyez une lueur surgir à votre droite ou à votre gauche, vous ne pouvez pas savoir si cette lueur est au nord ou sud. C'est ici la même chose. Pour que l'on puisse assigner dans son corps une situation à la sensation qu'on éprouve, il faut que l'on ait de ce corps une représentation totale. La localisation primitive et spontanée en appelle donc une autre qui la précise et qui la complète. Celle-ci constitue ce que nous avons appelé le troisième stade de la localisation en général. Mais, avant d'y arriver, nous avons à considérer un autre stade également préparatoire à la localisation définitive et parfaite.

Quand on éprouve une sensation comme une piqûre, une brûlure, une démangeaison, il est naturel de porter les mains à l'endroit du corps qui fait mal. Au début de notre expérience l'exploration par la main se fait au hasard; mais, dans son mouvement, la main finit par rencontrer le point douloureux, ce dont le sujet est averti par une modification de la sensation qu'il éprouve. Dès lors, une association s'établit entre le souvenir de telle douleur particulière et l'idée du mouvement à effectuer pour porter la main à l'endroit où cette douleur a lieu; de sorte que, la même douleur se reproduisant, on portera la main de suite et sans tâtonnements sur la partie lésée. Et ce n'est pas seulement la même impression qui donnera lieu au même mouvement, c'est encore une impression toute différente, pourvu que celle-ci ait son siège au même endroit du corps. Les diverses impressions que nous pouvons subir en un même point de notre corps contiennent donc un élément commun qui répond exclusivement à la position de ce point dans le corps.

Cet élément, tout psychologique d'ailleurs, puisqu'il fait partie de nos diverses sensations, c'est ce qu'on appelle le *signe local*.

Quelle que soit son utilité, et quelle que soit même la précision des mouvements auxquels elle donne lieu, cette seconde forme de la localisation ne nous instruit pas plus que la première de la situation qu'occupe dans notre corps telle partie dont une lésion se fait sentir à nous; et cela, toujours pour la même raison, à savoir, que la situation des parties suppose la connaissance générale du tout. Comment donc s'obtient cette connaissance générale? Il résulte de ce qui a été dit plus haut que ce ne peut être que par la vue. C'est grâce au sens visuel seul qu'un clairvoyant se fait de son corps une idée d'ensemble, et qu'il lui donne dans sa représentation une place au sein de la nature universelle. Localiser une sensation ce sera donc se représenter visuellement le membre affecté comme partie intégrante du corps total, et situer dans ce membre la sensation que l'on éprouve. Le tact d'ailleurs a ici sa part d'action nécessaire, puisque c'est lui seul qui, par les modifications apportées à la sensation, peut nous faire reconnaître la partie du corps qui est lésée. La localisation des sensations suppose donc une exploration du corps par les yeux et la main à la fois. Quand nous avons suivi des yeux le toucher explorateur, et que nous avons reconnu la position de la main au moment où se modifiait la sensation dont nous cherchions le siège, nous situons cette sensation dans la partie que la main a touchée, et la localisation alors est achevée, et aussi complète qu'elle peut l'être.

52. Comment la sensation nous révèle un monde de corps extérieurs au nôtre. — Dans cette théorie des localisations se trouve la solution d'une question qui a quelquefois embarrassé les philosophes. Nous ne connaissons le monde extérieur que par nos sensations. Or nos sensations sont des états du moi. On s'est donc demandé comment il se fait que nos sensations, qui sont des états du moi, puissent nous révéler quelque chose qui n'est pas le moi, à savoir, le monde extérieur.

Plusieurs de ceux qui ont soulevé cette question ont cru pouvoir y répondre en faisant intervenir les principes de la raison, et particulièrement les principes de cause et de substance. Mes sensations, dit Descartes, et après lui M. Cousin, ont une cause. Cette cause n'est pas moi, puisque je ne puis rien pour les modifier. Donc cette cause est hors de moi; c'est-à-dire qu'il existe hors de moi quelque chose qui agit sur moi, et qui provoque en moi les sensations. Ainsi, c'est par une application du principe de causalité que j'acquiers l'idée de l'existence du monde extérieur.

Il y a à cette théorie plusieurs objections. D'abord, l'application du principe de causalité peut bien nous faire connaître que nos sensations ont une cause, mais elle ne nous apprend pas quelle est cette cause, laquelle demeure ainsi pour nous dans un état d'indétermination absolue. Or, dans la perception nous avons la révélation, non pas d'un monde extérieur absolument indéterminé, mais bien de certains corps ayant des propriétés déterminées. L'application du principe de causalité ne nous conduirait pas jusque-là.

En second lieu, les animaux percevant le monde extérieur comme nous, il faudra, si la théorie dont nous parlons est vraie, leur attribuer la raison, attendu qu'il serait étrange qu'une seule et même opération se fît chez nous par la raison et chez eux par un principe différent, l'instinct par exemple. On a répondu quelquefois à cela que, pour cette opération, un minimum de raison peut suffire, et que peut-être ce minimum se rencontre-t-il chez les animaux. Mais c'est là une erreur, attendu que la raison, en tant qu'elle consiste dans la connaissance et dans l'usage des principes rationnels, n'admet pas de degrés. Si donc les animaux sont raisonnables en ce sens, ils le sont autant que nous, ce que personne ne peut admettre sérieusement.

A l'égard du principe de substance, la raison qu'on a invoquée pour le faire intervenir dans la perception, c'est que « pour croire que les objets continuent d'exister, même quand nous avons cessé de les percevoir, et qu'ainsi des sensations identiques éprouvées par nous à des moments différents sont les effets d'un même objet qui a subsisté dans l'intervalle, il faut, ce semble, l'intervention du principe de substance[1] ». Rien de plus juste que cette remarque; mais le jugement sur l'identité des objets ne fait pas partie du phénomène de la perception. On peut percevoir un corps sans se rappeler qu'on l'a déjà perçu.

Concluons donc qu'aucun principe rationnel n'intervient dans la perception extérieure.

Mais alors, d'où nous vient dans la perception l'idée d'un monde extérieur à nous? Pour résoudre cette question, l'essentiel est d'en bien reconnaître le vrai sens. Or le vrai sens est celui-ci : d'où vient que nos sensations, au lieu de nous apparaître comme des états de nous-mêmes, nous apparaissent comme des objets? Et la solu-

---

1. Boirac, *la Dissertation philosophique*, p. 78.

tion qu'il en faut donner, c'est que l'extériorité apparente de nos sensations tient à la loi universelle et nécessaire en vertu de laquelle elles prennent toutes la forme de l'espace. En effet, du moment où nos sensations sont étendues et prennent la forme d'espace, elles sont *ipso facto* rendues extérieures les unes à l'égard des autres, puisque qui dit espace dit avant tout extériorité. En même temps elles sont rendues extérieures par rapport à nous-mêmes. En effet, l'extériorité par rapport à un moi spirituel, et par suite étranger à l'espace, est une chose qui n'a pas de sens. L'extériorité par rapport à nous ne peut donc être que l'extériorité par rapport à notre corps; et, comme notre corps est dans l'espace au même titre que tous les autres corps, la même loi fondamentale qui rend les corps extérieurs les uns par rapport aux autres les rend aussi extérieurs par rapport à nous.

52 bis. Perceptions acquises. — Nous avons expliqué plus haut comment les perceptions visuelles en général ne nous font connaître l'espace que d'une manière symbolique; mais ce n'est pas seulement à l'égard des distances et des autres relations auxquelles l'espace donne lieu que nos sensations visuelles peuvent prendre et prennent le caractère de signes et de symboles. En fait, chez les clairvoyants, le sens visuel, quand son éducation est complète, en vient à pouvoir donner à lui seul la connaissance de presque toutes les qualités sensibles des corps, et par conséquent à suppléer tous les autres sens. Par exemple, rien qu'à la vue nous jugeons d'une étoffe qu'elle doit être douce ou rude au toucher. Rien qu'à la vue encore nous disons d'un mets qu'il est ou n'est pas appétissant; c'est-à-dire que son aspect nous est un signe (assez trompeur du reste) des qualités qu'il aurait à l'égard du palais. La raison de tous ces faits est aisée à comprendre. Lorsque deux qualités sensibles ont été perçues simultanément par deux sens différents, les deux sensations ainsi obtenues s'associent naturellement en nous, de sorte qu'il suffira que l'une des deux se reproduise pour éveiller le souvenir de l'autre. C'est ainsi qu'outre ses *perceptions naturelles*, qui sont les couleurs et les formes visibles, le sens de la vue a des *perceptions acquises*, ou, comme disait Aristote, des *sensibles par accident*. Du reste, ce n'est pas la vue seule qui peut avoir des perceptions acquises : la connaissance que l'ouïe nous fournit quelquefois des directions et des distances est une perception du même ordre. Mais il ne paraît pas qu'il faille donner le nom de perception acquise au jugement par lequel nous disons, par exemple, qu'un fer qui nous apparaît rouge doit être brûlant. La raison en est qu'il ne nous semble pas voir la température en voyant la couleur, tandis qu'il nous semble bien voir l'étoffe comme douce, lorsque nous considérons le velours. Il n'y a proprement perception acquise que lorsque l'objet d'un sens semble passer dans un sens différent.

53. Erreurs des sens. — A la question des perceptions acquises se rattache celle des *erreurs des sens*. Un sens est infaillible sur son objet propre : ainsi la vue ne peut pas se tromper sur la couleur. En effet, si elle se trompait, quel autre sens redresserait son erreur ? On objectera à cela qu'il y a pourtant des gens qui voient mal les couleurs : par exemple, les daltonistes ne distinguent pas les unes des autres certaines couleurs complémentaires. Mais il y a là une confusion d'idées. Un daltoniste ne voit pas la couleur rouge : peut-on dire pour cela qu'il voit mal ? Nullement, mais seulement qu'il voit autrement que les autres hommes. Or, si les autres hommes voient le rouge, c'est que leurs yeux sont conformés pour cela ; ceux du daltoniste ne le sont pas ; mais chacun voit très bien suivant la conformation de ses yeux. Sans doute, s'il y avait une couleur rouge subsistant en soi, on pourrait dire que ceux qui ne la voient pas voient mal. Mais nous savons que cela n'est pas. Les couleurs n'ont qu'une existence relative à l'organe qui les perçoit ; par conséquent, il n'y a pas à leur sujet d'erreur possible.

L'erreur des sens ne peut donc être due qu'à la perception acquise, c'est-à-dire à l'association des idées. En effet, il n'est pas surprenant que l'œil, par exemple, se trompe quand il se mêle de juger des qualités sensibles qui ne peuvent être connues que par un sens différent. Du reste le contrôle dans ce cas est toujours possible : il suffit, pour l'obtenir, de faire intervenir le sens compétent. Si je juge à l'œil une étoffe douce quand elle est rugueuse, je reconnaîtrai bien que je me suis trompé en y mettant la main. Quelle est donc, d'une manière générale, la cause des erreurs des sens ? C'est que certaines apparences, ayant été perçues par nous en même temps que certaines réalités d'un ordre différent, se trouvent unies accidentellement à d'autres réalités que celles auxquelles nous étions accoutumés à les voir unies ; et comme c'est d'après ces apparences seules que nous jugeons, il est naturel que nous nous trompions. Par exemple, nous avons l'habitude de rencontrer avec le tact les objets plongés dans notre atmosphère là précisément où nous voyons leurs images. Dès lors nous devons croire que des objets placés dans un milieu différent se trouvent également là où nous les voyons; mais c'est une erreur. L'apparence visible est déformée, dans ce dernier cas, à cause du phénomène de réfraction. C'est pour cela, par exemple, que nous voyons les astres avant qu'ils soient sur notre horizon. L'artifice dont nous sommes alors victimes est celui de la nature. Mais, quelquefois aussi, l'artifice peut venir de l'homme. Supposez qu'un peintre habile ait imité sur un disque les apparences que présente une sphère de cuivre vue à 100 mètres, et qu'on vous présente ce disque à la distance de 100 mètres; il est clair que vous ne pourrez pas voir autre chose qu'une sphère de cuivre, puisque les apparences sont celles d'une sphère de cuivre, et que vous ne pouvez juger que sur les apparences. C'est là-dessus que sont fondées les illusions des panoramas et une multitude d'autres semblables.

54. Perceptions subjectives et hallucinations. — Il ne faut pas confondre avec les perceptions erronées les *sensations subjectives* ni les *hallucinations*.

On appelle sensation subjective une impression des sens qui se produit spontanément, et en l'absence de l'objet extérieur. Par exemple, les bourdonnements d'oreille, les phosphènes, les picotements à la peau, le goût d'amertume dans certaines maladies, sont des sensations subjectives. Tous ces phénomènes ne sont que les conséquents psychologiques d'états physiologiques plus ou moins morbides.

Les sensations subjectives ne produisent pas généralement en nous d'illusions quant à l'existence de leurs objets. Il n'en est pas de même des hallucinations. Celles-ci impliquent des représentations illusoires, qui persistent malgré le témoignage contraire des sens autres que le sens halluciné, et dont, presque toujours, on est dupe; de sorte que l'hallucination, sans être la folie totale, confine à la folie, et y conduit presque infailliblement si elle se répète. Par exemple, une personne qui en hypnotise une autre suggérera à celle-ci la vision d'un objet qui n'existe pas, et même dont aucun objet présent ne pourrait donner l'idée; et l'hypnotisé verra dans son imagination l'objet en question exactement comme il le verrait de ses yeux.

Il est aisé de reconnaître que l'hallucination et la perception vraie ne diffèrent en rien l'une de l'autre au point de vue psychologique, et que toute la différence existant entre ces deux phénomênes, différence qui consiste en ce que l'un a un objet physique tandis que l'autre n'en a pas, n'est pas en eux, mais dans la nature extérieure. En effet, que l'objet soit présent ou absent, l'état cérébral qui donne lieu à la représentation que nous nous en faisons est toujours le même. Donc entre les deux cas il n'y a pour la conscience aucune différence à établir, et l'on peut dire avec M. Taine (qui à la vérité ne le prend pas tout à fait en ce sens-là) que *la perception est une hallucination vraie.*

Cette proposition pourtant a été contestée. M. Janet, par exemple, allègue, pour conserver entre les deux phénomènes une différence irréductible, « qu'il n'y a pas d'exemple d'hallucination qui n'ait été précédé par l'expérience de la sensation correspondante; pas d'hallucination de la vue chez l'aveugle-né, pas d'hallucination de l'ouïe chez le sourd-muet de naissance, en un mot, pas d'hallucinations spontanées [1] ». La question est importante, parce que si l'hallucination et la perception sont identiques, il ne faudra voir dans l'une et dans l'autre que des images et des états subjectifs; tandis que si elles diffèrent, l'hallucination restant une simple image, la perception sera quelque chose de plus, et, sans cesser d'être un état psychologique, elle contiendra et enveloppera en quelque manière l'objet extérieur lui-même.

Mais la raison que donne M. Janet ne parait pas concluante. Admettons, en effet, pour un instant que les hallucinés ne se représentent jamais que ce qu'ils ont perçu autrefois, ou que des formes résultant d'un assemblage de leurs souvenirs. Ce fait, s'il est réel, s'explique très bien par la loi d'habitude, puisque, de deux états purement subjectifs dont l'un s'est produit déjà et l'autre est entièrement nouveau, le premier aura naturellement l'avantage sur le second dans cette sorte de lutte que soutiennent les unes contre les autres les forces mentales dont le choc perpétuel fait la vie consciente de l'esprit. Donc, à supposer même qu'en fait les images hallucinatoires ne soient jamais faites que de souvenirs, on n'est pas en droit de conclure de là qu'il y a une impossibilité radicale et absolue à ce qu'il en soit autrement.

Mais il faut aller plus loin, et dire que le fait invoqué ici n'est pas même certain; car qui nous garantit qu'aucun homme n'a jamais eu d'hallucinations absolument spontanées? Les cinq sens que nous possédons ne sont pas les seuls dont l'existence soit possible. On conçoit qu'il en puisse exister d'autres, et il parait même incontes-

1. *Traité élémentaire de philosophie*, p. 133.

table que certains animaux, les animaux migrateurs surtout, possèdent un sixième sens que nous n'avons pas, et dont nous ne pouvons nous faire aucune idée, le *sens des directions* dans l'espace. Or qui nous dit que, dans certains états organiques, il ne se produit pas chez l'homme des images hallucinatoires répondant à ce sixième sens? On alléguera que ceux auxquels pareille chose serait arrivée devraient s'en souvenir. Mais c'est là une erreur. Toutes nos perceptions du monde extérieur sont coordonnées entre elles, et coordonnées, si ce qui a été dit plus haut est exact, sous un groupe dominateur de perceptions telles que, par exemple, chez les clairvoyants, les perceptions de la vue. Il en est de même pour nos souvenirs, qui ne sont que des répétitions de nos perceptions; d'où il suit que toute représentation qui n'est pas susceptible d'entrer dans ce concert de nos souvenirs sans en troubler l'harmonie est incapable de subsister dans notre mémoire. Et ce qui prouve qu'il en est effectivement ainsi, c'est qu'une personne qui a vu jusqu'à quatre ans, et qui vers cet âge a perdu la vue, ne conserve absolument aucun souvenir visuel, et devient par ce fait un *aveugle-né*. C'est qu'une image visuelle ne peut avoir aucune place dans un ensemble de représentations constitué sous l'hégémonie des perceptions tactiles. Quant à ceux qui deviennent aveugles après l'âge de quatre ans, ils gardent des souvenirs visuels; mais c'est par rapport à ces souvenirs que s'ordonnent tous leurs autres souvenirs, et même leurs perceptions actuelles. Ils pensent et se représentent le monde toute leur vie à la manière des clairvoyants.

Ainsi il n'y a pas d'objections sérieuses à opposer aux raisons par lesquelles nous avons établi l'identité de nature de l'hallucination et de la perception.

55. Résumé de la théorie de la perception extérieure. — En résumé, percevoir les corps c'est, avant tout, percevoir l'espace : expliquer la perception des corps c'est donc expliquer la perception de l'espace.

L'empirisme prétend que pour percevoir l'espace et pour le mesurer, nous avons besoin de le parcourir. Le nativisme soutient que nous percevons l'espace sans mouvement de l'organe percepteur (l'œil ou la main), et que nous en apprécions les dimensions d'après la masse des points lumineux ou tactiles dont nous avons l'impression.

L'empirisme est inacceptable. En effet, l'empirisme, supposant que nous connaissons l'espace par le mouvement, suppose par là-même que nous le connaissons comme une série de points indivisibles juxtaposés les uns aux autres, ce qui est impossible, attendu que, ni comme objet de représentation ni en lui-même, l'espace ne peut être considéré comme composé d'éléments indivisibles. Ce défaut radical de l'empirisme se traduit, du reste, encore par l'impuissance où se trouve cette théorie d'expliquer comment les parties de l'espace nous apparaissent comme simultanément existantes.

Le nativisme tombe dans l'erreur inverse, pour aboutir à une impossibilité toute semblable, en supposant que nous percevons l'espace par des parties définies de grandeurs déterminées, et que ces parties, s'ajoutant les unes aux autres dans notre représentation nous constituent par là l'idée de l'espace. Or on ne peut pas plus composer l'idée de l'espace avec des étendues définies qu'avec des points indivisibles.

Il faut donc admettre que la perception de l'espace suppose un mouvement de l'organe percepteur; mais ce mouvement n'est pas un mouvement de translation à travers l'espace à percevoir. C'est, en quelque sorte, un mouvement *sur place;* et, ce mouvement étant continuel, on conçoit que l'organe doive percevoir toujours une étendue réelle, mais une étendue de grandeur instable, et jamais de grandeur définie ni déterminée. Quant à l'appréciation des dimensions d'une étendue, elle suppose effectivement, comme le veulent les empiristes, un mouvement de translation à travers cette étendue, parce qu'une étendue d'une certaine grandeur n'étant que la carrière d'un certain mouvement possible, il faut nécessairement, pour apprécier cette grandeur, connaître l'amplitude de ce mouvement, ce qui suppose l'expérience de ce mouvement même.

Il résulte de là, à l'égard des sensations visuelles, que ces sensations nous révèlent immédiatement l'étendue tant dans le sens de la profondeur que dans le sens transversal, mais qu'elles ne nous en font pas connaître les dimensions d'une manière directe, et qu'à l'égard de ce dernier objet elles ne nous fournissent que des signes qu'il nous faudra interpréter au moyen de l'expérience.

A l'égard des sensations tactiles, c'est la même chose. Ces sensations unies aux sensations musculaires de la main, comme les sensations visuelles le sont aux sensations musculaires de l'œil, peuvent bien nous faire connaître des étendues en grandeur, mais c'est seulement en tant qu'elles sont significatives des mouvements à exécuter pour parcourir ces étendues. Ainsi les perceptions tactiles, comme les perceptions visuelles, ne sont réellement instructives pour nous qu'à la condition d'avoir été précédées de mouvements qu'elles nous rappellent.

Ces considérations suffiraient pour l'explication de la perception de l'espace chez des individus qui ne posséderaient qu'un seul sens, soit la vue, soit le toucher; mais il reste à expliquer ce que devient cette perception chez des clairvoyants pourvus encore du sens tactile.

Un principe essentiel domine toute cette question : c'est qu'il est impossible qu'un même sujet perçoive l'espace par deux sens différents; de sorte que la notion d'espace chez les clairvoyants est purement tactile, ou purement visuelle; mais elle ne peut pas être tactile et visuelle à la fois.

Cela étant, on demandera si nous avons une notion tactile de l'espace. La chose est au moins fort douteuse, car l'expérience montre que tout contact, tout mouvement du corps propre, en un mot tout ce qui, en dehors de nos sensations visuelles, nous révèle l'espace, n'éveille jamais en nous que des images visuelles. Et la même chose est vraie encore pour des personnes aveugles depuis trente, quarante années et davantage, pourvu que ces personnes aient conservé quelques souvenirs visuels. Au contraire, que l'on demande si l'espace est pour nous objet de vision, aucun doute n'est possible à ce sujet. Donc nous avons sûrement de l'espace une notion visuelle, ce qui exclut l'hypothèse que nous en ayons une notion tactile. Par conséquent, le mouvement par lequel nous mesurons l'espace ne peut être qu'un mouvement *vu*.

Percevoir des corps c'est situer hors de nous des sensations de couleur, de résistance, de température, etc., qui pourtant ne sont qu'en nous-mêmes. Ces sensations nous sont données en connexion intime avec les sensations d'étendue, puisque l'étendue est la forme qu'elles prennent nécessairement pour se constituer. Dès lors l'extériorisation de ces sensations par rapport à nous est facile à comprendre, puisque le fait qu'elles sont dans l'espace implique qu'elles sont extérieures les unes par rapport aux autres, et par rapport à notre propre corps.

Nous localisons aussi dans notre propre corps nos sensations affectives. C'est que ces sensations, comme les précédentes, prennent naturellement la forme d'espace. Il faut pour cela que la vue intervienne, comme dans le cas précédent du reste, puisque c'est au sens visuel que la notion d'espace appartient. Quand donc l'image visuelle d'un point de notre corps s'est associée dans notre esprit avec le souvenir d'une douleur, par exemple, cette douleur se localise d'elle-même en ce point.

Quant aux perceptions erronées, ce sont des phénomènes faciles à expliquer par l'association des idées.

CHAPITRE III

LA MÉMOIRE

56. Le fait de mémoire. — C'est un fait que nos états de conscience passés nous reviennent à l'esprit. Ce fait, c'est ce qu'on appelle le *souvenir*. Du reste, le souvenir complet suppose quelque chose de plus que la simple réviviscence de nos perceptions antérieures. Il comprend deux autres éléments encore, la *reconnaissance* du souvenir en tant que souvenir, et la *localisation dans le passé*, c'est-à-dire la détermination plus ou moins exacte de l'époque à laquelle remonte l'événement dont nous nous souvenons. Mais il nous faut d'abord expliquer la réviviscence.

57. Explication de la réviviscence de nos états de conscience. — Tous les philosophes sont d'accord au fond pour faire de l'aptitude qu'ont nos états de conscience à renaître un simple cas de la loi générale d'habitude. Ce que j'ai pensé une fois, je tends à le repenser encore, par le seul fait que je l'ai pensé déjà : voilà ce que tout le monde accorde. Les divergences commencent seulement au moment où il faut préciser de quel genre d'habitude le souvenir procède. Les Cartésiens, qui séparent absolument l'âme du corps, font de la mémoire une habitude de la pure matière. Suivant eux, tout état de conscience a pour corrélatif dans le cerveau certains *plis* et certaines *traces*, qui persistent en vertu de la loi d'habitude, comme persistent les plis d'une feuille de papier ou ceux d'un vêtement; de sorte que l'état de conscience auquel ces plis et ces traces correspondent aura plus de tendance à se reproduire qu'un état tout à fait nouveau n'en aura à apparaître; et cette tendance sera d'autant plus forte que, l'état de conscience en question s'étant produit un plus grand nombre de fois, les plis du cerveau seront plus profonds et les traces plus vives. Pour les philosophes qui, au contraire, unissent fortement le corps et l'âme l'un à l'autre, comme Aristote et Leibniz, la mémoire n'est pas une habitude du corps seulement, mais de l'être organique tout entier, en tant qu'il est à la fois corps et âme. Cette dernière solution nous paraît renfermer plus de vérité que la précédente, parce qu'il est effectivement impossible, sous prétexte que l'âme et le corps sont hétérogènes, de les mettre à part l'un de l'autre, et d'attribuer à l'un des deux seulement ce qui est le fait de l'homme lui-même, de l'homme tout entier, à la fois corps et âme, et véritable *tout organique*, comme dit Bossuet.

Ainsi la mémoire est une habitude, non pas de la seule matière, non plus du reste que du pur esprit; car, outre que nous ne sommes ni pure matière ni pur esprit, l'habitude ne peut se concevoir ni dans le pur esprit ni dans la pure matière. La mémoire est une habitude de l'esprit, mais de l'esprit uni à un corps, ou, ce qui revient au même, une habitude de la matière, mais de la matière organisée et vivante. Cela étant, la cause de la réviviscence d'un état psychologique passé ne peut être que la restauration de l'état organique qui l'a accompagné une première fois, sous l'empire de la loi d'habitude. On peut, du reste, donner des preuves multiples de la vérité de cette assertion.

58. Identité de nature du souvenir et de la perception primitive. — Une première preuve peut être tirée de cette considération importante et mise en vive lumière par David Hume, que la perception effective d'un objet et l'image de cet objet qui demeure dans notre mémoire ne sont pas deux états de conscience différents en nature, mais un seul et même état dont le degré varie. Cette proposition elle-même peut être établie par des raisons multiples.

1° La conscience atteste que percevoir et se souvenir sont une seule et même chose. Se souvenir d'une douleur qu'on a autrefois éprouvée, c'est encore l'éprouver, quoique à un faible degré. Si la douleur primitive ne se réveille pas en quelque manière, on peut se rappeler les circonstances accessoires qui ont accompagné une fois sa production, mais on ne se rappelle pas la douleur elle-même.

2° Les effets du souvenir et ceux de la perception sont les mêmes, quoique d'un moindre degré, en général, pour le souvenir que pour la perception. Par exemple, le souvenir d'une odeur nauséabonde peut faire vomir comme l'odeur elle-même. C'est là ce qui explique les résultats physiologiques qu'on obtient chez certains malades par des suggestions d'images.

3° Enfin les souvenirs et les perceptions présentent des caractères identiques, à tel point que souvent nous les confondons en croyant percevoir ce que nous ne faisons qu'imaginer. Cela est manifeste dans le rêve, et dans quelques états anormaux tels que le somnambulisme. Mais le même phénomène se produit aussi dans l'état de veille ; c'est-à-dire que, dans la veille, nos souvenirs et nos perceptions se mêlent ensemble, de telle sorte qu'on ne peut discerner les uns des autres. Par exemple, si l'on écoute un discours prononcé en une langue que l'on connaisse mal, beaucoup de mots échapperont, et on n'entendra qu'une suite de sons plus ou moins confus. Mais que le même orateur parle dans notre langue maternelle, nous entendrons peut-être parfaitement tous les mots qu'il prononcera. C'est que dans le premier cas nous sommes réduits à nos perceptions effectives, tandis que dans le second il s'ajoute à nos perceptions, sans que nous en ayons conscience, une multitude de souvenirs, si bien que nous ne pouvons plus faire le départ de ce que nous entendons effectivement et de ce que nous ajoutons de nous-mêmes.

On pourrait donner à l'appui de cette assertion bien d'autres raisons encore. Par exemple, c'est un fait signalé par M. Wundt que le souvenir d'une perception fatigue les centres où cette perception a sa condition, comme la perception même. Ce qui le prouve, c'est que si, après avoir regardé quelque temps une couleur vive comme le rouge, on porte les yeux sur une feuille de papier blanc, on a le sentiment de la couleur complémentaire, c'est-à-dire d'une teinte verte. Or si, au lieu de regarder du rouge, on se contente de l'imaginer fortement, et qu'ensuite on jette les yeux sur une couleur blanche, le même effet se produit.

S'il en est ainsi, si le souvenir et la perception sont identiques l'un à l'autre sauf le degré, il est clair qu'ils doivent avoir même cause ; et comme la perception a pour cause, ou du moins pour antécédent nécessaire, un état déterminé de l'organisme, il faut bien admettre que c'est la restauration de cet état résultant de l'habitude qui a donné lieu à la réviviscence du souvenir.

50. Les maladies de la mémoire. — Mais ce n'est pas seulement l'identité de nature du souvenir et de la perception qui prouve que le souvenir est un fait auquel l'organisme prend une part nécessaire, ce sont encore ce que l'on a appelé les *maladies de* *la mémoire*, c'est-à-dire ces affaiblissements, ces altérations, quelquefois au contraire ces développements anormaux de la faculté du souvenir auxquels peuvent donner lieu certains troubles organiques. Ainsi l'expérience montre tous les jours qu'un coup à la tête, une maladie du cerveau, l'action de certaines substances comme la morphine, peuvent produire chez une personne l'amnésie partielle ou totale, temporaire ou définitive, ou au contraire l'hypermnésie. Une chose surtout est frappante à cet égard : c'est que, lorsque la mémoire vient à se dissoudre par le fait de l'âge ou d'une désorganisation cérébrale, ce sont toujours les souvenirs les plus récents qui s'en vont les premiers, comme s'ils étaient déposés dans l'encéphale par couches superposées [1], ce qui, bien entendu, n'est pas à prendre à la lettre. Certains vieillards retombent, comme on dit, *en enfance :* c'est que, en vertu de la loi dont nous parlons, ils sont réduits à leurs souvenirs les plus anciens, qui sont ceux de leur enfance ; et comme nos souvenirs sont en somme tout ce que nous avons dans l'esprit en dehors de nos perceptions immédiates, et que, par conséquent, un rapport s'établit nécessairement entre eux et l'ensemble de nos affections, de nos goûts, de nos dispositions de toutes sortes, il en résulte que celui qui n'a dans l'esprit que des souvenirs de son enfance, ne peut penser et sentir que comme un enfant.

Du reste, lorsque la restauration des souvenirs a lieu, comme il est arrivé quelquefois, l'ordre selon lequel ils reparaissent est toujours inverse de celui de leur disparition ; c'est-à-dire que ce sont les plus anciens qui se reconstituent les premiers. Tout cela montre bien que l'aptitude à se ressouvenir n'est que le résultat d'une habitude, et d'une habitude organique. Un souvenir n'est pas autre chose qu'une impression organique, qui, en vertu de la loi d'habitude, persiste à l'état latent dans le sujet qui l'a éprouvée.

60. Causes de la réviviscence d'un souvenir particulier. — Mais ce n'est pas seulement la persistance de l'impression organique à l'état latent que produit l'habitude. Cette persistance ne serait rien si elle ne donnait pas lieu à la réviviscence de l'image. En même temps donc qu'elle est la cause de la conservation de nos souvenirs, l'habitude est encore la cause de leur réapparition. Voici comment la chose doit être entendue.

Un souvenir qui réapparaît, c'est un état cérébral antérieur qui

---

1. Voy. Ribot, *les Maladies de la mémoire*.

se reconstitue. Mais pourquoi tel état cérébral se reconstitue-t-il à tel moment plutôt que tel autre? Pour le comprendre, on doit considérer que l'état en question est une certaine coordination d'un nombre prodigieux de cellules cérébrales, coordination dans laquelle toutes ces cellules sont associées les unes aux autres; de sorte que, si une partie du tout complexe qu'elles ont formé une fois toutes ensemble vient à se reformer, celles des cellules en question qui composent cette partie agiront sur les autres pour leur faire reprendre avec elles l'état initial et reconstituer le tout primitif. Reste à savoir comment une partie du tout primitif pourra se reformer. Mais la chose est aisée à comprendre. Par exemple, l'état cérébral qui, chez moi, correspond au mot et à l'idée *Cicéron*, fait partie d'une foule d'états cérébraux très complexes répondant à des jugements tels que ceux-ci : Cicéron était orateur, Cicéron était contemporain de César, etc. Si donc j'entends prononcer la première phrase, le groupement partiel des cellules cérébrales qui correspond à l'idée *Cicéron* se trouvant reconstitué, le groupement plus complexe qui répond à la seconde phrase tendra à se reproduire; c'est-à-dire que j'aurai tendance à passer de la première idée à la seconde. On dit souvent que la cause des souvenirs c'est *l'association des idées*, entendant par là que nos idées, quand elles sont associées, tendent à s'évoquer les unes les autres dans la conscience. Cette assertion est exacte, mais on voit, d'après ce que nous venons de dire, qu'elle n'est qu'une expression des faits dans le langage de la psychologie pure. Pour avoir la vérité tout entière il faut remonter jusqu'aux antécédents physiologiques des phénomènes de conscience, parce que là seulement se découvrent les causes véritablement explicatives de la réapparition des souvenirs.

61. Conditions du souvenir. — S'il en est ainsi, on comprendra que les conditions de l'habitude soient aussi celles du souvenir. Ces conditions peuvent se ramener à une seule, qui est la continuité, ou la répétition, ou l'intensité de l'impression éprouvée. Par exemple, un air de musique qu'on a entendu à satiété ne sort plus de la tête : on en est comme obsédé. Quand on est sous le coup d'une injure reçue ou d'une émotion subie, on n'en peut détacher sa pensée. Mais le temps, en émoussant la vivacité de nos émotions, nous rend capables d'en écarter le souvenir, et peut même nous le faire perdre tout à fait. De là résulte cette règle pratique que, pour graver un souvenir dans son esprit, il faut soit porter toute son attention sur l'objet afin d'augmenter autant que possible l'impression qu'il produit en nous, soit prolonger ou réitérer l'acte de la perception. C'est ainsi qu'un écolier qui veut apprendre une leçon cherche à en comprendre le sens, ou la répète plusieurs fois en perroquet. Les deux procédés ne se valent pas à l'égard de l'intelligence, mais tous deux servent à la mémoire.

Ajoutons que, l'intensité de nos impressions n'étant jamais que relative, il faut, si l'on veut retrouver un souvenir, écarter toutes les images qui pourraient faire obstacle à celle que l'on cherche, et surtout les images qui sont du même ordre sensoriel, parce que ce sont celles dont l'antagonisme est le plus à craindre. Par exemple, on se rappellera mal un air de musique si l'on entend jouer ou chanter un air différent. En général, toutes les impressions vives actuelles nuisent à la réviviscence des souvenirs. Les souvenirs sont des états faibles qui, dit M. Rabier, sont comme les étoiles, lesquelles ne peuvent apparaître qu'après que le soleil a disparu de l'horizon.

62. Reconnaissance des souvenirs. — La reproduction d'un état de conscience antérieur n'est pas, comme on l'a dit déjà, le seul élément que comporte le souvenir. En fait, nous ne nous souvenons vraiment que lorsque nous ayons conscience que nous nous souvenons, c'est-à-dire lorsque le souvenir est reconnu par nous en tant que tel. Se souvenir ce n'est pas seulement revoir, par exemple, en esprit ce qu'on a vu autrefois de ses yeux, c'est pouvoir dire encore : Je l'ai vu. Lorsque le souvenir manque à cette condition, il n'est proprement qu'une *réminiscence*.

Pour que nous puissions reconnaître nos souvenirs, deux conditions sont nécessaires. La première, c'est que nous ayons l'idée du temps. En effet, reconnaître un souvenir, c'est projeter dans le passé le fait qu'on se représente actuellement. Or comment projetterions-nous dans le passé l'image présente à notre esprit si nous n'avions pas l'idée du passé, c'est-à-dire l'idée du temps? La seconde condition c'est l'identité du moi, ou plutôt le sentiment que nous avons de cette identité. En effet, pour que nous puissions dire : Je me souviens d'avoir vu ou entendu, il faut que nous ayons le sentiment très vif et très net que c'est un seul et même moi qui a vu ou entendu autrefois, et qui maintenant se souvient. D'où nous viennent ces deux idées? Évidemment, de la conscience. En effet, la seule durée dont nous ayons le sentiment immédiat c'est celle de notre être; et si nous pouvons connaître la durée des choses extérieures, c'est à la condition de durer nous-mêmes. La durée des phénomènes hors de nous a pour mesure, par rapport à nous, la série des impressions qu'ils nous font éprouver. C'est donc bien de la conscience que nous vient l'idée de la durée, ce qui n'empêche pas d'ailleurs qu'il y ait en nous, comme on le verra plus tard, une idée métaphysique du temps dont l'origine est tout autre. Pour ce qui est de l'idée de l'identité du moi, il est clair qu'elle a même origine que l'idée du moi, laquelle, comme on sait, vient de la conscience. A quoi l'on peut ajouter que ces deux idées en réalité n'en font qu'une, attendu que le sentiment que nous avons de durer implique le sentiment de notre identité personnelle à travers le cours du temps, et réciproquement; de sorte que c'est au fond une seule et même chose d'avoir l'idée du temps et d'avoir l'idée de son identité personnelle. Quant à la réalité même de l'identité de notre personne à travers la durée, nous n'essayerons pas d'en rendre compte, parce qu'il faudrait pour cela faire appel à des considérations d'ordre métaphysique qui ne seraient pas ici à leur place.

63. Explication du fait empirique de la reconnaissance. — Il reste à rechercher comment, en fait, nous reconnaissons nos souvenirs; car, si l'idée du temps et celle de notre identité personnelle sont des conditions de la reconnaissance, ce n'en sont pas des conditions suffisantes, puisqu'un si grand nombre de souvenirs ne sont jamais reconnus par nous.

Suivant Reid, la reconnaissance des souvenirs serait un fait immédiat. Lorsque l'image d'un phénomène passé nous revient à l'esprit, nous pouvons dire spontanément que c'est un souvenir, et savoir, par conséquent, que cette image est la reproduction d'une perception antérieure[1]. Mais, s'il en est ainsi, on pourra demander pourquoi certains souvenirs sont reconnus, et d'autres ne le sont pas. Puis Hamilton objecte avec raison à Reid que l'image d'un fait passé nous revenant à l'esprit nous revient à titre de fait présent, et qu'il ne s'y trouve rien qui nous permette d'y reconnaître un état de conscience antérieur réviviscent. La thèse de Reid est donc insoutenable. La reconnaissance des souvenirs n'est pas immédiate: elle suppose, au contraire, un effort et une opération particuliers de l'esprit qu'il s'agit pour nous d'analyser.

Pour reconnaître un souvenir, il faut et il suffit qu'on le distingue de tout ce avec quoi il pourrait être confondu. Or le souvenir peut

---

[1]. Il est aisé de reconnaître l'analogie de cette théorie avec celle que soutient Reid au sujet de la vision, lorsqu'il prétend que la connaissance des distances en profondeur est donnée immédiatement et spontanément par l'œil.

être confondu avec les fictions de notre imagination : ce qui le prouve, c'est que souvent nous nous demandons si nous n'avons pas rêvé telle chose, c'est-à-dire si nous nous en souvenons, ou si nous l'avons inventée. Le souvenir peut se confondre aussi avec la perception actuelle, puisque dans le sommeil et dans l'hallucination nos souvenirs nous donnent l'illusion de perceptions véritables.

Pour discerner les souvenirs des perceptions actuelles, nous les comparons, suivant M. Taine, à ces perceptions, ce qui nous permet de les en distinguer en raison de leur vivacité et de leur netteté beaucoup moindres. Par exemple, j'ai en ce moment dans l'esprit l'image de Notre-Dame, mais j'ai aussi celle des objets qui m'entourent, livres, papiers, chaises, etc. Ces deux images ne peuvent pas être données à la fois par des sensations actuelles. Il faut donc que je choisisse entre elles, et mon choix ne saurait être douteux : c'est l'image de mon cabinet qui m'est fournie par la perception, l'autre n'est qu'un souvenir.

Cette explication est en partie véritable ; mais M. Rabier fait observer avec raison que nous n'avons pas besoin, en général, pour reconnaître un souvenir, de le comparer avec une perception du même ordre. Par exemple, celui à qui l'image de Notre-Dame revient à l'esprit dans l'obscurité n'a pas l'illusion de voir le monument. Ce qui fait que, dans ce dernier cas, le souvenir est reconnu, c'est que l'image est loin d'avoir la netteté et la précision qu'elle avait lorsque nous avons vu l'objet. Un autre moyen encore de distinguer le souvenir de la perception nous est fourni par ce fait que la perception s'impose à nous, tandis que nous sommes toujours maîtres de nos souvenirs. Je ne puis pas ne pas voir ce que je vois tant que j'ai les yeux ouverts ; mais je puis très bien chasser de ma pensée un souvenir et le remplacer par un autre.

Quant à la fiction, le souvenir s'en distingue par plusieurs caractères. D'abord, ce dont je me souviens s'impose à moi tel qu'il m'apparaît. Par exemple, je ne puis rien changer à l'image que j'ai d'un monument connu. Ce que j'invente, je puis au contraire le changer à mon gré. De plus, quand j'invente, j'exécute un certain travail dont j'ai conscience ; quand je me souviens, les images me reviennent à l'esprit toutes faites, sans que j'aie besoin d'aucun effort pour les composer.

Mais ce qui, plus que tout le reste, est de nature à nous permettre de reconnaître nos souvenirs, et de nous assurer qu'ils sont autre chose que de vains rêves, c'est la connexion que présente le souvenir à reconnaître avec tout l'ensemble de nos souvenirs déjà reconnus et avec nos perceptions actuelles. Une image n'est reconnue avec certitude par nous comme un souvenir qu'à la condition de pouvoir s'insérer d'une manière à la fois naturelle et nécessaire dans la trame des événements dont se compose notre existence passée et présente. Supposons, par exemple, que j'aie dans l'esprit un groupe d'images représentant le Japon. Toutes ces images constituent un système de représentations bien liées entre elles. Mais, d'autre part, je sais que le Japon est loin, que pour y aller et pour en revenir il faut rester longtemps en mer, et je n'ai point de souvenirs de ce genre. Puis, quand je repasse dans ma mémoire les années passées, je n'en vois aucune dans laquelle se trouve un intervalle où un pareil voyage puisse prendre place. Je dis donc sans hésiter, en dépit des images que j'ai dans l'esprit, que je ne suis jamais allé au Japon.

La même chose, du reste, est vraie de nos perceptions elles-mêmes. Leibniz disait avec raison que « nos perceptions ne sont que des rêves bien liés ». Sans doute, si l'on veut voir dans nos perceptions plus que des images, si l'on y voit une appréhension directe de choses réelles existant en dehors de nous, on devra penser que la perception contient en soi un caractère d'objectivité *sui generis* qui ne permet pas de la confondre avec quoi que ce soit de différent d'elle-même. Mais nous avons vu, en étudiant les rapports de l'hallucination et de la perception, que cette opinion est sans fondement. Dès lors, comment nous assurer que ce que nous nous représentons en ce moment est une perception effective et non un rêve? On vient de dire que nous reconnaissons nos perceptions effectives à l'intensité et à la netteté des images. Pratiquement, en effet, ce moyen est suffisant dans la plupart des cas, et surtout lorsque les facultés mentales sont parfaitement saines. Mais la certitude qu'on obtient par là n'est jamais qu'une certitude *empirique* et pratique, qui laisse toujours place au doute spéculatif; car il n'est pas impossible, l'expérience le prouve, que de simples imaginations prennent en nous toute la netteté et toute l'intensité de perceptions véritables. On a vu encore que nous reconnaissons nos perceptions à ce qu'il ne dépend pas de nous de les faire disparaître de notre conscience; mais beaucoup d'images mentales sans objet extérieur présentent le même caractère. Si donc nous voulons atteindre à une certitude *rationnelle*, il faut chercher un autre *criterium* de l'objectivité de nos perceptions; et le seul criterium dont nous puissions user consiste à confronter la représentation actuelle avec tout l'ensemble de nos perceptions, et surtout avec les plus récentes, pour voir si elle est en rapport avec ces dernières. Par exemple, si j'ai maintenant dans l'esprit l'image de mon appartement à Paris, et trois minutes après l'image du port de Marseille, je n'aurai pas l'illusion que je suis à Marseille. Mais, si j'ai le souvenir que j'ai quitté mon appartement, que j'ai pris le train à la gare de Lyon, que j'ai passé vingt heures en chemin de fer, tout cela rapproché des raisons que j'ai eues de partir, du souvenir de la résolution prise, etc., je croirai sans hésiter que la représentation que j'ai actuellement du port de Marseille est une vraie perception, et que je suis effectivement à Marseille. Ainsi, qu'il s'agisse de souvenirs ou de perceptions, c'est bien la liaison des images qui seule nous garantit que nous ne sommes pas dans la fiction ni dans le rêve.

64. Localisation dans le passé. — Une troisième condition est encore nécessaire à remplir pour qu'un souvenir soit aussi complet et aussi parfait que possible : c'est la *localisation dans le passé*. En effet, reconnaître un souvenir c'est simplement le projeter dans le passé d'une manière indéterminée, et sans chercher à lui assigner une date. Si donc nous n'allions pas plus loin que la reconnaissance, l'ordre réel des événements, qui est un ordre successif, nous échapperait. Il faut, par conséquent, pour que nous retrouvions dans notre mémoire l'expression de la réalité et de la vie, que nous puissions localiser nos souvenirs dans le passé en les y plaçant chacun à leur rang.

On distingue deux formes de la localisation, l'une immédiate, l'autre médiate.

La première consiste dans le sentiment plus ou moins exact que l'on a du temps écoulé depuis un événement donné. Par exemple, quand on est dans un salon, on sait que le moment de se retirer est venu, sans avoir besoin pour cela de regarder à sa montre ou à la pendule. Ce genre de localisation se fait par une révision rapide de la série totale des états de conscience par lesquels on a passé depuis celui à partir duquel on mesure le temps écoulé. L'appréciation obtenue par ce moyen est approximative et incertaine, parce que, nécessairement, bon nombre des termes de la série ne nous reviennent plus en mémoire. Du reste, si un oubli partiel du passé est inévitable, il est aussi très nécessaire, car nous serions fort gênés si, pour remonter au souvenir d'un événement donné, nous étions obligés de passer à nouveau par toute la série des états de conscience qui nous séparent de celui-là. Ainsi, pour pouvoir localiser dans le passé, et même pour pouvoir se souvenir, il faut pouvoir oublier. L'oubli abrège les distances à la fois dans le temps et dans l'espace, et à ce titre il est nécessaire pour l'exercice de la mémoire.

Quant à la localisation médiate, elle se fait autrement. Il y a dans la vie publique d'une nation, et dans la vie privée de chaque individu, un certain nombre d'événements importants qui portent avec eux le souvenir de leur date. On sait en quelle année a eu lieu la dernière Exposition, en quelle année on s'est marié, etc. Si l'on peut rattacher l'événement qu'il s'agit de localiser à quelqu'un de ces événements dont la date est connue, la localisation des premiers dans le passé est faite par là même. Si ce rattachement ne peut avoir lieu, nous sommes réduits à ignorer la date de l'événement considéré.

65. Spécialisation et qualités diverses de la mémoire. — La mémoire étant en fait, sinon purement organique, du moins très étroitement dépendante de l'organisme, varie beaucoup d'homme à homme, et surtout elle est susceptible de se diversifier beaucoup en raison de la différence des aptitudes organiques que nous apportons en naissant. Aussi peut-on dire avec M. Ribot qu'il y a, non pas *la mémoire,* mais *des mémoires.* De ce point de vue il y a une première division à établir entre les hommes, fondée sur ce que les uns ont plutôt la mémoire des choses abstraites et des idées, et les autres celles des choses concrètes et des images sensibles. Mais la diversité des aptitudes va plus loin encore ; car la mémoire des idées abstraites n'est pas la même chez le mathématicien, chez le philosophe, chez le naturaliste ; et la mémoire sensible peut porter principalement sur les couleurs, ou sur les sons, ou sur les qualités tactiles, etc. C'est ce qui fait que certains hommes naissent avec des aptitudes particulières pour la peinture, d'autres pour la musique ou pour la poésie. La spécialisation peut même aller plus loin encore. Par exemple, parmi ceux qui possèdent à un haut degré la mémoire visuelle, il en est qui perçoivent surtout les formes des objets, d'autres les couleurs. Les premiers sont aptes à faire des dessinateurs, les autres sont plutôt des coloristes.

Les conditions que doit remplir la mémoire pour être bonne sont d'être *facile, tenace* et *prompte.* La facilité se rapporte à l'acquisition des souvenirs, la ténacité à la conservation des souvenirs, et la promptitude à leur rappel. Ces trois qualités sont rarement réunies. Les mémoires faciles sont rarement tenaces. Celui qui a appris sans effort court grand risque d'oublier. Celui, au contraire, qui a réfléchi en apprenant est à peu près sûr de pouvoir se souvenir plus tard, parce qu'il reconstituera avec la réflexion les idées qu'une fois déjà la réflexion a coordonnées dans son esprit.

CHAPITRE IV

L'ASSOCIATION DES IDÉES

66. La suggestion des idées comme fait d'expérience. — Nous avons considéré dans le chapitre précédent les idées et les faits de conscience en général en tant que reproductions d'impressions passées. Ce point de vue est celui de la théorie de la mémoire. Nous devons maintenant considérer les idées en elles-mêmes, en tant que faits actuels, et sans égard à leur origine première, afin d'en étudier les groupements, et de rechercher comment elles agissent les unes sur les autres, soit pour s'évoquer, soit pour se modifier par leurs actions réciproques. La théorie dans laquelle nous entrons ainsi est la théorie de l'*Association des idées*.

L'expérience montre que constamment les idées s'évoquent les unes les autres dans notre conscience. Si j'ai en ce moment dans l'esprit l'idée de Cicéron, cette idée éveillera peut-être en moi celle de Démosthène, qui à son tour éveillera l'idée des îles de l'Archipel : de là je passerai à la question d'Orient, à la guerre de Crimée, etc., etc. On sait quel chemin peut faire ainsi l'esprit quand il s'abandonne aux caprices de sa fantaisie.

Du reste, ce ne sont pas seulement des idées que les idées suggèrent, ce sont encore des faits psychologiques de tout ordre, sentiments, émotions, désirs. Tous les faits psychologiques tendent à se lier entre eux et à s'appeler les uns les autres : par exemple, une image évoquera un sentiment, qui lui-même donnera lieu à un désir, et ainsi de suite. On voit que le mot *association des idées* ne doit pas se prendre dans un sens trop étroit, puisqu'il désigne un caractère commun à tous les faits de conscience sans exception.

Ce que nous avons à faire pour étudier la suggestion des idées, c'est d'abord d'en rechercher les conditions expérimentales. Dans la nature, en effet, un phénomène ne se produit jamais sans être accompagné, ou sans avoir été précédé par un autre phénomène qui est son antécédent nécessaire et constant, et auquel, par conséquent, il est lié par une *loi*. Lorsque l'on connaît l'antécédent nécessaire et constant d'un phénomène, on n'a pas pour cela de ce phénomène une explication suffisante : on n'en a même pas d'explication du tout, à proprement parler, car il reste toujours à demander *pourquoi* l'antécédent A est partout et toujours suivi du conséquent B. Néanmoins on a réalisé un progrès, puisque à défaut des causes intelligibles, qui sont aussi sans doute les causes véritables, on connaît les conditions empiriques desquelles dépend l'apparition du phénomène considéré ; et ce progrès même est si réel que bien souvent les sciences de la nature s'y arrêtent. C'est donc par la détermination des lois empiriques de la suggestion que nous devons commencer. Nous aurons à voir ensuite s'il est possible de remonter jusqu'aux causes véritables et véritablement explicatives.

67. Loi de contiguïté. — La première loi de la suggestion des idées, ou plutôt des faits de conscience en général, c'est qu'un fait de conscience tend à en rappeler un autre lorsque ce dernier s'est produit autrefois dans l'esprit simultanément avec lui ou immédiatement après. Par exemple, les premiers mots d'un vers connu appellent la fin du vers, et le premier vers du morceau appelle successivement tous les suivants : l'image d'un monument que j'ai vu ne va pas dans ma pensée sans l'image du monument voisin que j'ai perçu en même temps. C'est là ce que l'on appelle la *loi de contiguïté*. La contiguïté peut donc donner lieu à l'évocation des idées les unes par les autres. Toutefois une confusion ici est à craindre. La contiguïté qui produit la suggestion des idées c'est la contiguïté de ces idées *dans la conscience*, et non pas, comme on se l'imagine quelquefois, la contiguïté de leurs objets dans le temps ou dans l'espace. La contiguïté des objets dans le temps ou dans l'espace ne signifie rien par elle-même : elle n'a d'intérêt au point de vue de la suggestion qu'en ce qu'elle peut donner lieu à la contiguïté des idées dans la conscience.

Une autre remarque importante à faire, c'est qu'il n'est pas vrai que *nous associons nos idées*, comme on l'entend dire si souvent. Nos idées s'associent d'elles-mêmes. Le lien qu'elles contractent n'est pas la conséquence d'un effort fait par nous, mais simplement le résultat de leur présence simultanée ou successive dans notre conscience. Sans doute, ainsi qu'on l'a vu dans la théorie de la mémoire, nous pouvons faciliter le rappel de nos idées les unes par les autres, c'est-à-dire rendre leur connexion plus étroite par l'attention que nous dirigeons sur elles, et par la répétition des impressions qui les produisent en nous ; mais le fait même de leur connexion échappe aux prises de notre volonté.

L'étude expérimentale de la suggestion par contiguïté donne lieu encore aux deux observations suivantes.

1° Lorsqu'une idée en évoque une autre, elle en évoque en même temps, ou du moins elle tend à en évoquer tous les concomitants, images connexes, sentiments, émotions, etc. Par exemple, si l'on prononce devant moi le nom d'un homme que je connais, l'image de ses traits me reviendra à l'esprit, et en même temps l'image des lieux où je l'ai vu ; puis je me rappellerai les paroles que je l'ai entendu prononcer, les sentiments d'estime ou d'aversion qu'il m'a inspirés ; en un mot, c'est toute la série des états psychologiques par lesquels j'ai passé autrefois à l'occasion de cet homme qui tend à se reproduire en moi dès que je pense à lui. Nos états de conscience passés, lorsqu'ils ont à renaître, tendent donc à renaître tout entiers, et non pas seulement en partie.

2° Lorsque deux idées ont fait partie d'un même état de conscience, l'une quelconque des deux idées peut évoquer l'autre. Si elles ont été données en succession immédiate, la première peut évoquer la seconde, mais la seconde n'évoquera pas la première. Par exemple, on récite bien une pièce de vers en gardant l'ordre naturel des mots, mais on ne la réciterait pas à rebours de cet ordre : l'association joue dans un sens, et ne joue pas dans l'autre.

Quant à la cause de la suggestion par contiguïté, nous la connaissons déjà, et même nous avons eu occasion, dans la théorie de la mémoire, d'en expliquer le mode d'action : c'est l'habitude. Nous pouvons donc nous dispenser d'insister maintenant sur ce sujet. Contentons-nous de rappeler très brièvement les principes de l'explication dont il s'agit. Deux idées qui se sont trouvées dans la conscience simultanément ou en succession immédiate tendent à s'évoquer l'une l'autre, parce qu'en vertu de la loi d'habitude nous tendons toujours à refaire ce que nous avons fait, et comme nous l'avons fait. Nous avons pensé une fois deux choses simultanément ou successivement ; c'en est assez pour que nous ayons une tendance à les repenser encore de la même manière. Ces deux idées forment comme un couple qui tend toujours à se reformer ; que l'une d'elles réapparaisse à la conscience, l'autre pourra réapparaître à sa suite. Nous disons *pourra réapparaître*, et non pas *réapparaîtra*, parce que chaque idée étant associée à une multitude d'autres, et ces dernières ne pouvant toutes réapparaître à la fois, il y aura nécessairement un grand nombre d'entre elles sur lesquelles la puissance évocatrice de l'idée primitive demeurera sans effet.

Il s'est cependant élevé des objections contre cette explication de l'association par contiguïté. M. Franck a fait observer que l'habitude ne crée rien, qu'elle est même incapable de rien ébaucher, qu'elle peut seulement fortifier ce qui existe ; que, par conséquent, elle rend compte peut-être de la force de l'association dans certains cas, mais non pas de l'association elle-même. Que deux idées se trouvent associées, et que par là elles tendent à s'évoquer l'une l'autre, on comprendra, dit le même auteur, que cette tendance doive croître, comme toutes les forces de la nature organique, par le fait même de l'exercice répété qui lui a été donné ; mais, si l'habitude a pu augmenter cette tendance, elle n'a pu lui donner naissance.

A cela nous répondrons qu'à la vérité l'habitude ne crée rien, mais qu'il ne s'agit pas ici de créer quelque chose. L'association n'est pas engendrée par l'habitude comme un fait est engendré par un fait différent ; *elle est l'habitude même*. Par cela seul que deux choses ont été pensées une fois simultanément, l'esprit tend à les repenser ensemble. Cette tendance c'est à la fois l'habitude et l'association, qui, par suite, ne sont pas deux choses différentes, mais une seule et même chose. Ceci suppose à la vérité que l'habitude a pour condition le simple fait d'agir, non le fait de répéter l'action, et que, par conséquent, elle commence dès le premier acte, et même dès le commencement du premier acte. Mais c'est bien ainsi qu'il faut l'entendre en effet. Nous en donnerons les raisons en traitant de l'habitude.

68. Loi de similarité. — La suggestion des idées est un fait facile à expliquer si c'est toujours en vertu de la loi de contiguïté qu'elle se produit ; mais il n'en est pas ainsi. Deux idées qui n'ont pas fait antérieurement partie d'une même conscience peuvent s'évoquer l'une l'autre pourvu seulement que leurs objets soient semblables : c'est ce qu'on appelle la *loi de similarité*. Par exemple, un inconnu que je rencontre dans la rue me fera peut-être penser à un de mes amis mort depuis dix ans, et cela parce qu'il lui ressemble. Il est donc certain qu'il y a une autre loi de suggestion des idées que la loi de contiguïté.

Cette autre loi semble de nature à nous créer quelque embarras. En effet, la loi de contiguïté s'expliquait bien par l'habitude ; mais la loi de similarité comment s'expliquera-t-elle ? L'habitude ne paraît pas pouvoir en rendre compte. Nous allons donc nous trouver en présence d'un seul et même fait, celui de la suggestion, paraissant suivre deux lois différentes, et procéder de deux causes. Cela est difficilement admissible. Nous devons donc nous efforcer de réduire l'une à l'autre les deux lois, ou du moins de les rattacher ensemble à un commun principe, qui sera nécessairement l'habitude, puisque c'est un point acquis désormais pour nous que l'habitude est la cause effective de la suggestion par contiguïté.

Un grand nombre de psychologues ont cru pouvoir faire rentrer la loi de similarité dans la loi de contiguïté. Voici le raisonnement sur lequel ils ont fondé cette opinion.

Soit un objet A qui m'est connu, mais que je ne perçois pas actuellement, et un autre objet B, que je perçois en ce moment pour la première fois. Ces deux objets sont supposés se ressembler ; c'est donc qu'ils ont en commun un certain caractère m. Ce caractère m est lié dans ma pensée avec tout l'ensemble des caractères qui constituent A, et cela en vertu de la loi de contiguïté, puisqu'il a été perçu dans A en même temps que tous ces caractères. Donc toutes les fois que m se représentera à mon esprit il tendra en vertu de la loi de contiguïté, à évoquer l'idée complexe A. Or dans B m se trouve par hypothèse. Il suffira, par conséquent, pour que la perception de B éveille en moi l'idée A, que j'en détache mentalement le caractère m qui s'y trouve compris, — ce qui se fera de soi-même, attendu que dans tout l'ensemble des caractères de B c'est m seul qui m'intéresse et qui attire mon attention, — et il est manifeste que c'est suivant la loi de contiguïté qu'aura lieu cette évocation.

Cette théorie contient un fond de vérité, mais elle a besoin de certaines rectifications et de certains compléments. On y suppose, en effet, que le même élément m est commun à A et à B ; or cela n'est pas exact, puisqu'il n'y a pas dans la nature deux choses identiques l'une à l'autre, ainsi que nous le montrerons plus tard. La vérité est que l'objet A contient l'élément m', et l'objet B l'élément m'', lesquels sont *semblables* entre eux. Pour rendre vraiment compte de la suggestion de A par B, il faut donc commencer par rendre compte de la suggestion de m' par m'', *en vertu de la similitude*. Mais cette question est précisément la même que l'on s'était proposée déjà à propos de A et de B, puisque, dans les deux cas, il s'agit toujours de la suggestion par similitude. Il semble donc que, par l'explication que nous avons rapportée, on n'ait pas fait un pas vers la solution du problème. Ce serait pourtant une erreur de le croire. En effet A et B sont, par exemple, deux hommes ayant même coupe de physionomie, mais différents par la taille, par la démarche, par le costume, etc. On peut donc dire que A se décompose en $a, b, c, d, \ldots m'$, et B en $p, q, r, s, \ldots m''$; de sorte que la similitude de A et de B n'est qu'une similitude *partielle;* mais celle de m' et de m'' est une similitude *totale*. Les deux cas ne sont donc pas de tout point assimilables l'un à l'autre. Ce qui est certain c'est qu'une fois suggéré par m'', m' suggère à son tour $a, b, c, d, \ldots$ c'est-à-dire tout l'ensemble des caractères de A, et cela par contiguïté. Il était donc utile de faire la part de la loi de contiguïté dans le phénomène d'évocation de A par B. La théorie précédente garde par conséquent sa raison d'être; mais, l'explication qu'elle fournit une fois admise, il reste toujours à se demander comment la perception de m'' évoque dans l'esprit le souvenir de m'.

La cause de cette évocation doit être cherchée dans l'habitude, d'après ce qui a été dit plus haut, et c'est effectivement dans l'habitude qu'elle se trouve. L'habitude, nous l'avons montré, est certainement le principe des connexions résultant de la contiguïté, mais elle l'est aussi de la répétition du semblable dans le semblable. Ce que l'habitude produit ce sont toujours, en effet, des actions *semblables*, jamais des actions *identiques*. Le geste qu'on répète fréquemment par habitude, on ne le fait pas deux fois dans sa vie exactement de la même manière : ce geste ne peut jamais être que semblable à lui-même. L'habitude est donc précisément une tendance à passer du semblable au semblable. C'est qu'à vrai dire l'habitude est une loi en quelque sorte à deux faces. C'est par un effet de l'habitude que les parties d'un tout complexe demeurent unies entre elles et tendent à se reproduire ensemble : de là la loi de contiguïté. C'est encore par un effet de l'habitude que le tout formé par ces parties tend à se reproduire semblable à lui-même : de là la loi de similarité. La contiguïté et la similarité ne sont donc que deux aspects différents de la loi d'habitude en tant qu'elle s'applique aux faits de conscience.

S'il en est ainsi, on doit pouvoir s'attendre, contrairement à l'opinion commune, à ce que tout fait de suggestion d'idées soit à la fois un phénomène de contiguïté et un phénomène de similarité. C'est effectivement ce qui arrive. Tout fait de conscience est complexe, c'est-à-dire composé d'éléments divers entre lesquels une certaine cohésion doit être maintenue. Ainsi, dans le groupe *abc* l'élément *a* a une connexion naturelle avec les éléments *b* et *c*, en vertu de la loi d'habitude : voilà la contiguïté. De plus le groupe *abc* tend à se reproduire semblable à lui-même sous la forme *a'b'c'*, et cela également en vertu de la loi d'habitude : voilà la similarité. Donc on ne trouverait pas un phénomène de suggestion dans lequel la contiguïté et la similarité n'interviennent ensemble; et si certaines suggestions sont considérées comme relevant exclusivement de la loi de contiguïté ou de la loi de similarité, c'est que l'attention se porte de préférence soit sur la cohésion des éléments d'un fait de conscience complexe, soit sur la similitude de ce fait et du fait qu'il évoque. Du reste, on voit aisément que, abstraction faite de la connexion qu'établit entre elles leur communauté d'origine, les deux lois d'association doivent être considérées comme totalement irréductibles l'une à l'autre; ce qui donne raison aux psychologues de l'école associationniste anglaise, lesquels sont partisans de cette irréductibilité, contre ceux qui prétendent faire rentrer purement et simplement la loi de similarité dans la loi de contiguïté.

Mais, dira-t-on, ce n'est peut-être pas expliquer suffisamment la suggestion par similarité que de l'attribuer à l'habitude ; car, si l'habitude est une disposition à refaire sous une forme *semblable* une chose que l'on a faite déjà, il y a lieu de se demander pourquoi la vue d'un portrait, par exemple, me fait penser à l'original, au lieu d'éveiller en moi une image quelconque qui serait semblable à ce portrait sans être pourtant celle de l'original lui-même. — C'est qu'à vrai dire ce serait définir l'habitude d'une manière fort incomplète que de la définir par la simple tendance à passer de l'action semblable à l'action semblable. L'habitude comporte bien autre chose. Elle comporte une sorte de cohésion de l'être vivant, en vertu de laquelle cet être tend à reproduire, non pas seulement une action semblable, mais l'action *la plus semblable possible* à celle qu'il a déjà faite. C'est pourquoi, parmi la multitude infinie des images semblables que peut évoquer en moi la vue d'un portrait, c'est l'image de l'original qui seule est évoquée, parce que c'est celle qui me laisse le plus semblable à moi-même, et qui est le plus conforme à ce besoin d'unité et d'identité qui est le fond dernier de ma nature, et dont la loi d'habitude elle-même n'est peut-être qu'une expression et un dérivé. Au reste, il est certain que l'habitude est en soi un grand mystère, et, par conséquent, il n'y a pas lieu de s'étonner si quelque chose d'obscur subsiste dans un phénomène dont l'habitude est le principe.

69. Loi des contrastes. — L'observation des faits conduit à reconnaître une troisième loi de suggestion : c'est la *loi des contrastes*. Elle consiste en ceci qu'un contraire éveille dans l'esprit l'idée de son contraire : par exemple, un nain fait penser à un géant, la lenteur de la tortue fait penser à la vitesse du lièvre, etc. La suggestion par contraste a son principe dans la nature même de nos conceptions. En effet, les qualités ou propriétés des objets ne peuvent nous être connues que par opposition à quelque chose de différent, et surtout à quelque chose de contraire, c'est-à-dire à quelque chose qui est précisément la négation de la qualité ou de la propriété considérée : ainsi la justice ne se conçoit bien que par son opposition avec l'injustice ; le courage, par son opposition avec la lâcheté, etc. « Montrez à un enfant une baguette, dit M. Bain, et dites-lui qu'elle est droite, vous n'offrirez probablement aucune notion à son esprit ; mais présentez-lui en même temps une baguette courbée, et dites-lui qu'elle *n'est pas* droite, mais courbée, et vous lui donnez une connaissance véritable [1]. » C'est donc la structure même de notre esprit et de nos idées qui donne lieu au mouvement par lequel nous passons de l'idée d'une chose à l'idée de son contraire.

L'habitude ici n'a pas l'air d'intervenir, et pourtant elle intervient encore. Si, en effet, les idées contraires s'éclairent et se soutiennent mutuellement, il est naturel qu'elles forment dans notre esprit des groupes presque indissolubles, de sorte qu'une partie du groupe venant à réapparaître à la conscience, l'autre partie la suit nécessairement. La loi de contiguïté a donc une part certaine dans la suggestion par contraste. Il en est de même pour la loi de similarité. La raison en est que deux contraires ont toujours un fond commun : par exemple, on n'oppose pas la lenteur à la beauté, mais à la vitesse, ni la clarté au silence, mais à l'obscurité. Or la considération de ce fond commun peut donner lieu au passage d'une idée à l'autre. Ainsi, « quand nous rencontrons une personne de pauvre condition, dit encore M. Bain, le sujet des conditions humaines se présente à l'esprit, et, par l'effet de la similarité, d'autres cas peuvent apparaître. » La suggestion par contraste est donc, comme les précédentes, facile à expliquer par des principes connus.

---

1. *Les Sens et l'Intelligence*, p. 523.

70. Suggestion passive et suggestion active. — L'évocation de nos idées peut se produire de deux manières différentes : tantôt elle se fait d'elle-même, tantôt elle est provoquée par la volonté. Nous savons par expérience que souvent les idées et les sentiments naissent en nous sans que nous les ayons cherchés ni voulus, qu'ils naissent même contre notre gré. Nous savons aussi qu'il nous arrive souvent de chercher dans notre mémoire des idées ou des mots dont nous avons besoin. C'est cette distinction entre les deux formes de la suggestion qu'Aristote reconnaissait déjà lorsqu'il opposait à la μνήμη, ou mémoire passive, l'ἀνάμνησις ou mémoire active.

Au sujet de la suggestion passive, il n'y a rien à ajouter à ce qui a été dit plus haut : elle est un résultat spontané des lois qui président à l'apparition de nos idées. Mais la suggestion active demande à être expliquée plus particulièrement.

De quelle nature est l'action que nous exerçons sur les idées suggestives pour obtenir les idées suggérées ? L'école écossaise donnait pour objet à cette action de l'esprit la considération des rapports intelligibles qui peuvent exister entre nos idées. Par exemple, nous passerions de l'idée d'un phénomène à celle de sa cause (pourvu, bien entendu, que cette cause nous fût déjà connue), par la considération du rapport de causalité qui les unit.

Mais M. Brochard, M. Rabier et bien d'autres ont fait observer avec raison que le rapport existant entre deux idées ne peut être pensé qu'à la condition que les deux idées soient données d'avance à l'esprit ; que, par exemple, on ne peut penser au rapport de cause à effet qui existe entre Scipion et la prise de Carthage si l'on ne pense pas simultanément à Scipion et à la prise de Carthage ; et que, par conséquent, c'est une erreur de croire que la considération abstraite de la causalité puisse conduire à l'une de ces idées en partant de l'autre.

Pourtant, est-ce à dire qu'*aucun rapport ne soit en aucun sens cause d'aucune suggestion*, comme le prétend M. Rabier[1]? Il y a là, ce semble, une exagération. M. Rabier distingue les rapports *objectifs*, existant entre les choses mêmes, comme est le rapport de cause à effet qui existe entre Scipion et la prise de Carthage, et les rapports *pensés* par nous d'une manière expresse, comme lorsque nous disons, par exemple, qu'Octave s'est joué de la faiblesse de Cicéron ; et il soutient que ni les rapports objectifs ni les rap-

---

1. *Psychologie*, p. 188.

ports pensés ne peuvent donner lieu à la suggestion de l'une des idées quand l'autre est déjà présente, attendu que ni les uns ni les autres de ces rapports ne peuvent subsister appuyés en quelque sorte sur un seul des deux termes, mais qu'ils les présupposent tous les deux. Le savant auteur a raison là-dessus, sans contredit. Qu'il soit donc entendu que les rapports ne peuvent êtres *pensés* qu'après que les idées qu'ils unissent sont données dans la conscience, et que, par conséquent, ce n'est pas en tant qu'ils sont pensés que les rapports interviennent dans la suggestion des idées. Mais suit-il de là qu'ils ne puissent pas intervenir d'une autre manière? Niera-t-on que les rapports de contiguïté, de similarité, de contraste, existent dans nos esprits avant d'être pensés par nous, et même qu'ils agissent d'une manière très efficace, en donnant lieu à de perpétuelles évocations d'idées? Ce serait dire que la contiguïté dans l'esprit, la similarité et le contraste *ne sont pour rien* dans la suggestion de nos idées les unes par les autres, et que, par conséquent, ce ne sont pas des lois suivant lesquelles nos idées s'associent. Voilà donc trois rapports qui interviennent dans la suggestion des idées à titre de phénomènes mentaux, quoiqu'ils n'y interviennent point à titre d'idées distinctes et réfléchies. On peut dire même qu'ils y interviennent encore à titre de phénomènes extérieurs et objectifs ; car, s'il n'y avait ni contiguïté, ni similarité, ni contraste dans la nature, les idées ne s'associeraient pas dans nos esprits suivant les lois de la contiguïté, de la similarité et du contraste.

Quoi qu'il en soit, il demeure acquis que la suggestion des idées n'est pas une opération rationnelle, du moins si l'on entend par ce mot un acte de la pensée réfléchie et distinctement consciente d'elle-même ; car au-dessous de la réflexion il pourrait y avoir, et nous verrons plus loin qu'il y a en effet, une raison spontanée plus profonde et plus intime, de laquelle la suggestion des idées dépend. Les idées une foi données, la réflexion s'en empare pour dégager leurs rapports, les lier, les opposer entre elles. Ce sont des matériaux dont l'intelligence use, mais qu'elle ne crée pas. L'origine en est dans la spontanéité de la nature. Du reste nous ne manquons pas de moyens pour provoquer cette spontanéité à s'exercer, et c'est pour cela qu'il y a une suggestion active.

De tous ces moyens, celui qui s'emploie le plus fréquemment, et auquel semblent se ramener tous les autres, est celui qui consiste à fixer l'attention sur quelque partie de l'idée qu'il s'agit de faire surgir, et de provoquer par là l'apparition de l'idée entière. Par exemple, on cherche le nom d'une personne dont on se représente actuellement le visage. Il faut bien qu'on ait sur ce nom quelque donnée présente à l'esprit, autrement il n'y aurait rien à faire. Supposons que ce qu'on se rappelle ce soit la première lettre de ce nom : on partira de là pour tâcher de retrouver le reste. Lewes raconte que, désirant nommer son ami le docteur Bastian, il dit d'abord le docteur Brinton, puis le docteur Bridges, puis enfin le docteur Bastian : la lettre B avait servi à rappeler les trois noms. D'autres fois ce qu'on se rappellera ce sera l'assonance finale, et alors la même opération que précédemment se reproduira, mais d'une manière un peu différente. Tous les autres cas de suggestion volontaire sont plus ou moins analogues à ceux-là.

Ajoutons que la spontanéité organique et la volonté s'exerçant sous forme d'attention ne sont pas les seules causes qui donnent lieu à la suggestion de nos idées : il faut tenir compte aussi de l'influence du sentiment. En général, quand nous sommes en proie à une émotion ou à un sentiment vifs, les seules idées qui puissent avoir accès dans notre conscience sont celles qui ont un rapport assez direct avec cette émotion ou avec ce sentiment. Par exemple, un homme qui a été froissé ne peut penser pendant quelque temps qu'à l'objet qui cause son irritation. Il se représente constamment la scène à laquelle il a assisté, il se répète à lui-même involontairement les paroles qu'il a prononcées ou qu'on lui a dites, etc.

71. Importance particulière de la suggestion par ressemblance et par contraste. — Les trois lois de suggestion que nous venons de passer en revue n'ont pas, quant à la pratique, une importance égale. Le propre de la loi de contiguïté c'est de nous faire repasser par les mêmes séries d'impressions et de pensées par où nous sommes passés autrefois. Chez un être dont les idées ne se suggéreraient que de cette manière, l'ordre des images ne ferait donc que reproduire l'ordre des perceptions effectives : c'est-à-dire que la pensée tournerait, sans pouvoir en sortir, dans le cadre nécessairement très étroit de l'expérience acquise. Un tel être ne pourrait se représenter que ce qu'il aurait perçu, et dans l'ordre même où il l'aurait perçu : en lui la vie mentale ne serait que la répétition de la vie réelle. Tel est sans doute, à peu de chose près, le cas des animaux, même des plus élevés dans l'échelle des êtres. Mais l'homme n'en est pas là. Chez lui les ressemblances et les contrastes objectifs existant entre les idées donnent lieu à la suggestion des idées les unes par les autres. Or il n'y a pas dans l'esprit deux idées entre lesquelles la similarité ou le contraste n'établissent quelque passage. Tout ressemble à tout, ne fût-ce que par des rapports très généraux, comme être corporel, avoir une quantité, une qualité, et enfin pouvoir être pensé par une intelligence, ce qui établit une similitude entre tous les objets de nos pensées sans exception. Chaque pensée est donc une sorte de carrefour auquel aboutissent, comme autant d'avenues, toutes nos autres pensées; ce qui ouvre à l'esprit humain une carrière tout à fait illimitée dans le domaine des idées.

On dira peut-être qu'il n'y a aucune raison pour que les animaux soient moins bien partagés que l'homme sous ce rapport, puisque la suggestion par ressemblance et par contraste est, comme la suggestion par contiguïté, et de notre aveu même, une opération qui s'accomplit spontanément et sans l'intervention des facultés supérieures de l'esprit. Et pourtant nous maintenons que, même au point de vue de la simple suggestion des idées, l'homme possède une immense supériorité sur l'animal, et que, de plus, entre un homme et un autre homme la différence à cet égard peut être énorme. On ne veut jamais voir la raison que dans l'opération par laquelle l'esprit, en possession de ses idées, les assemble, les compare et juge de leurs rapports. Mais, si la raison n'était que cela, tous les hommes se vaudraient, ou peut s'en faut, quant à l'intelligence. Tout au plus pourrait-on dire que quelques-uns ont le jugement plus droit et plus sûr que d'autres, ce qui tiendrait uniquement à ce que les premiers seraient capables d'une attention plus soutenue, auraient moins de passions et de préjugés que les seconds. L'homme de génie alors serait par excellence ce que l'on appelle communément un *bon esprit*. Là n'est pas la vérité. La vérité est, au contraire, qu'avant l'intelligence réfléchie, qui opère sur les idées déjà présentes, est l'intelligence spontanée, qui invente et découvre les idées elles-mêmes. De toutes nos opérations mentales la meilleure partie s'accomplit en nous sans nous, c'est-à-dire sans intervention de la réflexion et de la volonté. Donc, sans revenir le moins du monde sur ce que nous avons dit, que les rapports de similitude donnent lieu à des suggestions d'idées *sans que ces rapports soient perçus*, nous pouvons dire que les similitudes les plus délicates et les plus fines, tout en étant les plus importantes, sont celles qui provoquent des suggestions d'idées chez les hommes les plus intelligents, sans en provoquer chez les autres. Tous les esprits sont loin d'être, sous ce rapport, du même degré et du même calibre. C'est pourquoi la suggestion des idées par similarité et par contraste est à son minimum chez les animaux, et à son maximum, au contraire, chez les représentants les plus achevés des races les mieux douées de l'espèce humaine.

72. L'association inséparable. — L'association que deux idées peuvent contracter ensemble en vertu de la loi de contiguïté devient si étroite quelquefois que les deux idées cessent d'être pour nous séparables; c'est-à-dire que nous devenons incapables de penser l'une sans l'autre. La conséquence naturelle de cette connexion absolue entre nos idées, c'est de nous porter invinciblement à croire qu'il y a entre les choses qui leur correspondent une connexion semblable. Les philosophes empiriques ont tiré un grand parti de ce fait de l'association inséparable pour expliquer les diverses nécessités de penser que tout le monde est bien obligé de reconnaître dans l'esprit. Par exemple, Hume a cherché à rendre compte par là de cette grande loi de l'intelligence qu'on appelle la loi de causalité, et l'explication qu'il en donne c'est que, lorsque deux faits A et B se sont suivis un grand nombre de fois dans notre expérience, leurs idées s'associent en nous si étroitement que, A venant à nous apparaître, nous attendons nécessairement B; et nous exprimons, suivant Hume, la nécessité de cette attente en disant que *A est la cause de B,* quoique les deux phénomènes ne soient effectivement liés l'un à l'autre qu'en apparence, et seulement au regard de notre conscience.

Cette doctrine est excessive. Nous ne pouvons pas la discuter ici, d'autant plus que nous aurons d'autres occasions de la retrouver. Ce qui est sûr au moins, c'est que l'association inséparable est la cause en nous d'une multitude de jugements et de préjugés contre lesquels nous sommes d'autant plus incapables de nous défendre qu'ils nous paraissent avoir pour eux l'autorité de l'évidence, alors qu'ils n'ont en réalité que l'autorité de l'habitude.

CHAPITRE V

L'IMAGINATION

73. Définition de l'imagination. — Reid définissait l'imagination : « Une vive reproduction des perceptions de la vue. » Dugald Stewart contesta cette définition, disant que ce ne sont pas seulement les perceptions de la vue qui se reproduisent, mais celles de tous les sens. Dugald Stewart avait raison en cela contre son maître. Il est certain que toutes nos sensations, à quelque sens qu'elles appartiennent, peuvent réapparaître dans notre conscience en l'absence de leurs objets ; et alors pourquoi réserver le nom d'imagination à la reproduction des images visuelles, à l'exclusion de toutes les autres ? De plus, si l'imagination était toute dans les images visuelles, il faudrait la refuser aux aveugles-nés, ce qui est contraire aux faits.

Mais, si Dugald Stewart a raison contre Reid, tous deux ont tort de faire de l'imagination une faculté reproductrice des images. Sans doute la faculté reproductrice des images existe bien en nous, mais elle a un nom connu : elle s'appelle la *mémoire*. Il est donc inutile de lui donner un nom nouveau. Si l'imagination n'était que ce que l'on nous dit, elle ne serait rien, et ce ne serait pas la peine d'en parler.

Qu'est-ce donc que l'imagination ? Si nous interrogeons le sens commun et l'usage de la langue, nous reconnaîtrons que ce que l'on désigne par le mot *imagination* c'est la faculté de créer et d'inventer, et non celle de se représenter ce qui a été perçu. Par exemple, si quelqu'un pouvait dessiner sans la voir la cathédrale de Paris, on dirait que cette personne a une grande mémoire, mais non pas qu'elle a une grande imagination. Au contraire, on dit que tel artiste a l'imagination puissante, inventive, voulant faire entendre par là qu'il est capable de créations originales. L'imagination est donc pour le sens commun, et elle sera également pour nous, le pouvoir créateur de l'esprit. Nous ne pouvons reconnaître, par conséquent, que ce que l'on nomme l'*imagination créatrice*. Quant à ce que certains auteurs appellent *mémoire imaginative*, ou *imagination reproductrice*, c'est, encore une fois, la mémoire et non pas l'imagination.

Cependant, pour nous conformer à une vieille tradition philosophique, et aussi pour la commodité du discours, il nous arrivera quelquefois de désigner par le mot *imagination* la faculté de la représentation des images, d'une manière générale, abstraction faite de la question de savoir si l'image représentée est une création de l'esprit ou un souvenir. Il n'y a pas là un manquement au principe que nous venons de poser; car user d'un mot ou d'un autre c'est affaire de vocabulaire, non de psychologie; et la confusion n'est pas à craindre du moment qu'on est prévenu. A l'égard de la théorie psychologique, ce que nous avons dit subsiste entièrement : c'est-à-dire que, si la faculté de représentation des images, quel que soit son nom, crée, nous la rattacherons à l'imagination; si elle ne crée rien, et ne fait que reproduire des souvenirs, nous la rattacherons à la mémoire.

74. Comment l'imagination crée. — Mais, si l'imagination crée, elle ne crée point de toutes pièces. Comme l'artisan, qui avec du bois fait une table ou une porte, elle a besoin d'une matière qu'elle puisse mettre en œuvre. Pas plus dans l'ordre de la pensée que dans l'ordre des choses corporelles, l'homme n'est capable de créer *ex nihilo*. Cette matière, ce ne peuvent être évidemment que les souvenirs dont l'esprit est déjà pourvu. Ainsi l'imagination est à cet égard sous la dépendance de la mémoire. Celui qui ne sait rien n'inventera jamais rien. Mais on aurait tort de croire que plus une personne a de souvenirs, plus elle doit avoir d'aptitude à en former des idées nouvelles. On peut avoir beaucoup de mémoire et manquer totalement d'imagination. L'imagination est un pouvoir spécial et *sui generis* de l'esprit, ce qui ne veut pas dire d'ailleurs une faculté irréductible et fondamentale.

Mais quels sont les souvenirs que l'imagination peut mettre en œuvre ? Ce sont :

1° Les souvenirs visuels, qui sont les plus importants de tous chez les clairvoyants, et c'est en quoi Reid avait raison partiellement;

2° Les souvenirs de tous les autres sens;

3° Les souvenirs de nos diverses impressions psychologiques;

4° Les souvenirs des choses abstraites, comme sont les idées scientifiques ou philosophiques.

Ainsi, il n'est point de souvenirs sur lesquels l'imagination ne puisse avoir prise.

Quant à l'action que l'imagination exerce sur les souvenirs, elle est assez diverse. Sans prétendre en passer en revue toutes les formes possibles, on peut dire que l'imagination agit surtout :

1° Par *addition* ou *suppression*. Par exemple, je puis retrancher mentalement d'un jardin ou d'un salon tel objet qui me déplaît, et y introduire tel autre objet qui m'agrée.

2° Par *augmentation* ou *diminution* de la réalité. Par exemple, je puis me représenter également bien un homme de dix mètres de haut et un homme de dix centimètres. Toutefois il est certain que l'imagination tend plutôt à accroître les proportions des objets qu'à les amoindrir ; elle use plus volontiers de l'hyperbole que de la litote. C'est qu'en général la grandeur des objets est l'un des éléments principaux de l'intérêt qu'ils nous inspirent.

3° Par *combinaison*, c'est-à-dire par une sorte de fusion de deux images, d'où résultera la formation d'une image nouvelle différente des deux premières. Les images de ce genre sont ce que l'on appelle des *fictions*. Une fiction, c'est donc un objet dont les éléments sans doute sont pris dans la nature, mais qui pourtant lui-même est en dehors de la nature, et n'existe que par la fantaisie de l'art qui l'a créé. Tels sont les centaures, les chimères, les sirènes, etc.

4° Par *transposition*, c'est-à-dire en substituant à une idée une idée différente qui tiendra la place de la première dans l'esprit. C'est sous cette dernière forme surtout que l'imagination joue un rôle important dans notre vie intellectuelle. La raison en est qu'il est une multitude d'idées, et précisément les plus importantes de toutes, les idées abstraites, qui ne peuvent guère entrer dans nos intelligences que par l'intermédiaire d'idées concrètes, c'est-à-dire d'images leur servant de symboles ou de substituts. De là l'usage de la métaphore et, en général, de toutes les figures du langage. Ce besoin de symboliser les choses abstraites ou celles de l'ordre moral est surtout remarquable chez les peuples enfants et chez les intelligences primitives. C'est qu'il faut une haute culture d'esprit et une grande habitude du maniement des idées pour pouvoir demeurer dans l'abstrait pur sans s'y perdre, et pour exprimer abstraitement des pensées elles-mêmes abstraites. Quand on n'a pas la force intellectuelle nécessaire pour cela, on tâche d'y suppléer au moyen d'images et de symboles. Évidemment, le symbole est un secours pour la faiblesse de l'esprit, mais il a l'inconvénient d'ôter à nos pensées leur précision. Que la poésie use de figures et de métaphores, rien de plus légitime, parce qu'elle vise à la couleur plus qu'à la netteté et à la précision des idées ; mais la perfection du style philosophique ou scientifique consiste plutôt dans une sorte de nudité absolue, et dans l'emploi exclusif des termes propres.

75. Nature de l'imagination. — Quelle est la nature de l'imagination ? Devons-nous en faire une faculté à part et un pouvoir irréductible de l'esprit ? Non, attendu que toutes les opérations qu'on met sous son nom s'expliquent fort bien par les lois connues de l'association des idées. De même, par conséquent, qu'ayant expliqué toutes les parties du souvenir par des causes connues, nous avons été dispensés par là de faire de la mémoire elle-même une faculté originale, de même nous devons voir dans l'imagination non pas une faculté, mais un ensemble de faits analogues et groupés sous un même nom. Quant à la cause effective de ces faits, c'est simplement le jeu de l'esprit dans l'association des idées. Pour s'en convaincre il suffira d'analyser rapidement la nature des diverses opérations de l'imagination que nous venons d'énumérer.

La première (addition ou suppression) consiste dans une simple dissociation des éléments d'un tout donné, ou dans l'introduction d'éléments nouveaux dans un tout déjà existant.

Pour la troisième (combinaison, création de centaures, etc.) c'est la même chose, sauf que dans ce dernier cas l'union des éléments assemblés est généralement plus intime que dans le premier, et que ces éléments sont plus dissemblables.

La deuxième (augmentation ou diminution de la réalité) tient à la faculté qui est en nous de nous représenter un seul et même objet à des échelles diverses de grandeur. Mais cette faculté n'est pas pour nous une faculté nouvelle ni inconnue ; c'est simplement la suggestion des idées par ressemblance. Il se pourrait que l'aptitude à passer d'une idée à une autre en vertu de la ressemblance fût, selon ce qui a été dit plus haut (71), l'un des pouvoirs les plus originaux et les plus essentiels de l'esprit ; mais, cette faculté une fois donnée, il n'y a plus lieu d'admettre sous le nom d'imagination une faculté spéciale servant à la représentation des objets sous des proportions autres que celles que nous percevons ou que nous avons perçues autrefois.

Quant à la quatrième (transposition et substitution d'un certain ordre d'idées à un ordre différent), elle implique évidemment une analogie entre les deux idées dont l'une est mise ainsi à la place de l'autre, et par conséquent, comme la précédente, elle ne suppose rien de plus que la suggestion des idées en vertu d'analogies et de ressemblances. Donc, en définitive, nous ne voyons dans toutes les créations de l'imagination que des combinaisons d'idées d'après les lois de l'association.

L'imagination joue dans la vie humaine un rôle considérable. Sans entrer dans le détail des services qu'elle rend à l'homme, nous allons montrer comment elle intervient dans la vie pratique, dans les sciences et dans les beaux-arts.

76. Rôle de l'imagination dans la vie pratique. — Il n'est pas surprenant qu'on ait besoin d'imagination dans la vie pratique. En effet, dans la vie nous sommes tenus à inventer constamment. Tout ce que nous faisons avec réflexion implique de certaines suppositions plus ou moins expresses relativement aux conséquences que nos actions peuvent entraîner. Par exemple, un négociant fait une spéculation: c'est qu'il suppose que le cours des marchandises variera en tel sens. Un général d'armée commande un mouvement à ses troupes : c'est qu'il estime que son adversaire va, de son côté, faire telle manœuvre. Il en est ainsi pour tout le monde, et dans presque toutes les circonstances de la vie. Pour agir il faut prévoir, et pour prévoir il faut imaginer, puisque, l'avenir n'étant pas encore, nous sommes obligés, pour nous régler sur lui, de le créer en esprit par anticipation.

L'imagination intervient encore dans la vie commune sous une autre forme. Les vieillards aiment à se rappeler le passé, et quand ils en évoquent les souvenirs, l'imagination complaisante ne manque jamais de prêter les couleurs les plus riantes à tout ce qui les a charmés autrefois. Les jeunes gens songent à l'avenir, et, dans les rêves où ils l'entrevoient, ils le font toujours brillant et beau. Ici ce n'est plus pour l'action que l'imagination nous sert; mais c'est assez qu'elle procure à l'homme de doux moments pour le consoler de ses heures tristes, qu'elle poétise son existence, qu'elle engendre enfin l'espérance, ce grand moteur du monde moral.

77. Rôle de l'imagination dans les sciences. — Le savant observe, expérimente et raisonne : tout cela ne se fait pas au hasard, mais suppose une hypothèse directrice. Or une hypothèse est une création de l'imagination. On comprend donc que, pour être un savant, du moins un savant original et capable de faire progresser la science, il soit nécessaire d'avoir une imagination puissante. Voltaire a dit qu'Archimède n'avait pas moins d'imagination qu'Homère : peut-être ce mot n'a-t-il rien d'exagéré. C'est en vain qu'on a objecté que l'imagination est dangereuse pour le savant. Il est certain qu'un savant qui prendrait pour des vérités les rêveries de son imagination tomberait dans de graves erreurs. Mais, si l'abus est possible, ce n'est pas une raison pour proscrire l'usage : autant vaudrait, comme on l'a dit, interdire les machines à vapeur sous prétexte qu'il y a des chaudières qui font explosion. Du reste, rien ne saurait prévaloir contre cette vérité évidente que l'imagination c'est la faculté d'inventer, et que, par conséquent, le génie n'est rien autre chose que l'imagination même à son plus haut degré de puissance.

Essayons donc de déterminer en quoi consiste le génie dans les sciences, c'est-à-dire quelle est la nature de l'imagination scientifique. Le but de la science c'est, en général, l'explication des faits. Mais qu'est-ce qu'expliquer un fait? Pour que l'explication d'un fait soit réelle, et non pas seulement verbale, comme sont les explications par des entités métaphysiques, il faut que le principe invoqué soit une chose réelle, et de plus une chose connue, c'est-à-dire un fait encore. Mais un fait particulier sera-t-il le principe qui permet d'expliquer un autre fait particulier? Évidemment non, car un principe est nécessairement quelque chose de général. Un fait particulier a autant besoin d'explication qu'un autre fait; il ne peut donc servir à en rendre compte. Ainsi le fait par lequel on expliquera le fait considéré ne poura être qu'un fait général, c'est-à-dire une *loi*. Mais comment concevoir le rapport du fait particulier au fait général? Les supposerons-nous hétérogènes l'un à l'autre? Alors il sera impossible de trouver dans le second la raison du premier. Ce n'est pas même une homogénéité parfaite, c'est une véritable identité de nature qui doit exister entre eux pour que leur relation soit celle d'un principe à sa conséquence. Or il n'y a qu'une seule manière possible d'entendre l'identité dont nous parlons : c'est d'admettre que le fait particulier c'est le fait général lui-même, mais déterminé, modifié d'une certaine façon ; ou, plus simplement, que le phénomène n'est pas autre chose qu'une application de la loi. Il est, du reste, facile de montrer par des exemples que ce qui rend compte d'un fait c'est ce fait lui-même considéré dans sa généralité, ou, si l'on aime mieux, dans son essence abstraite. Un ballon, un nuage de fumée, s'élèvent dans l'air ; c'est que, d'une manière générale, tous les corps plus légers que l'air tendent à s'élever. L'ascension des corps légers, voilà le principe. Le ballon, la fumée, sont des corps légers particuliers et déterminés : leur ascension est seulement une application de la loi générale. Mais cette loi générale a elle-même sa raison dans une loi plus générale encore, qui permet d'en rendre compte, et qui est le *principe d'Archimède*. Or, si l'on examine quel est le rapport de la loi moins générale à la loi plus générale qui l'explique, on voit que ce rapport est encore le même que dans le cas précédent, c'est-à-dire que la première est une détermination et une forme plus particulière de la seconde. D'après le principe d'Archimède, tout corps plongé dans un fluide en reçoit une poussée égale au poids du fluide déplacé. Disons que le fluide considéré est l'air, et que le corps immergé est plus léger que l'air. Il en résulte immédiatement la conséquence que la poussée de bas en haut doit faire monter le corps.

Ainsi la découverte scientifique consiste à dépouiller le fait particulier, ou même la loi qu'il s'agit d'expliquer, de tout ce qui rend particuliers ce fait ou cette loi, pour arriver à la conception pure de l'essence abstraite qui est le principe de tout, et dont les faits ne sont que des manifestations et des conséquences. On comprend par là que le génie du savant doive s'appliquer surtout à écarter les apparences qui seules frappent les intelligences vulgaires, pour rechercher les raisons cachées des choses. Ces raisons cachées sont des propriétés que nul n'avait aperçues encore, mais qui frappent un esprit apte aux découvertes scientifiques. L'eau courante ne nous affecte d'abord, comme le remarque M. Bain, que par sa surface polie, par son murmure et par les ravages qu'elle exerce ; mais un jour vint où quelqu'un s'avisa qu'elle était aussi une force, et créa la roue hydraulique. La fleur et la plante entière ont même structure ; mais il fallait l'œil d'un Gœthe pour l'apercevoir, tant l'apparence générale est différente de part et d'autre ! Il en est de même pour tous les cas. Toujours, pour comprendre et pour inventer, il faut retrouver sous des formes insolites, et en dépit d'apparences contraires, une propriété ou une loi générale qu'on avait jusque-là considérée sous des aspects très différents. Cela revient à dire que découvrir ou inventer c'est dissocier autrement qu'on ne l'avait fait encore les éléments des idées que la réalité suggère. Le génie scientifique est donc avant tout une aptitude à dissocier avec puissance et originalité ; car, pour l'assimilation dans laquelle consiste proprement la découverte, elle se fera d'elle-même, la dissociation utile une fois opérée. Aussi le génie n'est-il pas, comme on est trop souvent porté à le croire, quelque chose d'anormal et de mystérieux. Encore moins est-ce une *névrose* et un commencement de folie. Non, c'est quelque chose de très normal et de très naturel, et que tous les hommes possèdent, mais le plus grand nombre à un degré inférieur. Ce qui déroute la réflexion et court risque de nous tromper sur la nature du génie, c'est la soudaineté de ses découvertes. Il est effectivement certain que la dissociation d'idées qui met l'homme de génie en possession d'une vérité importante se fait tout d'un coup et jaillit comme un éclair; mais cela ne veut pas dire que des rencontres de ce genre se fassent au hasard ou d'une manière inexplicable. Elles supposent au contraire, en général, de longues méditations, des efforts prolongés et une multitude de tentatives infructueuses. On demandait un jour à Newton comment il avait fait sa grande découverte; il répondit : « C'est en y pensant toujours. »

78. Création de l'imagination dans les beaux-arts. — On peut distinguer dans la création d'une œuvre d'art trois moments différents :

1° La conception du but à atteindre ou du sujet à traiter. Ce premier point est important, non pas qu'un sujet soit en lui-même beau ou laid, indépendamment de la manière dont il sera exécuté, mais parce qu'un artiste a besoin d'être soutenu par son œuvre elle-même et par l'intérêt qu'il y prend. Un sujet qui n'inspire pas est un sujet qu'il faut rejeter.

2° L'élaboration du sujet. Quand un artiste a conçu dans sa pensée le dessein d'une œuvre à créer, et qu'il y a porté longuement son attention, il a dans l'esprit un *plan* plus ou moins précis, qui est déjà en quelque sorte l'œuvre d'art elle-même, moins les détails d'exécution. Cette méditation persévérante est très nécessaire si l'on veut ne pas aller au hasard, et faire une œuvre sérieuse. « C'est faute de réflexion, dit Buffon, c'est pour n'avoir pas assez médité son sujet qu'un homme d'esprit se trouve embarrassé, et ne sait par où commencer à écrire. » Racine pensait de même, quand il disait un jour : « Ma tragédie est presque terminée : je n'ai plus que les vers à faire. »

3° Enfin l'exécution proprement dite, qui consiste pour l'artiste à donner à sa pensée la forme que comporte son art. Pour l'exécution chaque art a sa technique, que connaissent seuls les initiés;

nous n'avons donc pas à nous en occuper ici. Mais la poésie donne lieu à des considérations d'un intérêt général, et qui se rapportent d'une manière très directe à la théorie de l'imagination.

Le moyen d'expression du poète, c'est le mot. Or le mot peut exprimer l'idée soit directement, lorsqu'il signifie exactement ce qu'il veut dire, soit indirectement, lorsqu'il dit une chose pour en faire entendre une autre. Dans ce dernier cas le style est *figuré* ou *métaphorique*. En général, les poètes usent plutôt de l'expression figurée que de l'expression propre, et même c'est l'aptitude à trouver et à manier les figures qui, plus que tout le reste peut-être, caractérise le génie poétique. C'est que le mot propre, par son exactitude, est celui qui convient le mieux à qui veut instruire ou convaincre ; mais il ne s'agit pas pour le poète de convaincre ni d'instruire ; il s'agit de plaire et de charmer l'imagination par l'évocation d'images ou gracieuses ou grandioses. La métaphore est donc la forme naturelle du langage poétique. Par l'emploi de la métaphore la pensée peut gagner infiniment en richesse et en variété : elle gagne même en clarté quelquefois ; car il est telle image poétique qui traduit pour l'imagination avec une vivacité saisissante des idées que le pur entendement ne réussissait pas à élucider.

Trouver des images pour exprimer les pensées voilà donc le grand objet de l'art du poète ; et plus ces images seront vives et fortes, plus surtout elles seront inattendues, plus elles paraîtront venir de loin tout en restant justes et claires, plus elles auront de beauté. On a cité maintes fois à ce sujet la brillante comparaison qu'inspirait à Victor Hugo la mort d'une jeune fille :

> Ainsi qu'en s'envolant l'oiseau courbe la branche,
> Son âme avait brisé son corps.

Un vieillard mourant, dans l'imagination de Lamartine,

> S'attache comme un lierre aux débris des années.

Homère, dans l'Iliade, compare Apollon descendant de l'Olympe à la nuit qui tombe des montagnes. Il s'avançait, dit-il, « semblable à la nuit ».

Si maintenant nous examinons comment l'imagination procède dans la création des figures poétiques, nous reconnaîtrons que c'est par des dissociations d'idées ou d'images permettant des assimilations entre des choses en apparence très diverses. Le vulgaire voit les choses vulgairement : le poète en a une vision qui n'appartient qu'à lui. Ce qui nous échapperait le frappe, et, comme son imagination le porte vers des côtés de la réalité que nous ne voyons pas, il trouve aux choses des ressemblances que nous n'aurions pas aperçues. Le poète est un voyant, et un voyant qui fait voir : car les choses mêmes que l'œil perçant de son génie pouvait seul découvrir, il sait les rendre visibles à tous les yeux par des images brillantes.

Cette faculté de vision supérieure à celle du commun des hommes rapproche le génie poétique du génie scientifique. Il y a pourtant entre les deux cette différence capitale que le poète considère les choses par leur côté concret et sensible, tandis que le savant les prend par leur côté abstrait. Le poète embellit la réalité, le savant la dépouille de ses apparences trompeuses pour la réduire à sa pure essence. Tous deux ont de la nature une intuition supérieure, et cette intuition appartient à l'esprit seul ; car le poète même, quoiqu'il considère surtout les choses sensibles, les voit encore plus par sa pensée que par les yeux de son corps. Tous deux font une même œuvre, qui est une œuvre de dissociation et d'assimilation ; mais, cette œuvre, ils la font par des procédés diamétralement différents.

Quant aux moyens par lesquels l'artiste exprime sa pensée et la traduit pour les autres hommes, moyens qui diffèrent suivant la nature de son art (formes et couleurs s'il est peintre, sons s'il est musicien, figures poétiques s'il est poète, etc.), ils lui seront suggérés en foule par le sujet lui-même, pourvu que ce sujet ait été par avance suffisamment médité par lui, et que son esprit soit abondamment pourvu de souvenirs et d'images se rapportant à l'art particulier qu'il exerce. Si ces deux conditions sont remplies, l'artiste verra surgir devant lui, suivant la pittoresque expression d'un poète anglais, « toute une populace d'idées », de sorte qu'il n'aura point à craindre de se trouver à court.

Mais, précisément en raison de cette abondance des moyens d'expression qui s'offrent à lui, il importe que l'artiste sache choisir, car ces moyens ne sont pas tous bons. Ce qui fait l'habileté à choisir, c'est le *goût*. Le goût n'est rien autre chose qu'un fin discernement du bon et du mauvais, qui permet soit à l'artiste, soit au critique, de reconnaître, non par principes, mais par une sorte d'instinct supérieur, ce qui peut agréer au sentiment et à la raison, et ce qui doit leur déplaire. C'est une grande chose que le goût, et un don bien rare : dans tous les cas c'est un don bien différent du génie. Victor Hugo, qui avait tant de génie, manquait souvent de goût. Lamartine a commis d'étonnantes erreurs en critique littéraire, au sujet de la Fontaine par exemple. D'autre part, il est des hommes du goût le plus délicat qui sont totalement dépourvus de la faculté d'invention. Lorsque les deux qualités se trouvent réunies chez un même artiste, et surtout si elles sont d'un degré éminent, alors c'est la perfection. Pourtant il faut convenir qu'il est des artistes qu'on aurait tort de juger d'après les inspirations d'un goût nécessairement quelque peu exclusif, parce que leur grandeur les met au-dessus des règles communes. Eschyle, Dante, Shakespeare, Michel-Ange, font quelquefois à la raison et au sentiment des violences qu'il faut accepter, parce qu'en froissant la nature ils savent l'élever au-dessus d'elle-même.

CHAPITRE VI

APPENDICE A LA THÉORIE DE L'IMAGINATION

Nous avons vu que l'imagination dans les beaux-arts n'est pas autre chose que le pouvoir de dissocier et de réassocier dans un ordre nouveau les éléments d'idées complexes. Par là le fait d'imagination s'est trouvé complètement expliqué par des facultés connues, sans qu'il fût nécessaire de faire appel à des facultés nouvelles. Mais, quand on examine les créations de l'imagination dans certains états particuliers de la vie psychologique, tels que la rêverie, le rêve, le somnambulisme, la folie, on peut être amené à penser qu'elle est quelque chose de plus que ce que nous avons dit, et que dans ces états peuvent se développer des facultés inconnues ou anormales. Il n'en est rien pourtant. Les faits qui paraissent les plus extraordinaires au premier abord s'expliquent, quand on les analyse avec soin, par le jeu normal de nos facultés naturelles. Une rapide étude de ces différents états va nous en convaincre.

70. La rêverie. — On appelle *rêverie* cet état dans lequel, bien que nous soyons éveillés, la raison et la volonté, qui sont les facultés maîtresses, ayant en quelque sorte abandonné momentanément le gouvernement de nos pensées et de nos sentiments, ces pensées et ces sentiments livrés à eux-mêmes suivent leur cours naturel avec toute la spontanéité d'une énergie que rien ne comprime plus. Cet état a généralement un grand charme. Le gouvernement de soi-même par la raison, quelque nécessaire qu'il soit, est une fatigue, parce que c'est un effort constant; aussi est-il doux de s'abandonner pour un instant, parce qu'alors on vit sans avoir la peine de vivre. Or il peut arriver que, dans cet état de somnolence des facultés actives, nous devenions capables de conceptions grandioses qu'il nous sera impossible de reconstruire, et même de retrouver par le souvenir, dès que nous aurons repris possession de nous-mêmes. Mais ces faits, anormaux en apparence, n'ont rien qui doive nous étonner, et M. Bain a pu en rendre compte d'une façon très simple. Chacun de nous, dit en substance M. Bain, a sa passion dominante, laquelle suscite sans cesse dans l'esprit des idées et des images dont elle se nourrit. Mais, comme nous avons à faire dans la vie une œuvre sérieuse et pratique, à laquelle ces idées et ces images coopèrent faiblement, et dans tous les cas ne peuvent coopérer que tour à tour, la volonté refoule toutes celles qui sont inutiles dans le moment présent, sans toutefois les détruire. Elles continuent donc à subsister à l'état latent dans les profondeurs de l'âme et de l'organisme, toutes prêtes à réapparaître lorsque la puissance qui les tenait écartées se sera relâchée de sa surveillance. Mais, dans la rêverie précisément, cette puissance cesse de remplir son office; d'où il suit que toutes ces images mises en liberté surgissent en foule, comme un essaim bourdonnant, devant l'esprit émerveillé d'une richesse qu'il ne se connaissait point. Voilà pourquoi, par exemple, un homme de science se trouve quelquefois l'esprit plus lucide quand il rêve à moitié que lorsqu'il travaille péniblement à mettre de l'ordre dans ses idées; pourquoi un ambitieux, qui ne rêve guère tout éveillé, mais dont l'amour des grandeurs inspire toutes les pensées et toutes les actions, découvre en lui-même une imagination merveilleuse, s'il vient à tomber dans une rêverie se rapportant à sa passion. A quoi nous ajouterons qu'il pourrait bien y avoir beaucoup d'illusion dans l'enthousiasme que les conceptions de la rêverie excitent en nous. Quand la raison est absente, la critique manque, et sans critique pouvons-nous bien nous rendre compte de ce que valent nos idées? Il est probable que ce qui nous émerveille en elles est souvent d'une qualité assez médiocre.

80. Le rêve. — Le rêve est analogue à la rêverie, mais la raison et la volonté y ont moins de part encore que dans la rêverie, parce que, grâce au sommeil, l'atonie des organes y est plus complète. Ce qui caractérise le rêve, plus encore que l'éclat et la nouveauté des conceptions, c'est l'abondance et la rapidité avec lesquelles elles se succèdent. Cette abondance et cette rapidité sont telles que, dans quelques secondes de sommeil, on peut avoir le souvenir des états d'une existence entière, et par conséquent revivre par la pensée toute cette existence. C'est du moins ce qu'affirment avoir éprouvé les noyés, par exemple, dans les quelques instants qui ont précédé pour eux une asphyxie incomplète. Cette rapidité s'explique par l'absence d'images répressives. A l'état de veille nos sensations sont lentes, de sorte que les souvenirs qui nous reviennent à l'esprit sont entravés dans leur évolution ; car il est clair que nous ne pouvons pas nous imaginer avoir vécu des années dans un temps très court, alors que la conscience atteste que, dans ce temps, nous avons pu seulement faire quelques pas ou prononcer quelques paroles. Mais, dès que l'obstacle venant de la lenteur de nos sensations effectives est levé, la mécanique cérébrale reprend la course qui lui est naturelle, et il faut croire que cette course est fort rapide, puisque alors nos souvenirs vont si vite. Du reste, c'est cet état de rapidité extrême qui est l'état normal, puisque la lenteur de nos conceptions pendant la veille ne vient que d'un empêchement à ce que la machine cérébrale fonctionne avec sa vitesse naturelle.

On peut se demander aussi quelle est la puissance qui dirige les rêves. Ce n'est pas la volonté, car elle est engourdie ; et pourtant on peut admettre que, dans certains cas, des vestiges de responsabilité subsistent pour nous dans le sommeil. C'est plutôt le sentiment, et surtout la sensation, qui impriment à nos rêves leur cours. Ainsi, une mauvaise digestion peut susciter un cauchemar. Une sensation éprouvée dans le cours du sommeil donne lieu à la conception d'images adaptées ; mais alors l'effet est toujours considérablement agrandi. Un coup d'épingle, par exemple, fait rêver d'un coup de poignard ; un dormeur ayant mal à la tête rêve qu'il est scalpé par des sauvages ; M. A. Maury, ayant reçu sur le cou une tringle qui supportait les rideaux de son lit, rêve qu'il est guillotiné sous la Terreur, etc.

81. Le somnambulisme. — Ce sont surtout les phénomènes du somnambulisme qui ont donné lieu de supposer que des facultés anormales peuvent s'éveiller en nous dans certaines circonstances. Il en est, en effet, parmi ces phénomènes, qu'on peut, au premier abord, juger tout à fait extraordinaires, par exemple la vision à travers des corps opaques ou à des distances considérables. Mais l'existence de pareils faits n'a jamais été bien prouvée, et le serait-elle, que la méthode scientifique nous ferait une obligation rigoureuse de chercher à les expliquer par les facultés connues.

Le somnambulisme prend deux formes principales : le somnambulisme provoqué, ou *hypnotisme,* et le somnambulisme naturel.

C'est le premier surtout qui donne lieu aux faits prétendus anormaux dont nous venons de parler; mais le second a pour nous un intérêt particulier, parce qu'il nous offre l'occasion de poser et de résoudre une question importante : comment la pensée meut-elle le corps ?

Le somnambulisme naturel a été défini très exactement *un rêve en action*. En effet, le rêve ordinaire ne se compose que de tableaux qui passent devant notre imagination sans provoquer l'exercice de l'activité motrice. Au contraire, un rêve de somnambule est un rêve *agi*; c'est-à-dire que le somnambule exécute réellement les actions que son imagination lui représente.

Mais quelle est la cause qui donne lieu aux mouvements par lesquels les conceptions du somnambule se réalisent? Il est facile de prouver que ce sont ces conceptions elles-mêmes. En effet, elles sont les seuls antécédents assignables des mouvements : c'est donc à elles seules que les mouvements doivent être attribués. Il est vrai que, dans le rêve ordinaire, les conceptions ne provoquent point de mouvements; mais c'est qu'alors des causes telles que l'atonie du système nerveux moteur empêchent l'action de s'accomplir. Du reste, mille exemples tirés de la veille et empruntés à l'expérience la plus vulgaire prouvent surabondamment que toute représentation d'action tend à provoquer le mouvement par lequel elle se réalise. Ainsi on voit les petits enfants être incapables de raconter une histoire qui les intéresse sans accompagner leur récit d'une mimique expressive : c'est que ce qu'ils racontent ils se le représentent, et ce qu'ils se représentent ils l'exécutent autant qu'ils peuvent. De même, lorsque l'on regarde sous ses pieds un grand espace vide, on éprouve ce qui s'appelle le vertige, c'est-à-dire une sorte d'impulsion à s'y précipiter : c'est que l'idée de la chute possible est suggérée alors avec une intensité telle que l'on tend fortement à la réaliser; et si à cette sollicitation de l'imagination on ajoute celle d'une perception effective résultant de la chute d'un corps, le péril devient bien plus grand encore. Toute pensée est donc un commencement d'action; et voilà pourquoi nous sommes responsables de nos pensées comme de nos actions, si elles ont été volontaires.

C'est encore en vertu du même principe que la parole intérieure, c'est-à-dire le discours que nous nous tenons à nous-mêmes, et qui constitue notre pensée, tend toujours à provoquer l'émission de la parole extérieure; de sorte que les petits enfants et les vieillards, dont les nerfs sont faibles, subissent cette impulsion sans pouvoir y résister, et pensent tout haut. Ici, c'est la représentation du son qui provoque l'émission d'un son effectif. Lorsque nous pensons, nous prononçons intérieurement des paroles, lesquelles produisent sur l'organe vocal une excitation dont on se rend parfaitement compte, pourvu qu'on y prête attention. Si cette excitation est assez forte, ou si elle est insuffisamment comprimée, l'émission de ces paroles est inévitable.

On voit que le fait qui requiert une explication particulière n'est pas la connexion de la représentation et du mouvement, mais au contraire leur séparation. Ce qui caractérise l'état adulte de nos facultés c'est beaucoup moins la puissance d'agir que la puissance de n'agir pas. Les tendances, les désirs, les images, tout nous porte à l'action : la volonté seule, unie à la raison, arrête ces élans irréfléchis et introduit dans notre conduite l'ordre et la mesure : la volonté est donc avant tout un pouvoir d'arrêt et d'inhibition.

Quant à la connexion de l'image et du mouvement, elle est aisée à comprendre : c'est un simple fait d'association. Nous avons une première fois exécuté un mouvement spontanément, c'est-à-dire sans réflexion et sans volonté. Ce mouvement a donné lieu en nous à un fait de conscience, qui n'est autre que l'image de ce même mouvement. Cette image s'est associée au mouvement en question, d'où il résulte que, lorsqu'elle se reproduit dans notre conscience, le mouvement tend à se produire également, à moins que ce ne soit l'inverse qui ait lieu, et que l'action corporelle exécutée ne provoque le rappel de l'idée. Ce dernier fait a été observé surtout dans le sommeil artificiel. Par exemple, si l'on met une personne hypnotisée dans un état physique déterminé, on constate chez elle, d'après certains signes, l'état mental correspondant : on la place dans l'attitude de la prière, et elle prie ; on donne à sa bouche l'état du sourire, et toute sa figure prend une expression de contentement, etc.

Il ressort de là que la loi d'association a une portée extrêmement générale, et qu'elle relie non seulement les idées entre elles et les idées aux sentiments et aux autres faits affectifs, mais encore les idées et les sentiments aux mouvements du corps. Ce fait, du reste, n'a rien qui doive surprendre. L'association, nous le savons, n'est qu'une habitude. Or la connexion que l'habitude établit entre deux faits par cela seul qu'ils se sont produits simultanément dans un sujet conscient, ne dépend pas de la nature de ces faits, et ne suppose pas qu'ils soient de nature exclusivement psychique. Voilà pourquoi la loi d'association s'étend même au delà du domaine de nos faits de conscience.

82. La folie. — La folie prend les formes les plus diverses. Nous ne pouvons la considérer ici que dans quelques-uns de ses caractères les plus généraux. Ce qui paraît être la caractéristique principale de la folie, c'est l'irrésistibilité de certaines impulsions ou de certaines images, et par suite l'impuissance du sujet à raisonner ses idées et à gouverner ses actes.

La folie a toujours pour antécédent un état anormal du cerveau, mais cet accident cérébral peut résulter lui-même de causes multiples. Une blessure à la tête, une émotion vive, souvent une passion, engendrent la folie. Suivant Esquirol, la passion portée à un certain excès provoque presque fatalement la folie à quelque degré. La chose se comprend aisément. Lorsque, sous l'action d'une passion vive, toutes nos idées ont pris pendant longtemps une certaine direction, il en résulte, pour la matière cérébrale, des dispositions et des habitudes contre lesquelles ni la volonté, ni même les perceptions des sens ne peuvent plus réagir. Aussi voit-on dans les maisons de fous des gens qui raisonnent bien sur toutes sortes de sujets déraisonner de suite, et même tomber en hallucination, quand on les met sur ce qui fait l'objet de leur passion favorite.

Quant à la possibilité d'expliquer tous les phénomènes psychologiques auxquels donne lieu la folie par les causes connues des phénomènes psychologiques, et surtout par l'association des idées, ce n'est pas une chose douteuse. Ici donc encore tout recours à des facultés anormales serait inutile.

CHAPITRE VII

LES OPÉRATIONS DE L'ENTENDEMENT. — L'ATTENTION, L'ABSTRACTION ET LA GÉNÉRALISATION

83. Les opérations de l'Entendement en général. — Jusqu'ici nous n'avons étudié que les sensations, résultats des impressions produites sur nous par le monde extérieur, et les opérations auxquelles elles donnent lieu. Mais il y a dans l'homme, comme nous l'avons dit déjà au début de l'étude des facultés intellectuelles, des opérations d'un ordre plus élevé, dont la sensation n'est plus le principe, et qu'il faut rattacher à une forme supérieure de l'activité de l'esprit qui est l'*Entendement*. Ce sont ces opérations qu'il nous faut étudier maintenant. On en peut compter jusqu'à cinq : l'*attention*, l'*abstraction*, la *généralisation*, le *jugement* et le *raisonnement*.

84. L'Attention. — Toutes nos facultés, sensitives ou intellectuelles, sont susceptibles de s'exercer sous une double forme, la forme passive et la forme active. Pour ce qui est des sens tout le monde a le sentiment net de cette différence, et le langage en témoigne. Ainsi l'on ne confond pas *voir* et *regarder*, *entendre* et *écouter*, *toucher* et *palper*, *sentir* et *flairer*, *goûter* et *déguster*. Dans le domaine intellectuel c'est encore la même chose. Il est des moments où l'esprit assiste passivement au défilé de ses pensées comme à une comédie qu'on lui jouerait du dehors; d'autres moments, au contraire, où, entrant lui-même en scène, il intervient pour régler l'ordre de la représentation. L'usage actif de nos sens et de notre esprit en général se nomme *Attention*. L'attention est donc la concentration volontaire de l'esprit sur un objet afin de le mieux connaître.

L'attention prend différents noms, parce qu'elle peut prendre différentes formes. Il y a *attention* proprement dite quand nous considérons les choses extérieures, *réflexion* quand l'esprit se replie sur lui-même pour considérer quelque objet purement intelligible. La *méditation,* c'est la réflexion prolongée. La *contention,* c'est la réflexion devenue si intense que l'esprit est comme absorbé par son objet. La *contemplation,* c'est l'attention portée sur un objet extérieur, sollicitée et soutenue par l'admiration que cet objet excite en nous. Aussi est-ce une attention sans effort, et presque sans conscience, dans laquelle l'esprit s'oublie et s'abandonne.

Si la définition que nous en avons donnée est exacte, l'attention doit être considérée comme une opération éminemment active de l'esprit. Les sensualistes cependant ne l'entendent pas ainsi. Comme ils font dériver de la sensation tous les faits psychologiques sans exception aucune, et que la sensation est un fait de passivité, ils sont naturellement conduits à considérer l'attention comme passive. Aussi Condillac définit-il l'attention *une sensation exclusive,* c'est-à-dire une sensation qui prédomine sur toutes les autres, et qui même les exclut en totalité ou en partie du champ de la conscience.

Qu'une sensation puisse quelquefois dominer dans la conscience au point de l'occuper tout entière ou à peu près, c'est ce que l'expérience montre d'une façon indubitable. Le chien en arrêt, l'oiseau fasciné par le serpent, en sont des exemples. Chez l'homme lui-même nous voyons souvent une émotion ou une préoccupation vive s'imposer à l'esprit, le mettre dans l'impuissance momentanée de penser à autre chose qu'à l'objet qui l'occupe. La question est de savoir si Condillac a bien fait de rattacher à l'attention des phénomènes de ce genre.

D'abord nous ferons remarquer qu'il est une multitude de cas dans lesquels il s'en faut de beaucoup que la sensation sur laquelle l'attention se porte soit une sensation prédominante et exclusive. Lorsque, par exemple, on prête l'oreille pour saisir un bruit faible et fugitif, quand on fait effort pour discerner avec ses yeux un objet lointain ou mal éclairé, on n'est pas apparemment dans le cas d'une sensation effaçant toutes les autres par son intensité.

De plus, il est aisé de voir que ce que Condillac nous donne comme étant l'attention véritable en est précisément tout le contraire. Qu'est-ce, en effet, qu'être attentif, sinon se posséder soi-même, dominer ses impressions pour atteindre un but que l'on se propose, réagir enfin contre les choses extérieures et les maîtriser? Mais l'attention telle que l'entend Condillac serait, au contraire, la prise de possession de l'esprit par les choses extérieures.

Qui dit attention dit spontanéité, effort conscient et volontaire. Aussi ne pouvons-nous donner ce nom à la sensation exclusive et prédominante; et même, à notre avis, l'attention se dénature et se transforme en son contraire lorsque sa puissance s'exagère, comme il peut arriver dans la contention d'esprit et dans la contemplation.

85. L'Abstraction en général. — Abstraire, c'est considérer dans un objet une qualité à part de toutes les autres. Nous disons une *qualité*, c'est-à-dire un état ou une manière d'être, donc quelque chose qui ne subsisterait point indépendamment de l'objet où il se trouve ou de tout autre objet semblable. Par là l'abstraction se distingue de la *division*, qui consiste, au contraire, à séparer d'un tout une partie concrète comme ce tout lui-même, et pouvant par conséquent subsister en dehors de lui. Par exemple, considérer la couleur blanche d'une page de livre c'est faire une abstraction; considérer cette feuille indépendamment de toutes les autres qui avec elle composent le livre, c'est faire une division.

Du reste la division, quoique moins essentielle à l'esprit humain que l'abstraction, lui est encore fort utile; attendu que, lorsqu'on est en présence d'un objet complexe qu'il s'agit d'étudier, il est impossible de tout faire à la fois, ce qui oblige à diviser l'objet, mentalement au moins, et à le considérer successivement et par parties.

86. L'abstraction sensible. — Il est une abstraction que font les sens, il en est une autre que fait l'esprit. Considérons d'abord la première. Que nos sensations soient abstraites par elles-mêmes, c'est une chose évidente. En effet, chaque sens a sa perception propre : la vue perçoit les couleurs, et rien de plus; le tact perçoit les résistances, les températures et les autres qualités sensibles qui sont de son domaine, mais rien au delà : or la couleur, la résistance, la température, sont des abstractions. Les opérations des sens sont même si naturellement abstraites qu'ils sont impuissants à nous jamais rien faire connaître de concret; de sorte que, si le concret occupe quelque place dans nos pensées, c'est à titre de conception de nos esprits, non à titre d'objet perçu. Par exemple, si nous nous représentons tel homme comme un être réel et vivant, et non pas seulement comme une couleur, ni même comme une couleur unie à une résistance, à une température, etc., c'est que nous sommes nous-mêmes un tel être, et que, par une induction dont l'habitude nous a fait perdre le sentiment, nous attribuons à cet homme la même nature que la conscience nous révèle en nous. Mais les sens, s'ils étaient réduits à eux-mêmes, ne nous feraient connaître de cet homme qu'un groupe de qualités sensibles.

On voit par ce qui précède que l'abstraction même sensible est supposée par l'attention, et se confond presque avec elle. En effet, faire attention c'est nécessairement distinguer, isoler mentalement, abstraire par conséquent; et, inversement, on ne perçoit pas une qualité abstraite sans porter sur elle son attention à quelque degré. Ceci, du reste, n'empêche pas les deux opérations de différer en nature.

87. L'abstraction intellectuelle. — Mais la véritable abstraction, celle dont nous aurons à nous occuper surtout, c'est l'abstraction intellectuelle. L'abstraction sensible ne donne que des *images*, l'abstraction intellectuelle donne des *idées* ou *concepts*.

Kant a bien expliqué la différence essentielle qui existe entre les images et les concepts. Les images, dit-il, sont ou des sensations ou des copies de sensations: aussi s'appliquent-elles directement aux objets individuels; mais les concepts ne peuvent s'appliquer aux objets individuels que par l'intermédiaire des images. Par exemple, l'image que j'ai dans l'esprit, de Pierre, de sa figure, de sa taille, de son port, s'applique directement à Pierre; mais, pour l'idée que j'ai de l'homme, et qui n'est pas plus l'idée de Pierre que celle de Paul ou de Jean, il en est autrement. Nos concepts sont donc, comme le dit encore Kant, des *représentations de représentations*.

Il peut y avoir des degrés dans la façon dont le concept s'applique à la sensation ou à l'image. Cette application n'est pas toujours immédiate. Par exemple, la vue de telle sphère de cuivre me donnera lieu de concevoir la sphère de cuivre en général, c'est-à-dire la sphère de cuivre sans désignation de diamètre, laquelle n'est déjà plus objet de sensation. De là je passerai à l'idée plus abstraite de sphère, sans désignation de substance, puis à l'idée de surface courbe, de surface, et enfin d'étendue pure et simple, mon esprit, dans ce progrès, s'éloignant de plus en plus de la sensation, et concevant des choses de plus en plus abstraites et de plus en plus idéales. Il y a donc des degrés dans l'abstraction.

Les idées les plus abstraites sont aussi les plus simples, puisqu'elles ont le moins de contenu, et par là même elles doivent être les plus claires. Seulement il faut distinguer la clarté à l'égard des sens et la clarté à l'égard de l'entendement. Pour les sens ce sont les représentations individuelles qui sont claires; les idées abstraites, au contraire, sont obscures, parce qu'elles ne se laissent point imaginer. Pour l'entendement, au contraire, les représentations particulières sont la confusion même, à cause du nombre infini des éléments dont elles se composent, et de l'impuissance radicale où se trouve l'esprit d'embrasser ces éléments dans leur totalité et d'en apercevoir tous les rapports; mais les idées abstraites sont claires. Quand donc nous parlons de ces dernières, c'est par rapport à l'entendement seul que nous leur reconnaissons plus de clarté. Mais c'est l'entendement qui juge et qui pense, et non pas les sens: par conséquent, c'est la clarté pour l'entendement qui est la clarté véritable.

88. Dangers de l'abstraction. — Du reste, il y a une limite à l'avantage même que donne à nos idées leur caractère d'abstraction. C'est pourquoi l'on dit avec raison que l'abstraction a ses dangers. Les idées abstraites sont, en somme, des créations de l'esprit auxquelles ne correspond aucune réalité extérieure. Par exemple, lorsque nous essayons de nous représenter au moyen d'un système scientifique ou philosophique les rapports qu'ont entre eux tels et tels faits sensibles, les rapports qui unissent l'esprit à la matière, ou ceux qui unissent le monde à Dieu, le système est en nous seuls, et nullement dans les choses auxquelles nous l'appliquons. Sans doute, il peut avoir sa vérité comme *expression* de ce qui existe; mais il reste toujours que les choses sont des choses, et que nos idées sont des idées, ce qui établit entre les unes et les autres une différence essentielle, à moins qu'on ne nie les idées, ce qui est absurde, ou qu'on ne nie les choses comme choses en les faisant rentrer dans les idées elles-mêmes, ce qui est certainement excessif. Tant que nous pouvons repasser commodément des idées abstraites aux intuitions sensibles ou intellectuelles qui leur correspondent, le danger d'illusion inhérent à ces idées n'est pas bien grand, parce qu'alors il dépend de nous de confronter à tout instant nos conceptions avec la réalité pour voir si l'accord subsiste. Ainsi, les lois de la nature, qui ne sont pourtant que de pures idées, nous inspirent une pleine confiance lorsqu'elles ont été scientifiquement établies, parce que nous savons que l'expérience les confirmera autant de fois qu'il nous plaira de l'interroger à leur sujet. De même encore les idées mathématiques, qui sont peut-être les plus abstraites qui existent, peuvent servir de fondements à des constructions théoriques d'une audace prodigieuse, sans que nous ayons lieu de douter que ces constructions soient solides. C'est que ces idées ont leurs principes dans des intuitions intellectuelles que l'esprit tire de l'idée *a priori* de l'espace, que les théories mathématiques en sont déduites d'une manière rigoureusement démonstrative, et qu'enfin l'expérience encore nous fournit de ces théories des vérifications indéfiniment multiples sans les infirmer jamais. Au contraire, lorsque, *nous élançant sur les ailes des idées*, comme parle Platon, nous avons tout à fait perdu pied sur la terre, c'est-à-dire perdu le moyen de revenir de nos conceptions à des intuitions rationnelles primitives ou à des faits d'expérience, nous sommes comme en l'air, sans autre point d'appui que les idées mêmes. Prétendre que ce point d'appui n'est rien et que nous ne pouvons nous mouvoir que les pieds sur le sol serait tomber dans l'empirisme, et vouloir retrancher à l'esprit humain toute spéculation, c'est-à-dire, en réalité, toute pensée. Un tel excès serait monstrueux; mais il faut reconnaître aussi que la spéculation a ses périls, et qu'elle garde, en général, un caractère hypothétique, tant qu'on n'a pas pu repasser de l'abstrait au concret, c'est-à-dire trouver des vérifications soit dans la démonstration scientifique, soit dans l'expérience. L'héliocentrisme chez les Pythagoriciens et chez le cardinal de Cüsa n'était qu'une théorie abstraite. Il est devenu une vérité scientifique avec Copernic, Képler et Galilée, parce qu'alors il a pris, grâce à la démonstration, le caractère d'une conception *positive*. Tous nos systèmes d'idées ne sont pas de nature à recevoir le même genre de confirmation, mais tous doivent tendre à réaliser, dans la mesure du possible, l'idéal que l'héliocentrisme atteint sous ce rapport.

Le danger que nous venons de signaler comme inhérent à l'abstraction n'est à redouter que pour les hommes de pensée et de science; il en est un autre d'un caractère tout opposé : c'est celui qui résulte de la tendance qu'ont naturellement les hommes, et surtout ceux dont l'intelligence est peu cultivée, à réaliser des abstractions, c'est-à-dire à ériger l'abstrait en concret. Pour toute idée abstraite il nous faut un mot; autrement l'idée, sans objet correspondant dans l'intuition sensible, n'aurait plus rien par où l'esprit pût avoir prise sur elle. Mais partout où nous avons un mot nous voulons voir une chose, et les choses ne tardent pas à prendre à nos yeux le caractère d'êtres concrets et réels. C'est ainsi que les Romains furent conduits d'abord à réaliser, puis à personnifier, et enfin à diviniser de pures abstractions, comme la Fortune, la Guerre, la Faim, la Peur, etc. L'entendement chez tous les hommes est plus ou moins exposé à une idolâtrie du même genre, parce qu'il est difficile de savoir au juste ce que valent et ce que représentent les idées qu'on a dans l'esprit. Ajoutons que, par une erreur inverse de la précédente, on tend souvent à considérer comme de simples abstractions les êtres les plus réels et les plus concrets, comme l'âme et Dieu, et cela uniquement parce qu'on ne peut pas leur donner un corps. La raison grossière des esprits sans culture n'admet que le concret qu'elle identifie avec le corporel.

80. La Généralisation. — Nos idées abstraites, sans être générales par essence, tendent à le devenir, c'est-à-dire qu'elles tendent à devenir représentatives d'un nombre illimité d'individus. En effet, toute qualité abstraite appartenant à un objet peut appartenir également à une infinité d'objets différents, et par conséquent elle est une qualité *commune* par rapport à laquelle les objets en question forment un groupe ou une classe; autrement dit, c'est une qualité *générale*. Par exemple, la blancheur est la qualité générale de tous les objets blancs, et, en tant que blancs, tous ces objets forment une classe, quelque différents qu'ils puissent être par ailleurs. On voit donc que, parmi les idées abstraites, celles-là seules peuvent prendre le caractère de la généralité qui répondent aux qualités des objets, et principalement des objets sensibles. Les autres idées abstraites, qui sont de pures conceptions de l'esprit, et qui, sans être pour cela chimériques le moins du monde, ne répondent à rien d'existant dans le concret, comme les idées de vérité, de justice, de synthèse, d'analyse, de science, d'art, etc., ne représentent point des généralités. Il est vrai que, même avec ces idées, on formera quelquefois des classes d'individus. Ainsi l'on dira : *les hommes justes*, et : *les savants*, comme on dit : *les objets blancs*, et : *les mammifères;* mais la raison de ces généralisations est uniquement dans les formes du langage, et nullement dans la nature des choses. On ne peut pas dire que les hommes justes forment une classe d'individus au même titre que les objets blancs en forment une, parce que la justice n'est pas une idée du même ordre que la blancheur. Il faut donc distinguer deux catégories d'idées abstraites : celles qui se prêtent à la généralisation par elles-mêmes, et celles qui ne s'y prêtent que d'une manière factice et détournée, sous l'empire des lois du langage.

Si maintenant nous considérons les idées proprement générales, nous reconnaîtrons qu'elles ne sont pas toutes de même nature,

On peut, en effet, distinguer dans les êtres deux sortes de qualités ou de propriétés. En premier lieu, il y a des qualités communes qui ne se rencontrent chez les êtres que d'une manière accidentelle, et qui peuvent passer d'un sujet donné à d'autres sujets extrêmement différents, par exemple la couleur, la température, etc. Ces qualités-là ne déterminent proprement aucun être, puisqu'elles semblent pouvoir appartenir indifféremment à tous les êtres. Mais on rencontre encore dans toutes les créations de la nature des propriétés *spécifiques*, c'est-à-dire constitutives de l'espèce, et par conséquent essentielles à chaque individu, qui font que, par exemple, un animal est tel animal et non tel autre. C'est ce qui a donné lieu à Stuart Mill de distinguer deux sortes d'idées générales : celles qu'il appelle *idées générales abstraites*, qui répondent seulement à une qualité ou à un groupe de qualités abstraites, comme la couleur, la grandeur, etc.; et celles que, par opposition aux premières, il appelle *idées générales concrètes*, qui représentent des natures spécifiques, et par conséquent des types idéaux, comme les idées d'homme, de mammifère, de vertébré, d'animal, etc.

L'abstraction ayant des degrés, la généralisation doit en avoir également. Par exemple, la série d'idées abstraites : *sphère, surface, étendue*, est en même temps une série d'idées générales, et l'on voit de suite que la généralité de chacun des termes de cette série est en raison directe de son degré d'abstraction; de sorte qu'à mesure que l'abstraction croît, la généralité croît avec elle, et l'on se trouve en présence d'idées générales de plus en plus vides de contenu, mais par là même s'appliquant à un nombre de plus en plus grand d'objets. Les logiciens formulent ce rapport en disant que l'*extension* des idées générales et leur *compréhension* varient en raison inverse l'une de l'autre : le mot *extension* désignant pour eux le degré de généralité de l'idée et, par suite, le nombre plus ou moins grand d'individus auxquels elle s'applique, et le mot *compréhension* désignant le contenu de l'idée générale, c'est-à-dire l'ensemble des caractères ou des propriétés qu'elle comprend. Dans cette hiérarchie des idées suivant l'ordre de la généralité croissante, l'idée moins générale prend le nom d'*espèce*, par opposition à l'idée plus générale, qui prend le nom de *genre*.

90. Nécessité des idées abstraites et générales pour le langage et pour la science. — La sensation nous fournit des images et des représentations particulières; mais la sensation, nous l'avons dit déjà, n'est pas la pensée : c'est seulement la matière brute que l'intelligence aura à mettre en œuvre pour élever l'édifice de nos connaissances. Quant à cet édifice lui-même, il est tout idéal : nous voulons dire par là qu'il est fait uniquement d'idées ou de concepts. L'abstraction, par laquelle les concepts se forment, est donc la condition première et fondamentale de tout exercice de nos facultés intellectuelles. Cette vérité, au point où nous en sommes maintenant, doit apparaître à l'esprit avec une clarté parfaite. Néanmoins, afin d'en préciser davantage le caractère et la portée, nous allons en poursuivre brièvement l'application dans deux des maîtresses œuvres de l'intelligence humaine, le langage et la science.

A l'égard du langage, dire que le langage suppose des conceptions abstraites et générales, revient à dire que pour parler on a besoin de termes abstraits et de noms communs. En effet, en dehors des termes abstraits et des noms communs que reste-t-il, et qu'y a-t-il dans le langage qui réponde aux perceptions et aux représentations particulières? Uniquement des noms propres. Mais comment parler rien qu'avec des noms propres? D'abord nous serions écrasés sous leur nombre, parce qu'il est en quelque sorte infini. Mais il y a à cela une impossibilité plus radicale encore. En effet, si l'on parle, c'est pour dire quelque chose : par exemple, pour énoncer une vérité abstraite, ou pour faire connaître que tel objet possède telle qualité. Ainsi les mots à signification abstraite et générale sont indispensables. Les noms propres ne disent rien. Quand nous avons nommé un homme, nous l'avons désigné à part de tous les autres hommes, mais nous n'avons pas dit en quoi il se distingue d'eux. Il peut y avoir lieu de nommer des individus quand ces individus nous intéressent par leur individualité : par exemple, on nommera les hommes; un propriétaire nommera les chevaux de son écurie, etc.; mais il serait vain et fastidieux de nommer les choses qui ne nous intéressent que par leurs qualités communes, comme les chaises d'un appartement ou les arbres d'un bois. En résumé donc, les noms propres peuvent être quelquefois d'un usage utile, mais on ne parle jamais en réalité qu'avec des noms communs et des mots abstraits.

A l'égard de la science, il convient de distinguer entre les idées purement abstraites et celles qui, de plus, ont le caractère de la généralité. Les idées purement abstraites interviennent d'une manière nécessaire dans la partie interprétative et spéculative de la science : par exemple, dans tout ce qui regarde la méthode à suivre, la valeur et la portée des résultats obtenus, etc. Supprimez les idées abstraites, et vous découronnez la science en la réduisant à un empirisme grossier, qui ne voit que les faits avec leurs lois les plus immédiates, et d'où la pensée même est absente.

Quant aux idées proprement générales, elles forment en quelque sorte le corps même de la science. C'est cette vérité fondamentale qu'exprimaient les anciens quand ils disaient : *Il n'y a point de science du particulier*. La raison en est que, lorsque nous expliquons un fait (ce qui est l'objet essentiel de la science), c'est toujours en le rattachant à un principe en vertu duquel *il fallait que ce fait se produisît*, c'est-à-dire duquel ce fait dérivait nécessairement, et qui, par conséquent, doit y donner lieu partout et toujours. Donc ce qui dans ce fait est scientifiquement explicable c'est quelque chose qui ne dépend ni des temps ni des lieux. Le fait s'est produit en tel lieu et à tel moment; c'est en cela qu'il est un fait particulier, car le propre du particulier c'est d'occuper une situation dans le temps et dans l'espace; mais ce n'est pas là ce que la science considère, puisqu'elle n'a en vue que le nécessaire et l'universel.

Certains philosophes contemporains prétendent pourtant que le particulier est objet de science à sa manière, attendu que, disent-ils, tout objet particulier peut être résolu en des phénomènes élémentaires explicables scientifiquement ; de sorte que la somme de toutes ces explications portant sur les éléments constitue une explication intégrale de l'objet particulier en tant que particulier. Mais d'abord il n'est pas vrai qu'un objet particulier puisse être résolu en la totalité de ses conditions élémentaires. Cela au contraire est impossible, non seulement pour nous, vu la limitation des moyens dont nous disposons pour la science, mais encore en soi, attendu que cette totalité est un infini, et que, l'infini étant inépuisable, il est contradictoire de vouloir en faire la somme. Mais, quand même cette impossibilité n'existerait pas, les philosophes dont nous parlons n'auraient pas raison encore ; car ce que l'on explique scientifiquement dans un objet particulier donné, ou, ce qui revient au même, dans l'une des conditions élémentaires de cet objet, c'est toujours l'abstrait, le général, l'*essentiel*, et jamais le concret, l'individuel, l'*accidentel*. Il est donc certain que le particulier, en tant que tel, échappe par nature à la science.

CHAPITRE VIII

LES IDÉES ABSTRAITES ET GÉNÉRALES

91. Les idées générales ont-elles un objet ? — Nous avons vu, dans le chapitre précédent, quelle est la nature de l'abstraction et celle de la généralisation. Il nous faut maintenant considérer en elles-mêmes les idées abstraites et générales.

Le premier point que nous avons à examiner est celui-ci : les idées abstraites et générales ont-elles un objet? Mais nous savons qu'il y a lieu de distinguer entre les idées purement abstraites, qui n'ont point d'extension, comme les idées de vertu, de puissance, de courage, etc., et les idées proprement générales, qui ont au contraire une extension, comme l'idée de la blancheur ou l'idée de l'homme. Ces dernières, étant plus près de la sensation que les premières, doivent, plutôt que celles-ci, correspondre à quelque chose de réel dans la nature extérieure. Commençons donc par nous demander si les idées générales ont un objet; nous rechercherons ensuite si les idées purement abstraites en ont un.

Que les idées générales aient un objet, et qu'il y ait, par conséquent, quelque chose de général dans la nature comme dans notre pensée, c'est évidemment une chose nécessaire. Autrement, il faudrait conclure que rien au dehors ne répond à ce que nous pensons, que nos conceptions ne sont qu'un jeu de notre esprit, et que la science est vaine et vide. Mais il s'agit de savoir en quoi consiste la généralité des choses dans la nature. Si l'on appelle *conceptualisme* toute théorie qui accorde aux idées générales un contenu et un objet, par opposition au *nominalisme*, qui les réduit à n'être que de purs sons, *flatus vocis*, comme disaient les Scolastiques, c'est assurément le conceptualisme qui est la vérité. Mais il y a bien des manières d'entendre le conceptualisme, et bien des manières aussi qui en font une théorie absurde. Nous n'examinerons ici que la manière la plus commune, qui est aussi la plus inacceptable de toutes, et, après l'avoir réfutée, nous passerons immédiatement à l'exposition du conceptualisme tel qu'il doit être compris et accepté, à notre avis.

92. Le conceptualisme sous sa forme ordinaire.
— Le conceptualisme, sous la forme qu'on lui a donnée le plus souvent, consiste à prétendre que l'objet d'une idée générale c'est un ensemble de caractères communs à tous les individus compris sous cette idée. Rien de plus naturel, ni de plus simple au premier abord, que cette solution; mais, si l'on y regarde d'un peu près, on reconnaîtra sans peine que la simplicité n'en est qu'apparente, et que, comme l'ont bien montré Descartes, Leibniz et un grand nombre d'autres philosophes, les prétendues qualités générales appartenant en commun à tous les individus d'une même espèce n'existent point.

Considérons, par exemple, la couleur blanche. Bien que je désigne par le même mot *blancheur* la couleur du lait, celle du lis et celle de la neige, il est certain que ces trois couleurs ne sont pas une seule et même couleur. Il n'existe donc pas une blancheur générale qui se retrouve dans tous les objets blancs.

Mais, dira-t-on, s'il n'existe pas de blancheur en général, il y a au moins des couleurs blanches. Telle portion d'un tapis de neige a exactement la même couleur que telle autre portion du même tapis : il y a donc une blancheur commune à toutes les parties d'un tapis de neige. Ainsi la généralité, qui ne se trouve pas lorsque l'on compare plusieurs objets, se rencontre, au contraire, dans un objet unique. On peut donc dire qu'il y a, non pas *la blancheur*, mais *les blancheurs*, et que chaque blancheur, considérée en elle-même, est une qualité générale.

Mais c'est encore là une erreur. Que les différences de couleur entre deux parties d'un tapis de neige nous échappent, on ne peut le contester ; mais en soi ces différences existent, et si nos sens étaient plus subtils, nous les percevrions. Il faut, en effet, se bien persuader que rien n'est mort dans la nature : quelque chose de stérile, de figé et d'immobile, cela ne se conçoit pas. Tout se meut, tout devient sans cesse, comme le disait Héraclite; et, par exemple, cette couleur de la neige qui nous paraît uniforme est une impression produite sur nos yeux par certains mouvements prodigieusement rapides d'une matière extrêmement subtile. Or croit-on que ces mouvements puissent se produire avec une régularité telle qu'ils fassent sur nos organes pendant deux instants très courts deux impressions rigoureusement identiques l'une à l'autre? Et, à supposer qu'il en pût être ainsi, nos yeux qui reçoivent ces impressions ne suffiraient-ils pas pour établir entre elles des différences? Ainsi, il n'existe pas dans toute la nature deux choses que l'on puisse, absolument parlant, prendre l'une pour l'autre. Deux règles de bois paraissent avoir identiquement même longueur : elles diffèrent pourtant, mais si peu que je ne l'aperçois pas. On ne trouverait pas dans une forêt deux feuilles d'arbre ne différant en rien l'une de l'autre. Et il en est de même pour toutes choses. De là la vérité de ce que Leibniz appelait le *principe des indiscernables*. En un mot, la variété et la diversité des choses vont à l'infini. Non seulement on ne peut pas dire que tous les représentants d'une même espèce possèdent en commun tous les caractères de l'espèce; mais on ne peut pas même dire que deux d'entre eux aient en commun l'une quelconque de leurs qualités réelles, si importante ou si infime qu'elle puisse être. A ne considérer que les qualités ou les caractères des êtres de la nature, l'individualité est partout, la généralité nulle part.

93. Vraie théorie conceptualiste. — Si la généralité n'est pas dans les qualités ou déterminations effectives et sensibles des êtres, où donc la trouverons-nous, puisqu'il faut enfin qu'elle existe quelque part? Nous la trouverons dans les *rapports* que les qualités ont entre elles. En effet, la raison fondamentale qui nous a conduit à refuser aux qualités sensibles le caractère de la généralité, à savoir, leur diversité, leur mobilité, leur instabilité absolue, ne s'applique pas aux rapports, lesquels, ne dépendant plus des sens, mais de l'entendement pur, sont au contraire nécessaires, éternels, toujours identiques à eux-mêmes. Par exemple, deux mètres carrés d'un même tapis de neige n'ont pas en commun la couleur, mais ils ont en commun cette propriété géométrique que l'un et l'autre contiennent également cent décimètres carrés. Un groupe de dix hommes et un groupe de dix chevaux ne se ressemblent en rien, sinon en ce que, si l'on considère chaque homme et chaque cheval comme une unité, on peut, de part et d'autre, compter jusqu'à dix. Les rapports intelligibles, voilà donc ce qu'il y a dans les choses de vraiment général et même d'universel ; voilà ce qui seul est objet de science, et ce qui seul fait le véritable contenu de nos idées. Quant aux qualités sensibles, elles ne peuvent entrer dans la science et dans la pensée que dans la mesure où elles sont susceptibles de se réduire aux rapports intelligibles.

94. La ressemblance rétablit une certaine généralité entre les qualités sensibles. — Est-ce à dire pourtant que la généralité soit exclue d'une manière absolue du domaine des qualités sensibles? Il est impossible qu'il en soit ainsi; car d'abord, en fait, nous avons des noms généraux répondant aux qualités sensibles, comme *couleur, saveur, température*, etc., et il faut bien que ces noms signifient quelque chose. Puis nous avons montré que l'identité absolue ne se rencontre pas dans la nature; mais la diversité absolue ne s'y rencontre pas davantage, attendu que deux choses absolument diverses seraient deux choses entre lesquelles l'esprit ne pourrait établir aucun rapport, même au moyen d'un nombre quelconque d'intermédiaires, et qui, par conséquent, ne pourraient ni faire partie du même univers, ni être conçues par le même sujet pensant. Mais, à défaut de l'identité, qu'est-ce qui peut s'opposer à la diversité, sinon la ressemblance? On a toujours tendance à prendre ce mot *le même* au sens de l'identité : c'est au sens de la ressemblance qu'il faut le prendre. Deux choses sont *la même chose* quand leur ressemblance est totale[1]. Mais deux choses qui sont *la même chose* ne sont jamais identiques l'une à l'autre, ni dans leur totalité, ni même dans l'un seulement de leurs éléments.

S'il en est ainsi, nous allons retrouver dans la similitude le principe de généralité que nous avions cherché en vain dans l'identité. Par exemple, si je désigne par le même nom de *blancheur* deux couleurs qui ne sont pas identiques, celle de la neige et celle du lait, c'est qu'elles sont semblables. La ressemblance de la couleur du ciel et de la couleur de la neige n'est plus aussi grande que celle de la couleur de la neige et de la couleur du lait; aussi je ne les appelle plus des *couleurs blanches;* mais cette ressemblance est encore assez grande pour que je dise que ce sont des *couleurs,* ce que je ne dirais pas si j'avais rapproché l'un de l'autre la teinte de la neige et le son de la trompette. La similitude des objets est donc le fondement de la généralité de nos concepts; et si la généralité de nos concepts a des degrés, c'est que la similitude des objets en a elle-même. Du reste, si la similitude et la généralité varient, ce n'est pas en raison directe, c'est en raison inverse

---

[1]. Le mot *ressemblance totale* est pris ici au même sens où il a été pris déjà dans la théorie de l'association des idées.

l'une de l'autre : la première représentant le point de vue de la compréhension, la seconde celui de l'extension.

Ce que nous venons de dire à propos des couleurs est également vrai des dimensions, des formes et de toutes les autres qualités sensibles sans exception : et, comme les objets concrets ne sont que des *complexus* de qualités abstraites, on peut comprendre que nous trouvions des ressemblances, par exemple, entre deux animaux, ou entre deux arbres de même espèce. Ainsi, sans qu'il y ait rien de rigoureusement identique chez deux hommes différents, nous les faisons rentrer l'un et l'autre dans la même espèce, en vertu de la ressemblance, et nous disons : « Ce sont deux hommes. » C'est donc, encore une fois, la ressemblance qui, à défaut de l'identité, forme la généralité des choses dans la nature, et aussi dans l'esprit, ainsi que nous le montrerons bientôt.

95. Le réalisme. — On appelle *réalisme* une doctrine suivant laquelle les caractères communs à tous les individus d'une même espèce constitueraient une essence éternelle et nécessaire, essence à laquelle participeraient tous les individus de l'espèce, mais qui subsisterait en dehors d'eux dans un monde supérieur et purement intelligible. Ainsi, tandis qu'aux yeux des conceptualistes les *universaux* n'existaient que dans les choses mêmes, *in re*, aux yeux des réalistes elles existaient encore et surtout à part des choses, *a parte rei*. Par exemple, tous les caractères constitutifs de l'humanité se rencontrent, suivant les réalistes, chez l'homme qui s'appelle Pierre ; mais de plus ces caractères subsistent à part de toute détermination concrète, et forment *l'homme en soi*, ou *l'homme universel*, lequel réside en Dieu. Le conceptualisme avait pour objet de rendre possibles les idées générales : c'était une doctrine psychologique. Le réalisme a pour objet de rendre possible ou du moins intelligible la communauté d'essence et de nature qui existe entre tous les représentants d'une même espèce : c'est une doctrine métaphysique.

Les modernes se sont montrés quelquefois fort sévères à l'égard de cette doctrine réaliste, dont le principe est dans Platon, mais qui a été professée et développée surtout au moyen âge. Il semble cependant que les raisons sur lesquelles repose le réalisme sont tout à fait analogues à celles sur lesquelles le conceptualisme est fondé, et qu'elles n'ont pas moins de force que ces dernières ; car, si la généralité qui est dans nos idées a besoin d'explication, et suppose dans les choses une généralité correspondante, la généralité qui est dans les choses n'a peut-être pas moins besoin d'explication, et suppose la généralité dans le principe des choses. Au reste, il faut convenir que les réalistes ont été souvent maladroits dans leur manière de présenter leur thèse et de la défendre. Nous allons chercher à déterminer brièvement ce que cette thèse peut renfermer de vérité.

Nous avons vu qu'il y a dans les choses de la nature deux sortes de généralités : 1° la généralité des rapports ; 2° la généralité des qualités sensibles, cette dernière fondée, non sur l'identité, mais sur la ressemblance. A l'égard de la généralité des qualités sensibles le réalisme n'a rien à prétendre. La nature, en effet, en instituant des ressemblances, rend possibles et légitimes les idées générales répondant aux qualités sensibles, mais elle ne leur crée pas d'objets. A l'égard de la généralité des rapports il en est peut-être autrement : attendu que les rapports sont des réalités, et même, en un sens, les seules réalités véritables, puisqu'ils sont l'unique objet de l'intelligence. Sans doute, il serait absurde de vouloir donner aux rapports une existence en dehors des termes qu'ils unissent : il n'y a point d'égalité en dehors des choses égales, ni de multiplicité en dehors des choses multiples. Mais pourtant il est certain que les rapports sont des *lois*, qui subsistent antérieures et supérieures en quelque manière aux termes auxquels elles s'appliquent. Par exemple, si deux poutres sont inégales, il faudra que la moitié de la plus grande soit plus grande que la moitié de la plus petite, et cela en vertu d'une nécessité idéale qui n'a point son origine dans les faits particuliers qu'elle régit. Qu'il faille faire d'une nécessité de ce genre une substance et un être, c'est autre chose, et l'on ne peut nier que les Réalistes du moyen âge, en le faisant, aient eu tort. Qu'il faille la rattacher à l'essence divine, c'est contestable encore, et Kant a eu raison, à notre avis, de prétendre que les rapports intelligibles, tout absolus qu'ils sont, ont leur fondement dans la constitution nécessaire de notre intelligence plutôt que dans l'être de Dieu. Mais, malgré tout cela, il reste vrai que les rapports, en tant que nécessités intelligibles, subsistent en eux-mêmes et en dehors de l'ordre sensible.

96. Valeur objective des idées purement abstraites. — Il nous reste à rechercher maintenant quelle est la valeur objective des idées purement abstraites. Cette valeur est réelle, comme celle des idées générales, mais elle est d'une autre nature.

Considérons, par exemple, l'idée de vertu. L'idée de vertu n'a pas d'objet dans la réalité au même titre que les idées générales répondant à des qualités sensibles, comme la couleur ou le son. Elle n'en a pas davantage au même titre que les idées générales répondant à des rapports, comme l'égalité ou la différence. C'est une pure idée créée par l'esprit. Est-ce à dire pourtant qu'à cette idée rien ne corresponde au dehors? Nullement; car si rien ne correspondait à cette idée elle ne nous servirait à rien, et l'esprit n'aurait eu aucune raison pour la former. S'il l'a formée, c'est qu'elle lui était utile pour s'orienter au sein des choses et pour les mieux comprendre. Et de fait, que l'on suppose l'idée de vertu effacée de l'intelligence humaine, toute conception morale de la vie devient impossible. Il en est de même pour toutes les autres idées abstraites. Mais dirons-nous qu'à ce qui nous est nécessaire pour comprendre les choses rien dans les choses ne correspond? Ce serait une absurdité. Les idées abstraites, sans avoir précisément un prototype hors de notre esprit, ont donc un réel fondement dans la nature des choses.

Tout ce que nous avons dit jusqu'ici se rapporte aux idées abstraites et générales en elles-mêmes, abstraction faite de l'esprit qui les pense : c'est-à-dire que nous avons envisagé ces idées par leur côté objectif. Il nous faut maintenant les considérer subjectivement, et en tant qu'elles sont des actes du sujet pensant. L'étude que nous avons à en faire à cet égard présente une certaine analogie avec celle que nous avons déjà faite de la perception extérieure. Dans la théorie de la perception extérieure, le but que nous nous proposions était de retrouver par la réflexion les procédés dont l'esprit use spontanément pour percevoir le monde sensible. Le but que nous nous proposons ici c'est de retrouver, également par la réflexion, les procédés dont l'esprit use spontanément pour acquérir, pour former, pour manier les idées abstraites et générales, et pour penser par leur moyen. Tous nous pensons comme nous percevons, conformément aux lois d'un mécanisme dont le secret nous échappe. C'est ce mécanisme dont il s'agit maintenant de démonter les rouages, afin de nous rendre compte des opérations que nous accomplissons sans le savoir lorsque nous pensons.

97. Comment les généralités sont représentées dans l'esprit. — Pour traiter cette question nous devons, ainsi que nous l'avons déjà fait pour une question différente, prendre comme point de départ de la discussion l'opposition que nous avons reconnue entre la généralité des rapports et celle des qualités sensibles.

A l'égard des rapports, il est certain, comme on l'a dit plus haut, que nous ne pouvons pas les penser en eux-mêmes et indépendamment des termes qu'ils unissent. Par exemple, nous ne pouvons pas penser la grandeur en soi, mais la grandeur de tel objet ; ni l'égalité en soi, mais seulement l'égalité de deux lignes, de deux distances, de deux durées déterminées. Mais, si nous ne pensons les rapports que dans leur application à des choses particulières et concrètes, il semble que la généralité qui est en eux doive nous échapper absolument. Il n'en est rien pourtant. La généralité est tellement de l'essence du rapport que le rapport même qui unit deux termes particuliers est représenté et pensé par nous comme général. La raison en est qu'un rapport est quelque chose de purement intelligible, quelque chose, par conséquent, qui est totalement étranger au temps et à l'espace. Or c'est dans le temps et dans l'espace seuls que le concret et le particulier se rencontrent. Donc, par cela même qu'ils sont étrangers au temps et à l'espace, tous les rapports sont généraux. Ainsi, il suffit de penser les rapports pour les penser comme généraux, puisque la généralité est leur caractère essentiel.

Il n'en est pas de même à l'égard des qualités sensibles. Les mêmes raisons qui font les qualités sensibles individuelles dans les objets font leurs représentations individuelles dans l'esprit. Il y a donc lieu de se demander comment, dans ces représentations individuelles, une certaine généralité au moins peut être contenue.

Pour cela nous devons rappeler que la généralité des objets extérieurs consiste, à l'égard de ces objets, dans la similitude qu'il y a entre eux, et faire observer que, par rapport à nous, c'est-à-dire en tant que nous les pensons, la généralité de ces mêmes objets consiste uniquement dans le fait que nous leur appliquons un nom général. C'est donc la généralité des mots qui fait la généralité des choses, en tant que les choses sont pensées par nous. Mais la généralité des mots n'est pas difficile à comprendre, car elle est de même nature que la généralité des choses, et, comme cette dernière, elle consiste dans la similitude. Quand nous disons que Pierre est homme et que Paul est homme, nous pouvons croire que nous appliquons à l'un et à l'autre le même nom. Mais, en réalité, le nom d'*homme* appliqué à Pierre et à Paul n'est le même qu'au sens de la similitude, non au sens de l'identité. Toute la question revient donc à savoir comment nous donnons à Pierre, à Paul, qui sont *semblables,* des noms qui sont eux-mêmes *semblables,* bien qu'ils paraissent identiques. Mais il n'y a là qu'une application très naturelle et très courante des lois générales de l'association des idées. En effet, désignons par A et par B les deux objets semblables, et par m' et m'' les deux noms semblables. Le groupe Am' est donné dans la conscience, c'est-à-dire que j'ai dans l'esprit l'idée : Pierre est homme. Deux choses alors pourront arriver : ou bien A évoquera B par similarité, et B évoquera m'' par contiguïté ; c'est-à-dire que j'appliquerai à Paul le même nom *homme* que j'ai déjà donné à Pierre ; ou bien m' évoquera m'' par similarité, et m'' évoquera B par contiguïté : c'est-à-dire qu'ayant donné à Pierre le nom d'*homme,* j'appliquerai le même nom à Paul.

Ainsi, du moment qu'on fait consister la généralité des objets dans leur ressemblance, il devient aisé de comprendre comment nous pouvons penser cette généralité, puisque reconnaître un lien de généralité entre des objets c'est simplement leur appliquer des noms semblables, application qui se fait d'après des lois parfaitement connues.

Cette explication paraît vraie en général, et nous la croyons suffisante à l'égard de ce que Stuart Mill appelle les *idées générales abstraites ;* mais peut-être exige-t-elle un complément à l'égard des *idées générales concrètes.* C'est que les ressemblances sur lesquelles celles-ci sont fondées sont souvent plus éloignées et moins frappantes que celles qui servent de fondement aux idées générales abstraites ; d'où il suit que l'on pourra hésiter dans l'attribution d'un même nom à des objets d'ailleurs assez différents. Par exemple, il n'est pas probable que l'attribution du nom de *chien* à une levrette, à un dogue, à un carlin, à un basset, soit aussi immédiate que l'attribution du nom de *blancheur* l'est à la couleur du lait et à celle de la neige. Il doit donc y avoir là un intermédiaire. Cet intermédiaire, qu'on appelle le *schème,* consiste dans une image générale, et par conséquent simplifiée et appauvrie, de tous les objets que l'on considère. Quand nous disons une *image générale,* ce n'est pas, évidemment, au sens littéral du mot qu'il faut l'entendre. Nous avons assez montré qu'entre deux objets, quelque semblables qu'ils soient, il n'y a jamais une seule qualité commune pouvant donner lieu à une image générale. La généralité dont il s'agit ici ne peut donc être qu'une généralité relative. Le schème du chien sera ainsi une image simplifiée, qui ne sera ni celle du carlin, ni celle du dogue, mais qui ressemblera à la fois à l'image du carlin et à celle du dogue plus que ces deux images ne se ressemblent entre elles ;

de sorte que, par l'évocation rapide de l'image schématique, le passage de l'image du carlin à celle du dogue et l'attribution d'un même nom à ces deux animaux se trouveront facilités. Le rôle du schème est ainsi de nous rapprocher, dans une certaine mesure, du cas simple où l'attribution d'un même nom à deux choses très semblables se fait d'elle-même.

98. Comment nous pensons les abstractions pures. — Il reste maintenant à examiner comment nous pensons les pures abstractions, c'est-à-dire ces idées que l'esprit crée, et qui, ne tenant ni de près ni de loin à la sensation, n'ont pas d'objets directs dans le monde extérieur, bien qu'elles nous servent à le comprendre.

Il ne paraît pas que ces idées soient présentes de la même manière à tous les esprits. La différence de culture introduit au contraire dans la façon dont les hommes pensent les choses abstraites une diversité très grande. Nous ne pouvons naturellement pas considérer à part tous les cas particuliers, parce que cela irait à l'infini; mais nous prendrons deux cas qui paraissent être les cas extrêmes, et qui, en se combinant à des degrés divers, produisent tous les cas intermédiaires.

La première manière de penser les choses abstraites c'est celle qui consiste à penser par images, c'est-à-dire à se représenter des actions ou des objets particuliers et concrets. Par exemple, on pensera la *loi* en se représentant un tribunal et des juges en robes rouges; la *vertu*, en se représentant un homme qui se jette à l'eau pour en sauver un autre qui se noie, etc. Cette manière de penser, qu'on retrouverait certainement chez tous les hommes, paraît cependant appartenir plus particulièrement aux personnes les moins habituées à l'abstraction. C'est, en soi, une manière défectueuse, parce que les images sont des symboles nécessairement très imparfaits des idées abstraites.

La seconde manière de penser, beaucoup meilleure que la première, bien qu'en usage chez tous les hommes comme celle-ci, se montre surtout chez les esprits les plus familiarisés avec l'usage de l'abstraction. C'est celle qui consiste à déterminer le sens du mot abstrait d'une manière directe et sans recourir aux images.

Pour opérer cette détermination il existe plusieurs moyens. Parmi ces moyens, l'un des principaux est la définition. Par exemple, si quelqu'un nous demande, ou si nous nous demandons à nous-mêmes ce que c'est que la vertu, la réponse pourra être qu'elle est *la disposition à tout sacrifier au devoir.* C'est donc une définition qui nous donne le sens du mot. De même, on cherche un mot dans le dictionnaire pour en savoir la signification : c'est toujours par une définition que le dictionnaire répond. Mais ici une difficulté se présente. Définir, en effet, n'est pas autre chose que remplacer le mot défini par les mots de la définition. Or on ne voit pas que nous puissions avancer beaucoup en substituant à un mot tel que *vertu* trois autres mots : *disposition, sacrifice, devoir*, qui n'ont pas plus de sens par eux-mêmes que n'en avait le mot *vertu*. Pourtant il est certain que cette substitution fait sortir le mot *vertu* de son indétermination primitive, et ce qui le prouve c'est que la définition donnée n'est pas quelconque. Par exemple, si, au lieu de celle qui vient d'être énoncée, il avait plu de donner celle-ci : *une figure formée par trois droites qui se coupent,* il est certain que quelque chose en nous eût protesté. Donc nous avons dans la définition un premier moyen de déterminer le sens du mot *vertu*.

En fait, pourtant, la définition ne nous est pas d'un grand usage dans la vie courante. Il nous arrivera cent fois d'entendre parler de la vertu, et de comprendre ce que l'on en dit, sans songer même à la définir. Du reste, la définition est un procédé utile pour la détermination du sens des mots, mais c'est un procédé qui en suppose d'autres avant lui ; car, si les trois mots par lesquels nous définissons le mot *vertu* avaient besoin, pour prendre dans notre esprit un sens et un caractère particuliers, d'être eux-mêmes définis par d'autres mots, nous reculerions à l'infini sans trouver jamais un point d'appui à tout cet édifice de définitions. Puis la définition est un procédé lent. Or les phrases que nous lisons ou que nous entendons prononcer se succèdent avec rapidité, et cependant tous les mots qui les composent sont compris de nous. C'est donc, très certainement, que nous avons des moyens pour faire vite et d'une manière simple l'attribution à chaque mot du sens qui lui est propre. Voyons quels peuvent être ces moyens.

D'abord, un mot qui n'est pas un pur *flatus vocis*, comme sont les mots d'une langue que nous n'entendons point, est toujours associé dans notre esprit avec une multitude de faits psychologiques qu'il évoque plus ou moins confusément. Soit, par exemple, le mot *bonté*. Le mot bonté a été associé dans mon expérience passée avec l'idée de certains faits, comme une injure pardonnée, une aumône faite à un pauvre, un acte de dévouement accompli : il tend donc à évoquer le souvenir de ces faits, c'est-à-dire des images. De plus, lorsque j'ai été témoin de ces belles actions, j'ai éprouvé des sentiments d'estime et d'admiration pour leurs auteurs. Ces sentiments, qui sont encore associés au mot *bonté*, sont de même évoqués par lui. Enfin, aux images et aux sentiments se sont jointes des dispositions à agir, de l'ardeur et de l'émulation à bien faire : toutes ces dispositions sont encore mises en éveil et excitées par le rappel du mot. Il est clair qu'un mot qui remorque à sa suite un groupe aussi complexe de faits psychologiques définis n'est plus un simple son de voix sans signification, mais qu'il est au contraire très fortement déterminé, sinon par lui-même, du moins par ses concomitants dans la conscience.

En second lieu, des mots que nous avons l'habitude de joindre ensemble contractent par là même certaines affinités en vertu desquelles ils sont déterminés les uns par les autres. Par exemple, le mot *vertu* s'alliera bien dans une proposition avec d'autres mots tels que *aimable*, *méritoire*, etc., mais il en repoussera d'autres tels que *odieux*, *honteux*, etc. C'est en vertu des affinités, non pas naturelles, bien entendu, mais acquises, que les mots ont entre eux, que certaines alliances de mots produisent dans l'esprit même le moins attentif une sorte de choc, comme nous l'avons dit plus haut. Donc ce qui détermine les mots et contribue à leur donner un sens, ce ne sont pas seulement les associations que les mots contractent avec des images, des tendances, des sentiments, etc., ce sont encore les associations attractives ou répulsives, pour ainsi dire, qu'ils contractent entre eux.

On peut voir par là que nous n'accepterions pas l'opinion qu'exprime M. Taine quand il prétend que le mot est, dans notre esprit, « le substitut de l'idée absente ». Le rôle du mot, tel que nous le comprenons, est bien plus important. L'idée, selon nous, est un groupe de faits psychologiques divers, et le mot est le centre et comme le noyau de ce groupe : c'est lui qui en tient unies toutes les parties. Il n'est rien par lui-même, et il est tout par le rôle qu'il joue comme principe d'union des éléments de la pensée. Il ne remplace pas l'idée, car il est au contraire la cheville ouvrière de l'opération par laquelle l'idée se constitue.

De même que le mot évoque les faits psychologiques multiples qui lui sont associés, et qui, par leur connexion avec lui, le déterminent et lui constituent un sens, chacun de ces groupes de faits psychologiques, à son tour, tend à évoquer le mot qui le résume et qui l'exprime. C'est donc la même loi d'association qui explique comment nous pouvons tout à la fois comprendre la pensée d'autrui et faire comprendre la nôtre.

On objectera peut-être à cette manière d'entendre la détermination des mots abstraits que l'évocation d'images et de tendances nécessairement assez vagues n'est pas de nature à donner à ces mots un sens bien précis ni bien rigoureusement défini. Il y a du vrai dans cette observation. Mais d'abord, nous n'avons pas toujours besoin d'une précision absolue dans l'emploi des notions abstraites. Il est, au contraire, une multitude de cas, dans la vie pratique par exemple, où il nous suffit parfaitement de nous entendre en gros avec nous-mêmes et avec les autres. Il en va autrement dans la pensée spéculative et dans la science : la précision, là, est de rigueur. Mais, cette précision, nous pouvons l'obtenir dans la mesure où elle est alors nécessaire, et cela, par le moyen des mots eux-mêmes. Les mots en effet, du moins les mots abstraits, en même temps qu'ils ont le pouvoir d'évoquer devant la conscience la multitude des concomitants psychologiques auxquels ils sont associés, ont encore un pouvoir tout contraire à celui-là, en ce qu'ils sont des instruments d'abstraction et de simplification des idées. Ce second pouvoir tient aux relations qui s'établissent entre eux dans le langage, relations desquelles résulte une sorte d'endiguement et de délimitation du sens trop vague et trop incertain qu'ils avaient pris à part les uns des autres. Par exemple, si je prononce devant une personne le seul mot de *justice*, j'éveille en elle une foule d'images et de tendances dont l'ensemble est des plus confus. Mais si je dis : *La justice est le respect du droit*, je donne une notion de la justice qui est suffisamment définie pour permettre un jugement réfléchi, et peut-être même un raisonnement démonstratif.

En somme, le *nominalisme*, c'est-à-dire cette théorie d'après laquelle les idées abstraites et générales ne seraient que des *noms*, est une théorie absurde si on la prend à la rigueur, parce que, si nous ne pensions que des mots, nous ne penserions rien du tout. C'est même encore une théorie à rejeter complètement au sujet des idées générales soit de rapports, soit de qualités sensibles, parce que, dans le domaine des idées générales, ce sont les choses, non les mots, qui nous déterminent à penser. Mais, au sujet des idées purement abstraites, le nominalisme reprend un sens et une valeur, parce que là les mots sont plus que des auxiliaires de la pensée, qu'ils deviennent des éléments constitutifs de la pensée même, et qu'enfin il est vrai, dans une certaine mesure, que nos pensées ne sont que les mots par lesquels nous les exprimons.

99. Comment s'opère le développement de la pensée abstraite? — Cette théorie va nous permettre de comprendre comment les idées abstraites et générales, du moins les plus simples et les plus communes, se forment et se développent en nous. Si les mots jouent un rôle si important dans la constitution de ces idées, il est à croire que le langage sera l'instrument principal de ce développement. C'est en effet ce qui a lieu. Les idées abstraites et générales entrent d'abord dans notre esprit par les mots que nous entendons. Mais pour cela une analyse des sons entendus est nécessaire avant tout pour détacher chaque mot du tout complexe dont il fait partie, et qui est la phrase entière. A l'origine, une suite de sons exprimant une pensée était comme un bloc, et désignait uniquement, et d'une manière particulière, l'objet de la pensée en question. C'est l'analyse qui, brisant ce bloc en diverses fractions, en a constitué des mots isolables les uns des autres, et susceptibles d'un sens général, tandis que le bloc entier était restreint à un sens particulier. Par exemple, on dit à un enfant : « Veux-tu prendre ton lait? » et on lui donne du lait à boire. Lorsque, plus tard, l'enfant désirera qu'on lui donne du lait, il répétera textuellement la phrase qu'on lui a dite; ce qui prouve bien que cette phrase est associée dans sa pensée avec le souvenir du lait qu'il a bu, mais sans distinction aucune des éléments dont elle se compose. Ainsi l'enfant n'est tout d'abord que perroquet. On ne peut pas même dire proprement qu'il parle, car les sons qu'il a émis lui ont été suggérés spontanément par le souvenir du lait bu antérieurement, auquel ils étaient associés, exactement comme eût été suggérée une autre action quelconque, pourvu que l'accomplissement en fût facile. Mais bientôt l'enfant entend des phrases telles que celles-ci : « Veux-tu manger? Veux-tu jouer? Veux-tu te promener? » Il en résulte que *Veux-tu?* se détache des différents groupes de sons dont il fait partie, et qu'il devient un mot à signification abstraite et générale, susceptible d'être employé dans une multitude de circonstances différentes, et que l'enfant emploiera pour son propre compte toutes les fois qu'il désirera obtenir quelque chose. C'est pour cela qu'un enfant qui a faim dira très bien : *Veux-tu* manger? Plus tard, à la suite d'une nouvelle analyse, les deux parties de ce tout complexe se sépareront à leur tour. L'enfant apprendra que *tu* désigne exclusivement la personne à qui l'on parle, et *vouloir*, l'acte de la volonté en général. Du reste, il s'en faut de beaucoup que la dislocation des sons s'opère d'elle-même sans que l'esprit y prenne part. Les différences extrêmes que l'on rencontre sous ce rapport chez des individus les uns mieux, les autres moins bien doués, prouvent assez le contraire. Un caporal alsacien, pendant la dernière guerre, écrivait *salbobolisse* pour *salle de police :* les mots *salle* et *police* n'étaient pas encore parvenus dans son esprit à l'état d'autonomie. Un petit enfant avait appris la fable *le Corbeau et le Renard.* On lui montre un arbre en lui demandant quel est le nom de cet objet; il répond : *C'est un arbre perché.* C'est qu'il n'a pas fait encore l'analyse des sons qui composent le premier vers de sa fable.

Ainsi, c'est par l'analyse des sons entendus que débute la pensée abstraite. Ces sons, fragmentés en quelque sorte, contractent entre eux des liaisons diverses, et groupent autour d'eux des images et des tendances diverses. Alors, mais alors seulement, ils prennent le caractère de *mots;* et c'est ainsi que commence proprement le langage de la parole. Un perroquet ne parle pas, bien qu'il prononce des sons articulés, qui même ont un sens. On peut dire même qu'il ne parlerait pas encore s'il était capable de prononcer ces sons avec intention, et de leur faire signifier justement ce qu'ils signifient. C'est que, pour parler véritablement, il faut savoir manier et combiner d'une infinité de manières différentes les sons, de même que celui-là seul sait écrire qui peut unir les lettres de l'alphabet, et en former tous les mots de la langue qu'il parle.

Une fois en possession de sons qu'on lui a appris, ou que lui-même a inventés, l'enfant, avons-nous dit, y rattache des images : mais, le plus souvent, ces images différeront de celles que nous y rattachions nous-mêmes; de sorte que pour lui les mots n'auront pas le même sens que pour nous. On peut dire, par conséquent, que l'homme commence par se faire lui-même son propre langage. M. Taine cite à ce propos l'exemple suivant. On avait donné à sa fille une petite médaille bénite qu'on lui avait passée autour du cou, en lui disant : « C'est le bon Dieu. » L'enfant répète : « C'est le *bo du.* » Quelque temps après, se trouvant sur les genoux d'un oncle qui portait un lorgnon, elle prend le lorgnon dans ses mains, en disant : « C'est le *bo du* de mon oncle. » Elle a donc formé une classe qui pour nous n'existe point, celle des petits objets ronds, percés d'un trou, et suspendus au cou par un cordon. Mais plus tard l'enfant abandonnera les généralisations qu'il avait faites pour adopter les nôtres : c'est-à-dire qu'il substituera peu à peu au sens que lui-même avait d'abord imposé aux mots un sens différent, qui est celui de la langue commune. Alors la communication avec tous ceux qui parlent la même langue lui deviendra possible : jusque-là elle ne l'était pas, sinon dans la mesure où il s'était adapté à l'usage de cette langue. Pour le reste des mots et des idées, il ne pouvait être compris que des personnes de son entourage familiarisées avec ses locutions propres.

100. Langues synthétiques et langues analytiques. — Il résulte de ces considérations des conséquences intéressantes relativement à la structure des langues en général, et aux rapports du langage avec la pensée.

D'abord ce que nous venons de dire des individus, à savoir que le progrès de leur intelligence se fait par l'analyse des sons articulés qu'ils entendent, et par le rattachement à ces sons des faits psychologiques qui font de ces sons des mots en leur donnant un sens, est vrai aussi à l'égard des peuples, quoique sous une forme un peu différente. Les langues, synthétiques à l'origine, tendent à devenir de plus en plus analytiques à mesure que les peuples qui les parlent se civilisent davantage. Ici donc encore le progrès se fait par le développement de l'analyse; mais ce point a besoin de quelque explication.

On entend quelquefois par *langue synthétique* une langue qui exprime les idées en peu de mots, et par *langue analytique* une langue qui exprime les mêmes idées en un plus grand nombre de mots. Il suit de là que le latin, qui exprime en un seul mot, *laudabor*, la même idée que le français exprime en trois mots, *je serai loué*, est une langue plus synthétique que le français, et surtout que l'allemand et l'anglais, qui usent pour le même objet de quatre mots. Du reste, on accorde bien que les langues synthétiques sont des langues primitives et grossières, ce qui implique que le latin est une langue inférieure. L'absurdité de cette conséquence montre assez la fausseté du principe d'où elle découle. Une langue qui dit beaucoup de choses en peu de mots n'est pas pour cela une langue synthétique, mais une langue *concise*. Une langue synthétique est une langue qui renferme peu d'idées, et qui, par conséquent, a besoin de peu de mots pour les exprimer. Tel est l'état des langues que parlent les peuples barbares. Rien de plus aisé que d'apprendre ces langues, à cause de leur simplicité et de leur pauvreté[1], et l'on aurait plus tôt fait d'apprendre dix idiomes de l'Afrique qu'une seule langue complexe et savante, comme le français ou l'allemand. Mais aussi rien de plus embarrassant, ou plutôt de plus impossible, que

---

1. Sauf les complications d'un autre genre qui peuvent s'y rencontrer. Voir à ce sujet Whitney, *la Vie du Langage*, chap. III.

d'exprimer avec des moyens pareils des pensées abstraites ou subtiles, puisque à de telles pensées aucun mot dans ces idiomes ne correspond. Il faut donc nécessairement, si un peuple se civilise, que sa langue se perfectionne. Ce perfectionnement se réalisera par l'analyse des idées primitives. Grâce à cette analyse, une idée d'abord confuse se résoudra en un certain nombre d'idées distinctes, lesquelles, naturellement, exigeront chacune la création d'un mot spécial. C'est ainsi que, par exemple, là où un peuple barbare n'a peut-être qu'une idée, et partant qu'un mot, nous distinguons les termes *prudence, sagesse, circonspection, clairvoyance, pénétration*, etc., et pas un de ces termes ne peut être pris pour un autre, parce que chacun d'eux a son sens distinct. Voilà comment l'analyse des idées, pourvu qu'elle soit bien faite, donne aux langues à la fois la *richesse*, la *clarté* et la *précision*.

On voit par là que le seul fait de posséder et de parler une langue analytique et complexe témoigne qu'un peuple est parvenu à un état de culture avancé. Du reste, il y a évidemment une infinité de degrés dans la possession d'une telle langue. Le français dans la bouche de nos paysans est une langue assez simple : sous la plume d'un Pascal ou d'un Bossuet il atteint une complexité extrême. Chacun, même dans une société civilisée où la langue paraît uniforme, parle un langage en rapport avec l'état de son intelligence. Quand on passe des classes éclairées aux classes inférieures d'une nation, on constate qu'un grand nombre de mots, même de mots relativement usuels chez les premières, cessent d'être employés et même d'être compris chez les autres.

101. Comment une langue est l'expression du génie du peuple qui la parle. — Ce ne sont donc pas seulement les livres, les conversations ni les discours qui contiennent un enseignement positif et des idées, ce sont aussi les mots eux-mêmes. Les mots d'une langue sont des généralisations toutes faites, que nous devons accepter, bonnes ou mauvaises, si nous voulons pouvoir comprendre et parler cette langue. Ces généralisations varient de peuple à peuple, comme varient d'enfant à enfant les généralisations enfantines, et pour la même raison, à savoir, que chaque peuple a ses mœurs, son esprit et sa manière d'envisager les choses. C'est pour cela que ce qu'on appelle justement l'*âme* ou le *génie* d'un peuple s'exprime bien sans doute par les institutions, par les lois, par les œuvres d'art qu'il a enfantées, mais s'exprime surtout par la langue qu'il parle. C'est pour cela encore qu'apprendre une langue étrangère c'est se dépayser en quelque manière, puisque c'est s'initier à des idées nouvelles, et pénétrer au sein d'une civilisation plus ou moins différente de celle dans laquelle on a vécu. Aussi est-ce une erreur de croire que ce qui se dit dans une langue puisse également se dire dans une langue différente. Il ne peut exister ni version ni thème rigoureux, sauf en matière abstraite et scientifique.

Par là s'expliquent encore une multitude d'erreurs et de préjugés, qui sont en nous sans que nous puissions nous en rendre compte, car ils sont comme incrustés dans la langue que nous parlons. Et si nous avons tant de peine à nous en défaire, et même à nous en apercevoir, c'est qu'il n'est rien qui tienne à nous plus intimement que les formes et les mots de notre langue maternelle. Dans ces mots et dans ces formes notre esprit trouve comme des moules dont il subit l'empreinte à des degrés divers, et qu'il ne brisera plus.

Condillac a dit : « Toute science n'est qu'une langue bien faite. » C'est là une exagération, attendu que c'est la science qui fait la langue, et non pas la langue qui fait la science. Mais pourtant il est certain que la précision des idées a pour corrélatif nécessaire la précision du langage scientifique. Et l'on peut ajouter que le langage scientifique, lorsqu'il a atteint la perfection, devient à son tour pour la science un instrument de progrès par la simplicité et la rigueur qu'il donne aux idées scientifiques, ainsi qu'on peut le voir par les exemples que fournissent l'algèbre et la chimie.

102. Peut-on penser sans le secours des mots ? — On s'est demandé bien souvent s'il est possible de penser sans le secours des mots. Cette question est pour nous facile à résoudre, ou plutôt elle est résolue déjà par tout ce qui précède. D'abord, il est clair que ce que l'on entend ici par *les mots* doit être pris en un sens large. Quand on parle de *penser par les mots* on ne peut avoir en vue d'une manière exclusive les sons articulés ; autrement, la question ne se poserait même pas, puisque le cas des sourds-muets prouve assez que les sons articulés ne sont pas nécessaires pour la pensée. Par conséquent, tout ce qui peut rendre à l'esprit le même service que les sons articulés lui rendent, c'est-à-dire tout ce qui peut servir, comme on l'a expliqué plus haut, de centre à l'idée, et de point de rattachement à tous les éléments qui la composent, est compris ici implicitement sous ce vocable général *les mots*. Quant à savoir quels peuvent être les substituts des sons articulés chez les sourds-muets, ou même chez tous les hommes dans certaines circonstances, c'est un point qui n'importe pas pour l'objet qui nous occupe maintenant, et que, du reste, nous retrouverons plus tard.

A l'entendre ainsi, nous disons, et c'est une conséquence manifeste de nos principes, que l'on ne peut pas penser sans le secours des mots. Sans doute, si par le mot *penser* on voulait désigner la représentation en général, on serait en droit de dire que nous pouvons penser sans le secours des mots; mais penser n'est pas se représenter; c'est proprement former des concepts afin de comprendre les choses. Or il n'y a pas de concept sans un mot ou sans quelque chose d'équivalent : c'est-à-dire, en définitive, que là où le *langage* manque la pensée proprement dite ne saurait se former.

On objectera encore peut-être que la pensée précède nécessairement le langage, attendu que pour parler il faut avoir quelque chose à dire, et que pour avoir quelque chose à dire il faut penser. Mais cette objection ne repose que sur une confusion d'idées. Il y a en nous, il est vrai, et on l'a reconnu déjà, une sorte de pensée latente, faite de tendances plus ou moins obscures et d'images plus ou moins incertaines, pensée ténébreuse, qui cherche à se dégager des ombres qui l'environnent pour arriver à la pure lumière. Cette pensée latente ne suppose pas le langage; mais l'effort de l'esprit auquel elle donne lieu, et qui a pour objet de la faire passer à l'état de pensée claire et distincte, est précisément un effort pour l'exprimer par le langage. Si donc la pensée confuse, qui n'est pas encore la pensée, est antérieure aux formes de langage par lesquelles elle devra s'exprimer, il faut reconnaître que la pensée claire et distincte ne peut se passer du langage, puisque, justement, c'est le langage seul qui la rend claire et distincte.

Voici donc comment, en fait, les choses se passent. Nous avons quelque chose à dire. Ce quelque chose n'est pas formulé encore, autrement il serait dit, au moins intérieurement, ce qui est l'essentiel; mais il tend à se formuler, et par conséquent il suscite spontanément, grâce à la loi d'association, les mots par lesquels il s'exprimera et passera à l'état de notion distincte. Quelquefois cependant l'évocation des mots n'a pas lieu; mais c'est qu'alors la pensée est trop indéterminée pour pouvoir revêtir une forme quelconque; et dans ce cas on peut dire qu'il y a en nous le germe d'une conception plutôt qu'une conception effective, car une conception effective eût bien trouvé à s'exprimer. Une fois l'expression trouvée, nous entrons en possession de notre pensée, et alors cette sorte d'obsession qui nous tourmentait disparaît. C'est pourquoi nous ne pensons jamais sans nous tenir à nous-mêmes un discours intérieur. Max Müller cite une peuplade de l'Océanie qui exprime l'idée de *penser* par un mot signifiant littéralement *parler dans son estomac*. Ces sauvages sont dans le vrai, et il suffit de s'observer soi-même un instant pour reconnaître qu'il y a en nous une parole interne à peu près constante, laquelle donne lieu, du reste, à une excitation très sensible des organes vocaux, et provoquerait l'émission d'une parole susceptible d'être entendue si la volonté n'en arrêtait pas les effets.

Ainsi il est certain que penser, au moins penser d'une manière distincte, c'est parler. Notre pensée effective est tout entière dans notre parole. Aussi Boileau a-t-il eu raison de dire :

> Ce que l'on conçoit bien s'énonce clairement,
> Et les mots, pour le dire, arrivent aisément.

Si nous parlons toujours notre pensée, il est vrai de dire aussi que bien souvent nous pensons notre parole, c'est-à-dire que nous pensons après avoir parlé. Alors ce sont les mots qui se suggèrent en nous les uns les autres, en vertu des affinités que l'habitude a établies entre eux. C'est ce que Leibniz appelle le *psittacisme* (parler comme les perroquets). Le psittacisme est certainement un péril, surtout si l'on en abuse ; et pourtant il nous rend des services inestimables. S'il nous fallait à tout instant penser à ce que nous disons, en examiner la valeur, choisir nos mots, construire nos phrases, l'esprit demeurerait écrasé sous l'effort qu'il lui faudrait faire. Au contraire, chez un homme qui a l'habitude de la parole les mots se suivent aisément, rapidement, gardant d'eux-mêmes une connexion suffisante avec l'idée à exprimer ; et alors l'esprit n'a plus qu'à surveiller la marche d'un discours qui se déroule en quelque sorte de lui-même et dont il suffit de prévenir les écarts ; d'où résulte pour la pensée une aisance et une liberté extrêmes.

103. Rapports du langage avec la pensée. — Si tout ce qu'on vient de dire est exact, si notre vraie pensée c'est le discours que nous tenons à nous-mêmes ou aux autres, il faut s'attendre à retrouver dans le langage tout ce que comporte la pensée, c'est-à-dire, outre l'idée dans son essence abstraite, tous les concomitants qui lui donnent une couleur et en font une réalité concrète et vivante, à savoir, les sentiments, les passions, les émotions, etc. Il en est effectivement ainsi, grâce au concours qu'apportent au langage de la parole le langage des gestes, les jeux variés de la physionomie, les inflexions de la voix. Chez un habile orateur ce n'est pas seulement la bouche qui parle, c'est la personne tout entière. Il ne faudrait donc pas croire que la vraie parole d'un homme ce soient les mots qu'il prononce isolés de tous ces éléments accessoires, et desséchés comme les plantes d'un herbier : la vraie parole est à la fois le mot prononcé, plus tout ce que nous venons de dire, qui fait corps avec elle et ne peut pas s'en séparer. C'est pourquoi elle est riche, variée et vivante. Comme elle jaillit de l'âme spontanément, elle va directement à l'âme pour y éveiller des sentiments et des émotions. La parole écrite a, sous ce rapport, bien moins d'avantages, et c'est ce qui explique qu'un discours qu'on a bien compris, et qui a fait plaisir à l'audition, paraît souvent à la lecture terne et presque inintelligible.

Cependant la parole écrite a aussi de son côté des ressources précieuses. L'homme qui écrit, mieux que celui qui parle, peut choisir et arranger ses mots de façon à obtenir, outre la correction et l'élégance, cette heureuse précision qui permet à un écrivain de penser avec netteté et d'exprimer tout ce qu'il pense. Il est vrai que toutes les langues ne se prêtent pas également à cet art. Il en est de souples, et il en est de raides; il en est de riches, et il en est de pauvres; mais il n'en est guère, parmi les langues des peuples civilisés, de si rebelles qu'un habile écrivain ne puisse, par leur moyen, rendre toutes les pensées et tous les sentiments dont son esprit est capable.

CHAPITRE IX

LE JUGEMENT

104. Le jugement et la proposition. — Juger, dit Aristote, c'est affirmer quelque chose de quelque chose, κατηγορεῖν τι περί τινος. Le jugement formulé devient la *proposition*. Mais, au point de vue de l'étude psychologique, il n'y a guère de distinction à faire entre le jugement et la proposition. Tout jugement, en effet, du moins tout jugement réel et explicite, se formule nécessairement dans une proposition, puisque les idées générales supposent les mots et ne peuvent s'en séparer. C'est pour cela qu'en fait, lorsqu'on traite du jugement, on parle des *termes* dont il est formé, du *sujet*, de l'*attribut*, expressions qui n'ont rapport qu'au jugement formulé, c'est-à-dire à la proposition.

L'essence du jugement c'est l'affirmation; mais il ne faudrait pas croire, parce que l'affirmation s'exprime généralement par le verbe, que le verbe soit indispensable à la constitution du jugement. J.-J. Rousseau a dit : « A mon avis, la caractéristique d'un être intelligent c'est de pouvoir donner un sens à ce petit mot *est.* » C'est une erreur, et ce qui le prouve, c'est qu'il est des langues, l'ancien égyptien par exemple, où le verbe est inconnu, et où il est remplacé par le substantif. M. Régnaud cite encore à ce propos des idiomes de peuples sauvages dans lesquels l'idée que nous formulons par les mots « Pierre bat Paul » se rend par des tours de phrase tels que ceux-ci : « Par Pierre Paul coup », ou « A Paul coup Pierre », ou encore « Pierre Paul lui-coup-lui »[1]. On sait que des gens d'une culture très rudimentaire, parlant néanmoins une langue avancée comme le français, n'emploient les verbes qu'à l'infinitif, et disent, par exemple : « Moi vouloir ceci. » Or le verbe à l'infinitif c'est à peine le verbe. On voit par là que,

[1]. *Revue philosophique*, t. XXVI, p. 558.

bien loin d'être l'élément essentiel du jugement, le verbe, surtout aux temps personnels, est un progrès et un raffinement que, certainement, les langues primitives n'ont point connu.

105. Division des jugements. — Les jugements peuvent être divisés soit par rapport au sujet, soit par rapport au verbe, soit par rapport à l'attribut.

Par rapport au sujet, les jugements sont *universels*, lorsque le sujet y est pris dans toute son extension, c'est-à-dire lorsqu'il désigne tous les individus de l'espèce considérée (tous les hommes sont mortels); ou *particuliers*, lorsque le sujet désigne une partie seulement des individus de cette espèce (quelques hommes sont médecins); ou *singuliers*, lorsque le sujet désigne un individu unique (Pierre est savant). On peut rapprocher des jugements individuels les jugements *collectifs*, dans lesquels le sujet est un groupe, non plus indéterminé comme sont les espèces, mais déterminé au contraire, et par conséquent fermé, c'est-à-dire une *collection* d'individus (les officiers de ce régiment sont braves). — Cette première division se rapporte à ce que Kant appelle la *quantité* des jugements.

Par rapport au verbe, les jugements sont *affirmatifs* ou *négatifs*, suivant que l'attribut y est affirmé ou nié du sujet; mais la négation est encore une forme de l'affirmation, puisque nier c'est affirmer une non-convenance entre le sujet et l'attribut. Cette seconde division se rapporte à la *qualité* des jugements.

Il en est une troisième à laquelle le verbe sert de base, comme à la précédente, et qui se rapporte à la *modalité;* c'est celle que l'on fonde sur le caractère de l'affirmation; d'où la distinction des jugements *nécessaires* (la somme des trois angles d'un triangle égale deux droits) et des jugements *contingents* (il pleut, je me souviens).

Enfin, par rapport à l'attribut, les jugements peuvent se classer de plusieurs manières, parce que les attributs possibles d'un même sujet peuvent être de divers genres. La détermination des genres est l'objet que s'est proposé Aristote dans sa table des *Catégories*. Kant, qui s'est placé à un point de vue différent, donne le nom général de *relation* au rapport de l'attribut au sujet.

A la relation on peut rattacher la distinction des jugements *analytiques* et des jugements *synthétiques*.

On appelle analytique un jugement dans lequel l'attribut est tiré par analyse de la notion *essentielle* que nous avons du sujet. Par exemple, nous ne pouvons pas concevoir les corps autrement qu'étendus : l'étendue fait partie de la compréhension nécessaire de l'idée de corps, c'est-à-dire qu'elle fait partie de l'essence des corps ; ce jugement : *les corps sont étendus* est donc analytique.

On appelle synthétique, au contraire, un jugement dans lequel l'attribut ne fait pas partie de la notion *essentielle* du sujet, et est ajouté au sujet par synthèse. Par exemple, je puis concevoir un corps qui ne pèserait point, quoique peut-être un tel corps ne puisse exister dans la nature; donc, dans ce jugement : *les corps sont pesants*, l'attribut *pesant* ajoute à la notion essentielle que j'ai des corps une qualité qui n'y est pas comprise : c'est, par conséquent, un jugement synthétique.

106. Rôle et objet des jugements analytiques et synthétiques. — La différence que nous venons de signaler entre les jugements analytiques et les jugements synthétiques en entraîne une autre dont l'importance est grande : les jugements analytiques répondent à la fonction *logique*, et les jugements synthétiques, à la fonction *réelle* de la pensée. Voici l'explication de cette opposition.

Un concept est donné : ce concept est complexe, c'est-à-dire qu'il contient une pluralité de termes élémentaires. Mais tel des éléments dont il est composé implique ou exclut tels autres termes. Si donc, sous une forme quelconque, j'exclus ce qui est impliqué, ou j'introduis ce qui est exclu, je détruis par là même mon concept, parce que j'y fais entrer des éléments contradictoires. La condition *logique* de la pensée est, par conséquent, qu'après une analyse réfléchie du contenu de nos concepts nous donnions aux objets de ces concepts leurs vrais attributs, et ceux-là seulement. Par exemple, je pense Dieu comme parfait : la notion de perfection enveloppe celle d'existence éternelle et nécessaire, mais je puis ne pas le savoir : l'analyse de l'idée de perfection me le fera connaître. De même, une équation contient virtuellement la détermination de toutes les valeurs de x par lesquelles elle peut être résolue; mais le calcul reste à faire pour dégager toutes ces valeurs. Or le calcul est précisément une analyse, et toute analyse, sans être un calcul, est pourtant au fond de même nature que le calcul, car elle n'a pour objet que de dégager des identités.

Ainsi, le jugement analytique a pour objet de nous faire connaître le contenu de nos idées et, par là, de maintenir l'accord de la pensée avec elle-même en la préservant de la contradiction.

Voilà ce que nous appelons la *fonction logique* de l'esprit; et comme cette fonction s'exerce tout à fait en dehors de l'expérience, on dit que les jugements analytiques sont *a priori*.

Les jugements synthétiques présentent des caractères opposés. Dans ces jugements le lien qui unit l'un à l'autre l'attribut et le sujet n'est plus un lien logique que l'esprit puisse découvrir par l'analyse de ses idées. Il faut donc nécessairement que l'expérience intervienne ici pour nous montrer que tel attribut est uni à tel sujet dans la réalité. Par exemple, du moment qu'aucune analyse rationnelle ne peut m'apprendre que la neige est blanche, comment pourrais-je savoir qu'elle l'est en effet si je ne l'avais pas constaté? Ainsi les jugements synthétiques ont l'expérience à la fois pour fondement et pour objet. En tant qu'ils l'ont pour fondement, on dit qu'ils sont *a posteriori;* en tant qu'ils l'ont pour objet et qu'ils s'y rapportent d'une manière directe, on dit qu'ils répondent à la *fonction réelle* de l'esprit.

Kant cependant soutient qu'il existe des jugements synthétiques *a priori*, et que même l'existence de ces jugements est la condition de la science. La raison qu'il en donne est que les jugements analytiques, établissant seulement des rapports entre nos idées, ne nous font pas sortir de l'ordre idéal, et ne nous introduisent nullement dans la réalité des choses de la nature; de sorte que, si nous pénétrons dans cette réalité, ce ne peut être que par des jugements synthétiques. Mais pénétrer dans la réalité de la nature n'est rien, si nous ne pouvons le faire qu'au moyen de l'expérience, car l'expérience est particulière et contingente, et la science est universelle et nécessaire. Si donc nous voulons atteindre à la science véritable, il faut que nous puissions porter des jugements qui aient une valeur quant aux choses de l'expérience, c'est-à-dire qui soient synthétiques, et qui en même temps soient universels et nécessaires, c'est-à-dire qui soient *a priori*. Telles sont les raisons par lesquelles Kant pense établir, non pas qu'il y a des jugements synthétiques *a priori*, mais qu'il doit y en avoir.

Nous ne pouvons pas songer à développer ici, encore moins à discuter à fond cette célèbre doctrine; mais nous devons faire observer que la question de savoir s'il y a ou non des jugements synthétiques *a priori* est l'une des questions fondamentales qui se rapportent au problème général de la connaissance. En effet, s'il y a de tels jugements, c'est que l'expérience n'explique pas toute la connaissance humaine, et l'empirisme, qui soutient le contraire, est une doctrine fausse : s'il n'y en a pas, l'empirisme a raison au contraire, du moins à l'égard de la science, et s'il a raison à l'égard de la science, il est à croire qu'il aura raison pour tout le reste. On comprend donc l'intérêt spéculatif qui s'attache à la question.

107. Autre division des jugements. — Les différentes divisions des jugements que nous venons de considérer ont surtout, sauf la dernière, rapport à l'ordre logique; mais elles ne sont pas de nature à mettre en évidence les caractères essentiels du jugement en tant qu'opération de l'esprit, ce qui est le point de vue de la psychologie. Pour bien comprendre ce qu'est le jugement, non plus dans sa structure logique, mais en lui-même et dans son contenu, nous devons nous reporter à une division des jugements assez ancienne et autrefois classique, en jugements d'*existence*, d'*attribution* et de *relation*.

108. Jugements d'existence. — Les jugements d'existence sont ceux dans lesquels on affirme l'existence réelle et effective de quelque chose : *j'existe, les corps existent*.

Les jugements d'existence ont donné lieu à de célèbres controverses. Locke voulait que tous les jugements fussent le résultat d'une comparaison entre le sujet et l'attribut, les jugements d'existence aussi bien que les autres. Si donc j'affirme mon existence, c'est, suivant Locke, qu'ayant comparé l'idée d'existence à l'idée du moi, j'ai reconnu que ces deux idées conviennent entre elles.

V. Cousin protesta avec énergie contre cette théorie (*Philosophie de Locke*, leçon XXIII et XXIV), alléguant que l'esprit débute par le concret et non par l'abstrait; que jamais la comparaison entre l'idée d'un moi abstrait et celle de l'existence abstraite n'eût pu me conduire à la connaissance et à l'affirmation de mon existence concrète; et que, par conséquent, l'affirmation de mon existence est antérieure à toute réflexion, et impliquée dans la conscience même que j'en ai.

Mais M. Janet, tout en reconnaissant avec V. Cousin que l'esprit débute dans la connaissance par l'intuition du concret, non par la conception de l'abstrait (*Traité élémentaire de philosophie : du jugement*), combat l'opinion de ce philosophe en tant qu'il identifie la conscience de l'existence et le jugement par lequel l'existence est affirmée. Dans le jugement, suivant M. Janet, il entre un élément intellectuel qui ne se trouve pas dans la conscience pure et simple, à savoir, la *subsomption* (*subsumere*) d'un sujet général ou particulier sous un attribut nécessairement général. Par exemple, je ne puis pas m'attribuer l'existence à moi-même si je n'ai aucune idée de l'existence d'une manière générale. Sans doute, l'idée d'existence n'est pas antérieure à la conscience que j'ai de moi-même, mais il faut que je la dégage du fait concret et particulier de mon existence; autrement, je ne pourrais jamais juger que j'existe.

Là-dessus M. Janet nous paraît avoir pleinement raison. Il est certain que, si ce que j'affirme de moi c'est *mon existence*, et non pas l'*existence* en général, se sentir et se juger existant sont une seule et même chose ; et comme le sentiment de l'existence ne peut manquer à aucun animal, il faudra dire que « l'huître juge », ce qui est apparemment excessif.

109. Jugements d'attribution. — Les jugements d'attribution sont ceux par lesquels nous attribuons à un sujet non plus l'existence, mais une qualité déterminée : *cette rose est belle; Jean est sage.*

Une question toute semblable à celle dont nous venons de parler à propos des jugements d'existence se pose à propos des jugements d'attribution, à savoir : l'attribut de ces jugements est-il général ou particulier ? M. Rabier soutient qu'il est particulier (*Leçons de psychologie*, p. 250), et la raison qu'il en donne, c'est que « si l'attribut d'un jugement était nécessairement général, il s'ensuivrait que que nous ne pourrions jamais attribuer à un sujet que des qualités générales, c'est-à-dire indéterminées, et jamais tel degré précis d'une qualité... Quand je dis : « Comme ce lis est blanc ! » est-ce *la blancheur* en général, ou *sa blancheur* particulière que je remarque dans ce lis ? »

Si dans les jugements d'existence l'attribut est général, comme on vient de le dire, à plus forte raison le sera-t-il dans les jugements d'attribution où l'attribut est une qualité comme la beauté, la bonté, la blancheur. Nous ne pourrions donc pas sur ce point partager l'opinion de M. Rabier. Il est certain que lorsque nous regardons un lis, ce que nous y voyons c'est la blancheur de ce lis, et non pas la blancheur en général ; mais autre chose est percevoir la blancheur particulière d'un objet, autre chose est attribuer à cet objet la qualité de blancheur. Donner à un lis *sa blancheur* c'est l'affaire du sens visuel ; ce qui seul est intellectuel, et ce qui seul constitue un jugement, c'est de lui attribuer *la blancheur*, c'est-à-dire une qualité générale. Du reste, si nous devions attribuer à un lis *sa blancheur*, et non pas *la blancheur*, comment pourrions-nous dire : *le lis et la neige sont blancs*, puisque la blancheur de ces deux objets n'est pas la même ?

Ainsi les jugements d'existence et les jugements d'attribution impliquent également la faculté généralisatrice de l'esprit, et même ils dépendent uniquement de cette faculté. Du reste, la réciproque est vraie; car si, comme le dit très bien M. Janet, « juger c'est généraliser », il est vrai aussi de dire que généraliser c'est juger, puisque la généralisation ne consiste pas dans la possession d'une idée générale formée une fois pour toutes, mais dans l'application d'un même nom représentant une même idée générale à une multitude de choses semblables.

110. Jugements de relation. — Les jugements de relation paraissent être d'une autre nature que les précédents. Ils se réduisent à peu près à l'opération que, dans plusieurs traités de philosophie, on étudie comme une opération particulière de l'esprit sous le nom de *comparaison*. Ils consistent en ceci que, deux termes étant donnés, l'esprit aperçoit et affirme entre eux un certain rapport. Par exemple, *Pierre est plus grand que Paul* est un jugement de relation.

Ces jugements diffèrent des précédents en ce que l'attribut n'y est pas général. Sans doute, comme l'a fait remarquer M. Rabier, « les formes du langage déguisent cette vérité; on dit, par exemple, que *Pierre et Paul sont semblables ou différents*. Mais qui ne voit que les deux termes du jugement sont ici *Pierre et Paul*, et que la similitude ou la différence n'est pas un terme, mais bien le rapport affirmé entre ces deux termes? » (P. 230.)

Faut-il même parler d'attribut pour des jugements de ce genre? « Comment soutenir, dit encore M. Rabier, que dans ce jugement *Pierre et Paul se ressemblent*, l'opération de la pensée consiste à saisir un rapport entre *Pierre et Paul* pris ensemble, et l'attribut *similitude*? Évidemment l'opération de la pensée consiste à saisir un *rapport de similitude* entre Pierre et Paul comparés entre eux. » On voit par là que, si le principe posé par M. Janet, que « l'attribut d'un jugement est toujours général » (*Traité élémentaire*, p. 173), s'applique aux jugements d'existence et aux jugements d'attribution, il ne s'applique pas aux jugements de relation.

Est-ce à dire qu'il n'y ait rien de général dans ces jugements, ou qu'ils aient un caractère moins intellectuel que les autres? Nullement; car un rapport comme l'*égalité*, la *différence*, la *similitude*, est quelque chose d'intelligible, et non pas de sensible, ainsi que nous le montrerons plus loin. On ne peut pas même dire que la généralité manque à de pareils jugements; car, ainsi que nous l'avons fait observer déjà (97), un rapport est toujours général. M. Rabier, il est vrai, conteste ce point. Le rapport est *particulier*, dit-il, « lorsqu'il est déterminé et précis ; exemple : entre les points A et B, entre la lune et le soleil, il y a précisément *telle distance*. » (P. 231.) — Soit, mais *telle distance* est un rapport général, et non pas un rapport particulier ; et ce qui le prouve c'est que *telle distance* peut séparer, non pas deux objets seulement, mais une infinité d'objets. Il y a donc autant de généralité dans les jugements de relation que dans tous les autres.

111. Le jugement opération essentielle de l'Intelligence.
— Il résulte de ce qui précède que la généralisation et le jugement sont une seule et même opération de l'esprit considérée seulement sous deux aspects un peu différents l'un de l'autre. Si maintenant l'on ajoute que le raisonnement à son tour se réduit au jugement, ainsi qu'il sera montré plus loin lorsque nous traiterons du raisonnement, il devient évident que le jugement est l'opération intellectuelle par excellence, l'unique opération même de l'intelligence, puisque toutes les autres se réduisent à celle-là. Donc penser c'est juger, et ce qu'il y a d'intellectuel dans l'ensemble de nos phénomènes de conscience, c'est le jugement, et le jugement seul. Le jugement est ainsi, selon la parole de Rousseau, « la caractéristique de l'être intelligent ».

112. Le jugement est irréductible à la sensation.
— Tous les philosophes ont eu le sentiment net que la faculté de juger c'est l'intelligence même. On conçoit donc que ceux d'entre eux qui veulent faire dériver l'intelligence des facultés sensitives, c'est-à-dire les empiristes, aient dû faire les plus grands efforts pour réduire entièrement le jugement à la sensation. Mais cette réduction ne peut s'opérer : il est facile de s'en convaincre.

Considérons d'abord les jugements d'existence et les jugements d'attribution. Dans ces jugements, nous l'avons montré, l'attribut est toujours général. Mais l'idée du général est-elle une idée sensible ? Les empiristes le prétendent. Cette opinion peut, en effet, se soutenir, si par ce mot *généraliser* on entend simplement dégager l'ensemble des caractères communs à des objets connus par expérience, et par là même *formant un nombre limité* ; car il est certain que percevoir les qualités d'un objet et percevoir dans plusieurs objets une qualité commune sont deux opérations du même ordre. Mais est-ce en ce sens que nous avons pu dire : « Juger c'est généraliser »; et la subsomption d'un sujet sous un attribut général consiste-t-elle seulement à faire rentrer ce sujet dans une classe formée par un nombre restreint et assignable d'objets perçus? Quand nous disons : « Ce lis est blanc, » pensons-nous seulement attribuer à ce lis la qualité commune au lait, à la neige, à la porcelaine? Non, car le général ainsi compris c'est encore le particulier. La couleur commune à mille objets de notre expérience c'est encore *une couleur*. Or ce n'est pas *une blancheur* que nous entendons attribuer à ce lis, mais bien *la blancheur*, c'est-à-dire une qualité qui, dans notre esprit, prend le caractère, non pas de la généralité restreinte, comme le suppose l'empirisme, mais de la généralité absolue ou, pour mieux dire, de l'universalité. Or, si la blancheur conçue au sens de la généralité restreinte peut être une idée sensible, conçue au sens de l'universalité elle ne le peut certainement pas, attendu que la sensation ne donne point l'universel. Donc dans ce jugement : ce lis est blanc, nous devons considérer que l'idée de blancheur est une idée intelligible et *pure*, sinon quant à sa matière, qui vient de la sensation, du moins quant à sa forme, qui est l'universalité; et par conséquent il faut reconnaître que le jugement d'existence et le jugement d'attribution sont inexplicables par les seules facultés sensitives.

Passons au jugement de relation. Il est aisé de voir qu'un tel jugement n'a rien de sensible, c'est-à-dire qu'il n'est en soi ni une représentation, ni une image, ni un sentiment, ni rien enfin qui tienne à la sensibilité. En effet, ce que nous affirmons dans le jugement de relation c'est un rapport entre certains termes représentés : par exemple, nous disons : « Pierre est plus grand que Paul; » mais le rapport lui-même n'est point représentable, autrement il ne serait qu'une image de plus ; de sorte que nous aurions trois objets à nous représenter, et nous n'aurions pas le rapport qui unit les deux premiers.

Ce qui prouve encore qu'un rapport n'est rien de sensible, c'est que les termes que le rapport unit peuvent varier indéfiniment sans que le rapport lui-même change. Dans l'esprit d'un aveugle-né et dans celui d'un clairvoyant les éléments sensibles de la notion d'espace, c'est-à-dire les images, sont entièrement différents et même irréductibles entre eux; mais les rapports sont les mêmes, et c'est pour cela qu'il n'y a pour les uns et pour les autres qu'une seule géométrie. A la vérité, les rapports ne sont que des formes, et ces formes supposent une matière qui est fournie par les images; mais il ne paraît pas que la clarté et la distinction des conceptions intellectuelles tienne en rien au nombre, à l'intensité, à la variété des images qui leur servent de matière et de support. Un animal peut avoir les sensations les plus vives, les plus délicates : il ne deviendra pas pour cela capable de penser. Laura Bridgmann est réduite à quelques sensations tactiles, et cela lui suffit pour généraliser, pour juger, pour parler, en un mot pour avoir la vie de l'intelligence.

Ces raisons en faveur de l'irréductibilité du jugement à la sensation ne sont pas les seules qu'on puisse alléguer. On peut y ajouter que le jugement suppose une raison à nous connue ; c'est-à-dire que, lorsque nous jugeons, nous savons la raison de notre affirmation, et que, par conséquent, nous jugeons en quelque sorte notre jugement même. Par exemple, si je dis : « César était un plus grand politique qu'Alexandre, » je sais pourquoi je le dis. Au contraire, la sensation est un fait brutal qui s'impose, et qui ne porte avec lui aucune lumière. On a mal à la tête, on voit une couleur, et c'est tout. Sans doute, on peut dire : « Je sais pourquoi j'ai mal à la tête; c'est une couleur que je vois; » mais alors on sort de la pure et simple sensation pour entrer dans le domaine du jugement. Le jugement, nous l'avons dit, est une affirmation, et affirmer c'est choisir entre le oui et le non, ce qui suppose une certaine réflexion. La sensation ne comporte rien de semblable.

113. Le jugement est irréductible à l'association des idées. — Mais, s'il est impossible de réduire le jugement à la sensation, il reste à l'empirisme une ressource : c'est de donner pour principe au jugement l'association des idées. Deux idées, ou plutôt deux sensations, sont données ensemble dans la conscience : elles contractent par là un lien en vertu duquel l'une des deux évoquera l'autre. Cette évocation nécessaire, voilà le jugement, suivant les empiristes.

Qu'il soit impossible, avec une théorie pareille, de rendre compte du caractère intellectuel de nos jugements, c'est chose évidente. Du reste, les empiristes n'ont pas à se mettre en peine d'explications à ce sujet, puisque en réduisant l'intelligible au sensible ils nient purement et simplement l'intelligible comme tel. Si donc, comme nous croyons l'avoir suffisamment montré, il y a dans l'esprit humain des idées pures, la thèse que nous venons d'exposer n'a pas besoin de réfutation. Pourtant il ne sera pas inutile de nous y arrêter un instant pour faire toucher du doigt l'illusion sur laquelle elle repose.

Lorsque, en vertu de la loi d'association, une idée en a évoqué une autre dans la conscience, il peut arriver soit que l'esprit dégage le rapport existant entre ces deux idées, soit qu'il ne le dégage pas. Dans le premier cas il y a un jugement et un acte d'intelligence; dans le second, il n'y a qu'un phénomène analogue à la sensation toute brute. Mais ce qui est remarquable c'est que très souvent les effets extérieurs seront les mêmes dans les deux cas; de sorte qu'un sujet qui ne juge pas, et dans la conscience duquel les idées ne font que se succéder passivement, agira comme s'il jugeait, ce qui peut nous faire croire qu'il juge en effet. Par exemple, dans la cervelle d'un chien qui a été battu l'image du bâton levé et celle des coups reçus sont associées de telle sorte que, lorsque le chien verra son maître lever le bâton, il se rappellera les coups et s'enfuira, comme s'il jugeait qu'il faut s'enfuir. Pourtant l'animal ne juge pas, du moins nous n'avons aucune raison de le supposer, et l'acte qu'il accomplit, raisonnable en soi, n'est point raisonnable pour lui. C'est un simple effet de l'automatisme cérébral. Voici comment la chose peut se comprendre. Soit une série d'idées A, B, C, associées entre elles par contiguïté. L'idée A évoque l'idée B mécaniquement, et comme par une sorte de ressort et de détente. L'idée B évoque l'idée C de la même manière; et si quelque image de mouvement est associée à cette dernière, le mouvement la suivra infailliblement. Il n'est donc pas nécessaire, pour que le mouvement ait lieu, que les idées A, B, C, aient été comparées entre elles, ni que leurs rapports aient été perçus, ce qui serait un jugement et un acte d'intelligence. Le rôle des idées A et B n'a été ici que d'amener l'idée C, et cela automatiquement, non par la vertu des liaisons intelligibles qui l'unissent avec cette dernière. On ne trouverait donc pas dans tout ce qui se passe à ce sujet dans la conscience de l'animal le jugement le plus élémentaire.

114. Conséquences. — Si ces considérations sont exactes, s'il est vrai que le jugement soit irréductible à la sensation, il en faut conclure, suivant une remarque que nous avons déjà faite, qu'il y a une différence essentielle entre penser et imaginer, et que l'on pense sans images, puisque, si l'on pensait en imaginant, le penser ne serait qu'une forme du sentir. Aristote a dit pourtant : « On ne pense pas sans images, » et il est certain qu'il a eu raison en ce sens que les images sont la matière nécessaire sur laquelle la pensée s'exerce, et faute de quoi elle demeurerait sans objet. Par exemple, lorsque nous pensons un rapport, c'est toujours entre certains termes perçus ou imaginés. Mais la conception du rapport lui-même n'est le fait ni des sens ni de l'imagination ; et c'est bien ainsi que l'entend Aristote, puisqu'il déclare que l'*intellect actif*, c'est-à-dire précisément la faculté de penser, ne contient en soi rien de sensible.

Mais il y a plus. Les images tiennent aux organes, celles de la vue à l'appareil visuel, celles de l'ouïe à l'appareil auditif, et ainsi des autres. Si donc on pense sans images, n'en faudra-t-il point conclure qu'on pense aussi sans organes? Sans doute, une pensée qui ne tient en rien aux sens et au corps est impossible à imaginer : elle est même, en un certain sens, impossible à comprendre, parce que pour comprendre un objet intelligible il faut pouvoir l'analyser, et que la pensée pure, étant une et simple, est absolument inanalysable. Mais il faut bien se rendre compte que ce que nous appelons ici la pensée pure n'est que la *forme* de la pensée proprement dite, laquelle suppose encore une *matière*. Or il ne signifierait rien d'objecter, à propos d'une forme, la nécessité d'imaginer et de comprendre. Pourvu donc qu'on sache l'entendre, on reconnaîtra qu'il faut acquiescer, comme le dit M. Rabier, à cette grande parole de Bossuet au sujet d'une grande parole d'Aristote : « Quand Aristote a dit : « C'est sans organes que l'on pense, » il a parlé divinement. »

115. Le jugement et la croyance. — Le jugement, avons-nous dit, consiste essentiellement dans l'affirmation. Mais affirmer c'est croire ; autrement l'affirmation n'est qu'apparente. Ainsi, en dehors de l'acte purement intellectuel de juger il y a lieu de considérer un autre acte, inséparable en fait du premier, mais différent en nature : c'est l'adhésion que nous donnons à nos jugements. C'est ce second acte, ou plutôt cette seconde face de l'acte total, qu'il nous faut maintenant étudier.

Quelle est, d'une manière générale, l'origine de la croyance? D'abord, c'est une loi de notre constitution mentale que toutes nos représentations s'objectivent d'elles-mêmes, c'est-à-dire qu'elles nous apparaissent comme manifestant des objets. Ainsi une couleur, une résistance, sont des sensations ; mais une couleur et une résistance m'apparaissent comme des qualités appartenant à des corps. La même loi est vraie à l'égard du jugement lui-même. Par exemple, j'ai jugé qu'entre deux choses données il y a tel rapport : naturellement et spontanément mon jugement s'objective, c'est-à-dire que je vois le rapport qui m'est apparu comme existant dans les objets. Quant à rendre compte de cette loi d'objectivation, c'est une chose impossible, puisque, comme on vient de le dire, c'est une loi première et irréductible de notre esprit. Mais, cette loi une fois admise, la croyance en est une conséquence nécessaire. Comment, en effet, pourrions-nous ne pas croire à ce que nous nous représentons, puisque ce que nous nous représentons nous apparaît comme quelque chose que la pensée perçoit, et perçoit, naturellement, tel qu'il est?

Pourtant il s'en faut de beaucoup que nous donnions notre adhésion à toutes les représentations, à tous les jugements qui se présentent à notre esprit. C'est que parmi ces jugements il en est un grand nombre qui se contredisent les uns les autres ; et comme il est impossible que deux représentations contradictoires soient vraies ensemble, l'une des deux exclut l'autre, ce qui nous oblige à choisir entre elles. Il y a donc lieu de se demander comment se produit l'assentiment de l'esprit dans le cas très général où un jugement voit s'élever contre lui un jugement antagoniste.

116. Caractères et conditions de la croyance. — Les opinions qu'ont professées les philosophes au sujet de la nature et des conditions de la croyance peuvent se ramener à trois : celle de Descartes, celle de Spinoza, celle de Locke et de Leibniz.

Suivant Descartes, la croyance, c'est-à-dire l'assentiment, ou plus simplement le jugement lui-même, est tout à fait indépendant de l'intelligence et, par conséquent, des idées que nous considérons. C'est un acte, comme l'acte de parler ou de se taire, comme l'acte de marcher ou de demeurer immobile, et à ce titre il relève de la volonté seule. Ainsi c'est la volonté qui porte ou qui suspend le jugement sur ce que l'entendement se représente ; et c'est ce qui explique comment Descartes a cru pouvoir à son gré « rejeter toutes les opinions qui étaient entrées jusque-là en sa créance », et leur substituer provisoirement un doute universel.

La doctrine de Spinoza est le contre-pied absolu de celle de Descartes. Aux yeux de Spinoza, penser et croire ne sont pas deux choses différentes, mais une seule et même chose. C'est que pour lui l'idée n'est pas un fait de passivité, un objet que l'entendement se contente de contempler, comme le voulait Descartes : elle est active et vivante; elle s'impose quand elle a pour cela la clarté et la force nécessaires, et elle entraîne l'assentiment de l'esprit. La croyance est donc considérée ici comme un fait du pur entendement : la volonté n'y a aucune part, ou plutôt la volonté n'est rien sinon l'entendement lui-même en tant qu'il affirme ou nie. La volonté, comme faculté distincte, n'existe pas pour Spinoza.

La troisième doctrine est intermédiaire entre les deux précédentes. Locke et Leibniz estiment que nous ne pouvons pas croire ce que nous voulons, ou seulement refuser notre adhésion à ce qui nous apparaît comme le plus vraisemblable ; mais que cependant nous pouvons exercer sur nos croyances une action indirecte, en portant de préférence notre attention sur un aspect des choses qui nous plaît davantage, et en négligeant de considérer les raisons qui nous porteraient à juger contrairement à nos préférences.

Cette troisième doctrine contient certainement une part importante de vérité ; mais elle a le tort de déplacer la question, et de nous donner le change sur ce qui fait le véritable objet du débat. Lorsque Locke et Leibniz disent que les passions et la volonté ont action sur le cours de nos idées et contribuent par là à déterminer nos jugements, ils ont raison sans doute, et personne ne songerait à leur contester ce point. Spinoza même leur concéderait que, partout où nous avons des intérêts, ni nos idées ni nos jugements n'ont le caractère de l'impersonnalité, et que, sauf dans la région des idées pures qui n'émeuvent point la sensibilité, nos pensées expriment toujours la manière dont les choses nous affectent. Mais, encore une fois, la vraie question n'est pas là. La vraie question est de savoir si, nos idées sur un objet donné étant ce qu'elles sont, de quelque façon d'ailleurs qu'elles se soient formées dans notre esprit, nous sommes maîtres, ou non, de suspendre notre jugement, et de ne pas adhérer à ce que l'entendement nous présente comme véritable, ou même de nous prononcer en sens contraire. Le débat reste donc circonscrit entre les deux doctrines de Descartes et de Spinoza.

La doctrine de Descartes paraît insoutenable. Quoi de plus faux, en effet, que d'imaginer l'idée, selon l'expression de Spinoza, « comme une sorte de peinture des choses..., comme une figure muette tracée sur un tableau [1] » ? N'est-il pas évident au contraire que l'idée, étant un acte de l'esprit, n'est pas quelque chose d'inerte que la volonté manie à son gré, et qui ne peut exercer sur cette volonté aucune réaction ? Puis, Descartes se montre partout fort éloigné de croire à la possibilité d'une volonté indifférente qui se déterminerait sans raison et d'une manière arbitraire. Or que serait-ce que cette volonté qui pourrait ainsi suspendre ou porter

---

1. *Éthique*, IIe partie, prop. 48, et scol. de la propos. 49.

à son gré un jugement sans y être déterminée par la valeur des idées que l'entendement lui présente[1]? Une telle volonté ne mériterait-elle pas d'être appelée *indifférente*? Descartes a pu renoncer une fois à toutes les opinions qui étaient entrées jusque-là en sa créance ; mais c'est qu'il avait pour cela un motif, le désir de mettre plus d'ordre et d'unité dans son esprit. En s'abstenant de juger il obéissait donc à une idée : une idée déterminait sa volonté ; et, de fait, on ne conçoit pas que la volonté puisse agir sans idées ou contrairement aux idées.

C'est donc Spinoza qui a raison, du moins pour le fond des choses, car il y a peut-être excès à identifier pleinement, comme il le fait, la volonté avec l'entendement. Ainsi, nous jugeons des choses suivant la manière dont elles nous apparaissent. La manière dont elles nous apparaissent peut dépendre de nos dispositions personnelles ; mais, étant donné qu'elles nous apparaissent comme telles, notre adhésion n'a rien d'arbitraire, et nous ne pouvons pas juger autrement que nous ne jugeons. « Toute volonté de croire qui dépasserait les raisons de croire serait, dit très bien M. Rabier, comme un mensonge qu'on essayerait de se faire à soi-même et dont on ne réussirait pas à se convaincre. En un mot, *toute volonté de croire est inévitablement une raison de douter*[2]. »

Cependant il faut convenir que la doctrine de Spinoza a contre elle les faits les plus positifs. L'expérience, en effet, montre que l'on peut penser, connaître, avoir des idées sans pouvoir même leur opposer des idées antagonistes, et pourtant s'abstenir de croire. Les sceptiques de tous les temps, comme le fait remarquer M. Brochard, n'ont jamais fait autre chose[3]. De plus, ne sait-on pas qu'il est des gens que les démonstrations les plus parfaites sont impuissantes à convaincre, et cela, quoiqu'ils les aient comprises? C'est ainsi qu'on a vu, il y a quelques années, des gens dupés par de prétendus spirites nier l'erreur où ils étaient tombés, alors même que les auteurs de la fraude avaient avoué devant les tribunaux leur supercherie[4].

Inversement, on peut croire, et même d'une croyance entière

---

1. Il est vrai que, dans la pensée de Descartes, l'indétermination de nos jugements tenait à la présence d'idées confuses dans l'esprit, et cessait lorsque nos idées avaient pu être amenées à l'état de clarté et de distinction parfaites. Mais une idée confuse c'est une idée mélangée d'éléments sensibles, sensations ou désirs. Or il n'y a pas plus d'indétermination dans la puissance impulsive des sensations ou des désirs que dans celle des plus pures idées de l'entendement. Il resterait donc toujours à comprendre comment, en matière d'idées confuses, la volonté peut être maîtresse souveraine de nos jugements.

2. *Psychologie*, p. 270.

3. *De l'Erreur*, p. 101.

4. C'est la fameuse affaire dite des photographies spirites, jugée en juin 1875. V. *De l'Erreur*, p. 104.

excluant absolument le doute, à des choses dont soi-même on reconnaît que l'on n'a point de démonstrations positives. C'est le cas, en particulier, des croyances religieuses. La religion commande de croire aux *mystères* qu'elle enseigne, c'est-à-dire à des vérités que la raison ne peut atteindre. Ce n'est donc pas ici la puissance intrinsèque des raisons qui force l'assentiment de l'esprit. A cela il est possible d'objecter, il est vrai, que l'on croit à la vérité de la religion par raisons démonstratives, et à ce que la religion enseigne et que l'on ne comprend pas, par raisons d'autorité. Soit; mais pourtant on rencontrerait aisément des hommes qui ne pensent pas que la vérité de la religion puisse se démontrer, et qui néanmoins croient tout ensemble, et très fermement, et à la religion et à ses mystères.

Est-ce à dire qu'il faille abandonner la doctrine de Spinoza comme celle de Descartes? Non, car entre ces deux doctrines il n'y en a pas une troisième : seulement il importe de la bien prendre. Nous devons ici distinguer le cas d'un entendement tout neuf, comme est celui d'un enfant ou celui d'une personne entièrement ignorante qui n'a aucune idée se rapportant à l'objet dont on va l'entretenir, et le cas d'un entendement adulte, plus ou moins formé, plus ou moins pourvu d'idées arrêtées d'avance. A l'égard d'un entendement neuf, la doctrine de Spinoza est vraie sans restriction. Un enfant croit tout ce qu'on lui dit, pourvu que ce qu'on lui dit ne soit pas en opposition avec les principes les plus essentiels de la raison, le principe de contradiction ou le principe de causalité, par exemple. La force objectivante des idées est si grande, ou plutôt la croyance aux idées se confond tellement avec la conception de ces mêmes idées, qu'un esprit non prévenu croit nécessairement et spontanément tout ce qu'il imagine ou conçoit, dans la mesure où il l'imagine ou le conçoit.

Il en est autrement à l'égard d'un entendement déjà formé et pourvu d'idées. Un tel entendement peut se comparer à une place forte qu'occupe une garnison, et dans laquelle l'ennemi ne peut plus entrer sans coup férir. Il y a dans la possession antérieure de notre esprit par certaines idées une force de résistance qui nous rend souvent tout à fait réfractaires à des idées contraires, quelles que soient les raisons sur lesquelles celles-ci se trouvent appuyées. C'est ce qu'on appelle d'une manière générale le *préjugé*. Mais ce mot ne doit pas se prendre ici en un mauvais sens, parce que le préjugé tel que nous venons de le définir, pourvu qu'il ne tourne pas à l'entêtement et à l'obstination déraisonnable, est la condition de la solidité et de la stabilité de l'esprit. Nous ne pouvons pas recommencer à tout moment à mettre en question toutes nos croyances; car nous sommes si faibles, les questions sont si diverses et si complexes, que nous nous laisserions infailliblement séduire par de mauvaises raisons dont nous n'apercevrions pas dans l'instant le défaut; de sorte que nous serions emportés à tout vent de doctrine. Il est donc très nécessaire que nous ayons dans des idées déjà acquises, fruit de nos réflexions et de notre expérience, une base solide pour juger des choses. Du reste, lorsqu'une lutte s'établit entre des convictions anciennes et des impressions nouvelles, ce sont toujours les idées actuellement les plus fortes qui triomphent des plus faibles. Le plus souvent ce sont les idées anciennes qui l'emportent, parce qu'elles ont l'avantage de la possession, et qu'ici, comme ailleurs, *melior est conditio possidentis*. Quelquefois aussi c'est le contraire; mais toujours la puissance des idées tient aux idées, et non pas à un principe étranger. La thèse de Spinoza est donc vraie, même à l'égard des cas qui lui semblent contraires, pourvu qu'on ne l'entende pas en ce sens que les idées dont la lumière est actuellement la plus vive l'emportent nécessairement sur les autres, ce qui, du reste, paraît avoir été la pensée véritable de Spinoza.

Lorsque des idées antérieurement acquises se sont imposées à l'esprit par la longueur de la possession et par la force de l'habitude, de telle sorte qu'il n'éprouve plus le besoin d'en scruter les fondements, mais qu'il y adhère avec une confiance entière, ces idées constituent ce que l'on appelle proprement une *foi*. — Nous prenons ce mot, non pas évidemment au sens de foi religieuse : la foi peut prendre des formes multiples, et la foi religieuse ne se distingue de toute autre foi que par son objet, qui est surnaturel, ce que nous n'avons pas à considérer ici : nous parlons donc de la foi au sens le plus général. — On comprend dès lors quelles luttes une conviction, de quelque nature qu'elle soit, enracinée dans l'âme d'un homme, soutiendra contre les idées contraires qui tendent à la détruire. Cependant, chose étrange, ces luttes ardentes ont été considérées quelquefois comme un signe de la faiblesse des convictions qui les soutiennent. Pascal, par exemple, est tenu par une multitude de personnes pour un croyant très indécis, en raison des efforts qu'il a faits pour échapper au doute en matière religieuse. Mais il y a là, ce semble, une complète erreur sur la vraie nature de l'état d'âme que les *Pensées* nous révèlent. Ce que l'on considère comme un effort plus ou moins heureux pour croire c'est, en réalité, l'action d'une croyance très fermement établie, qui repousse avec énergie les idées qui surgissent et qui lui sont opposées. Une foi incertaine chez Pascal se fût tranquillement laissée aller à ses doutes, au lieu de lutter pour les détruire. D'une manière générale, par conséquent, la vraie croyance n'est pas celle qui jouit paisiblement de sa sécurité, mais celle qui réagit fortement contre les influences qui lui sont hostiles ; de même que la vraie vertu n'est pas celle qui n'est jamais tentée, mais celle qui s'arme de toutes ses forces pour repousser la tentation.

Quelle est, dans ce drame intérieur de la lutte des idées les unes contre les autres, la part de la volonté? Elle est immense, sans doute, mais non pas peut-être telle qu'on le croit assez généralement. Nous voulons dire que son intervention n'a rien d'arbitraire, qu'elle n'agit point sur les idées comme du dehors pour donner la victoire aux unes ou aux autres, qu'elle est inhérente aux idées mêmes et inséparable d'elles. C'est, en effet, comme on l'a montré plus haut (6), se faire de l'âme une très fausse conception que de lui attribuer des facultés pouvant agir à part les unes des autres. Penser avec force c'est adhérer et, par conséquent, vouloir avec force. Spinoza là-dessus a absolument raison ; mais où il a tort, c'est quand il croit que, dans les idées, l'élément intellectuel implique, entraîne l'élément volontaire ; de sorte que, dans l'affirmation, la volonté serait en quelque sorte à la remorque de l'intelligence. La volonté et l'intelligence ne font qu'un, non pas seulement en ce sens que ces deux facultés ne peuvent s'opposer l'une à l'autre, mais en ce sens que leurs actions se confondent et s'identifient.

CHAPITRE X

LE RAISONNEMENT

117. Nature du raisonnement. — Le jugement suppose l'intuition du rapport qui lie ses deux termes. Souvent pourtant cette intuition manque, ou du moins elle n'est pas immédiate, d'où il suit que, sous peine de ne rien pouvoir affirmer, nous avons à nous la procurer d'une manière en quelque sorte artificielle. C'est à quoi sert le *raisonnement*.

Une vérité qui n'est pas évidente par elle-même peut le devenir en vertu de son rapport avec une autre, pourvu que celle-ci soit déjà évidente. Par exemple, on peut ne pas voir d'un premier regard de l'esprit que dans tout triangle un côté est plus petit que la somme des deux autres. Mais, quand on réfléchit que le côté que l'on considère est une ligne droite, et que les deux autres côtés aboutissant à ses extrémités forment une ligne brisée, laquelle est forcément plus longue que la droite, la proposition apparaît certaine.

Il suit de là que les vérités obtenues par le raisonnement ne sont certaines que d'une manière conditionnelle, puisqu'elles dépendent de vérités différentes, et que pourtant elles le sont tout aussi réellement que celles dont l'évidence est intuitive et inconditionnelle, puisque, du moment que ces dernières sont certaines, les premières, qui leur sont unies par des rapports nécessaires, doivent l'être tout autant qu'elles. Seulement, pour pouvoir raisonner, il est indispensable qu'on ait confiance dans la vérité des propositions déjà démontrées sur lesquelles on s'appuie maintenant : autrement, le travail serait toujours à reprendre en entier. Par exemple, quand on est un peu avancé en géométrie, on a besoin de se fonder sur des théorèmes dont on ne voit plus bien actuellement la démonstration. Mais n'importe ; on sait que ces théorèmes ont été démontrés, et qu'ils sont vrais : cela suffit.

Au premier abord il pourrait paraître surprenant qu'il y ait pour nous une source de connaissance en dehors de l'intuition. Dans l'ordre intellectuel, comme dans l'ordre sensible, il n'y a, semble-t-il, qu'une manière de connaître les choses, c'est de les voir. Mais on doit comprendre que le raisonnement, au fond, ne diffère pas de l'intuition : c'est simplement une intuition répétée. On a assez ingénieusement comparé le raisonnement à l'action d'un homme qui, voulant franchir un ruisseau trop large, met des pierres dans le ruisseau autant qu'il en faut pour que, par une série d'enjambées, il puisse atteindre à l'autre rive. Que le ruisseau soit large ou étroit, le procédé pour le passer est toujours le même ; mais lorsqu'il est large, il faut que l'opération se répète. Il en est de même quant aux rapports de l'intuition immédiate et du raisonnement.

Plusieurs philosophes ont dit que le raisonnement est pour l'esprit humain à la fois une preuve de faiblesse et une preuve de force. La raison pour laquelle il serait une preuve de faiblesse c'est, dit-on, que ce qui nous oblige à raisonner c'est le peu de portée de notre intuition intellectuelle : à quoi l'on ajoute que, si nous avions des choses une intuition sans limites, nous verrions immédiatement et sans raisonnement toutes les conséquences que contient chaque principe. Cette opinion ne paraît pas exacte. En effet, l'intuition immédiate dont on nous parle supprimerait-elle les rapports de dépendance des idées entre elles ? Si l'on dit qu'elle les supprimerait, il est clair que l'on condamne l'intelligence qui la possède à voir les choses tout autrement qu'elles ne sont : ou plutôt on détruit au regard de cette intelligence prétendue parfaite les choses elles-mêmes, puisque, dans l'ordre idéal des vérités de raisonnement, les choses ne subsistent que par les rapports intelligibles qu'elles ont les unes avec les autres. Si l'on dit qu'une telle intuition ne supprimerait pas ces rapports, alors on admet qu'elle raisonnerait, car raisonner n'est pas autre chose que suivre la filière des idées suivant l'ordre de leur dépendance logique. Si donc nous avions une intelligence capable d'une intuition pareille, le raisonnement serait chez nous très parfait sans doute, et surtout merveilleusement rapide, mais ce serait toujours un raisonnement ; car ce n'est pas la rapidité plus ou moins grande avec laquelle se fait une opération qui peut en changer la nature.

Si le raisonnement n'est pas pour l'homme une preuve de faiblesse, il ne faut pas dire davantage qu'il est une preuve de force. Parler ainsi reviendrait à prétendre qu'il peut y avoir des êtres intelligents qui raisonnent, et d'autres qui ne raisonnent pas ; de sorte que les premiers seraient plus forts que les derniers. Mais c'est là une erreur évidente. L'aptitude à raisonner n'est pas dans l'homme un accident, une faculté surérogatoire, et un luxe dont nous serions redevables à la générosité de la nature. La vérité est que tout être intelligent est nécessairement capable de raisonnner, par cela même qu'il est intelligent, puisqu'on n'est intelligent qu'à la condition d'être capable de découvrir les rapports intelligibles que les idées ont entre elles, et que la découverte de ces rapports ne peut se faire que par le moyen du raisonnement.

118. Quelles vérités peuvent être objets de raisonnement ? — S'il en est ainsi, il n'y a pas lieu de limiter le domaine du raisonnement à tel ou tel ordre particulier de connaissances. Et, de fait, nous voyons qu'on raisonne partout, en mathématiques, dans les sciences physiques et naturelles, dans les sciences économiques et sociales, en métaphysique et en morale : et partout le raisonnement donne la certitude, pourvu que les principes soient justes et que les conséquences en soient bien déduites. Mais c'est une très importante question de savoir si chaque ordre de vérités a ses principes propres et irréductibles, ou si, au contraire, les vérités de tout ordre ont un fond commun, de sorte qu'un passage logique serait possible d'une vérité quelconque à une autre vérité quelconque. Cette dernière solution était celle qu'admettait Descartes ; c'est aussi celle de tous les posivistes. La thèse contraire a été soutenue sous des formes très différentes par Aristote et par Kant, et même elle est la caractéristique essentielle des doctrines de ces deux philosophes. A notre avis, c'est celle-ci qui est la vérité, attendu que vouloir que les vérités de tout ordre soient homogènes les unes aux autres, c'est chercher la racine de toute vérité dans les principes les plus abstraits et les plus généraux qui existent, c'est-à-dire dans les principes de la logique et dans ceux des mathématiques ; or cela c'est le matérialisme. Mais nous n'avons pas pour le moment à approfondir cette question.

On dit communément que le raisonnement prend deux formes, l'*induction* et la *déduction*. Nous montrerons bientôt en quel sens et sous quelles restrictions cette assertion peut être tenue pour exacte ; mais auparavant il nous faut expliquer ce que c'est que l'induction et ce que c'est que la déduction.

119. L'Induction. — Induire c'est conclure d'un fait particulier, ou d'un nombre restreint de faits observés, à une *loi* de la nature, c'est-à-dire à une nécessité régissant tous les faits semblables. L'induction va donc, comme on le dit, du particulier au général, du fait à la loi qui le régit. Un pareil procédé doit paraître illégitime, attendu que le moins ne peut pas donner le plus, et qu'un nombre limité d'expériences ne peut pas nous autoriser à conclure à toutes les expériences possibles sur un même objet. On verra plus loin sur quel principe repose cette extension indéfinie de l'expérience qui est la caractéristique de l'induction, et quelle en est la valeur.

Le rôle de l'induction est immense dans la vie humaine, car une grande partie de la connaissance que nous avons de la nature s'y rattache et en provient. Sans doute, toutes les fois que les faits prennent un caractère rationnel qui en permet la déduction *a priori*, toutes les fois, par exemple, qu'on peut les expliquer mathématiquement, l'induction n'a pas à intervenir. Mais, au contraire, lorsqu'il s'agit de faits échappant par leur complexité à la méthode purement rationnelle et proprement démonstrative, l'induction devient le procédé nécessaire de l'esprit, soit pour la vie pratique, soit pour la science. L'homme qui sème du blé compte bien que ce sera du blé qui poussera dans son champ, et non pas du seigle : c'est là une induction. Le médecin qui donne un remède à un malade, jugeant que ce remède le guérira comme il a guéri déjà ceux qui étaient atteints de la même maladie, fait une induction. Le naturaliste qui, avec quelques débris d'un animal fossile, reconstitue le squelette entier de cet animal, se fondant sur les lois de structure d'espèces similaires actuellement vivantes, fait une induction encore. Ainsi toute la pratique, et, dans une large mesure, la spéculation elle-même, ont pour base l'inférence par induction. Seulement il est essentiel que ce procédé soit manié avec art, parce que, mal employé, il peut conduire aux plus graves erreurs.

120. La déduction. — La déduction, à l'inverse de l'induction, conclut des lois aux faits particuliers qu'elles régissent, ou, ce qui revient au même, des principes aux conséquences qu'ils renferment : la déduction va donc du général au particulier. Par exemple, si, sachant que la chaleur dilate les corps, j'affirme que tel corps qu'on va faire chauffer se dilatera, c'est une déduction. La déduction, on le voit, suppose avant elle soit l'induction, soit cette sorte d'intuition rationnelle qui donne les principes *a priori*. Ainsi, c'est par une induction que je connais la loi de l'équilibre des liquides dans des vases communicants, loi que je puis appliquer à tel fait particulier; mais c'est par une intuition rationnelle que je connais la nature de la ligne droite et les divers axiomes desquels, en géométrie, on tire toute la série des théorèmes.

La déduction est *immédiate* ou *médiate*, suivant que la conséquence dérive immédiatement du principe, ou qu'elle s'y rattache par le moyen d'un intermédiaire. Par exemple, si j'affirme de quelques individus d'une espèce ce qui est vrai de tous les individus de cette espèce, c'est une déduction immédiate. Si j'affirme de certains individus une propriété constitutive de telle espèce, c'est une déduction médiate, parce que j'ai besoin pour conclure de savoir que ces individus font partie de l'espèce en question. La forme naturelle et typique de la déduction médiate, c'est le *syllogisme*.

121. L'induction et la déduction sont-elles les deux seules formes du raisonnement? — Il nous faut maintenant examiner si l'induction et la déduction sont les deux seules formes que puisse prendre le raisonnement. Il ne le semble pas, car dans le raisonnement mathématique, auquel apparemment on ne contestera pas le caractère d'un véritable raisonnement, l'induction et la déduction n'ont aucune part. Cela tient à ce qu'en mathématiques on raisonne toujours du même au même par identification des parties, et non pas en remontant de la conséquence au principe ou en redescendant du principe à la conséquence. Par exemple, pour résoudre une équation on ne procède jamais que par la substitution à certains termes de termes équivalents : il n'y a certainement là rien pour l'induction ni pour la déduction. En géométrie c'est la même chose, quoique sous une forme différente. Ainsi, faut-il prouver que la perpendiculaire à une droite est plus courte que toute oblique, on y arrive en montrant que le double de la perpendiculaire est une ligne droite, et que le double de l'oblique est une ligne brisée ayant mêmes extrémités que la ligne droite, d'où résulte, en vertu de la définition de la ligne droite, que le double de la perpendiculaire est plus court que le double de l'oblique. S'agit-il de démontrer les cas d'égalité des triangles, on procède par superposition. Faut-il démontrer le théorème de Pythagore sur le carré de l'hypothénuse, on décompose le carré construit sur l'hypothénuse en deux rectangles respectivement égaux aux deux carrés construits sur les côtés de l'angle droit, ce que l'on prouve en montrant l'équivalence de ces rectangles et de ces carrés avec certains triangles. Ainsi, c'est toujours le procédé d'identification dont on use en mathématiques; mais on n'y déduit et l'on n'y induit jamais[1]. Si donc l'induction et la déduction sont des formes du raisonnement, il est au moins certain que ce ne sont pas les seules, puisque le raisonnement mathématique reste en dehors d'elles.

Mais on peut aller plus loin, et se demander si l'induction et la déduction sont véritablement des formes du raisonnement. Tout dépendra à cet égard du sens que l'on voudra donner au mot *raisonner*. Si par *raisonner* on entend *inférer*, conclure quelque chose en partant d'une chose différente, il est certain qu'on ne pourra refuser le nom de raisonnement ni à l'induction ni à la déduction. Mais si, comme il est peut-être plus naturel de le penser, *raisonner* c'est *prouver*, ou du moins *essayer de prouver*, alors on ne pourra pas refuser à la déduction le caractère d'un raisonnement; car c'est vraiment prouver que de rattacher immédiatement ou médiatement une conséquence à un principe. Mais en sera-t-il de même pour l'induction? On en peut douter, attendu qu'une induction ne ressemble en rien à une démonstration. Induire c'est, comme nous l'avons dit plus haut, conclure d'un cas ou de quelques cas constatés à une loi générale; mais, si la loi générale se trouve par là établie, ce n'est pas à dire qu'elle soit démontrée. On entend encore assez souvent par induction ce que Stuart Mill appelle *inférence du particulier au particulier*, c'est-à-dire cette opération qui consiste à conclure d'un cas constaté à un cas semblable, en appliquant à ce dernier la loi générale qui régit le premier, comme lorsque l'on dit : « Pierre est mort, donc Paul mourra » (en sous-entendant : « Parce que tous les hommes sont mortels »). Mais là encore il n'y a pas trace de preuve; ou, si la preuve existe, c'est uniquement dans la déduction par laquelle on tire du principe que tous les hommes sont mortels la conséquence que Paul mourra un jour. L'induction n'est donc pas proprement un raisonnement; ou, si l'on veut lui donner ce nom, ce ne doit pas être au sens où on l'applique à la déduction et au raisonnement mathématique, qui seuls ont le caractère démonstratif.

122. Le raisonnement est irréductible aux opéra-

---

[1]. Il ne faudrait pas exagérer la portée de cette proposition. Lorsque l'on dit, par exemple, que de deux lignes, l'une droite, l'autre brisée, ayant mêmes extrémités, c'est la droite qui est la plus courte, *attendu que* la ligne droite est le plus court chemin, etc., il est certain qu'il y a là une vraie déduction. Nous ne voulons donc pas dire que dans le raisonnement mathématique la déduction n'intervient *jamais sous aucune forme*. Ce que nous disons c'est qu'*en soi* ce raisonnement n'est pas un raisonnement déductif; mais cela n'empêche pas que la déduction y figure à titre auxiliaire.

tions sensitives. — De même que le jugement, et à plus forte raison encore, puisqu'il suppose avant lui le jugement, le raisonnement est irréductible à la sensation et à l'association des idées. Pour la déduction pure et le raisonnement mathématique le doute à cet égard n'est guère possible. Mais il en va autrement à l'égard de l'inférence du particulier au particulier. Là, la confusion est facile, et, de fait, l'école empirique n'a jamais voulu voir dans l'inférence du particulier au particulier qu'un simple effet des lois de l'association des idées. Quand un chien, voyant le bâton levé, se sauve, on peut croire qu'il juge, ainsi que nous l'avons montré; mais on peut croire aussi qu'il raisonne, ou plutôt on peut croire que ce que nous appelons le raisonnement se réduit à ces consécutions d'images qui passent par la cervelle du chien, et dont la dernière provoque sa fuite. Mais l'expérience montre bien qu'il y a dans nos esprits autre chose que des consécutions de ce genre; et ce qui le prouve, c'est que, tandis que l'animal fuit inévitablement, un esclave, en pareille circonstance, ne fuirait peut-être pas, se disant qu'il n'a pas commis de faute, et que son maître n'est pas homme à le frapper sans raison. Où donc est la différence entre ces deux cas? C'est qu'alors que les images sont chez l'animal des impulsions irrésistibles, l'homme joint à ses impressions des idées par le moyen desquelles il oppose ces impressions les unes aux autres, et par conséquent il les domine. D'une part, tout est entraînement aveugle; de l'autre, tout est spontanéité réfléchie. L'homme raisonne ses émotions, l'animal subit les siennes. Si le jeu des images conformément aux lois de l'association peut rendre compte de ce dernier cas, il est suffisant pour expliquer le premier.

CHAPITRE XI

LA RAISON

PREMIÈRE PARTIE. — *L'Entendement et ses principes.*

123. Nature et objet de la raison. — Le mot *raison* résume toutes les opérations intellectuelles que nous avons examinées jusqu'ici. Quand on est capable d'attention, que par conséquent l'on se possède, et que l'on est maître du cours de ses pensées; quand on est capable encore d'abstraction intellectuelle, c'est-à-dire de cette abstraction supérieure que les sens réduits à eux-mêmes ne savent point faire; quand de plus on sait généraliser en donnant un nom à l'idée abstraite; quand enfin on juge et on raisonne, on est raisonnable. Pourtant l'aptitude à exercer ces diverses opérations intellectuelles n'est pas toute la raison; c'est seulement, pourrait-on dire en empruntant un terme de la langue d'Aristote, la *raison en puissance*. Mais la raison proprement dite, celle qui connaît le vrai, suppose d'autres conditions que la capacité des opérations intellectuelles. Les opérations intellectuelles sont le fait de l'homme en général : par exemple, nous voyons les enfants abstraire et généraliser dès le premier âge, les fous juger et raisonner, même correctement. En ce sens on peut dire que quiconque est homme, par cela seul qu'il est homme, possède la raison. Pourtant il s'en faut de beaucoup que tous les hommes usent de la même manière, et tirent le même fruit des aptitudes intellectuelles qui leur sont communes. Celui-là donc seul sera raisonnable, au sens plein et entier du mot, qui saura abstraire, généraliser, juger et raisonner conformément à la réalité des choses. C'est la nature et les conditions de la raison droite que nous avons à étudier maintenant.

124. Division des facultés rationnelles. — Pour

l'animal l'univers est seulement un spectacle; pour l'homme c'est un problème. Comprendre l'univers, expliquer les phénomènes de tout ordre qui se produisent dans la nature au lieu d'assister passivement à leur apparition; connaître non seulement les choses, mais encore le *pourquoi* des choses, voilà l'objet de la raison humaine. Mais cet objet la raison l'atteint sous deux formes différentes et en résolvant deux sortes de problèmes distincts. Tantôt, envisageant l'univers lui-même dans son ensemble et comme un être unique, nous sommes conduits à nous poser des questions du genre de celles-ci : L'univers est-il limité ou illimité dans l'espace? A-t-il eu ou n'a-t-il pas eu un commencement dans le temps? A-t-il un principe hors de lui, ou est-il à lui-même son propre principe? Ou bien nous posons des questions qui ont rapport, non pas à un phénomène particulier, ni même à un groupe déterminé de phénomènes, mais à la nature phénoménale en général, comme, par exemple, celles-ci : Qu'est-ce que la matière? Qu'est-ce que l'esprit? La matière est-elle, ou non, divisible à l'infini? L'objet que se propose alors la raison c'est, comme dit Aristote, « la recherche des premiers principes et des premières causes »; et cette recherche on l'appelle *Métaphysique*. Tantôt, sans nous préoccuper de l'univers dans sa totalité, et sans examiner quels en sont les principes, nous cherchons à pénétrer dans sa structure intérieure, et à voir comment les phénomènes s'y produisent. Les choses alors se présentent à nous dans leur complexité, dans leur variété, avec les relations qui les unissent les unes aux autres, et c'est tout cela qu'il nous faut comprendre et expliquer rationnellement. La connaissance que nous poursuivons par cette seconde voie c'est la *connaissance scientifique*.

Ainsi, la spéculation rationnelle comporte deux objets distincts, la métaphysique et la science. Nous pouvons ajouter que la raison s'y exerce sous deux formes différentes, l'*entendement* et la *raison pure*.

L'entendement c'est la faculté qui rattache les faits aux faits, les idées aux idées, et qui s'efforce d'une manière générale d'expliquer les choses les unes par les autres. C'est donc une faculté *discursive*, la διάνοια de Platon.

On pourrait croire que l'entendement ainsi défini c'est la raison même, la raison tout entière. En effet, chercher les relations qui unissent entre eux les phénomènes, et par là déterminer les conditions de leur apparition, n'est-ce pas l'objet que nous-mêmes, il n'y a qu'un instant, assignions à la raison en général en matière scientifique? Et pour la métaphysique c'est encore la même chose; car, en métaphysique, on ne fait que rapprocher des idées, déduire des conséquences, coordonner des conceptions en des synthèses aussi vastes et aussi compréhensives que possible, et rien de tout cela ne dépasse le domaine de l'entendement tel que nous venons de le délimiter. Pourtant il est certain que l'entendement réduit à ses propres forces serait impuissant à constituer la science et la métaphysique, par la simple raison qu'il serait impuissant à constituer la pensée. C'est qu'il lui manque pour cela une condition nécessaire, la notion de l'*universel*.

Que tout jugement implique une conception de l'universel, c'est un point qui a été traité déjà (112), et sur lequel il serait inutile de revenir. Nous avons montré que, dans tout jugement d'existence et dans tout jugement d'attribution, l'attribut est, non pas général, mais universel, c'est-à-dire dépassant les limites de toute expérience possible; autrement, le jugement se réduit à la sensation, c'est-à-dire qu'il n'y a plus de jugement : et nous avons montré également que, dans le jugement de relation, c'est à la conception du rapport unissant les termes qu'appartient l'universalité. Si donc penser c'est juger, nous sommes en droit de dire que toute pensée véritable revêt nécessairement la forme de l'universel. Mais l'universel peut-il être du domaine de l'entendement? Assurément non, en raison du caractère discursif de cette faculté. L'entendement, en effet, est condamné par sa nature à penser les choses successivement et par parties, ce qui suppose une sorte de mouvement de l'esprit pour passer d'une idée à une autre. Or un mouvement, qu'il soit dans l'esprit ou dans le corps, est toujours limité : par exemple, le chemin parcouru par un corps qui se meut librement dans l'espace est toujours fini, quoiqu'il croisse sans cesse. L'effort de l'entendement pour faire tenir dans ses conceptions l'universel, qui est un infini, serait donc aussi vain que l'effort d'un mobile qui espérerait, en se mouvant, parcourir et épuiser l'infinité du temps ou celle de l'espace. Si donc nous pensons l'universel, ce ne peut être qu'au moyen d'une faculté *intuitive*, la νόησις de Platon et d'Aristote, c'est-à-dire d'une faculté qui connaisse sans mouvement de l'esprit, sans succession de son acte, sans division de son objet. Cette faculté c'est la raison pure.

Ainsi la raison pure s'oppose à l'entendement comme l'universel s'oppose au particulier et l'infini au fini. Mais ce serait une grave erreur de croire que la raison pure et l'entendement soient proprement deux *facultés* (quoique nous nous soyons servi de ce mot pour la commodité du discours), c'est-à-dire deux fonctions de l'esprit distinctes et séparables l'une de l'autre. Nous venons de voir que sans la raison pure l'entendement ne penserait pas; mais la réciproque est également vraie. Nous avons l'intuition pure de l'universel, mais nous ne le pensons pas, à proprement parler, et c'est même là la raison pour laquelle un si grand nombre de philosophes veulent nous réduire à la connaissance du particulier. C'est que, pour penser un objet, nous avons besoin de l'analyser, et, par conséquent, de le parcourir mentalement; de sorte que la pensée chez nous est essentiellement discursive. Si donc c'est une erreur de croire que nous pouvons penser sans la raison pure, ce serait une autre erreur de croire que nous pouvons penser rien qu'avec la raison pure. La raison en général, c'est-à-dire la faculté de penser, est à la fois l'entendement et la raison pure indissolublement unis l'un à l'autre.

Néanmoins la diversité de nature de ces deux formes de la raison en général est telle que nous sommes contraints de les étudier séparément. Nous commencerons par l'étude de l'entendement; et, afin d'abréger et de simplifier autant qu'il est possible, nous considérerons surtout l'entendement au point de vue de la constitution de la science, et ne parlerons qu'accidentellement de son rôle en métaphysique.

125. Les principes de l'entendement. — L'objet de l'entendement, selon ce qui a été dit plus haut, c'est l'interprétation et l'explication des phénomènes que nous présente l'expérience. Par là l'entendement s'oppose aux sens. Les sens ne nous donnent que la constatation des faits, l'entendement nous en donne l'*intelligence*. Mais, pour cela, il faut à l'entendement des *principes*, c'est-à-dire des vérités universelles et nécessaires, puisque, comme nous l'avons montré ailleurs (77 et 90), les faits particuliers ne se comprennent et ne s'expliquent que par des lois. Les lois sont déjà des principes, puisqu'elles ont le caractère de l'universalité et de la nécessité; mais ce sont des principes dérivés, c'est-à-dire des principes qui ne se suffisent pas à eux-mêmes, et qui trouvent leur fondement dans des principes antérieurs. Par exemple, juger que deux phénomènes A et B sont liés l'un à l'autre par une loi, c'est affirmer qu'il y a entre eux une connexion constante et absolue. Mais qui peut m'autoriser à affirmer une connexion de ce genre? Ce n'est pas l'expérience, puisque, encore une fois, l'expérience ne présente rien que de contingent et de particulier; si donc je l'affirme, c'est que je rattache la loi en question à une loi antérieure et plus fondamentale de laquelle je suis en droit de juger qu'elle dépend. Quant à cette loi plus fondamentale, elle devra ne reposer que sur elle-même ; autrement, il me faudrait la rattacher à une loi plus fondamentale encore, et je reculerais ainsi à l'infini sans jamais rencontrer le point d'appui dont j'ai besoin pour constituer la science. Ainsi l'entendement a besoin de principes, et de principes *premiers*, c'est-à-dire de principes qui n'en supposent point d'autres avant eux, et desquels les principes plus particuliers, autrement dit les lois de la nature, dépendent. L'étude de l'entendement consistera donc surtout pour nous dans l'étude des premiers principes sur lesquels reposent la science et la pensée en général.

126. Principe d'identité ou de contradiction. — Le principe d'identité a pour objet l'accord de la pensée avec elle-même. Il peut se formuler ainsi : Ce qui est est ; toute chose est elle-même ; ou : A est A. Telle est la forme positive de ce principe ; mais il a aussi une forme négative, qui est celle-ci : Une chose n'est pas autre qu'elle-même ; ou : A n'est pas non-A. Sous cette forme négative le principe d'identité prend le nom de *principe de contradiction* (il vaudrait mieux, comme l'a fait observer avec raison Stuart Mill, dire *de non-contradiction*) ; mais, qu'on lui donne la forme positive ou la forme négative, il est clair que le principe est en soi toujours le même.

Parler de l'identité ou de la non-contradiction comme d'une loi fondamentale de l'esprit peut paraître « une solennelle futilité », comme dit Locke. A quoi bon insister sur ce qu'une chose est elle-même et non pas autre ? L'expérience prouve pourtant que cette loi si simple en apparence est constamment violée par nous dans la conception des idées et dans le raisonnement. Souvent, en effet, après avoir dit sous une certaine forme qu'une chose est ou qu'elle est telle, nous disons ensuite sous une forme différente, et sans nous en apercevoir, qu'elle n'est pas ou qu'elle est autre, et par là s'introduisent dans nos conceptions des contradictions qui les détruisent ; de sorte qu'au lieu d'idées nous n'avons plus que des mots vides de sens, « la paille des termes », comme disait Leibniz, au lieu du « grain des choses ». Par exemple, tout faux raisonnement, toute erreur dans un calcul sont au fond des contradictions de la pensée, car tout cela revient à dire quelque chose comme ceci : A est B, ou : $4 = 5$. Ce sont là des contradictions dans le raisonnement; mais la contradiction, comme nous l'avons dit, peut s'introduire encore dans le concept : par exemple, celui qui, après avoir conçu Dieu comme être parfait, suppose que son existence s'écoule dans le temps de même que la nôtre, mais sans commencement ni fin, se contredit. Poser la loi de non-contradiction comme loi fondamentale de l'esprit n'est donc pas faire une œuvre vaine ni s'amuser à un pur verbiage.

Au principe d'identité ou de non-contradiction se rattache un principe purement formel, utile seulement dans le raisonnement abstrait, qu'on appelle le principe du *tiers exclu*. Il signifie que de deux propositions contradictoires, c'est-à-dire dont l'une nie l'autre purement et simplement, il faut nécessairement que l'une soit vraie et l'autre fausse. Ce principe n'a pas d'intérêt au point de vue qui nous occupe, mais il a son application en logique; car, si l'on a pu démontrer la fausseté d'une proposition, on est en droit par là même de conclure à la vérité de celle qui la contredit sans avoir prouvé directement cette dernière : c'est ainsi que s'établissent toutes les démonstrations dites *par l'absurde*.

127. Principe de causalité. — L'accord de la pensée avec elle-même est très nécessaire sans doute, puisque en se contredisant la pensée se détruirait. Mais l'accord de la pensée avec elle-même est la condition à remplir pour être dans le vrai *suivant les principes que l'on a posés*, et non pas *suivant la nature réelle des choses*. Si donc, comme il est évident, la pensée nous a été donnée pour connaître le monde réel, il faut qu'un principe autre que le principe d'identité préside aux démarches de l'esprit dans l'investigation de la nature. Ce principe c'est le principe de *causalité*.

Pour bien comprendre le caractère et la raison d'être du principe de causalité, reportons-nous à ce qui a été dit plus haut sur l'entendement et sur son objet. L'objet principal, et même, à le bien prendre, l'objet unique de l'entendement, c'est de comprendre les faits de tout ordre que l'expérience nous révèle, c'est-à-dire de rendre compte par des principes de tous les phénomènes de la nature. Or la condition nécessaire pour qu'on puisse rendre compte d'une chose c'est que cette chose n'apparaisse pas au hasard et, par conséquent, qu'elle ait été appelée à l'existence par une autre chose qui l'ait précédée dans le temps. Si donc l'ordre phénoménal est intelligible, c'est qu'aucun phénomène ne se produit spontanément, ou, en d'autres termes, que *tout phénomène a une cause*.

On a donné du principe de causalité plusieurs formules différentes de celle qui vient d'être indiquée et inexactes, celle-ci, par exemple : *Tout effet a une cause.* Il est manifeste que cette proposition est purement tautologique; car le mot *effet* ne peut signifier qu'une chose : ce qui est produit par une cause; de sorte que, en remplaçant ce mot par sa définition, comme il est de droit, il vient : *Ce qui est produit par une cause est produit par une cause,* proposition qui ne signifie rien.

On a dit encore : *Tout a une cause;* mais cette fois la formule exprime une idée fausse; car il est certain qu'il est au moins un être qui n'a pas de cause, Dieu. Il est vrai qu'on répond à cela en disant que Dieu est cause de lui-même; mais, outre que cette proposition n'a guère de sens, on ne lève pas la difficulté en l'admettant, attendu que le mot *cause* n'y est pas pris dans la même acception que lorsqu'il s'applique aux choses contingentes. La vraie formule, et celle à laquelle il faut se tenir, est donc celle que nous avons donnée.

Reste à savoir de quelle nature sont les causes desquelles dépendent les phénomènes. Nous avons dit précédemment que la science, après avoir cherché à expliquer les phénomènes par des essences métaphysiques, ou, comme on dit, par des *entités*, avait fini par renoncer à ce mode d'explication : il nous faut voir maintenant pourquoi. La raison de ce changement de méthode c'est que les explications des phénomènes naturels par des entités métaphysiques sont tautologiques et vaines. En effet, que peut-on savoir de pareilles entités, étant donné qu'elles sont inaccessibles à notre expérience? Rien du tout. Comment les détermine-t-on? On ne les détermine en aucune manière, sinon par l'action qu'on leur fait exercer; ce qui revient à dire que tout ce que l'on connaît de l'entité métaphysique qu'on suppose être la cause d'un phénomène c'est qu'elle est *la cause de ce phénomène :* de sorte que, en définitive, le phénomène se trouve être expliqué par *sa cause,* sans rien de plus. Mais, quand nous demandons l'explication d'un phénomène, il ne sert de rien de nous répondre qu'il est produit par sa cause; car ce que nous voulons savoir c'est quelle est cette cause. L'explication des phénomènes par des entités métaphysiques n'est donc pas une explication véritable.

Les essences métaphysiques ainsi écartées, il ne reste plus, pour nous permettre de rendre compte des phénomènes, que les phénomènes eux-mêmes. Par conséquent, la vraie cause d'un phénomène est dans des phénomènes antécédents, ou peut-être concomitants. Mais comment faut-il l'entendre? Dirons-nous que le phénomène considéré a sa cause dans un antécédent unique, ou qu'il l'a dans plusieurs antécédents, ou qu'il l'a enfin dans la totalité des phénomènes qui l'ont précédé et qui l'accompagnent dans le temps et dans l'espace ? Il ne nous est pas permis de prendre ce dernier parti. En effet, le temps et l'espace étant infinis, et, par conséquent, le nombre des phénomènes qui remplissent l'un et l'autre étant illimité, il nous faudrait, à ce compte, pour expliquer un seul phénomène, passer en revue une série illimitée de conditions, c'est-à-dire parcourir l'infini, épuiser l'inépuisable, chose manifestement contradictoire. Ainsi, au cas où un phénomène ne serait explicable que par la totalité de ses antécédents ou de ses concomitants, la science serait impossible. Du moment que la science se constitue, c'est donc que la cause d'un phénomène est soit un phénomène unique, soit plusieurs phénomènes formant un nombre limité. Du reste, ces deux solutions peuvent se ramener à une seule, car rien n'empêche de considérer une pluralité d'antécédents comme un antécédent unique déterminant le conséquent; de sorte que nous pouvons dire avec Stuart Mill que la cause d'un phénomène c'est un autre phénomène suffisant *sans autre condition* à déterminer le phénomène considéré, ou, encore, un *antécédent inconditionnel*.

La loi de causalité s'étend à la totalité des phénomènes; mais elle ne présente pas toujours la même forme. Il existe, en effet, deux catégories bien distinctes de phénomènes : les phénomènes de la nature extérieure et physique, et ceux dont l'homme est l'auteur par sa volonté. Les premiers sont soumis à une nécessité brutale, les autres peuvent être soumis également à la nécessité (c'est un point qui viendra plus tard en discussion); mais, à supposer qu'ils le soient, il est certain que cette nécessité n'est pas du même ordre que la précédente. Ce qui donne lieu à nos résolutions volontaires ce sont nos motifs ; c'est-à-dire que, lorsque nous agissons en êtres raisonnables, après réflexion et délibération, nous agissons toujours conformément au motif, non pas le plus fort en soi, car un motif n'a pas de force intrinsèque, mais le plus fort par rapport à nous, étant donnés notre caractère, nos habitudes d'esprit, etc. Appliquée à nos résolutions, la causalité c'est donc la *raison des choses*, et la nécessité, toute morale d'ailleurs, en vertu de laquelle il faut que nous ne nous déterminions jamais que pour le parti qui nous paraît le meilleur, ou, ce qui revient au même, qui sollicite le plus vivement nos désirs à ce moment-là. Le principe général de causalité se résout, par conséquent, en deux principes qui ont un fond commun, et qu'il importe cependant de distinguer, le principe des *lois de la nature,* qui lie d'une manière indissoluble tel conséquent à tel groupe déterminé d'antécédents, de sorte que partout et toujours ce groupe d'antécédents donnera lieu à la production de ce conséquent; et le principe de *raison,* qui veut qu'un être intelligent, agissant en tant que tel, suive toujours le motif qui lui paraît préférable à ce moment-là, et non le motif contraire. Du reste, si le principe de raison nous est d'un grand usage dans la vie pratique pour prévoir et comprendre les résolutions des hommes, s'il tient même une grande place dans les sciences morales, son rôle est faible, au contraire, ou même tout à fait nul dans la constitution des sciences de la nature, tandis que le rôle du principe des lois y est considérable. Comme c'est surtout la question des sciences de la nature, ou de la science en général, qui doit nous préoccuper ici, nous aurons à parler plus souvent du principe des lois que du principe de raison; et, lorsque nous traiterons de la causalité, ce sera presque toujours le principe des lois seul que nous aurons en vue.

128. Valeur objective de la loi de causalité. — Il reste à savoir ce que vaut la loi de causalité, et quelle confiance elle peut nous inspirer. En d'autres termes, qu'est-ce qui nous autorise à dire que le même antécédent A (pourvu que ce soit un antécédent causal) sera partout et toujours suivi du même conséquent B?

C'est une vérité évidente que le temps et l'espace sont parfaitement homogènes dans toutes leurs parties, c'est-à-dire que deux portions égales de temps ou d'espace, prises en deux régions différentes quelconques, sont rigoureusement identiques et substituables l'une à l'autre. Il suit de là que ce qui s'est produit une fois dans un temps et dans un lieu déterminés doit se reproduire identiquement le même dans tous les temps et dans tous les lieux, *pourvu que les antécédents soient les mêmes;* puisque, si les antécédents sont les mêmes, les divers cas considérés différeront entre eux uniquement par leur situation dans le temps et dans l'espace, c'est-à-dire qu'ils différeront par une circonstance qui ne peut exercer sur eux aucune action. La question de la causalité, une fois qu'on en a éliminé, comme il est de droit, la considération du temps et de l'espace, revient donc à celle-ci: Un même antécédent A peut-il avoir indifféremment pour conséquent soit le phénomène B, soit le phénomène C? Or la constitution de notre intelligence ne nous permet pas d'admettre que deux conséquents, B et C, puissent indifféremment résulter d'un seul et même antécédent A, celui-ci étant supposé la cause unique et totale de l'un comme de l'autre. En effet, si A est la cause unique et totale de B, il est impossible qu'il soit en même temps la cause unique et totale de C, parce qu'alors la différence de B à C, qu'elle soit en plus ou en moins, en quantité ou en qualité, viendrait de rien, naîtrait du néant, en un mot serait sans cause, chose qu'il nous est tout à fait impossible de concevoir.

On répondra peut-être à cela que ce qui nous est impossible à concevoir peut bien n'être pas impossible en soi. Mais comment admettre une pareille supposition ? Si je dis qu'une chose est possible en soi, c'est nécessairement que je la conçois comme possible; autrement, je prononce des paroles qui n'ont aucun sens. Admettre comme possible en soi ce qui n'est pas possible pour l'intelligence reviendrait donc à poser le même objet à la fois comme possible et comme impossible, et cela sous le même rapport, c'est-à-dire à l'égard de l'intelligence; ce qui est contradictoire. Or la contradiction c'est l'anéantissement de l'intelligence. Si donc, comme il est évident, l'intelligence ne peut consentir à son propre anéantissement, il faut reconnaître qu'elle est fondée à considérer ce qui est l'absurde et l'inintelligible pour elle comme étant aussi l'irréel et l'impossible dans la nature.

Le principe de causalité est donc certain et incontestable.

120. Principe de finalité. — Le principe de causalité n'est pas le seul principe par lequel soient régis les phénomènes de la nature : il en est un autre duquel ces phénomènes dépendent encore, c'est le principe de *finalité*.

L'expérience montre que dans la nature les phénomènes se produisent, déterminés sans doute par une loi de dépendance à l'égard de leurs antécédents, mais déterminés aussi par une loi d'harmonie et de solidarité les uns à l'égard des autres; de sorte que, loin d'être isolés, ils forment des groupes ordonnés, ou, si l'on veut, des systèmes complexes dans lesquels chaque partie semble n'exister qu'en vue du tout. Ceci est particulièrement manifeste chez les êtres organisés. Un être organisé, en effet, est un tout dont les parties se correspondent entre elles, se supposent les unes les autres, et coopèrent toutes ensemble à produire ce qui est la caractéristique de ce tout, c'est-à-dire la vie. Mais ce n'est pas seulement dans les corps organisés et vivants que doivent se rencontrer cette parfaite correspondance des parties entre elles et cette dépendance à l'égard du corps total; c'est encore, à ce qu'il semble, dans la nature universelle; car on ne comprendrait guère qu'une partie seulement des phénomènes de la nature obéissant à la loi d'harmonie et de solidarité dont nous parlons, le reste des phénomènes fût affranchi de cette loi, et pût être, par conséquent, un pur chaos. Si l'ordre est quelque part, il doit être partout, d'autant plus qu'il serait impossible que l'ordre se maintînt au sein du désordre. Mais l'ordre partout c'est la coordination de tous les phénomènes de l'univers les uns à l'égard des autres, c'est-à-dire la systématisation universelle des choses. L'existence d'un être vivant suppose donc que tout l'univers est ordonné de la manière qu'il faut pour rendre à ce vivant l'existence possible. Du reste, l'expérience témoigne qu'il en est effectivement ainsi. Sans doute, l'harmonie de tous les phénomènes entre eux n'est pas une chose que nous puissions constater; mais ce que nous constatons donne lieu de penser qu'une telle harmonie existe. Par exemple, lorsque l'on songe à l'infinie multiplicité des conditions desquelles notre existence dépend; lorsque l'on songe que, si la terre était plus proche ou plus éloignée du soleil, si sa rotation était plus ou moins rapide, si l'étendue des mers à sa surface était notablement plus grande ou plus petite, etc., la vie telle que nous la possédons serait impossible, on est bien autorisé, ce semble, à juger, non pas que cet univers n'a été construit que pour nous, — car le moindre animal, du moment qu'il trouve comme nous dans l'univers les conditions de son existence, en pourrait dire autant à son point de vue, et subordonnerait notre existence à la sienne avec autant de raison que nous en avons à subordonner la sienne à la nôtre, — mais que cet univers est un tout dont toutes les parties sont harmoniques entre elles, et qu'étant nous-mêmes l'une de ces parties, nous vivons par la vertu des rapports qui nous lient à tout l'ensemble des êtres.

Dans cette coordination de tous les phénomènes entre eux faut-il voir l'action d'une loi spéciale, ou simplement un effet particulier et *sui generis* de la loi de causalité? Cette seconde solution aurait l'avantage d'être plus *économique* que la première, en ce qu'elle nous dispenserait de recourir à un principe nouveau, et l'on sait qu'il ne faut jamais multiplier les principes sans nécessité; mais elle est fausse. Le principe de causalité, en effet, est indifférent par lui-même à l'ordre et à l'harmonie des phénomènes, puisqu'il exige simplement que, la cause étant donnée, l'effet suive invariablement. Plusieurs faits cependant semblent attester que la loi de causalité suffit parfois à déterminer la production de phénomènes dans un certain ordre. Par exemple, si l'on place de la limaille de fer ou du sable fin sur une plaque mince de métal, et qu'on fasse vibrer la plaque au moyen d'un archet, on voit la limaille ou le sable se distribuer à la surface en figures régulières. Voici un autre exemple encore que cite M. Cournot[1]. On sait que la lune nous présente toujours la même face : c'est que le temps de la révolution qu'elle accomplit sur elle-même est rigoureusement égal au temps de la révolution qu'elle fait autour de la terre. Comment expliquer cette coïncidence? C'est évidemment, dit M. Cournot, que les deux mouvements de la lune s'étant à l'origine trouvés par hasard assez voisins l'un de l'autre comme durée, ont réagi l'un sur l'autre et se sont peu à peu adaptés jusqu'à arriver à l'identité. Ces faits et beaucoup d'autres du même genre qui ont été allégués sont incontestables; mais si l'on réfléchit à l'énorme distance qui existe au point de vue de la complexité entre les combinaisons nées ainsi d'un mécanisme brut et celles que forme la nature, par exemple dans les corps organisés et vivants, on reconnaîtra que les premières donnent à la théorie de l'origine également mécanique des secondes une probabilité si faible qu'elle en est presque négligeable. De plus, à supposer même que les figures formées par la limaille de fer sur la plaque vibrante pussent rivaliser en complexité et en harmonie savante avec les corps organisés, il resterait toujours entre les deux ordres de faits cette différence essentielle que les éléments de la limaille de fer sont tout à fait indifférents par eux-mêmes à toutes les figures qu'ils peuvent former, tandis qu'un vivant conserve l'harmonie des éléments de son corps, et lutte avec énergie contre les influences extérieures qui tendent à la dissoudre ; ce qui prouve bien qu'il y a en lui une force organisatrice que le mécanisme de la nature n'explique pas. Ceux qui veulent que la constitution du corps vivant soit explicable par l'action brutale des lois mécaniques réduisent ce corps à n'être qu'une machine. Or c'est là une doctrine insoutenable, ainsi que nous aurons occasion de le démontrer plus amplement en métaphysique.

Concluons donc que la nature est régie par deux lois irréductibles l'une à l'autre, quoiqu'elles s'appliquent simultanément aux mêmes phénomènes : la loi de *causalité*, qui, établissant une connexion nécessaire entre l'antécédent inconditionnel et son conséquent, détermine rigoureusement le second en fonction du premier; et la loi de *finalité*, qui rattache les uns aux autres dans l'unité

---

1. *Essai sur les fondements de nos connaissances*, chap. v, § 55.

d'un système et d'un ordre commun tous les phénomènes dont l'ensemble constitue la vie d'un être organisé, et même tous les phénomènes de l'univers. Et comme une loi régissant un phénomène est simplement la forme abstraite d'une cause par laquelle ce phénomène est déterminé, ce n'est pas seulement un ordre de causes que nous devons reconnaître dans la nature, c'est deux ordres différents, les *causes efficientes* et les *causes finales*.

130. Le principe de finalité n'est pas un principe de l'entendement. — Le principe de finalité est réel, on n'en peut pas douter; mais il ne suit pas de là qu'il puisse nous servir à constituer la connaissance scientifique ou métaphysique, ni que, par conséquent, il doive être compté au nombre des principes de l'entendement. Nous allons donc rechercher si la science se fonde sur les causes finales en même temps que sur les causes efficientes.

Il est d'usage depuis Kant de distinguer deux formes de la finalité : 1° la *finalité externe*, qui consiste dans une adaptation et une subordination de certains objets à des objets différents, comme si l'on dit, par exemple, que les moutons portent de la laine pour que nous puissions nous en faire des habits; 2° la *finalité interne*, qui consiste dans l'adaptation que prennent entre elles les parties d'un être organisé de façon à réaliser la vie de cet être.

Cette distinction est fondée en un sens; car il est toujours possible, évidemment, de distinguer par rapport à un être donné l'externe et l'interne. Mais peut-être a-t-on tort de proscrire absolument, comme on le fait souvent, la considération de la finalité externe pour s'en tenir à l'interne. En effet, ce qui fait l'unité et l'harmonie des parties dans un être organisé c'est la corrélation que ces parties gardent entre elles et avec le tout. Mais cette corrélation des parties d'un même vivant est de la finalité externe à l'égard de ces parties. On voit donc que, s'il n'existait pas de finalité externe, il n'existerait pas non plus de finalité interne. Ce qui est vrai toutefois, — et probablement la seule chose qu'aient en vue ceux qui proscrivent la recherche de la finalité externe, — c'est qu'il n'est jamais permis de considérer un être comme dépendant d'un autre entièrement et sans réciprocité. On peut bien dire que dans un animal le foie est fait pour le poumon; mais c'est à la condition de ne pas oublier que le poumon n'est pas moins fait pour le foie. De même, dans la nature en général, les plantes et les animaux sont certainement faits pour nous; mais nous sommes, aussi faits pour les plantes et pour les animaux, puisque nous faisons partie, en même temps qu'eux d'un univers ordonné. Du reste, si la dépendance est réciproque, cela ne peut pas dire qu'elle soit égale de part et d'autre. Le monde est constitué de façon à rendre possible l'existence des animaux et celle des plantes en même temps que la nôtre; mais il n'en est pas moins vrai que l'existence des animaux et celle des plantes est subordonnée à la nôtre infiniment plus que la nôtre n'est subordonnée à la leur. Ainsi, bien que tous les êtres soient les uns à l'égard des autres tout à la fois fins et moyens, il en est parmi eux de plus excellents, qui constituent pour la nature des fins supérieures auxquelles elle subordonne tout le reste. Le principe de la corrélation des existences dans l'harmonie universelle n'exclut donc nullement une gradation dans la série des êtres, et une dépendance des destinées inférieures à l'égard des destinées supérieures; de sorte que la finalité même externe est réelle et peut être affirmée à bon droit.

Ce qui, par exemple, serait absurde, ce serait de confondre avec la finalité naturelle les adaptations que fait l'homme des objets qui l'environnent à ses desseins ou à ses besoins. Ainsi l'homme a trouvé la laine sur le dos des moutons, il s'en est servi : s'il ne l'avait pas trouvée, il se fût servi d'autre chose. Que sa condition eût alors été moins bonne qu'elle ne l'est actuellement, c'est chose possible et même probable; car s'il existait une matière textile pouvant remplacer la laine, et plus avantageuse, l'homme s'en servirait de préférence. Quant à supposer que la Providence, prévoyant les desseins de l'homme, a créé tout exprès à l'avance ce qui lui était nécessaire pour les réaliser, c'est, comme on l'a dit, « le comble de l'orgueil dans un esprit borné ».

Quoi qu'il en soit, laissant de côté la distinction de la finalité externe et de la finalité interne, nous avons à nous demander si la considération de la finalité peut intervenir dans la science. Ceux qu'on a appelés « les législateurs de la science moderne », Bacon et Descartes, résolvaient cette question par la négative. Le premier disait que « la recherche des causes finales est stérile, et ne peut porter aucun fruit ». Le second écartait également cette recherche par la raison que « nous ne devons pas tant présumer de nous-mêmes que de croire que Dieu nous ait voulu faire part de ses conseils ». Il y a dans cette solution quelque chose d'excessif. Sans doute en mathématiques, et même en physique, l'idée de finalité n'a pas à intervenir; mais il en est autrement dans les sciences naturelles. On peut dire même que là l'idée de finalité est prédominante, non pas en tant que *finalité* signifie *intention*, mais en tant qu'il signifie *ordre, adaptation, corrélation des parties*, puisque ce qu'étudie le naturaliste ce sont des êtres de la nature considérés au point de vue de leur structure et, par conséquent, au point de vue de la coordination des éléments dont ils se composent. L'histoire même des sciences prouve que toujours les naturalistes, là où ils voyaient un organe, ont cru à l'existence d'une fonction, alors même qu'ils ne l'apercevaient pas, et que cette croyance a été souvent pour eux le principe d'importantes découvertes. Ainsi il y a des organes, comme la rate et le thymus, dont on a ignoré longtemps, ou même dont on ignore encore le rôle dans l'économie du corps humain. Que ces organes dussent mêler leur action au « tourbillon vital », et contribuer pour leur part à l'harmonie générale du corps vivant, la loi des causes efficientes n'autorisait nullement à le supposer; mais la loi des causes finales donnait lieu de le penser au contraire. Or il est évident que les recherches scientifiques devaient prendre une tout autre direction si l'hypothèse était admise que si elle était rejetée. Nous voyons donc ici clairement l'idée finaliste intervenir dans la science, servir de fil conducteur au savant, et, en définitive, le mener à des découvertes.

Mais, si la finalité ne peut être exclue de la science, suit-il de là qu'elle y puisse figurer à titre d'élément intégrant et de principe explicatif des phénomènes? Non : la science n'explique les phénomènes que par leurs causes efficientes, jamais par leurs fins ou par leurs destinations. Il y a à cela une raison décisive.

Lorsqu'il s'agit des œuvres de l'homme, le rapport de finalité est particulier et déterminé : ainsi la maison a été faite pour servir d'abri, l'habit pour couvrir le corps. On peut donc alors assigner aux choses une fin qui leur soit propre et qui permette de les expliquer. Mais il n'en est pas de même pour les œuvres de la nature, le seul objet dont s'occupe la science. Dans la nature, en effet, tandis que la causalité isole les phénomènes en les faisant dépendre d'un antécédent unique, la finalité, au contraire, les rattache tous les uns aux autres. Chez un être organisé, par exemple, la vraie fin d'un organe c'est tout l'ensemble des autres organes, c'est-à-dire l'organisme même. De là la différence considérable qui existe entre une explication des phénomènes fondée sur la loi des causes finales et une explication fondée sur la loi des causes efficientes. Celle-ci, consistant à rattacher un phénomène à un groupe limité d'antécédents, peut toujours être achevée; de sorte qu'une vérité scientifique, dès qu'elle est découverte, est une vérité intégrale, immuable et définitivement acquise à l'esprit humain. L'explication finaliste, au contraire, ne pouvant embrasser l'infinité des rapports que les choses ont entre elles, demeure forcément partielle, révocable même, puisqu'on peut toujours espérer lui substituer une explication plus complète, et par suite ne constitue jamais qu'une demi-vérité. Aussi tout ce que nous pouvons faire lorsque nous cherchons des rapports de finalité, c'est d'admirer l'ordre de l'univers tel qu'il nous apparaît, de juger que cet ordre est en soi infiniment plus complexe et plus beau que tout ce que nous en pouvons découvrir, et de renoncer à le comprendre.

Il y a cependant des philosophes qui croient à la possibilité d'expliquer les phénomènes par la considération des causes finales, parce qu'ils se font de la finalité une idée différente de celle que nous avons exposée. Suivant ces philosophes la loi de la finalité, au lieu de rattacher un phénomène donné à tous les autres phénomènes de l'univers, le rattacherait à sa cause efficiente, ou plutôt ferait dépendre de ce phénomène la cause efficiente en question, de sorte que la cause efficiente n'existerait *qu'en vue de la production de ce phénomène*. La relation de l'antécédent et du conséquent pourrait donc être envisagée, d'après cette doctrine, sous deux aspects bien différents. Suivant l'ordre des causes efficientes, l'antécédent explique le conséquent, puisque c'est par l'antécédent que le conséquent existe; mais suivant l'ordre des causes finales, au contraire, c'est le conséquent qui explique l'antécédent, puisque c'est dans le conséquent que l'antécédent a sa raison d'être. Par exemple, l'organe est la cause efficiente de la fonction, et à ce titre il l'explique; mais la fonction à son tour est cause finale de l'organe; et c'est pourquoi l'on peut rendre compte de la structure de l'œil ou de l'oreille en montrant qu'il fallait que ces organes fussent tels pour que la vision ou l'audition se produisissent. Les phénomènes de la nature, suivant les philosophes dont nous parlons, pourraient donc s'expliquer aussi bien par leurs causes finales que par leurs causes efficientes, quoique les deux explications soient inverses l'une de l'autre.

Cette manière d'entendre la finalité, quoique très répandue, ne paraît pas satisfaisante. Le monde, à toutes les phases de son existence, est une unité et une harmonie. La vraie cause finale d'un phénomène c'est donc l'harmonie du tout dont il fait partie, et non pas le conséquent qui doit le suivre. Mais, à supposer même qu'il fût possible de prendre les causes finales comme formant une série inverse de la série des causes efficientes, on n'aurait pas pour cela une explication des phénomènes par les causes finales. En effet, pour qu'on soit en droit de dire que l'antécédent A s'explique par son conséquent B, il faut qu'il y ait entre A et B une connexion absolue, attendu que des rapports contingents et variables ne sauraient constituer une explication scientifique. Or cette connexion existe certainement; mais c'est la connexion suivant l'ordre des causes efficientes, et il ne peut pas y en avoir d'autre que celle-là. Toute explication des phénomènes par les causes finales se confondrait donc avec l'explication par les causes efficientes, ce qui revient à dire qu'une telle explication ne peut pas exister.

Ainsi la considération des causes finales ne fournit pas des phénomènes des explications scientifiques. En fournit-elle au moins des explications métaphysiques ? Il est certain que l'idée de la finalité est en soi une idée essentiellement métaphysique. C'est même une idée dont l'importance en métaphysique générale est considérable, puisque évidemment tout change d'aspect selon que le monde nous apparaît comme parfaitement un, en raison de l'harmonie des parties qui le composent, ou qu'au contraire il nous apparaît, comme le dit Aristote, « semblable à une mauvaise tragédie composée d'épisodes sans lien entre eux ». La finalité intervient donc en métaphysique à titre d'idée générale et directrice de la pensée spéculative; mais, pas plus en métaphysique que dans la science, on n'expliquerait quoi que ce soit par des fins précises et déterminées. C'est que, comme nous l'avons fait voir, la finalité est un bloc qui ne se laisse pas entamer. Rattachant les uns aux autres tous les phénomènes, elle les explique tous ensemble; mais, ne se divisant pas, elle ne peut servir à rendre compte d'aucune partie du tout qu'ils forment. En un mot, la finalité, parce qu'elle est universelle, est une idée, non pas de l'entendement, mais de la raison pure.

131. Origine psychologique des premiers principes. — Il nous faut maintenant rechercher comment les principes rationnels sont donnés à nos intelligences. Ces principes étant assez différents les uns des autres comme nature et comme origine, il y aura lieu de les considérer séparément.

L'origine du principe d'identité ou de contradiction c'est la nature même de la pensée, ou plutôt la nécessité pour la pensée d'être et de ne pas se détruire. En effet, nous savons qu'une pensée qui se contredit elle-même est une pensée qui s'anéantit. L'affirmation de l'identité ou de la non-contradiction dans son objet tient donc pour la pensée à la nécessité d'être, et par conséquent elle est tout ce qu'on peut concevoir de plus indépendant de l'expérience. S'il existe pour l'esprit une loi *a priori*, c'est assurément celle-là. Du reste, des empiristes décidés comme Hume l'ont reconnu. Il est vrai que Stuart Mill l'a nié, disant que c'est l'expérience qui nous révèle que « la croyance et la non-croyance s'excluent naturellement ». Mais la question est de savoir si l'incompatibilité de la croyance et de la non-croyance est une vérité de fait ou une vérité de raison. Or nous avons montré que c'est une vérité de raison : le caractère *a priori* de la loi d'identité ou de contradiction est donc indéniable. A quoi il faut ajouter qu'il y a en nous une disposition *innée* à appliquer ce principe ; c'est-à-dire que, par nature, et sans que l'éducation ni l'expérience y soient pour rien, l'esprit humain répugne à la contradiction, et rejette comme fausse et absurde toute conception dans laquelle il l'aperçoit. Cela se comprend aisément ; car il est tout naturel que la pensée repousse, en quelque sorte d'instinct, ce qui la détruit. On peut dire qu'il n'y a rien dans cette tendance innée qu'une application de la loi très générale d'après laquelle *tout ce qui est tend à persévérer dans l'être*.

On a présenté quelquefois le principe de causalité comme répondant également à une disposition innée dans nos esprits. Il y a là du vrai ; mais une distinction est nécessaire. Si l'on veut parler du principe de causalité en son sens le plus général, c'est-à-dire pris comme l'équivalent de l'axiome antique : « Rien ne naît de rien », il est certain que le principe de causalité ainsi entendu est pour nous l'objet d'une affirmation spontanée et, par conséquent, d'une connaissance innée. Mais, si l'on veut parler du principe des lois : *Les mêmes causes sont partout et toujours suivies des mêmes effets*, — principe qui d'ailleurs n'ajoute rien au précédent et qui lui est identique, puisque, comme nous l'avons montré (128), il en dérive analytiquement, — c'est autre chose. Comment admettre, en effet, que nous sachions de science infuse et innée que le même antécédent est partout et toujours suivi du même conséquent, alors que c'est l'expérience seule qui peut nous faire connaître ce que c'est qu'un antécédent et un conséquent ? De plus, Stuart Mill paraît avoir absolument raison quand il soutient que l'esprit humain n'est nullement incapable de concevoir que l'antécédent A puisse donner lieu indifféremment à plusieurs conséquents, et lorsqu'il cite à l'appui de son assertion la croyance au hasard, à la fatalité, au miracle, et enfin au libre arbitre. Il est en effet certain que toutes ces croyances, au moins telles qu'elles existent dans l'esprit du vulgaire, supposent la conviction que le conséquent n'est pas rigoureusement déterminé par son antécédent. Donc la croyance au principe des lois n'est pas innée; mais cela ne veut pas dire qu'elle ait sa source dans l'expérience. L'expérience peut la suggérer, elle ne la fonde ni ne la justifie en aucune manière, puisque évidemment le particulier et le contingent ne peuvent rien fonder d'universel et de nécessaire. La vérité est que notre croyance au principe des lois repose sur un raisonnement où l'expérience n'intervient point, raisonnement que nous-mêmes avons formulé plus haut (128). C'est donc un principe *a priori*. Mais comme il est nécessaire, pour pouvoir l'affirmer avec certitude, d'en connaître le fondement rationnel, ce qui est le fait d'un très petit nombre de personnes, il n'est pas surprenant que tant d'hommes le méconnaissent expressément, ou se laissent aller à des opinions qui en renferment la négation implicite. C'est ainsi que les vérités mathématiques sont toutes *a priori*, puisqu'on peut les découvrir par la seule lumière de l'esprit et sans recours à l'expérience ; mais les mathématiciens seuls les connaissent; de sorte qu'il serait absurde de dire qu'il y a chez tous les hommes une tendance innée à les affirmer.

Reste le principe de finalité. Celui-ci présente, quant à son origine psychologique, des caractères diamétralement opposés à ceux du principe des lois. Il n'est pas *a priori;* car on n'en peut donner aucune démonstration rationnelle qui soit décisive; mais on peut dire que nous en avons la connaissance innée. En effet, la finalité c'est, nous le savons, l'ordre, l'harmonie, la beauté, et en définitive l'être même, puisque l'être n'est qu'un autre nom du beau et du bien. Or comment douter que notre esprit se porte spontanément, et comme par une pente de sa nature, vers l'être? L'affirmation de la finalité se trouve donc nécessairement, sans que nous nous en rendions compte, au fond de toutes nos pensées et de tous nos jugements, en vertu d'une tendance aussi naturelle et aussi nécessaire que la tendance même à penser et à juger.

Quant à la manière dont les premiers principes interviennent dans la constitution de nos jugements et dans le fonctionnement de l'intelligence en général, c'est chose aisée à comprendre. Nous n'avons pas à parler ici, bien entendu, de ces principes, tels que le principe des lois, dont on n'a la connaissance qu'après que la réflexion les a dégagés ; il n'est question que des principes qu'on peut appeler proprement innés. Très peu d'hommes sont en état de formuler ces principes; un moindre nombre encore peuvent reconnaître leur nature; mais tous les appliquent spontanément. Ainsi un enfant ne sait pas ce que c'est que le principe de causalité; mais il demande la cause de tout ce qu'il voit, et si vous lui dites que tel événement s'est produit *tout seul,* c'est-à-dire sans cause, il ne vous croira pas, quelle que soit sa crédulité naturelle. Si les principes de la raison sont appliqués spontanément par tous les hommes, c'est qu'apparemment ils sont des lois et des formes nécessaires du fonctionnement de notre pensée. De même, en effet, que notre corps a des articulations qui permettent à nos membres de s'infléchir en certains sens et non en certains autres, l'esprit aussi a ses articulations par lesquelles certains mouvements lui sont rendus nécessaires, et certains autres impossibles. C'est ce qu'a très bien exprimé Leibniz dans un passage célèbre des *Nouveaux Essais sur l'entendement humain :* « Les principes généraux, dit-il, entrent dans toutes nos pensées, dont ils sont l'âme et la liaison ; et ils y sont nécessaires comme les muscles et les tendons le sont pour marcher, quoiqu'on n'y pense point. L'esprit s'appuie à tous moments sur ces principes; mais il ne vient pas si aisément à bout de les démêler et de se les représenter distinctement et séparément, parce que cela demande une grande attention à ce qu'il fait, et la plupart des gens, peu accoutumés à méditer, n'en ont guère... C'est ainsi qu'on possède bien des choses sans le savoir. »

Ainsi la connaissance des principes rationnels, ou plutôt la tendance à les appliquer, tient en nous à la structure même de l'esprit.

132. Valeur objective des premiers principes. — Mais les principes premiers ne sont pas seulement des conditions *a priori* de la connaissance humaine; ce sont encore, par leur côté objectif, des lois absolues et fondamentales de la nature elle-même : et il faut bien qu'il en soit ainsi, puisque, s'ils n'avaient de valeur que par rapport à nous, ils ne nous rendraient pas intelligibles les choses qui sont hors de nous. D'où vient cette correspondance entre l'esprit et les choses ? En d'autres termes, comment se fait-il que, certains principes présidant à la constitution du monde des phénomènes, l'esprit, en vertu de sa nature essentielle, se trouve avoir de ces principes une connaissance naturelle?

Une solution très simple de cette question consiste à dire que c'est Dieu qui, nous ayant créés, nous a créés tels que nous sommes, au moral comme au physique; et que Dieu, étant le créateur du monde en même temps que le nôtre, a très bien pu soumettre aux mêmes principes à la fois les phénomènes de la nature et les pensées de nos esprits. Et cette solution n'est pas seulement très simple, elle est encore très vraie; car il est sûr que tout vient de Dieu, aussi bien dans l'ordre intellectuel et moral que dans l'ordre physique. Pourtant ce n'est pas une solution satisfaisante, parce qu'elle ne fournit pas une explication véritable. Recourir à Dieu pour l'explication d'un fait équivaut, en définitive, à un refus d'explication. Que dirait-on, par exemple, d'un physicien qui, pour rendre compte de l'ascension de l'eau dans les corps de pompe, ferait intervenir la volonté divine? D'une manière générale, un principe métaphysique comme celui-ci n'explique rien, — du moins rien de particulier ni de déterminé dans la série des phénomènes, — justement parce qu'il peut servir à expliquer tout. Par exemple, inventez un fait qui ne soit ni réel ni même possible : la volonté de Dieu permettra d'en rendre compte tout aussi bien que d'un fait véritable. Ainsi, à un fait naturel comme celui qui nous occupe il faut une cause naturelle : le recours à des causes transcendantes ne peut ici servir de rien.

Kant a donné du problème de la corrélation des lois de l'esprit avec celles de la nature une solution célèbre. Suivant lui, cette corrélation tient à ce que l'esprit lui-même est *législateur de la nature*. Kant entend par là que les phénomènes ne sont ce qu'ils sont que par rapport à l'esprit qui les pense; et que, par le fait même qu'ils sont pour nous des objets de pensée, ils subissent les lois *a priori* que notre pensée leur impose. Il n'y a donc rien d'étonnant à ce que l'esprit et la nature suivent les mêmes principes, puisque les principes auxquels obéit la nature lui viennent de l'esprit.

Cette théorie renferme certainement une large part de vérité. Nous verrons bientôt, en effet, que le temps et l'espace sont, comme dit Kant, des *formes* que notre sensibilité, c'est-à-dire ici notre faculté de représentation, impose *a priori* d'une part aux phénomènes du sens interne, et de l'autre à ceux du sens externe; de sorte que les phénomènes de la conscience et ceux des sens ne peuvent se constituer que sous certaines conditions dont le principe est dans la nature même de nos facultés de connaître. On peut encore ajouter, quoique ce soit plus contestable, que l'entendement aussi a ses lois propres, à savoir les premiers principes, qu'il impose *a priori* au monde phénoménal, et par lesquelles il rend ce monde intelligible. Mais le temps, l'espace, les principes de l'entendement, en un mot tout l'*a priori* de la connaissance, ne sont que des *formes*. Or il y a dans les phénomènes autre chose que des formes : il y a une *matière*, c'est-à-dire un contenu, laquelle ne tient plus à la nature de l'esprit, mais vient du dehors, ainsi que Kant lui-même le reconnaît expressément. Il y a donc lieu de se demander si cette matière se prêtera toujours docilement à prendre les formes que la pensée lui impose. Kant répond à cela qu'il n'y a pas de doute à cet égard, parce que, le jour où elle y deviendrait rebelle, le monde phénoménal et la pensée seraient anéantis du même coup. Soit. Mais qui prouve, comme le fait observer M. Rabier (*Psychol.* p. 390), que cet anéantissement soit impossible? Du reste, si la matière continue et doit continuer toujours à se prêter aux formes *a priori* de la sensibilité et à celles de l'entendement, à supposer qu'il en existe, c'est apparemment qu'il y a en elle quelque prédisposition à cet égard. Dès lors le problème de la correspondance des lois de l'esprit avec celles de la nature reparaît. La prétendue solution de Kant n'a donc fait que reculer la question sans la résoudre.

Pour avoir une solution définitive il faudrait, contrairement aux intentions expresses de Kant, faire disparaître cette embarrassante matière des phénomènes à laquelle la pensée ne fait que donner une forme ; dire que tout vient de l'esprit lui-même, aussi bien le fond des choses que les lois qui les régissent; tout convertir en *idées*, c'est-à-dire en principes parfaitement intelligibles; enfin adopter un idéalisme absolu. Mais c'est là une ressource à laquelle il n'est pas permis de recourir. Nous verrons plus tard, en effet, que la matière ne se laisse pas éliminer de ce monde, et que les choses ne se réduisent pas à de pures idées. Ce serait donc une illusion de croire que l'idéalisme absolu puisse, mieux que le demi-idéalisme de Kant, être invoqué pour expliquer comment les lois que l'esprit connaît sans sortir de lui-même sont aussi celles auxquelles la nature obéit.

Quelle serait donc la vraie solution du problème? Exposer cette solution en la discutant à fond nous serait difficile, ou plutôt impossible; mais nous pouvons indiquer très sommairement la voie qui y conduirait, à notre avis.

La connaissance des principes de la raison, ou du moins la disposition à les appliquer, est innée à l'esprit humain, avons-nous dit; mais les principes sont encore innés en quelque manière au monde phénoménal lui-même, puisqu'ils le gouvernent en vertu d'une nécessité *a priori*. Si donc le monde et l'esprit, au lieu de subsister l'un à part de l'autre, se pénétraient réciproquement et avaient, du moins à quelques égards, une existence commune, on pourrait peut-être comprendre comment les mêmes lois s'imposent à l'un et à l'autre. Or c'est précisément ainsi que les choses doivent être entendues, à ce qu'il semble, puisque, en vertu de la loi de la finalité universelle, chaque organisme, et par là même chaque âme vivante et pensante est en corrélation avec tout l'univers. Nous n'avons pas ici à approfondir cette question. Montrer la difficulté, et jusqu'à un certain point la méthode par laquelle on peut la résoudre, voilà ce que nous pouvons faire, et ce dont nous devons nous contenter.

CHAPITRE XII

LA RAISON (SUITE)

DEUXIÈME PARTIE. — *La raison pure et les notions premières.*

133. Les notions premières. — La raison pure, ainsi qu'on l'a vu plus haut (124), est la faculté de l'universel : c'est-à-dire qu'embrassant dans une intuition parfaitement une la totalité des choses, elle constitue, suivant l'expression de Kant, l'*unité synthétique* de la pensée en général.

Cette intuition de l'universel n'est pas en soi analysable, en raison de sa parfaite unité; et cependant elle prend au regard de l'esprit trois formes qu'il est possible de distinguer les unes des autres, et auxquelles on a donné le nom de *notions premières* : ce sont les notions de l'*infini*, de l'*absolu* et du *parfait*.

Ces trois notions sont *premières* dans nos intelligences en ce sens qu'elles sont *a priori*, c'est-à-dire indépendantes de toute expérience, et que même elles nous servent à constituer l'expérience, ou tout au moins à l'interpréter. Par exemple, nous n'aurions point l'idée que les choses de ce monde sont finies, relatives et imparfaites, si nous ne portions en nous les idées de l'infini, de l'absolu et du parfait auxquelles nous les comparons. Du reste, ces trois idées ne sont pas dans l'esprit humain les seules qui aient le caractère de notions premières au sens que nous venons de dire : il en est plusieurs autres qui possèdent ce même caractère, et auxquelles on donne à bon droit le même nom : ce sont les notions d'*espace*, de *temps*, d'*unité* et de *multiplicité*, de *substance* ou d'*identité*, et enfin de *causalité*. Ces dernières notions n'appartiennent pas à la raison pure. Les notions d'espace et de temps sont les conditions *a priori* de l'existence des objets sur lesquels doit porter notre expérience : elles sont donc du domaine de ce que l'on peut appeler avec Kant notre *sensibilité*. Les notions d'unité, de substance et de cause nous servent à constituer l'expérience même; c'est-à-dire qu'elles nous permettent d'introduire de l'ordre dans l'ensemble de nos représentations, et de rattacher les phénomènes les uns aux autres : c'est donc à l'entendement qu'elles se rapportent. Ayant ici à traiter surtout de la raison pure, nous pourrions à la rigueur nous contenter d'étudier les trois notions énumérées d'abord. Mais il sera préférable, pour n'avoir point à scinder l'étude des notions premières, de les passer toutes en revue dès maintenant, en commençant par les notions de la sensibilité.

134. Notion d'espace. — Le mot *espace* n'a pas besoin d'être défini; du reste, il ne pourrait pas l'être. Deux choses seulement sont importantes à comprendre au sujet de l'espace : 1° que l'espace est la forme nécessaire de tous les phénomènes du *sens externe*, comme dit Kant, c'est-à-dire de tous les phénomènes qui constituent le monde extérieur; 2° que l'espace est un et indivisible.

Le premier de ces deux points ne peut donner lieu à aucune difficulté. Il est évident que tout ce que nos sens perçoivent nous apparaît comme occupant une portion de l'espace, et par là même comme étendu. Il est vrai que les sons, les saveurs, les odeurs, ne nous sont pas donnés dans la représentation comme étendus, ni comme occupant un lieu dans l'espace; mais c'est que les sons, les saveurs et les odeurs n'ont que le caractère d'impressions subjectives, et par suite n'appartiennent pas à ce que l'on peut appeler proprement le sens externe. Parmi nos sensations celles-là seulement prennent la forme d'espace qui peuvent se détacher de nous en quelque manière, et devenir pour nous représentatives d'objets et de corps. Les sensations dont nous venons de parler ne sont pas dans ce cas; mais toutes les autres sensations, couleur, résistance, température, etc., qui nous apparaissent, non plus comme subjectives, mais comme objectives, sont invariablement jointes à la représentation de l'étendue.

Quant à l'unité et à l'indivisibilité de l'espace, c'est une chose qui demande explication. On dit souvent que l'espace est divisible, et même qu'il l'est indéfiniment. Par exemple, la ligne géométrique qui joint deux points A et B peut être divisée sans que jamais il soit possible d'atteindre le point mathématique, lequel, par conséquent, ne peut être considéré comme l'élément composant de la ligne en question. A l'entendre ainsi, la divisibilité de l'espace est incontestable. Du reste, il est clair que, par le fait même que les corps sont dans l'espace, ils le divisent. Ainsi, une table et un fauteuil à côté de la table constituent certainement deux parties différentes, et par suite deux divisions de l'espace total. Quand nous parlons de l'unité et de l'indivisibilité de l'espace, c'est donc nécessairement en un sens qui ne contredit pas la multiplicité et la divisibilité, qu'il faut bien lui reconnaître. Voici comment la chose doit être entendue. L'espace admet différentes régions, différentes directions, différentes parties; mais chacune de ces régions, de ces directions, de ces parties, implique et donne d'une manière nécessaire toutes les autres. Ainsi une direction, celle du nord par exemple, donne immédiatement le sud, puis l'est et l'ouest, le zénith et le nadir, et toutes les directions intermédiaires entre celles-là, c'est-à-dire toutes les directions de l'espace. De même, une portion quelconque de l'espace implique tout l'espace environnant jusqu'à l'infini, c'est-à-dire l'espace tout entier. Les différentes portions de l'espace ne sont donc pas séparées, isolées, capables de subsister indépendamment les unes des autres, comme le seraient les atomes conçus à la manière de Démocrite et d'Épicure. On conçoit le monde de Démocrite avec un atome en plus ou en moins : à l'espace on ne peut rien ajouter, rien retrancher. La solidarité qui unit les parties de l'espace est telle, par conséquent, que chacune d'elles implique et contient toutes les autres, du moins en raison et en puissance; de sorte que, quelque portion de l'espace que l'on considère, l'espace entier y est toujours donné. Les parties de l'espace ne le divisent donc qu'en apparence. La vérité est qu'elles l'expriment de façons indéfiniment diverses par leurs situations respectives beaucoup plutôt qu'elles ne le divisent. L'espace en soi est un et indivisible.

Il résulte de là que l'idée d'espace n'est pas une idée que nous puissions former d'une manière successive et par addition de parties. Si l'on pense l'espace, il faut que ce soit d'une intuition unique et absolument simultanée. De plus, l'espace ne peut être pensé que comme infini, attendu que la même loi qui nous contraint à concevoir l'objet que nous considérons comme environné d'espace de toutes parts nous interdit de limiter la sphère d'espace qui s'étend autour de cet objet.

Ce double caractère que possède la notion de l'espace d'être absolument simultanée, et de n'admettre aucune limite, implique que cette notion ne peut nous être fournie par l'expérience. En effet, une conception simultanée est une conception sans succession et sans devenir, par conséquent une conception qui ne subit point la loi du temps. Mais l'expérience ne peut avoir lieu que dans le temps.

De même une conception dont l'objet est illimité est nécessairement une conception étrangère à l'expérience, puisque l'expérience ne nous présente jamais rien qui n'ait des limites. La notion d'espace est donc une notion *a priori*. Ainsi, sans nier le moins du monde que les étendues particulières doivent être perçues par nos sens, suivant un processus qui a été expliqué plus haut (*Théorie de la perception extérieure*), on doit admettre que nous portons en nous antérieurement à toute expérience, et comme condition de l'expérience même, l'idée d'un espace un, universel et infini, dont nos sens auront ensuite à acquérir une connaissance fragmentaire, en percevant les étendues particielles que l'espace un et universel rend possibles. Bien loin donc que l'espace total soit après les étendues partielles, et qu'il résulte de leur agglomération comme le tas de pierres résulte des pierres qui le composent, il est avant les étendues partielles, lesquelles n'existent que par lui. Voilà ce que voulait dire Kant lorsqu'il soutenait que l'espace est la *forme a priori* du sens externe.

Nous devons aussi remarquer, en passant, que cette théorie de l'espace est la seule qui puisse rendre compte du caractère absolu des mathématiques. En effet, supposons que l'idée de l'espace nous vienne de l'expérience, comme le voulait Stuart Mill, et que l'espace des géomètres ne soit qu'une abstraction de l'espace sensible. Quelque raffinée que soit cette abstraction, un espace extrait de la sensation peut-il jamais être dépouillé de toutes les imperfections que la sensation entraîne, et amené à l'état de pureté et d'idéalité absolues ? Assurément non. Mais alors comment y construire ces lignes et ces figures idéales, parfaitement conformes à leur définition, que la géométrie suppose ? La géométrie exige un espace pur, et la notion d'un espace pur précède l'expérience et ne peut pas la suivre.

135. Notion de temps. — Tout ce que nous venons de dire de la notion d'espace pourrait se répéter au sujet de la notion de temps en changeant les termes ; c'est-à-dire que tout phénomène de conscience est nécessairement dans le temps, comme tout phénomène extérieur est dans l'espace ; et que l'intuition du temps, comme celle de l'espace, est une et indivisible. De ces deux propositions la première n'a pas besoin de preuve : elle exprime une vérité dont l'évidence est immédiate. Quant à la seconde, on la prouverait par des raisons tout à fait analogues à celles que nous avons fait valoir à l'égard de l'espace, c'est-à-dire en montrant qu'une portion finie du temps, l'heure qui s'écoule actuellement par exemple, suppose avant et après elle tout le passé et tout l'avenir et, par conséquent, le cours entier du temps. D'où il résulte que le temps n'est pas composé des durées particulières et limitées par lesquelles nous le divisons ; qu'il préexiste au contraire à ces durées et qu'il les rend possibles; qu'en lui-même il est un; que la division qui est en lui, toute réelle qu'elle est à certains égards, ne porte point sur sa véritable essence; et qu'enfin la notion du temps est une notion *a priori* comme celle de l'espace. De même que l'espace est la forme *a priori* des phénomènes du sens externe, le temps est la forme *a priori* des phénomènes du sens interne, et tous deux ensemble constituent ce que Kant appelle des *formes a priori de la sensibilité*, en désignant par ce mot de *sensibilité* la faculté générale de se représenter des objets.

136. L'unité et la multiplicité. — L'unité et la multiplicité sont deux notions qui se supposent l'une l'autre, et qui, par suite, sont inséparables. Que la multiplicité suppose l'unité c'est chose évidente, puisqu'elle est la répétition de l'unité. Mais l'unité à son tour suppose la multiplicité. En effet, c'est une loi de notre constitution mentale de ne pouvoir penser une chose qu'à la condition de l'opposer à une chose différente et de l'en distinguer. Si toutes les couleurs étaient blanches, il n'y aurait plus de blancheur. Ce qui fait que la blancheur existe pour nos yeux c'est le contraste qu'elle forme avec des couleurs différentes. Il en est de même pour toutes choses : nous opposons nécessairement les sons aux sons, les grandeurs aux grandeurs, et ainsi du reste. Supposez que la terre soit le seul astre des cieux : on pourra toujours prendre la quarante-millionième partie de son méridien, donner à cette partie le nom de mètre, et s'en servir pour mesurer les corps que la terre porte à sa surface; mais la terre elle-même, quelle grandeur aura-t-elle? On ne pourra pas dire que son méridien est de quarante millions de mètres ; car si c'est la terre qui donne la grandeur du mètre, le mètre ne peut pas donner la grandeur de la terre. La grandeur de la terre est donc alors inassignable, ce qui revient à dire que la terre n'a aucune grandeur, proposition absurde, et qui prouve bien l'absurdité de la supposition dont elle est une conséquence nécessaire. Ainsi, l'un sous le rapport de la couleur, de la grandeur, et sous un rapport quelconque, ne peut exister. Dieu même ne peut être pour nous objet de pensée qu'à la condition que nous lui opposions le monde, ou tout au moins que nous introduisions dans l'idée que nous avons de lui une certaine multiplicité d'attributs : dans l'unité absolue de son essence il échappe aux prises de notre intelligence. Il est donc certain qu'à l'égard au moins de tout ce que nous pensons il n'y a point d'unité sans multiplicité, de même qu'il n'y a point de multiplicité sans unité.

Quel est maintenant le rôle de ces deux notions ensemble dans l'intelligence humaine?

Les philosophes de tous les temps — à l'exception toutefois des matérialistes, dont la doctrine est plutôt une doctrine d'émiettement et de dissolution universelle — ont bien compris que, malgré la diversité infinie des phénomènes et des êtres, l'univers est un, et que, par conséquent, la pensée, en tant qu'elle exprime l'universalité des choses, est également une. C'est pour cela que notre intelligence n'est pas seulement entendement, qu'elle est encore et surtout raison pure. L'unité est même tellement le caractère primordial à la fois de la nature et de la pensée, que tout ce qui fait l'objet des notions *a priori* et des principes de la raison n'est que forme ou condition de l'unité universelle. Ainsi il est manifeste que le temps et l'espace ne sont que deux formes différentes de l'unité et de la multiplicité dans les phénomènes. Nous allons voir, en étudiant la substance, qu'elle n'est que l'unité des phénomènes à travers le cours du temps. La finalité, c'est l'unité même de l'univers en tant que cette unité est un ordre et une harmonie. L'infini est un, puisque ce qui est multiple est composé et, par suite, limité. Mais ce qui est vrai de la pensée en général, de la pensée qui n'a pas d'objet parce que son objet c'est l'univers total, est vrai encore de la pensée particulière et finie qui pense *quelque chose;* car penser quelque chose c'est penser *une* chose. L'unité est donc la loi fondamentale de l'intelligence, aussi bien dans la région de l'entendement que dans celle de la raison pure; et les phénomènes, comme l'univers dans son ensemble, ne peuvent exister qu'à la condition d'être à la fois uns et multiples.

Mais où faut-il chercher le principe de cette unité et de cette multiplicité nécessaires à l'existence des choses et à celle de la pensée? Est-ce dans la nature? Est-ce dans l'esprit?

Si, dans la nature, l'unité était une propriété des choses elles-mêmes, nous n'aurions besoin que de nos sens pour penser les choses en tant qu'unes, et dès lors l'unité de notre pensée ne serait que le reflet de l'unité de son objet. Mais ce n'est pas ce qui a lieu. Un tas de pierres n'est pas un par lui-même; il l'est seulement par l'acte de mon esprit qui embrasse dans une intuition unique toutes les pierres dont il se compose, et qui considère toutes ces pierres prises ensemble comme formant un seul et même objet. Peut-on dire au moins qu'il est multiple? Pas davantage; car pour qu'il fût multiple il faudrait que les pierres qui le composent fussent de véritables unités; et elles ne le sont pas plus que le tas lui-même, puisque, comme le tas, elles sont de simples agrégats de parties, seulement plus rapprochées les unes des autres que ne l'étaient les pierres du tas. Par conséquent, si l'on s'en tient aux données de la sensation toute pure et toute brute, on n'aperçoit dans l'univers qu'une sorte de matière absolument amorphe, une poussière infinitésimale de phénomènes diffus dans l'infini morcellement des parties du temps et de l'espace; quelque chose, par conséquent, qui ne nous présente nullement ce double caractère de l'unité et de la multiplicité sans lequel pourtant il n'y a pas pour nous de pensée, ni même de perception possible. Si nous pensons, si nous nous représentons des objets, c'est donc très certainement que nous mettons nous-mêmes un certain ordre dans ce chaos en y introduisant ces deux formes qui le rendent intelligible, ou tout au moins représentable, la forme de l'unité et celle de la multiplicité.

Que ces formes des choses extérieures leur viennent de nous, c'est-à-dire de notre esprit, c'est ce qui n'est pas douteux, puisque ces formes ne sont pas en elles; mais il reste à savoir comment l'esprit impose aux choses extérieures les formes en question. Un assez grand nombre de philosophes pensent que nous trouvons en nous-mêmes le prototype de l'unité dans la conscience du moi, puisque le moi est parfaitement un, et celui de la multiplicité dans la conscience de nos états psychologiques, puisque ces états sont multiples; de sorte que nous n'aurions plus qu'à transporter aux choses extérieures ces formes de l'unité et de la multiplicité dont la conscience nous aurait fourni les notions. Mais cette solution paraît difficilement acceptable.

En effet, l'idée du moi suppose en nous celle du non-moi, c'est-à-dire celle du monde extérieur, puisque, comme on vient de le rappeler, nous ne pouvons penser une chose qu'à la condition de l'opposer à une chose du même genre, mais différente. Si donc l'idée du moi ne peut se constituer qu'avec celle du non-moi (comme du reste l'idée du non-moi ne peut se constituer qu'avec celle du moi), il est clair que ce n'est pas l'idée du moi qui a pu nous fournir les éléments nécessaires à la constitution de l'idée du non-moi, puisqu'il eût fallu pour cela que l'idée du moi préexistât à l'autre. D'ailleurs, l'idée du moi, tout importante qu'elle est, n'est pas d'une autre nature que nos autres idées; et si l'on admet que celles-ci sont, non pas reçues passivement par l'esprit, mais constituées par lui, il faudra bien admettre le même principe à l'égard de la première; de sorte que l'idée du moi, subissant la loi commune à toutes les autres idées, ne pourra pas leur servir de modèle. Dès lors, la seule solution que le problème comporte c'est de considérer l'unité et la multiplicité comme des formes que l'esprit impose *a priori* aux phénomènes pour les rendre représentables. La double notion de l'un et du multiple a donc son origine hors de toute expérience, hors même de l'expérience de la conscience, dans une loi primordiale de notre structure mentale.

137. Notion de substance ou d'identité. — Nous venons de voir que les choses ne peuvent ni être pensées, ni même exister sans prendre la double forme de l'un et du multiple. Cette forme s'impose aux choses en tant qu'elles sont diffuses dans l'infinité des parties de l'espace ; mais elle s'impose aussi en tant que les choses sont diffuses dans l'infinité des parties du temps. L'unité et la multiplicité prennent même dans cette dernière application un caractère particulier qui appelle notre attention, et qui donne lieu à des observations importantes.

L'unité des phénomènes doit se réaliser dans le temps comme dans l'espace : qu'est-ce à dire, sinon que la durée d'un phénomène, toute successive qu'elle est, n'entraîne point la division de ce phénomène, et qu'elle le laisse subsister dans son indivisibilité ? Pourtant, comment comprendre que dans ce qui succède l'unité demeure ? Cela semble impossible, car dans la succession les instants qui succèdent sont donnés, apparemment, les uns après les autres, jamais deux à la fois ; de sorte que la succession dans une durée implique le morcellement à l'infini de cette durée et, par suite, le morcellement à l'infini des choses qui succèdent en elle. Si donc, comme on le croit communément, le temps n'est rien de plus que la succession des instants qui sont le présent tour à tour, le temps ne donne pas satisfaction au besoin d'unité naturel à l'esprit humain, non plus d'ailleurs qu'au besoin de multiplicité, puisque là où l'unité manque la multiplicité manque également. Dès lors le temps ne peut plus être pour nous un objet de pensée, et les choses qui s'écoulent dans le temps ne le peuvent pas davantage. Il faut donc, de toute nécessité, juger, conformément d'ailleurs à des principes qui ont été établis précédemment (37), que la succession n'est pas toute l'essence du temps, de même que la multiplicité infinie des parties n'est pas toute l'essence de l'espace; que, par conséquent, il y a dans le temps même, et aussi dans ce qui subit la loi du temps, c'est-à-dire dans les phénomènes, quelque chose qui n'est pas la succession, et qui s'oppose à la succession comme un contraire à son contraire. Mais qu'est-ce qui s'oppose à la succession, sinon la permanence? Qu'est-ce qui s'oppose au devenir de ce qui succède, sinon l'identité et l'immutabilité? Ainsi la loi de l'un et du multiple appliquée au temps exige que dans tout ce qui succède quelque chose demeure identique. Ce quelque chose c'est ce que l'on appelle la *substance*.

Mais comment comprendre que le phénomène puisse être à la fois permanent et mobile, identique et divers? On a quelquefois tendance à se représenter le rapport de l'identité et de la diversité, c'est-à-dire le rapport de la substance aux modes dans un même phénomène, à la manière dont on se représenterait une sphère recevant sur sa surface les unes après les autres différentes couches de peinture, sans que rien soit altéré dans son intérieur : nous voulons dire qu'on tend à se représenter ce rapport en mettant toute l'identité d'un côté et tout le changement de l'autre, scindant ainsi en deux le phénomène. Mais cette manière d'envisager la chose rend inintelligibles à la fois l'existence de la partie identique et l'existence de la partie changeante. En effet, la partie identique, étant complétement soustraite à la loi du changement, ne serait plus alors dans le temps, puisque être dans le temps c'est durer, et que durer c'est changer. Et quant à la partie changeante, elle serait également hors du temps, puisque, comme nous venons précisément de le montrer, il faut que dans tout ce qui succède dans le temps quelque chose demeure identique. Mais il n'est pas dans la nature des choses phénoménales de pouvoir se soustraire à la loi du temps : en matière de phénomène, ce qui n'est pas dans le temps n'est absolument pas. Bien loin donc de distinguer dans le phénomène ce qui change et ce qui ne change pas pour en faire deux parts, nous devons considérer la permanence et le changement comme n'étant que deux aspects différents et opposés de l'existence dans le temps; de sorte que nous sommes conduits à cette proposition paradoxale dans la forme et pourtant certaine, que c'est le permanent seul qui change, et que c'est le changeant seul qui est permanent. Quant à essayer de nous représenter cette union des deux contraires dans un seul et même objet, c'est une chose à laquelle il nous faut renoncer absolument. L'imagination en cette circonstance ne peut nous être d'aucun secours.

S'il y a de l'identique et du divers dans tout phénomène, et aussi dans l'universalité des phénomènes de la nature, on conçoit qu'il y ait un *principe de substance,* comme il y a un principe d'identité et des principes de causalité et de finalité. C'est ce qu'exprimaient les anciens par la formule célèbre : « Rien ne se crée, rien ne se perd, tout devient et se transforme »; et ce que les modernes formulent d'une manière plus scientifique et plus précise en disant que la masse d'un corps, c'est-à-dire le rapport d'une force quelconque s'appliquant à ce corps à l'accélération qu'elle lui imprime, est une quantité constante, et qui se retrouve la même à travers toutes les transformations que ce corps peut subir. Pourtant nous n'avons pas cru devoir ranger, comme on le fait souvent, le principe de substance au nombre des principes essentiels de l'entendement. C'est qu'indépendamment des principes de l'entendement aucune pensée n'est possible. Or il est certain que nous pouvons penser indépendamment du principe de substance, et même contrairement à ce principe, puisqu'on l'a contesté, au moins pratiquement, jusqu'au jour où Lavoisier en a donné une véritable démonstration expérimentale par ses belles expériences sur l'oxyde rouge de mercure. Le principe de substance a dans certaines sciences, et particulièrement en chimie, une importance extrême comme principe régulateur des idées du savant; mais c'est peut-être exagérer que d'en faire une des lois essentielles et constitutives de notre organisation intellectuelle.

138. Notion de cause. — La causalité, comme la substantialité, a son origine rationnelle dans la nature du temps et dans les rapports qu'ont les phénomènes avec le temps. En effet, il est de l'essence du temps de n'avoir point de commencement; c'est-à-dire que nous ne pouvons pas concevoir une partie du temps qui soit la première de toutes, et qui n'ait été précédée d'aucune autre. Mais le temps par lui-même n'est rien, car il est vide. Ce qui fait sa réalité ce sont les phénomènes qui s'écoulent en lui et dont il constitue l'ordre de succession. Dire que le temps n'a point commencé revient donc à dire qu'il n'est point de phénomène qui soit premier dans la série phénoménale, et qui, par conséquent, n'ait avant lui un antécédent. Mais comment comprendre la nature du rapport qui existe entre un phénomène donné et son antécédent? Allons-nous supposer que ces deux phénomènes qui se suivent immédiatement sont absolument étrangers l'un à l'autre, et que le premier n'a servi en rien à déterminer le second? C'est impossible; car alors le second devait apparaître que le premier existât ou n'existât pas ; de sorte que je puis faire abstraction de l'antécédent, l'abolir par la pensée, le supposer non existant, ainsi que tous les phénomènes qui en fait l'ont précédé, le conséquent subsiste toujours ; c'est-à-dire que le conséquent, à ce compte, inaugure une série phénoménale, et constitue un commencement absolu à la fois du temps et des phénomènes, ce qui est absurde, ainsi qu'on vient de le montrer. La causalité phénoménale, ou, en d'autres termes, la détermination de tout phénomène par un antécédent, est donc une conséquence nécessaire de la nature du temps.

Un assez grand nombre de philosophes, et principalement Maine de Biran, ont cru voir dans l'effort musculaire par lequel nous mouvons directement notre corps et indirectement les corps étrangers le type de l'action causale, et par conséquent, dans la conscience que nous avons de cet effort, l'origine de l'idée de cause. Il est certain que, lorsque nous voulons nous représenter la causalité hors de nous, nous sommes contraints de l'imaginer sur le modèle de l'action causale que nous-mêmes exerçons, car d'après quel autre modèle pourrions-nous la concevoir? Mais il n'y a là qu'une illusion due à la tendance anthropomorphique de notre esprit. Ce qui le prouve bien c'est l'absurdité manifeste qu'il y a à mettre dans un corps brut, par exemple dans une bille qui roule sur un billard et qui choque une autre bille, ce qui suppose l'organisation, et même la conscience, à savoir l'effort.

La causalité, de même que la substantialité, est une chose qui se pense et qui ne s'imagine pas. Si nous voulons nous représenter soit des causes, soit des substances, tout s'embrouille, tout s'obscurcit au regard de l'esprit, et l'on tombe dans des contradictions qui sont le scandale de la raison. Il faut prendre la cause et la substance pour ce qu'elles sont, c'est-à-dire pour des notions pures, sans matière, sans contenu expérimental, et par là même irreprésentables. Si la cause et la substance pouvaient s'imaginer, elles seraient analogues à toutes les notions les plus vulgaires ; mais elles ne le peuvent pas, parce qu'elles sont des conditions, et non des fruits de l'expérience. C'est pourquoi ce sont des notions véritablement *premières*.

139. Notion d'Infini. — L'*infini* c'est l'illimité, ou ce qui dépasse toute grandeur assignable. L'infinité n'est pas, à proprement parler, une notion : c'est plutôt une qualité ou un degré des objets de certaines notions comme le temps, l'espace et d'autres encore. Si donc on en fait une notion, ce qui après tout est légitime, puisque c'est une chose qui se pense, il devra être entendu qu'elle ne l'est pas tout à fait au même sens que le temps ou l'espace, puisque le temps et l'espace sont des notions qui se suffisent à elles-mêmes, et qui n'en supposent point d'autres avant elles, tandis que l'infinité ne peut être conçue qu'à la condition de venir se greffer en quelque sorte sur quelque conception antérieure.

Il ne faut pas confondre l'infini avec l'*indéfini*. L'infini c'est l'illimité en acte, c'est-à-dire ce dont l'illimitation est effective et comme achevée. L'indéfini c'est l'illimité en puissance, c'est-à-dire ce qui est susceptible de croître sans fin. Ainsi la suite des nombres est indéfinie, puisque, quelque grand que soit un nombre, on peut toujours en concevoir un plus grand ; le mouvement d'un corps qui se meut librement dans l'espace est indéfini, puisque le chemin parcouru par un tel corps s'accroît sans cela ; mais l'espace est infini, puisqu'il est actuellement sans bornes. L'indéfini est une conception de l'esprit envisageant pour lui-même la possibilité d'aller toujours plus loin qu'il n'a fait, mais ce n'est pas un caractère des choses elles-mêmes : les choses sont finies ou infinies sans qu'il puisse y avoir de moyen terme. Ainsi le mouvement du corps dont nous venons de parler, bien que croissant sans cesse, est toujours fini.

On a contesté souvent que nous puissions penser l'infini. C'est qu'ici encore on confondait *penser* avec *se représenter*. Il est certain que l'infini ne peut jamais être objet de représentation. Si l'imagination me donne d'un mètre une image distincte, elle me donne d'une lieue qu'une image confuse, et plus confuse encore est l'image que j'ai de la distance d'ici aux étoiles ; mais enfin cette image existe, et elle est finie. Mais ce que l'imagination ne peut pas faire c'est de me donner une représentation de l'espace total, lequel est infini. La raison en est que toute représentation de l'imagination suppose un mouvement de l'esprit à travers son objet ; et qu'un mouvement de l'esprit, comme tout autre mouvement, se produit dans le temps, en occupe une portion limitée et, par suite, n'embrasse jamais qu'une portion limitée de l'espace. Mais de ce que nous ne pouvons nous représenter l'espace infini suit-il que nous ne le pensions pas ? Le contraire est évident. En effet, supposons que j'aie commencé à me porter en imagination jusqu'aux étoiles. La course de ma pensée est finie, mais j'ai du mouvement pour aller plus loin, puisque les raisons d'imaginer restent les mêmes. Au delà donc de ce que j'imagine je conçois la possibilité d'imaginer encore ; c'est-à-dire que ma raison ouvre à mon imagination un champ que celle-ci ne peut parcourir, quelque effort qu'elle fasse. Or un tel champ est nécessairement infini ; car, s'il ne l'était pas, mon imagination aurait bientôt fait d'en atteindre les limites. Ainsi je ne me représente pas l'infinité de l'espace, non plus d'ailleurs qu'aucune autre infinité, mais j'en ai bien l'idée, puisque j'en parle, que j'en raisonne, et que même je m'y appuie pour affirmer l'impuissance de mon imagination à embrasser tout l'objet que ma raison lui présente.

Du reste, ce n'est pas seulement sous cette forme abstraite, et uniquement en me fondant sur la persistance des raisons d'imaginer, que je conçois l'infinité de l'espace, celle du temps, ou d'autres infinités encore dont nous parlerons bientôt ; c'est encore sous une forme positive et concrète. Du moment que je pose l'espace, par exemple, à titre d'objet conçu par moi, je le pose comme infini, et cela tout d'un coup, sans progrès, sans mouvement de ma pensée, sans addition de parties à parties. L'espace infini est pour moi l'objet d'une intuition qui est parfaitement une et simultanée, parce que c'est une intuition purement rationnelle à laquelle les sens et l'imagination n'ont point de part. Et ce qui m'oblige à poser ainsi l'espace comme infini c'est qu'il n'existe aucune raison pour me permettre de le limiter à une grandeur donnée plutôt qu'à toute autre grandeur. Ce qui rend ici la conception de l'infini légitime et nécessaire c'est donc ce principe que Leibniz appelait *principe de la raison suffisante*, principe duquel résulte l'impossibilité pour l'esprit de déterminer et, par conséquent, de limiter quoi que ce soit sans avoir pour cela une raison, et une raison qui suffise. Ainsi la notion de l'infini est bien réelle en nous, mais c'est une notion de la raison, et non pas de l'imagination.

Quant à l'origine de cette notion, elle est évidente après ce que nous avons dit. Si l'imagination ne peut embrasser l'infini, les sens assurément ne le peuvent pas non plus. La notion d'infini est donc une notion *a priori*.

140. Notion d'absolu. — L'absolu c'est l'*inconditionnel*, c'est-à-dire ce qui est en soi et par soi, ce qui se suffit à soi-même, ce qui n'a enfin ses conditions d'existence dans aucun objet étranger. A l'absolu s'oppose le *relatif* ou *conditionnel*, c'est-à-dire ce qui n'existe point par soi, mais par autre chose, et ce dont, par conséquent, toute l'existence dépend d'une existence antérieure et plus fondamentale.

Deux philosophes surtout, Kant et Hamilton, se sont attachés à ruiner la doctrine de l'absolu ; mais leurs thèses n'ont ni le même objet ni la même portée. Kant, reconnaissant que l'idée d'absolu existe dans la raison humaine, et même que la formation en est nécessaire, veut que cette idée ne soit qu'une conception illusoire à laquelle rien ne correspond dans la réalité, ou du moins de laquelle il ne nous est pas permis de conclure à l'existence réelle de l'absolu. Hamilton va plus loin : il nie l'idée même de l'absolu, dont il fait un « fantôme » qu'il faut « exorciser ». Pour lui nous ne pouvons penser l'absolu en aucune manière.

La question que soulève la thèse de Kant : Quelle est la valeur objective de l'idée d'absolu? n'est pas une question de psychologie ; nous n'avons donc pas à nous en occuper pour le moment : nous la retrouverons plus tard en métaphysique. Mais la thèse d'Hamilton est psychologique au contraire, puisqu'elle porte sur l'idée d'absolu, non sur l'absolu même. Il nous faut donc la discuter.

Tout d'abord il semble que la réfutation de cette thèse soit dans Hamilton lui-même. Hamilton, en effet, s'il nie que nous ayons l'idée de l'absolu, ne nie pas pour cela que l'absolu existe ; seulement il en fait un objet de croyance, et non plus de connaissance. « Croire à l'absolu est pour nous, dit-il, une nécessité et un devoir. » (*Lectures*, t. II, p. 530.) Mais on demandera comment il est possible de croire à une chose dont on n'a aucune idée. La seconde thèse d'Hamilton détruit donc la première. Voyons pourtant les raisons sur lesquelles celle-ci repose.

Hamilton d'abord conteste l'idée d'absolu, parce que, dit-il, cette idée n'est qu'un *faisceau de négations* : et la raison qu'il donne de cette assertion c'est que nous ne pensons l'absolu que comme la négation du relatif ; de sorte que, pouvant dire ce que l'absolu n'est pas sans pouvoir dire ce qu'il est, nous n'en avons qu'un concept vide de tout contenu positif, ce qui revient à un concept nul.

A cela on peut répondre, avec Descartes, Bossuet et Fénelon, qu'il n'est pas vrai que l'absolu soit la négation du relatif, et que c'est au contraire le relatif qui est la négation de l'absolu ; car c'est l'idée du relatif qui implique un manque et une privation, tandis que l'idée d'absolu c'est l'idée d'existence sans restrictions, limitations ni conditions. Du reste vouloir, comme le fait Hamilton, que nous formions l'idée de l'absolu en retranchant du concept de l'être toutes les relations les unes après les autres, c'est vouloir que nous formions cette idée par parties et d'une manière successive. Or l'idée de l'absolu n'a pas ce caractère, pas plus que l'idée d'infini. L'absolu, comme l'infini, est une notion parfaitement une et simple de la raison pure. Supposer cette notion constituée par des négations c'est donc en méconnaître profondément la nature.

Hamilton soutient ensuite que prétendre penser l'absolu est une contradiction, attendu que penser c'est *conditionner*, c'est-à-dire soumettre l'objet qu'on pense aux conditions toutes subjectives de l'exercice de l'intelligence. Or les conditions d'exercice de l'intelligence ont pour effet inévitable de rendre la pensée inadéquate à la réalité objective. Donc tout ce que nous pensons est relatif par le fait même que nous le pensons ; et par suite il est impossible que nous pensions l'absolu.

Cet argument repose encore sur une confusion d'idées. Il est très sûr que, s'il nous fallait penser l'absolu *à titre d'objet*, et comme on pense *une chose*, nous ne le penserions que d'une manière relative, c'est-à-dire que nous ne le penserions pas. Mais l'absolu n'est pas une *chose*, c'est une *forme* : ce n'est pas un *objet* pour notre pensée, c'est la *loi* et la *condition d'existence* de notre pensée même. L'absolu est à nos intelligences ce qu'est aux yeux de nos corps la lumière, que nous ne voyons point elle-même, mais par laquelle nous voyons tout ce qui existe. C'est donc une méprise évidente que de vouloir appliquer le principe *penser c'est conditionner* à l'absolu que nous ne pensons point, mais par qui nous pensons toutes choses.

Un troisième argument de Hamilton, c'est que nous ne pouvons concevoir l'absolu que comme étant la cause du relatif. Or qui dit cause dit relation, puisque la cause n'est cause que par rapport à son effet. En devenant cause du relatif, l'absolu devient donc relatif lui-même.

L'erreur est ici la même encore que dans l'argument précédent. Hamilton ne veut pas que nous pensions l'absolu à titre d'objet. Soit : mais il ne faudrait pas conclure de là que nous ne le pensons pas du tout. Pour le suivre sur le terrain où il s'est placé, nous allons montrer que la causalité, bien loin d'exclure l'idée d'absolu, comme il le prétend, suppose au contraire cette idée, et que toute cause est absolue, par cela même qu'elle est cause.

Tout d'abord, quiconque admet des causes dans la nature est conduit nécessairement à en reconnaître une de laquelle toutes les autres dépendent, et qui elle-même ne dépend de rien, c'est-à-dire une *cause première,* et par conséquent une cause absolue. Voici comment. L'intelligence exige pour tout ce qui existe de véritables raisons et de véritables causes. Or, tant que les causes par lesquelles on explique ont elles-mêmes besoin d'être expliquées, tant que nous restons, par conséquent, dans le domaine des *causes secondes,* nous n'avons pas l'explication définitive et inconditionnelle sans laquelle cependant rien n'est véritablement intelligible. Aussi, lorsque nous envisageons une série de phénomènes dont chacun est déterminé par le précédent et détermine le suivant, sommes-nous conduits à faire dériver toute cette série d'un premier terme qui se suffit à lui-même, et qui par suite est absolu. On demandait à un philosophe indien sur quoi repose la terre dans l'espace; il répondit : Sur un éléphant. — Et l'éléphant, sur quoi repose-t-il ? — Sur une tortue. — Et sur quoi repose la tortue ? Le philosophe fut obligé d'avouer que la tortue ne reposait sur rien. Avec la tortue il avait rencontré l'absolu, et il fallait bien qu'il le rencontrât; car, tant qu'il cherchait sur quoi reposait l'objet auquel il s'était arrêté, la même question revenait toujours, et le problème demeurait sans solution. Et si pourtant la régression à l'infini dans la série phénoménale est inévitable; si, comme un très simple raisonnement métaphysique que nous avons formulé plus haut (138) le fait bien voir, il n'est pas possible d'admettre qu'il ait existé un phénomène initial duquel tous les autres aient été successivement dérivés, conclurons-nous de là que l'origine des choses se perd dans l'infinité du passé, et que l'absolu n'existe pas ? Nullement. La seule conclusion admissible que comporte ce raisonnement, c'est que la régression dans la série des causes secondes ne pouvant jamais fournir une explication définitive et totale d'aucun phénomène, il faut, pour trouver cette explication, sortir de la série, et faire appel à une cause qui ne soit point dans le temps comme le sont les causes secondes, c'est-à-dire à une cause qui n'ait point de cause, à une cause première.

Mais ce n'est pas seulement lorsque l'on considère la série totale des phénomènes que l'idée d'une cause absolue s'impose à l'esprit, c'est encore lorsque l'on considère les termes mêmes de cette série. Soit, en effet, A, B, C, D,... une série de phénomènes dont chacun est déterminé par le précédent et détermine le suivant. Lorsque nous expliquons le phénomène D en le rattachant au phénomène C comme à sa cause, est-ce que nous ne sommes pas contraints de considérer le phénomène C comme absolu? Pourtant il a lui-même une cause qui est le phénomène B, et comme celui-ci peut être supposé sa cause unique et totale, il semble que tout l'être et toute la réalité de C doivent se résoudre dans l'être et dans la réalité de B. Mais c'est ce qui n'a pas lieu, parce qu'alors C ne serait plus rien, et que n'étant plus rien il ne pourrait déterminer à l'existence son conséquent D. Par conséquent, bien qu'ayant une cause, tout phénomène particulier a un être à soi, qui ne s'absorbe pas dans l'être de sa cause, qui le met à part de cette cause, par qui il prend dans la réalité, comme au regard de notre pensée, le caractère d'un véritable absolu, et qui le rend capable enfin d'être une cause lui-même. On peut juger par là à quel point est fondée la thèse dans laquelle Hamilton nous présente l'idée de l'absolu et celle de la causalité comme exclusives l'une de l'autre.

Du reste, ce n'est pas seulement l'idée de causalité qui suppose avant elle la notion d'absolu, ce sont toutes les idées de l'esprit sans exception, même les plus chimériques et les plus éloignées de la réalité. Dans telle de mes représentations, qui n'est en soi qu'illusion, fantasmagorie et mensonge, il y a pourtant une chose qui est précisément ce qu'elle me paraît être, à savoir mon illusion elle-même. Il est bien possible que tout ce que je me représente n'existe pas en soi ; mais il est impossible que ma représentation elle-même ne soit rien : *Cogito ergo sum*, disait Descartes. Ainsi, il y a nécessairement de l'être, et par conséquent de l'absolu dans ma pensée, au moins lorsque je pense que je pense ; de sorte que, si je n'avais pas l'idée d'absolu, je ne pourrais pas même affirmer la réalité de ma pensée, et dès lors je ne penserais plus. Mais il faut aller plus loin, et reconnaître que l'idée d'absolu s'applique non seulement à notre pensée, mais encore à son contenu, quelque illusoire qu'il soit. Nous avons beau rêver, nous ne pouvons faire autrement que de concevoir ce que nous rêvons comme réel ; sans cela le rêve même disparaîtrait. Ainsi, comme le dit très bien M. Spencer[1], « un sentiment d'existence réelle fait la base même de notre intelligence ». Tout ce que nous pensons, fût-ce le néant, nous le pensons sous la forme et avec les caractères de l'être, parce que telle est la loi que la raison pure impose à notre entendement.

Un assez grand nombre de philosophes, cependant, ont compris autrement l'origine de l'idée de l'être. Ils l'ont fait venir de la conscience. C'est dans la conscience, suivant Maine de Biran, que la raison a « sa base et son point d'appui nécessaire... Il y a un antécédent de la raison qui est le moi primitif. » (*Œuvres*, t. IV,

---

[1]. *Premiers Principes*, 1re partie, chap. IV.

p. 389, 398.) Ainsi c'est le moi qui nous fournit l'idée d'être, de même que toutes les autres idées fondamentales. Chaque individu se sent être, et part de là pour affirmer l'existence des choses extérieures. A ce compte, c'est l'idée du relatif qui sera antérieure à celle de l'absolu, et Hamilton aura raison. Mais, dirons-nous à notre tour, d'où vient que nous nous apparaissons à nous-mêmes comme des êtres ? Si, comme on le reconnaît, le caractère de l'être n'appartient originairement à aucune donnée des sens, pourquoi appartiendrait-il davantage à cette donnée de la conscience qui s'appelle le *Moi ?* Les représentations sensibles ont besoin, pour nous faire connaître des objets, de prendre la forme de l'existence : pourquoi l'idée du moi serait-elle affranchie de cette nécessité ? Serait-elle antérieure à toutes les représentations sensibles ? On a vu plus haut (136) qu'elle les suppose, comme celles-ci la supposent à leur tour. Le même raisonnement donc par lequel on a établi que les idées d'unité, de substantialité, de causalité ne viennent pas de la conscience, et ne sont que des formes que le moi impose aux phénomènes qu'il perçoit, pourrait servir à l'égard de l'idée d'être. Cette idée, comme les précédentes, a son principe dans la raison pure en tant que cette faculté conçoit l'absolu, et de là elle descend dans la région de l'expérience, aussi bien de l'expérience de la conscience que de celle des sens, pour nous permettre de concevoir les choses comme existantes, et pour nous rendre par là la pensée possible.

141. Idée de perfection. — L'idée d'absolu c'est l'idée d'un être subsistant *en soi* et *par soi,* au lieu de n'exister qu'en vertu de ses rapports et de sa dépendance à l'égard d'autres êtres ; mais l'idée d'absolu ne détermine pas autrement la nature de l'absolu : elle ne nous fait pas connaître ce qu'est l'absolu en dehors de la propriété qu'il a d'être éternel, nécessaire et se suffisant à lui-même. Il faut donc qu'il y ait dans l'esprit de l'homme une idée fondamentale comme toutes celles que nous avons considérées jusqu'ici, supérieure à toutes ces idées et supérieure en un sens à l'idée même de l'absolu, par laquelle les caractères de l'absolu soient rationnellement déterminés. Cette idée c'est l'idée de la *perfection.*

L'idée de la perfection résulte de l'application de l'idée d'infini à l'idée d'être. Cette application est nécessaire. En effet, la même loi qui m'oblige, lorsque je pose le temps et l'espace, à les poser comme infinis, bien que leur infinité passe mes facultés de représentation, m'oblige encore à poser l'être absolu comme infini, et cela d'une manière immédiate et intégrale, sans progrès ni efforts de la pensée. L'être parfait c'est donc l'être sans restriction ni limitation. La perfection c'est la plénitude de l'être, et l'idée que nous en avons est une idée absolument une, et qui n'admet pas de degrés; de sorte que c'est une erreur de croire qu'on pourrait la former en concevant un progrès toujours croissant de quelque être imparfait à l'origine.

Descartes affirme avec raison que l'idée de la perfection est une idée souverainement *claire et distincte*, c'est-à-dire entièrement intelligible. En effet, qu'y a-t-il de plus intelligible au monde que l'être; et pourquoi l'intelligence aurait-elle pu nous être donnée, sinon pour comprendre ce qui est? Et quant à la forme d'infinité que prend en nous l'idée de la perfection, c'est l'intelligence même qui la lui donne nécessairement. Il n'est donc pas à craindre que cette forme ne soit pas intelligible. Ceci du reste ne veut pas dire que nous comprenions la perfection d'une manière parfaite. Pour comprendre, en effet, il nous faut analyser, rattacher les choses les unes aux autres, les considérer dans leurs rapports. Or tout cela exige le temps, du mouvement dans la pensée, et l'intervention même de nos facultés sensitives, toutes choses qui, évidemment, excluent une compréhension intégrale d'un objet infini. Il y a donc en nous comme deux manières de penser la perfection : l'une toute spontanée, qui consiste à poser la perfection par un acte un, indivisible et intemporel de nos intelligences; l'autre réfléchie, mais successive et fragmentaire. Celle-ci est imparfaite, la première ne l'est pas. Il est vrai qu'une intuition spontanée du genre de celle dont nous parlons ne peut être appelée une pensée véritable, puisque c'est dans le temps seulement que nous pensons; et pourtant on ne peut pas dire qu'elle ne soit rien, puisque la connaissance réfléchie de l'être parfait est par elle rendue possible, et ne le serait pas autrement. Descartes fait remarquer (3me *Méditation*) que l'infini en perfection ne peut être parfaitement compris par des êtres finis comme nous sommes. Mais, ajoute-t-il, comment saurions-nous que nous ne comprenons pas si nous n'avions pas une idée réelle, et même une idée très claire et très distincte à certains égards de ce qui passe ainsi nos intelligences? Et, d'autre part, est-ce que nous penserions la perfection, même d'une manière imparfaite, si nous ne comprenions pas que nous sommes incapables de la comprendre? Il est donc certain que la pensée réfléchie que nous avons de l'être parfait s'appuie sur une conception qui lui est antérieure, et que la réflexion n'atteint pas.

Les deux manières de penser la perfection dont on vient de parler répondent en nous aux deux facultés rationnelles, la raison pure et l'entendement. A la raison pure appartient l'idée une et spontanée; à l'entendement, l'idée discursive et réfléchie. La première joue à l'égard de la seconde le rôle d'une forme; mais cette forme suppose une matière. Il y a donc lieu de se demander quels éléments pourront entrer dans le concept réfléchi que nous aurons à nous faire de l'être parfait.

Assurément, il nous faudra exclure de cette nature parfaite le temps et l'espace, puisque ce sont les formes mêmes de la multiplicité, du devenir et, par suite, de l'imperfection; et du même coup il nous faudra exclure tout ce qui se rapporte au temps et à l'espace, c'est-à-dire le corps organisé, les passions, et même cette intelligence discursive qui ne connaît les choses que dans leurs oppositions, dans leurs rapports, en un mot dans leur diversité à travers l'espace et dans leur succession à travers le temps. Et alors ce qui nous restera pour remplir le concept de l'être parfait c'est l'intelligence, mais l'intelligence tout intuitive qui ne connaît point la loi du temps et de l'espace, et surtout l'amour sans mesure et la liberté sans limites. Ainsi l'être parfait ne peut être qu'infiniment bon et aimable: si nous ne le pensons pas comme tel, l'idée que nous nous en faisons est une apparence d'idée plutôt qu'une idée véritable. L'idée de la perfection est donc essentiellement une idée morale; et comme c'est la plus haute et la plus complète des idées de l'esprit humain, nous pouvons juger par là que le bien est réellement, comme le voulait Platon, ce par quoi tout existe et ce par quoi tout s'explique.

142. Origine psychologique des notions premières. — S'il est vrai, comme nous l'avons dit, que toutes nos idées, et même nos perceptions sensibles, ne peuvent se constituer qu'à la condition de se couler en quelque sorte dans des formes que l'esprit doit fournir *a priori*, et que, pour cette raison, on appelle *notions premières*, il est clair que les notions premières sont innées à l'esprit, c'est-à-dire qu'elles ne lui viennent point du dehors, mais qu'elles tiennent à sa structure même; de sorte que nous pensons le temps, l'espace, l'absolu, le parfait, non pas parce que nous avons de ces objets une expérience quelconque, mais simplement parce que nous pensons.

C'est donc la doctrine de l'innéité qui est la vraie; mais il faut la bien entendre, car cette doctrine prête aisément à des confusions fâcheuses. Nous devons donc nous efforcer d'apporter à nos conceptions sur ce sujet toute la précision possible.

Le premier représentant de l'innéisme dans les temps modernes fut Descartes. Ce philosophe avait commencé par présenter l'idée de Dieu ou de la perfection comme une idée que Dieu lui-même aurait mise en nous toute faite, et qu'il aurait gravée en nos âmes « comme le sceau de l'ouvrier sur son ouvrage ». Cela revenait à dire que nous pensons Dieu et que nous le connaissons dès le sein de nos mères, thèse manifestement inadmissible. Descartes lui-même reconnut son erreur, et, modifiant non seulement, comme on l'a dit, l'expression, mais le fond même de sa pensée première, il déclara que par idées innées il n'entendait nullement des idées que nous apporterions avec nous toutes faites en naissant et auxquelles, par conséquent, la réflexion ne pourrait rien ajouter comme clarté ou comme distinction. Tout au contraire, une idée devait être appelée innée, à son avis, lorsqu'elle était *naturelle* à l'esprit, « au même sens que nous disons que la générosité ou quelque maladie est naturelle à certaines familles »; c'est-à-dire lorsque l'esprit la portait en lui-même sans l'avoir reçue de l'expérience, de telle sorte qu'il suffit de la réflexion pour la découvrir et la faire apparaître à la conscience. Ainsi l'idée de la perfection et les autres notions premières seraient innées en nous, suivant Descartes, de la même manière que le sont, par exemple, les idées mathématiques, lesquelles se développent chez quelques hommes grâce au travail de la pensée, et demeurent latentes jusqu'à la mort chez tous les autres.

La doctrine de Descartes sous cette dernière forme a un défaut : elle confond l'innéité proprement dite avec ce que Kant appela plus tard la connaissance *a priori*, ce qui jette une réelle obscurité sur toute la doctrine; car il est certain que la connaissance des mathématiques, ou celle du principe des lois, n'est pas innée dans l'esprit au sens où l'est, par exemple, la connaissance du principe de contradiction, laquelle est accompagnée en nous d'un véritable *instinct intellectuel*.

Mais, ce point mis à part, la thèse de Descartes peut-elle être acceptée? Non, et pour une raison simple : c'est que, dans les notions premières prises comme les prend Descartes, de même que dans toutes les autres notions, il y a nécessairement des éléments empruntés à l'expérience. Soit, par exemple, l'idée du parfait. L'idée du parfait c'est l'idée de l'être sans conditions ni limites. Or pouvons-nous admettre, comme le dit avec raison M. Rabier (*Psychol.*,

p. 161), « que notre intelligence sache ce que c'est que être, conditions, limites, avant d'avoir fait de ces choses aucune expérience » ?

Quel est donc le principe de l'erreur que commet ici Descartes ? C'est une seconde confusion plus grave que celle que nous avons déjà signalée. Les notions premières appartiennent originairement à la raison pure, mais elles tendent à passer dans l'entendement; c'est-à-dire que l'esprit tend à faire de ce qui n'est que la *forme* de sa pensée un *objet* pour sa pensée même. C'est ainsi que nous cherchons à nous représenter l'infini, l'absolu, le parfait, que nous en formons des concepts, que nous en parlons, que nous en discutons avec nous-mêmes et avec les autres. Or Descartes confond les idées purement formelles de la raison pure avec les idées matérielles en même temps que formelles, et présentant un contenu, qui sont celles de l'entendement. Lui-même cependant avait paru bien discerner la différence entre ces deux sortes d'idées lorsqu'il distinguait, comme nous l'avons vu (141), en quel sens l'idée de l'être parfait nous est accessible, et en quel sens elle ne l'est pas. Mais il avait besoin de l'idée de la perfection pour fonder sa métaphysique. Or on ne peut rien fonder sur une idée de la raison pure, justement parce qu'une telle idée n'est qu'une forme sans matière. Descartes dut donc partir d'une idée de l'entendement. Mais comme les idées de l'entendement n'expriment que l'activité de l'esprit dans le temps, et ne nous ouvrent aucun horizon sur les choses éternelles qui sont l'objet propre de la métaphysique, il attribua à celle qu'il avait adoptée pour fondement de son système le caractère d'une idée de la raison pure. C'est ce qu'il n'avait pas le droit de faire, parce que toute idée objective, c'est-à-dire toute idée ayant un contenu et présentant une matière en même temps qu'une forme, relève de l'expérience, du moins quant à sa matière; de sorte qu'une telle idée ne peut être dite innée. Il n'y a que les formes pures et les lois de la pensée qui possèdent ce caractère, parce qu'elles tiennent à la constitution même de l'esprit. C'est ce que Leibniz a compris le premier parmi les philosophes, et ce qu'il voulait faire entendre lorsque, acceptant la formule célèbre des empiristes : *Nihil est in intellectu quod non fuerit prius in sensu*, il ajoutait : *Nisi ipse intellectus*.

Donc, si les notions premières sont innées, c'est en tant que formes et conditions *a priori* de la pensée : en tant qu'elles peuvent devenir elles-mêmes des objets de pensée, ce sont des fruits de l'expérience, ou tout au moins de la réflexion. L'innéité appartient de droit et d'une manière nécessaire aux idées de la raison pure ; mais elle est incompatible avec la nature des conceptions de l'entendement.

CHAPITRE XIII

LA RAISON (SUITE)

Troisième Partie. — *Idéalisme et empirisme.*

143. L'idéalisme cartésien comme philosophie de la nature. — La théorie de la raison qui vient d'être exposée ne rencontre pas chez tous les philosophes un égal assentiment. Quelques-uns l'exagèrent et par là même la faussent : ce sont les *idéalistes*. D'autres la rejettent entièrement et prétendent faire reposer la connaissance humaine sur de tout autres bases : ce sont les *empiristes*. Il nous faut maintenant discuter les doctrines des uns et des autres.

Nous ne pouvons pas entrer ici dans la considération de toutes les formes que l'idéalisme peut prendre, et qu'il a prises dans l'histoire; mais nous en discuterons une, la plus importante et la plus connue, l'idéalisme cartésien. Encore faudra-t-il nous restreindre à quelques considérations très sommaires.

Nous avons eu occasion plusieurs fois déjà de rappeler comment les philosophes du Moyen Age et ceux de la Renaissance avaient peuplé l'univers d'une multitude de *qualités occultes*, c'est-à-dire de forces mystérieuses qu'ils faisaient intervenir arbitrairement toutes les fois qu'ils en avaient besoin pour expliquer les phénomènes. La conséquence de cette méthode était qu'à tout instant la pensée se trouvait arrêtée dans l'explication des phénomènes par quelque puissance inconnue dont il lui fallait admettre la réalité sans la comprendre. Tout était inintelligible dans la nature, et, les explications rationnelles faisant défaut, la science ne pouvait pas se constituer. Descartes entreprit de bannir tous ces fantômes et de substituer aux explications par des *formes* réfractaires à la pensée des explications véritables, dans lesquelles l'intelligence, rejetant tout ce qui pouvait lui faire obstacle, ne reconnaîtrait plus que des réalités parfaitement intelligibles. Dès lors, tout ce qui ne répondait pas à des idées *claires et distinctes*, c'est-à-dire à des idées pures et sans aucun mélange d'éléments sensibles, devait être tenu pour illusoire. Les mathématiques, en raison de leur caractère purement idéal, devinrent le modèle de toute science, ou plutôt la science unique de laquelle dépendait la connaissance entière de la nature.

La réforme ainsi introduite par Descartes dans la méthode de la science avait du bon assurément, car il est certain qu'on ne peut pas rendre compte des phénomènes par des principes inintelligibles; mais elle avait aussi ses périls. D'abord elle entraînait le rejet de toute finalité dans la nature, attendu que les idées d'ordre, d'harmonie, de beauté, ne sont pas des idées *claires* et *distinctes* au sens que les Cartésiens donnent à ces deux mots. Ce sont, au contraire, des idées éminemment *obscures* et *confuses* au regard d'un entendement pour qui la connaissance parfaite et typique est la connaissance mathématique. A plus forte raison encore cette réforme entraînait-elle la négation de tout principe spirituel présidant aux phénomènes vitaux; de sorte que le mécanisme seul devait, suivant Descartes, expliquer intégralement ces phénomènes, et que les corps organisés et vivants étaient réduits à n'être plus que de purs automates, tout à fait analogues à ceux que construit l'art humain, mais seulement beaucoup plus compliqués.

En second lieu, la doctrine cartésienne tendait fatalement à exclure de la nature corporelle tout ce qui n'était pas parfaitement intelligible, puisque le principe sur lequel elle-même reposait était précisément la parfaite intelligibilité de toutes choses. Descartes donc, après avoir dépouillé les corps de tout ce qu'il y a en eux de purement sensible, comme la couleur, la température, etc., se vit conduit à faire de la seule de leurs propriétés qu'il trouvât intelligible, à savoir l'étendue, la substance même de ces corps. Et comme l'étendue pure et simple n'eût pas suffi pour rendre compte des phénomènes, il y ajouta la considération des mouvements qui se produisent dans l'étendue, et dont la nature est également intelligible; de sorte qu'il n'y eut plus pour lui qu'une réalité extérieure, l'étendue avec le mouvement, et plus qu'une explication des phénomènes, l'explication mécanique.

Voici donc deux conséquences logiquement nécessaires du principe idéaliste posé par Descartes : 1° il n'y a pas dans la nature de finalité, et chez les vivants pas de principe vital; 2° tout se réduit hors de notre conscience à l'étendue et au mouvement. Nous avons déjà montré que la finalité naturelle est une vérité qui s'impose. Nous ferons voir plus tard, en métaphysique, que la vie est impossible à comprendre sans un principe vital. Voyons maintenant ce qu'il faut penser de la réduction de toute la matière et de tous les phénomènes à l'étendue et au mouvement.

La réfutation de cette thèse a été faite d'une manière décisive par Leibniz. Ce philosophe a montré avec la plus entière évidence que l'étendue n'a aucun des caractères d'une véritable substance : et quant au mouvement, il a fait voir encore que, bien loin d'être une réalité primordiale, le mouvement ne se suffit pas à lui-même, et qu'il suppose avant lui une réalité métaphysique, la *force,* résidant en une substance, la *monade.* Par là Leibniz revenait à ces *formes* scolastiques si décriées au XVIIe siècle. Seulement, au lieu de mêler ces principes métaphysiques à l'ordre phénoménal, il les plaçait dans une région supérieure où l'ordre phénoménal lui-même avait son principe et sa source, ce qui lui permettait de conserver le mécanisme avec tous ses avantages pour l'explication scientifique des faits. Il serait trop long d'exposer ici en détail les arguments de cette controverse célèbre de Leibniz contre Descartes. Contentons-nous de rappeler que la philosophie moderne, dans la très grande majorité de ses représentants, a donné sur ce point raison à Leibniz. Au reste, voici un argument simple, et qui paraît pouvoir suffire contre l'idéalisme cartésien.

L'idéalisme, avons-nous dit, n'admet rien dans l'univers qui ne soit parfaitement intelligible; c'est pour cela qu'il réduit tous les phénomènes au mouvement. Mais le mouvement suppose une matière mue, et une matière différente de l'étendue dans laquelle elle est appelée à se mouvoir. Or, si le mouvement lui-même est intelligible, cette matière ne l'est pas, puisque, par hypothèse, elle est le *substratum* et la condition du mouvement, auquel par là même elle demeure irréductible. Il est vrai que cette irréductibilité ne serait pas acceptée par les Cartésiens, qui prétendent au contraire que cette matière est intelligible, attendu qu'elle a été formée par des mouvements d'une matière élémentaire. Mais nous demanderons d'où vient cette matière élémentaire; et tout ce qu'on pourra nous répondre c'est qu'elle résulte de mouvements d'une matière plus élémentaire encore. Ainsi la difficulté peut être reculée indéfiniment, mais non pas résolue. Il est donc impossible de tout rendre intelligible, puisqu'il faudrait pour cela supprimer la matière, et qu'alors on supprimerait le mouvement même, c'est-à-dire précisément ce que l'intelligence peut comprendre.

144. L'idéalisme cartésien comme théorie de la connaissance humaine. — Nous venons de voir que, dans la nature, tout ne se laisse pas réduire à des principes parfaitement intelligibles comme l'étendue et le mouvement. Il nous faut montrer maintenant que l'intelligence non plus n'est pas exclusivement faite d'idées pures ; de sorte que l'idéalisme est une doctrine fausse également comme théorie psychologique et comme philosophie de la nature.

La pensée, suivant les idéalistes, ne peut avoir pour objet que des idées claires et distinctes, ou tout au moins des impressions de la sensibilité susceptibles d'être résolues en idées claires et distinctes. Mais, si la raison ne consiste que dans la possession des idées claires et distinctes, la raison n'admet pas de degrés. Elle en admet sans doute en ce sens que les idées confuses que donne la sensation peuvent être résolues en idées distinctes en plus ou moins grand nombre ; mais elle n'en admet pas quant à la capacité de comprendre les choses alors qu'on y réfléchit. En effet, la raison ne devant rien aux sens ne doit rien au corps, et dès lors on ne voit pas pourquoi l'aptitude à penser serait moindre chez un enfant à la mamelle que chez un homme mûr. Du reste, Descartes ne dit-il pas lui-même, et avec raison, qu'un enfant qui a fait correctement une addition a épuisé là-dessus les connaissances de l'esprit humain ? (*Discours de la méthode*, 2ᵉ partie.) Donc parler d'enfance, de progrès, de maturité de la raison, c'est dire des choses qui n'ont aucun sens. Mais qui ne voit, au contraire, que rien n'est plus réel que tout cela, et qu'en avançant en âge non seulement nous comprenons plus de choses, mais encore nous devenons capables de mieux comprendre celles que nous comprenons ? L'idéalisme reçoit donc ici des faits un démenti flagrant. Entre la région du pur intelligible, où tout peut se voir avec une parfaite clarté (si une telle région existe, et il semble que les mathématiques répondent à cet idéal), et la région complètement obscure de la sensation toute brute, s'étend une région intermédiaire où règne la pénombre plus ou moins lumineuse, et c'est dans celle-ci que l'esprit se meut presque toujours. Là l'expérience et la raison se rencontrent, là le progrès est possible et quant aux idées acquises et quant aux aptitudes de l'esprit à les acquérir. L'idéalisme a le tort de ne tenir aucun compte de cette région intermédiaire.

Ajoutons que ce ne sont pas les idées claires et distinctes des Cartésiens qui sont les vraies idées. Celles-là existent, on n'en peut pas douter, car les mathématiques ne sont pas faites d'autre chose ; mais elles sont vides. Les vraies idées, celles qui sont les objets habituels de nos jugements, ce sont précisément ces idées que les Cartésiens appellent *confuses*, parce que des éléments sensibles s'y trouvent mêlés, nous voulons dire les idées des choses concrètes qui nous environnent. Quels sont, en effet, les objets habituels de nos pensées et de nos raisonnements, sinon les hommes, les faits sociaux, les intérêts, les sentiments, les passions humaines, etc., etc., c'est-à-dire, précisément, les choses les plus complexes et les plus éloignées de la simplicité géométrique? Les Cartésiens ont beau dire que les idées sensibles, en tant que telles, ne sont rien pour la raison; la vérité est qu'en réalité nous faisons constamment acte d'êtres raisonnables, sans avoir résolu nos pensées ni nos actions en idées claires et distinctes.

Enfin les Cartésiens, avec leur théorie des idées claires et distinctes, sont conduits à faire consister tout l'ordre rationnel dans la seule considération de ces idées, à l'exclusion totale des impulsions de la sensibilité ; mais c'est là encore une erreur des plus graves. La meilleure partie de notre raison consiste dans la rectitude de nos tendances, et cette rectitude ne nous sert pas moins pour juger que pour agir, ce qui prouve bien que notre raison est autre chose que la pure contemplation des vérités éternelles. Descartes, quoiqu'il ait dit que c'est la volonté qui juge, ne paraît pas avoir bien compris qu'en fait nous jugeons avec des sentiments et des passions beaucoup plus souvent qu'avec des idées, et que l'homme le plus raisonnable est celui dont les sentiments et les passions sont les plus conformes à l'ordre universel, non celui dont les raisonnements sont les plus exacts et les plus semblables à ceux des géomètres. Il y a donc tout un côté de notre nature intellectuelle que le cartésianisme laisse dans l'ombre. La raison, au sens large et général du mot, ne se réduit pas à l'entendement. Elle le suppose ; car, même lorsque nous pensons aux objets les plus concrets, il y a dans nos pensées quelque chose de mécanique et d'abstrait qui tient à la fonction logique de l'esprit. Mais, en elle-même, elle est tout autre chose; et si l'on y regarde bien, on reconnaîtra qu'elle est avant tout un amour plus ou moins pur de la beauté, et une aspiration plus ou moins éclairée vers le bonheur. La raison en nous est concrète et vivante : ce n'est pas quelque chose d'*impersonnel*, comme le croyaient V. Cousin, Fénelon, Averrhoès et bien d'autres; c'est nous-mêmes tout entiers, quoique ce soit nous-mêmes considérés surtout dans la partie supérieure de notre être. Quant à vouloir isoler de l'intelligence la sensibilité, sous prétexte d'avoir la première à l'état de pureté, c'est commettre à nouveau, sous une autre forme, la faute que commettait Descartes lorsqu'il concevait l'âme comme un pur esprit et le corps organisé et vivant comme une pure matière. La sensibilité tient à l'intelligence tout aussi nécessairement que le corps tient à l'âme; et c'est une erreur absolue de croire que nous pouvons, hors les mathématiques, penser rien qu'avec des idées pures.

145. Opposition de nature de l'empirisme et de l'idéalisme. — La caractéristique de l'idéalisme cartésien et de tout idéalisme en général, c'est une foi absolue dans les idées pures de l'intelligence, et une sorte de mépris pour l'expérience, que l'on consultera sans doute là où la déduction rationnelle se trouvera impuissante à déterminer d'avance les faits, mais enfin qui ne nous instruit pas, qui ne nous apporte pas de véritables connaissances, et dont l'unique mérite est de fournir quelquefois des vérifications ou des objets à nos calculs. L'empirisme obéit à des tendances diamétralement contraires. Les empiristes ne croient guère aux nécessités intrinsèques et idéales. Un ordre rationnel subsistant en soi et régissant les phénomènes est pour eux une hypothèse vaine. En général, ils se défient des idées et même des calculs, parce qu'un calcul est encore une démarche de l'esprit hors du domaine des faits. Les idéalistes prétendent que tous les phénomènes ont leur explication dans les mathématiques : les empiristes veulent faire rentrer les mathématiques elles-mêmes dans les sciences d'observation. Aux yeux des empiristes, l'esprit n'impose plus à la nature des lois rationnelles dont l'origine est en lui-même : c'est, au contraire, la nature qui façonne l'esprit et qui détermine sa structure ; de sorte que notre raison n'est plus que l'écho de ce que nous a révélé l'expérience. La doctrine idéaliste peut se résumer en ces deux propositions fondamentales : tout l'univers est régi par des nécessités idéales, et l'origine, ou tout au moins la connaissance naturelle de ces nécessités, est en nous. L'empirisme peut se résumer en ces deux propositions contraires aux précédentes : il n'y a rien dans l'univers de nécessaire en soi, quoique l'uniformité règne partout ; et tout ce que nous savons de ces uniformités, contingentes bien que constantes, c'est l'expérience qui nous l'apprend.

Nous avons discuté l'idéalisme cartésien et montré les excès dans lesquels il tombe ; il nous faut maintenant réfuter l'empirisme, qui n'est pas moins incompatible avec les principes d'une saine philosophie.

146. L'empirisme psychologique. — Suivant Locke, qu'on peut considérer comme le premier en date des empiristes modernes, l'esprit n'a rien à tirer de lui-même pour la connaissance de la nature. Il n'y a point en lui de principes innés. Il est *table rase*, c'est-à-dire semblable à une tablette de cire sur laquelle rien n'aurait été écrit : mais l'expérience, semblable au cachet, vient imprimer en lui des notions. Ainsi l'esprit, tel que Locke le conçoit, est purement passif : il ne met rien de lui-même dans la connaissance qu'il prend des choses ; et cependant Locke, par une inconséquence flagrante, après avoir refusé à l'esprit toute activité, lui accorde le pouvoir de réfléchir sur ses sensations, et d'en extraire des idées que la sensation ne contenait pas.

Condillac voit bien le défaut de la philosophie de Locke à cet égard, et il entreprend d'y remédier en retirant à l'esprit toute activité, ce qui l'oblige à expliquer par une transformation et un développement spontané de la sensation tout l'édifice intellectuel. De là le système de la *sensation transformée*, et l'hypothèse de la *statue animée*, qui, ayant éprouvé une sensation, se souvient, fait attention, etc., et qui, quand deux sensations lui sont données à la fois, compare, juge, raisonne, etc. Voici donc une modification importante à noter. En passant de Locke à Condillac, l'empirisme, de substantialiste qu'il était, devient phénoméniste : c'est-à-dire que, rejetant la fiction d'un esprit informe, inerte et passif, les empiristes s'en tiennent aux seuls phénomènes de conscience, auxquels ils refusent tout *substratum* dans une substance spirituelle préexistante. Dès lors le moi ou l'âme n'est plus que la collection des phénomènes de conscience les plus élémentaires, c'est-à-dire des sensations. Rien de plus logique, évidemment, que cette nouvelle conception de l'âme, le principe de l'empirisme une fois admis. Aussi tous les successeurs de Condillac l'ont-ils adoptée, et l'on peut dire qu'elle fait le fond de l'empirisme moderne.

Deux choses toutefois continuent à caractériser en commun la doctrine de Locke et celle de Condillac : c'est que d'abord ces deux philosophes croient pouvoir tirer de l'expérience des vérités universelles et nécessaires par les simples procédés de l'abstraction et de la généralisation ; et qu'ensuite l'un et l'autre se contentent d'étudier l'origine et les conditions de la connaissance en général, sans avoir égard d'une manière spéciale au problème de la nature de la science. Or c'était là une double cause de faiblesse, attendu que, manifestement, la sensation ne peut jamais nous révéler l'universel et le nécessaire ; et que, d'autre part, en un temps surtout où la science a si prodigieusement étendu son domaine, et où elle a pris dans l'ensemble des conceptions humaines une place si importante, aucune théorie de la connaissance ne peut se constituer sans avoir à prouver qu'elle est en mesure de donner satisfaction aux légitimes exigences de la science. Les empiristes anglais du siècle dernier comprirent clairement tout cela, et crurent pouvoir résoudre toutes les difficultés de l'empirisme par la théorie de l'*association inséparable*.

Le problème de la science et de l'universalité des notions scientifiques est donc ce qui préoccupe Hume, et ce sur quoi ce philosophe fait porter ses efforts. Partant de ce principe fondamental de l'empirisme qu'il n'y a que des faits, et point de nécessités *a priori* faisant dépendre les faits les uns des autres, Hume en conclut que ce que nous appelons les lois de la nature ne peuvent être que des *connexions constantes* de faits. Par exemple, si l'antécédent A est partout et toujours suivi du conséquent B, dans les limites de notre expérience, nous disons que la succession de A et de B est une loi de la nature, et que A est la *cause*, ou, comme dira plus tard Stuart Mill, l'*antécédent inconditionnel* de B. Toute la question des lois de l'univers, et par conséquent de la science, se ramène donc pour Hume à la question de la nature du rapport de causalité qui unit l'antécédent A au conséquent B. Que pouvons-nous savoir de ce rapport, et ce que nous en pouvons savoir nous autorise-t-il à compter que partout et toujours A sera suivi de B? Voilà ce que Hume se demande.

Suivant les idées de Locke, cette question devait se résoudre dans le sens le plus favorable à l'universalité et à la nécessité des lois de la nature, attendu que, d'après Locke, le rapport de cause à effet était un rapport *analytique*, et, par conséquent, l'effet était contenu dans sa cause; de sorte qu'il n'était pas douteux que l'effet ne dût, partout et toujours, accompagner ou suivre sa cause. Mais Hume vit bien que cette solution du problème était inadmissible, que l'effet n'est pas contenu dans la cause, mais qu'il s'y ajoute, qu'il vient seulement après elle, que le rapport qui les unit est un simple rapport de succession, et que ce rapport est *synthétique*. Dès lors quelle assurance pouvons-nous avoir, avant l'expérience faite, que l'antécédent A sera suivi du conséquent B? Aucune évidemment, puisque aucune nécessité ne rattache B à A; c'est-à-dire que la constance de la succession de A et de B a été jusqu'ici un heureux hasard, ou, si l'on aime mieux, une sorte de faveur de la nature, sur la continuité de laquelle nous pouvons sans doute compter encore pour quelque temps, mais dont la perpétuité est absolument incertaine. Hume voit cette conséquence sceptique de sa théorie, et l'accepte ; mais il cherche à expliquer comment, dans ces conditions, nous pouvons avoir encore l'idée de la causalité. Suivant lui, cette idée n'est qu'un résultat des lois générales de l'association des faits de conscience. Nous constatons deux phénomènes donnés simultanément ou en succession immédiate : les idées de ces phénomènes s'associent dans nos esprits, et même elles y contractent des associations inséparables ; d'où il suit que, l'un des deux phénomènes venant à réapparaître, nous attendons l'autre, et que ce qui est lié dans notre esprit nous apparaît comme lié dans la nature, bien qu'il n'en soit rien, ou que tout au moins nous n'en puissions rien savoir. Ainsi ce que Hume explique ce n'est pas l'ordre constant et nécessaire que gardent entre eux les phénomènes, et auquel du reste lui-même ne croit pas, c'est la croyance que nous avons à cet ordre constant et nécessaire. Pour lui l'idée de cause n'a qu'une valeur subjective. Transportée aux choses de la nature, elle est une pure illusion ; mais c'est une illusion utile, puisque sur elle repose ce que nous appelons notre connaissance des lois de la nature.

Il était difficile de pousser l'audace sceptique plus loin que ne fit Hume dans cette théorie ; et cependant, par une inconséquence assez étrange, ce même philosophe qui ne croyait qu'à ses sensations avait cru devoir laisser aux mathématiques le caractère de vérités absolues dont il n'y a point à chercher la justification dans l'expérience. L'empirisme par là demeurait incomplet, et prenait un caractère d'indécision, comme si lui-même se fût défié de ses propres principes. Stuart Mill entreprit de lui rendre l'unité et la cohésion. Il prétendit donc que les notions mathématiques nous viennent de l'expérience comme toutes les autres, que les vérités générales qui s'y rattachent ne sont que des lois de la nature au même titre que les lois physiques ou chimiques, et qu'enfin ces lois sont obtenues par induction, c'est-à-dire qu'elles sont fondées simplement sur des connexions constantes de faits. Par exemple, j'ai constaté expérimentalement qu'un mètre carré contient cent décimètres carrés, un décimètre carré cent centimètres carrés, et de là j'ai tiré une loi. Du reste, ce n'est pas seulement l'expérience effective et sensible qui peut nous guider en ces matières, c'est encore l'expérience mentale que fournit l'imagination. Ainsi nous savons que deux droites ne peuvent enclore un espace parce que, en fait, « nous ne pouvons regarder deux lignes droites qui se croisent sans voir en même temps que de ce point d'entre-croisement elles divergent de plus en plus ». On serait peut-être en droit de se demander si cette prétendue expérience de l'imagination est encore de l'expérience, et si en y recourant l'empirisme ne revient point par un détour aux doctrines de l'*a priori* qu'il voulait écarter ; mais Stuart Mill ne se pose pas cette question. Il s'en tient à son assertion fondamentale qu'il n'y a de nécessités ni dans l'esprit ni dans la nature; et il nous croit à ce point façonnés intellectuellement par l'expérience que, si toutes les fois que deux objets se joignent à deux objets un cinquième objet surgissait tout à coup, nous jugerions nécessairement, à ce qu'il prétend, que deux et deux font cinq. Cet empirisme est certainement le plus complet et le plus radical qui ait jamais existé.

147. L'empirisme évolutionniste. — Jusqu'à Stuart Mill l'empirisme est exclusivement psychologique, c'est-à-dire que les empiristes, isolant les phénomènes de conscience de leurs antécédents physiologiques, traitent la science de l'esprit comme si le corps n'existait pas. Envisager ainsi la question c'est, évidemment, se placer sur un terrain très favorable à l'empirisme, attendu que le fait de conscience isolé de l'organisme où il a sa condition d'existence apparaît comme quelque chose d'entièrement passif et d'entièrement amorphe. Le malheur est que cette façon de concevoir la nature de l'esprit et de ses phénomènes est absolument factice et fausse. La conscience est en connexion intime avec l'organisme qu'elle exprime : on n'a donc pas le droit d'en faire un phénomène ne dépendant de rien et se suffisant à lui-même. Aussi la nouvelle école anglaise, avec MM. Lewes, Murphy, Herbert Spencer, rattache-t-elle étroitement les phénomènes psychologiques à leurs antécédents organiques. Par là cette école se trouve conduite à reconnaître qu'il y a en nous quelque chose d'inné et de préformé dès avant notre naissance; car peut-on dire que nos corps soient amorphes? Et s'il y a quelque chose de nécessaire et de déterminé d'avance dans notre structure physique, comment tout pourrait-il être indéterminé dans notre structure mentale? Aussi l'empirisme contemporain repousse-t-il absolument l'hypothèse de Hume et de Stuart Mill, d'après laquelle chaque homme devrait à son expérience propre la connaissance qu'il possède des lois les plus générales de la nature; d'autant plus que cette hypothèse rend inexplicables les énormes différences quant à l'intelligence que l'on remarque parfois entre deux individus dont l'expérience pourtant est à peu de chose près la même? « Si à la naissance, dit M. Spencer, il n'existe rien qu'une réceptivité passive d'impressions, pourquoi un cheval ne pourrait-il pas recevoir la même éducation qu'un homme? » (*Princ. de psych.*, t. Ier, p. 504.) Donc la *table rase* est une hypothèse insoutenable. Prétendre qu'antérieurement à l'expérience l'esprit est sans dispositions à penser, c'est, comme le dit encore M. Spencer, ne pas voir que l'expérience n'instruit que grâce à la préexistence d'une faculté « d'organiser les expériences ».

Comment, ces principes une fois admis, M. Spencer peut-il demeurer attaché à la théorie empirique de l'origine de la connaissance? C'est que ces formes de la pensée, qu'il reconnaît innées dans l'individu, il les suppose acquises par l'espèce. De même que l'organisme humain, duquel au reste elles dépendent, ces formes ont une genèse dont le commencement remonte aux origines mêmes de la vie. L'une des propriétés caractéristiques des êtres vivants c'est, en effet, de s'adapter au milieu dans lequel ils vivent; et comme leur adaptation à ce milieu n'est jamais complète, il en résulte que ces êtres sont en état de transformation et d'*évolution* perpétuelles. Les changements produits par les actions du dehors dans la constitution interne de chaque individu sont presque insensibles; mais comme ces changements sont transmissibles par voie d'hérédité, chaque génération hérite de la somme des modifications successives subies par les générations précédentes, somme qu'elle transmet, après l'avoir elle-même quelque peu accrue, aux générations suivantes. Or cette adaptation croissante au milieu, c'est-à-dire à l'ordre naturel des choses, c'est l'organisme sans doute, dont les fonctions vont se développant et se compliquant sans cesse, mais c'est aussi l'intelligence; car l'intelligence est liée au système nerveux; de sorte qu'un système nerveux adapté à l'ordre général de la nature c'est encore une intelligence adaptée à ce même ordre, et par conséquent apte à le comprendre[1]. Si donc nous considérons, non plus un individu, mais la série des organismes qui ont précédé et préparé un homme de l'époque actuelle, nous verrons que ce sont des actions du dehors sur le système nerveux, et par là même des expériences de l'être conscient, qui ont pétri et façonné peu à peu cette organisation mentale qui atteint aujourd'hui chez quelques-uns une puissance étonnante : et voilà comment, au dire de M. Spencer, « l'Européen en vient à avoir quelques pouces cubes de cervelle de plus que le Papou, et des sauvages incapables de dépasser en comptant le nombre de leurs

---

[1]. La conception de M. Spencer est plus complexe qu'il ne semble d'après l'exposé que nous en donnons ici. Nous la simplifions à dessein pour des raisons de clarté.

doigts ont pour successeurs dans la suite des siècles des Newton et des Shakespeare ».

148. Critique de l'empirisme. — Les deux formes de l'empirisme que nous venons d'exposer sont certainement assez différentes l'une de l'autre; mais cette différence, au fond, est d'ordre purement biologique. Psychologiquement, au contraire, les deux thèses n'en font qu'une, car le mode d'explication de la formation de l'intelligence est le même de part et d'autre. Nous pouvons donc les englober toutes deux dans une seule et même discussion, et nous contenter de réfuter l'empirisme en général.

Tout d'abord, on peut opposer à l'empirisme les conséquences qu'il entraîne. Ainsi nous allons voir bientôt qu'il ruine la science; mais nous pouvons dire dès maintenant qu'il ruine la métaphysique et la morale. En effet, la métaphysique et la morale sont par essence transcendantes, c'est-à-dire supérieures à l'expérience. L'empirisme, en nous enfermant dans le domaine de la connaissance expérimentale, nous interdit donc, du moins s'il veut rester conséquent avec lui-même, la croyance à Dieu, à l'Âme, au devoir, à tout ce qui fait le prix de la vie. Mais laissons les conséquences, et voyons la doctrine elle-même.

Le premier point sur lequel portera notre critique est celui-ci : l'empirisme est engagé à assigner une genèse, et une genèse empirique, à toutes les notions premières et à tous les principes de la raison; est-il en mesure de le faire?

L'école empirique a fait en ce siècle les plus grands efforts pour expliquer par l'expérience l'origine des notions de temps et d'espace. Ces efforts n'ont pas abouti, et il est manifeste qu'ils ne pouvaient pas aboutir, s'il est vrai, comme nous pensons l'avoir démontré, que le temps et l'espace sont uns et indivisibles. En effet, la notion d'un objet indivisible ne peut jamais nous être fournie directement par l'expérience, et nous ne l'obtenons pas davantage d'une manière indirecte en associant et en combinant des notions expérimentales. Le temps et l'espace demeurent donc, comme le dit M. Renouvier, « les forteresses imprenables de l'apriorisme ».

A l'égard de la loi d'unité et de multiplicité, nous nous contenterons de rappeler ce qui a été dit précédemment (136), que ces formes de l'un et du multiple sont indispensables à la constitution d'objets représentables pour nous. Donc elles préexistent à la sensation, et par suite elles n'en peuvent provenir. Quant à vouloir les faire dériver de l'association, ce serait évidemment absurde, puisqu'une association ne peut s'établir qu'entre deux sensations déjà constituées. Du reste, la loi d'unité est une condition directe de l'association elle-même. En effet, pour que deux sensations s'associent, il faut qu'elles s'unissent dans un même état de conscience. L'unité de conscience, ou, comme dit Kant, le *je pense*, et par conséquent l'unité de l'objet que la conscience saisit, est donc ce qui rend l'association possible, bien loin d'en résulter.

A l'égard des notions d'infini et d'absolu, nous ne pouvons que nous référer à ce qui a été dit plus haut au sujet de l'impossibilité de composer ces notions en partant des notions du fini et du relatif. Du reste, M. Spencer lui-même est obligé de reconnaître que la notion d'absolu précède en nous toute expérience. L'absolu, c'est pour lui une chose « qu'on ne pense pas », c'est-à-dire qu'on ne se représente pas ; ce qui implique que c'est une notion qui n'a rien de sensible. Et c'est une chose qu'on ne pense pas, parce que « l'on ne peut pas penser ce par quoi l'on pense [1] »; ce qui implique que la notion d'absolu est une notion sans laquelle les notions expérimentales ne peuvent se constituer : précisément ce que nous avons dit nous-mêmes. Donc *habemus confitentem...*

Mais ce sont surtout les principes rationnels qui ont été l'objet de vives discussions entre empiristes et innéistes, et en première ligne le principe de causalité, ou pour mieux dire le principe des lois de la nature : le même antécédent A est partout et toujours suivi du même conséquent B.

On sait que l'empirisme explique la connaissance que nous avons de ce principe en disant qu'il est une généralisation de notre expérience ; qu'ayant constaté certaines successions constantes d'antécédents et de conséquents nous en venons par habitude à croire que ce qui a été constaté pour quelques phénomènes est vrai pour tous, et que tout phénomène, quel qu'il soit, a un conséquent invariable.

Plusieurs philosophes ont objecté à cette théorie que la nature, loin de nous donner le spectacle de la régularité parfaite dans la succession des phénomènes, nous en présente au contraire une foule dont l'antécédent ou le conséquent n'apparaissent point, et une foule d'autres qui apparaissent à la suite d'antécédents très divers, ou qui sont suivis de conséquents très différents ; ainsi ce que l'expérience réduite à elle-même nous attesterait, ce serait le désordre et l'incohérence dans l'univers, non la dépendance de tous

---

[1] *Premiers Principes*, 1re partie, chap. IV.

les phénomènes à l'égard d'une loi absolue. Cette objection, à vrai dire, ne paraît pas décisive. Il est, en effet, certain qu'il y a dans la nature des successions de phénomènes que l'expérience nous révèle directement et d'une manière constante : par exemple, personne n'a jamais mis ses doigts dans le feu sans se brûler; personne n'a jamais jeté une pierre dans l'eau sans l'y voir s'enfoncer. On peut donc admettre que des faits de ce genre ont suggéré aux hommes l'idée que les phénomènes ne se succèdent pas au hasard, et même ont imprimé en eux cette idée avec assez de force pour contre-balancer et pour détruire l'impression de désordre et d'incohérence que d'autres phénomènes pouvaient faire naître dans leur esprit.

Mais il y a d'autres objections que celle-là à opposer à l'empirisme. Tout d'abord il est clair que la connaissance du principe des lois de la nature, si elle est fondée sur l'expérience, n'a pu être qu'hypothétique à l'origine de la pensée, puisque les faits ne lui avaient point encore apporté de confirmation décisive. Or ce qui était hypothétique alors l'est encore aujourd'hui, et le sera toujours. L'expérience, en effet, nous fait connaître ce qui arrive ici et là, non ce qui arrive dans tous les temps et dans tous les lieux : elle a pour objet ce qui est, non ce qui ne peut pas ne pas être. C'est un principe absolu proclamé par Kant, et que nous avons rappelé déjà, que l'expérience ne peut nous révéler l'universalité ni la nécessité de quoi que ce soit. Mais la science est universelle et nécessaire, ou elle n'est pas. Il est donc certain que la science dépasse l'expérience. Par conséquent, si l'on veut s'en tenir à l'expérience, et ne lui demander, comme il convient, que ce qu'elle peut donner, à savoir le particulier et le contingent, il faut renoncer à la science. L'empirisme n'explique donc pas le caractère absolu de la loi de causalité : il le nie au contraire, et le suppose impossible. Du reste Hume, ainsi que nous l'avons dit déjà, a formellement reconnu ce point; et Stuart Mill déclare expressément dans sa *Logique* (liv. III, chap. xxi) que les lois de la nature peuvent être tenues provisoirement pour vraies, mais que rien ne nous assure que dans des lieux ou dans des temps inaccessibles à notre expérience les choses ne puissent se passer tout autrement qu'elles ne se passent actuellement sous nos yeux. C'est notre monde à nous qui est organisé comme nous le voyons; mais nous ne savons pas, suivant Mill, si d'autres mondes ne sont pas organisés d'une manière toute différente quant à leurs lois fondamentales. Un philosophe qui parle ainsi fait-il autre chose que renoncer formellement à la science, du moins en tant que la science est universelle et nécessaire, et qu'elle ne se borne pas à de simples généralisations sur les faits constatés? Il est vrai que ces conséquences sceptiques de la doctrine, si elles sont avouées par certains empiristes, ne le sont pas par tous. M. Spencer, par exemple, soutient qu'il y a de la nécessité dans l'univers, quoiqu'il n'y en ait aucune dans l'esprit, sinon celle que le spectacle des phénomènes a pu faire naître en lui sous forme d'habitude. Mais c'est à tort que M. Spencer se croit en droit d'affirmer qu'il y a des lois absolues dans la nature. La vérité est que, s'il y en a, en tant qu'empiriste il n'en peut rien savoir. Ce n'est pas, pour les raisons que nous avons dites, la constance de l'ordre dans lequel ces phénomènes apparaissent qui peut donner à cet égard la certitude. L'empiriste donc, par le fait même qu'il ne croit qu'à l'expérience, est invinciblement condamné au scepticisme à l'égard de tout ce qui dépasse les expériences réalisées. Celui-là seul peut légitimement se dire dogmatique qui croit à des nécessités intrinsèques et idéales, qu'il affirme *a priori* puisqu'elles sont idéales. Mais, s'il nous est interdit de rien affirmer *a priori*, il nous est interdit aussi de rien affirmer d'universel et de nécessaire.

Puis voici une seconde objection non moins grave que la première. Nous avons dit que, suivant la doctrine empirique, le principe de causalité n'avait pu, au début de la pensée, se présenter à l'esprit qu'à titre d'hypothèse. Mais une hypothèse est quelque chose d'actif et de vivant : c'est la pensée allant au-devant des faits, les éclairant de sa lumière, et par là transformant les impressions confuses des sens en une expérience capable de nous instruire. Cela étant, comment comprendre la nature et le rôle de l'hypothèse dans la doctrine empirique? Comment comprendre que des modifications subies par un esprit table rase, c'est-à-dire par un esprit purement passif et simplement récepteur des impressions qui lui viennent du dehors, une hypothèse puisse se dégager? Cela paraît tout à fait impossible; de sorte que le rôle, pourtant bien modeste, que les empiristes assignent au principe de causalité dans l'ensemble de la connaissance humaine est encore exagéré. Nous serions, si leurs principes devaient être admis, incapables de penser la causalité, même à titre de simple hypothèse.

Nous touchons ici du doigt, en quelque manière, le vice radical de l'empirisme : les empiristes voudraient faire dériver l'intelligence même de l'expérience; mais la vérité est, au contraire, qu'il ne peut y avoir d'expérience que pour un être déjà intelligent. Des sensations accumulées ne constituent pas par elles-mêmes une expérience : les animaux éprouvent des sensations comme nous, et cependant ils n'apprennent rien. La véritable expérience chez eux ne commence jamais, parce qu'ils ne pensent point. D'autre part on voit des créatures humaines, les aveugles-sourds-muets de naissance par exemple, réduites aux sensations les moins suggestives de toutes pour l'intelligence, les sensations du toucher, penser encore, et par là prendre leur place dans la société humaine. Cl. Bernard était donc absolument dans le vrai lorsqu'il disait que « l'expérience est le privilège de la raison ». L'intelligence n'est pas *après* l'expérience, mais *avant* elle : ce n'est pas l'expérience qui explique l'intelligence, mais l'inverse.

Ces principes, méconnus par Hume et par Stuart Mill, ont été reconnus au contraire par M. Spencer, puisque, comme nous l'avons vu, ce philosophe proclame la nécessité d'une « faculté d'organiser les expériences ». Est-ce à dire pourtant que l'empirisme évolutioniste soit, sous ce rapport, plus à l'abri de la critique que l'empirisme psychologique? Ce serait se tromper que de le croire. Comment ne pas voir, en effet, que ce que M. Spencer reconnaît impossible à l'individu, à savoir l'acquisition de l'expérience, au cas où l'entendement de cet individu serait table rase au début de la vie, est également impossible à l'espèce et pour les mêmes raisons? S'il faut un germe d'intelligence pour que l'expérience se forme, comment l'expérience se formera-t-elle dans une espèce à laquelle, par hypothèse, ce germe manque à l'origine? M. Spencer a beau accumuler les siècles : les siècles n'apporteront jamais que des faits à organiser, non « la faculté qui les organise ». La différence qu'établit ce philosophe entre l'individu et l'espèce est donc illusoire ; car les conditions d'existence de la pensée sont identiquement les mêmes de part et d'autre. La vie de l'individu c'est la vie même de l'espèce raccourcie quant au temps ; la vie de l'espèce c'est la vie même de l'individu s'étendant bien davantage à travers la durée ; et les principes qui rendent compte de ces deux vies sont identiques ; à moins qu'on ne suppose que le temps, en s'étendant, puisse engendrer quelque chose, ce qui serait absurde. C'est donc en vain que M. Spencer espère corriger les défauts de l'empirisme traditionnel par l'hypothèse de l'évolution. Cette hypothèse laisse intact le problème de l'origine des idées. Si l'empirisme traditionnel était faible, elle le laisse faible, par la simple raison qu'elle n'y change rien.

Ainsi c'est une illusion singulière chez les partisans de l'évolutionisme de s'imaginer que l'évolution de l'espèce est capable de donner naissance à une « faculté d'organiser les expériences »; et l'on peut ajouter : c'est une infidélité positive aux principes empiriques de croire que, sans une telle faculté, l'expérience ne pourrait se constituer. La thèse nécessaire de l'empirisme quel qu'il soit c'est, au contraire, que l'expérience s'organise toute seule, sans le concours d'aucun principe organisateur. L'empirisme par là nous apparaît comme une doctrine sœur de la doctrine qui nie dans les êtres organisés l'existence de tout principe vital, et qui croit rendre compte de tous les phénomènes de la vie par les seules lois du mécanisme de la nature. La vie expliquée par une matière inerte soumise exclusivement aux lois brutales de la chimie, de la physique et de la mécanique en dernière analyse, voilà l'*organicisme*. La pensée expliquée par une matière inerte, la sensation, soumise exclusivement aux lois brutales de l'association, voilà l'*empirisme*. Des deux côtés l'esprit est le même, les principes identiques et l'erreur égale. En réfutant l'empirisme nous avons donc par avance réfuté l'organicisme; en discutant l'organicisme plus tard nous trouverons une occasion nouvelle de compléter notre réfutation de l'empirisme.

140. Résumé : l'idéalisme pur, l'empirisme, la vraie théorie de l'intelligence. — En résumé, l'idéalisme pur, n'admettant rien qui ne soit explicable par des idées, ôte par là aux idées tout objet distinct d'elles-mêmes, et réduit nos conceptions à n'être plus que de pures formes sans matière et sans contenu. L'empirisme, ne reconnaissant que la sensation comme fait irréductible et fondamental, laisse bien subsister la matière de la pensée, mais il en détruit la forme. De part et d'autre on est impuissant à construire l'édifice intellectuel; ici faute de matériaux, là faute d'ouvriers et d'architectes. Bacon exprimait la même idée quand il comparait ingénieusement le philosophe idéaliste à l'araignée qui tire d'elle-même la substance de sa toile, et qui veut en quelque sorte faire quelque chose de rien; le philosophe empiriste, à la fourmi qui amasse sans cesse des matériaux, et qui ne s'en sert jamais pour construire; le vrai philosophe enfin, à l'abeille qui va butiner le suc des fleurs, et qui l'emploie à composer son miel. Il faut donc reconnaître que la raison n'est pas la sensation, et que même elle ne dérive de la sensation en aucune manière, mais qu'elle a besoin de la sensation comme matière à mettre en œuvre. S'il n'y avait point e sensations, la pensée n'aurait point d'objets, et par conséquent elle ne pourrait s'exercer. S'il n'y avait que des sensations, il y aurait des objets pour une pensée possible, mais cette pensée manquerait toujours. La pensée et la sensation sont donc deux choses distinctes, mais qui se supposent l'une l'autre dans l'acte intellectuel.

CHAPITRE XIV

APPENDICE A LA THÉORIE DE L'INTELLIGENCE.
LES SIGNES ET LE LANGAGE.

150. Le langage comme moyen de communication des hommes entre eux. — Nous avons vu, en étudiant la nature et le mode de formation des idées abstraites et générales, comment le langage nous est nécessaire pour la constitution de nos pensées ; mais nous n'avons pas considéré le langage comme moyen de communication des hommes entre eux. La question du langage comprend donc une seconde partie, dont nous devons nous occuper maintenant, pour ne pas laisser de lacunes dans la théorie de l'intelligence.

En tant que conditions de la formation et du développement de la pensée personnelle les mots ont pour unique fonction de rallier, comme nous l'avons dit, les différents éléments psychologiques dont l'ensemble constitue chacune de nos pensées. Ils n'ont donc pas, à ce titre, le caractère de *signes*. Mais au contraire, en tant qu'ils servent à la communication des pensées, les mots sont positivement des signes. Pour bien comprendre la nature du langage à cet égard, il est donc nécessaire de commencer par rechercher ce que c'est qu'un signe d'une manière générale.

151. Les signes et les indices. — On appelle *signe* un phénomène sensible dont l'homme se sert pour manifester sa pensée. Ce qui rend l'usage des signes très nécessaire c'est que les esprits sont naturellement fermés les uns aux autres. Tout ce que nous connaissons en dehors de nous ce sont les phénomènes sensibles que nous percevons. La pensée d'autrui ne pouvant pas devenir pour nous un phénomène sensible, nous sommes condamnés pour toujours à l'ignorer telle qu'elle est en elle-même. Mais, par bonheur, il y a entre cette pensée et certains mouvements spontanés ou volontaires des organes une connexion; et comme ces mouvements sont perceptibles à nos sens, nous pouvons, par leur moyen, juger indirectement de la pensée à laquelle ils correspondent chez la personne qui les a produits. Ainsi la communication des pensées se fait par les organes, et ne pourrait pas se faire autrement.

On distingue souvent deux catégories de signes : les signes *naturels*, qui sont liés, dit-on, aux choses signifiées par des rapports naturels, comme les rapports de cause à effet, de moyen à fin, etc. ; et les signes *artificiels* ou *conventionnels*, qui n'ont de rapport avec les choses signifiées qu'en vertu d'une convention : par exemple, la rougeur serait un signe naturel de honte, les pavillons des sémaphores seraient des signes artificiels de l'état de la mer. Mais cette opposition paraît mal fondée. Les signes naturels n'existent point, du moins au sens où on l'entend ici. Quand un phénomène que nous percevons est la conséquence naturelle d'un autre phénomène que nous ne percevons pas, le premier nous fait connaître le second, mais à titre d'*indice,* non à titre de signe. Pour parler avec exactitude, on ne doit voir de signes que là où il y a expression d'une pensée, et volonté d'exprimer cette pensée. Ainsi la fumée n'est pas le signe du feu, quoiqu'elle le révèle : elle en est l'indice. On ne peut pas même dire que la rougeur soit le signe de la honte, attendu que celui qui rougit rougit parce qu'il a honte, et non parce qu'il veut manifester la honte qu'il éprouve. Tout signe véritable est donc artificiel ; car c'est user d'un véritable artifice que de produire intentionnellement un phénomène sensible pour manifester à autrui une pensée. Du reste il est juste de faire observer que l'on peut reproduire artificiellement un phénomène qui, à l'origine, n'avait que le caractère d'un indice. Par exemple un homme, étant en colère, a pris spontanément une certaine attitude et un certain son de voix : il pourra plus tard, étant de sang-froid, reproduire volontairement ces manifestations de sa colère passée, et changer par là en signe l'indice primitif. Par conséquent, en disant que tout signe est artificiel, ou, pour parler plus exactement, est volontairement produit, nous ne prétendons nullement que les signes dont un homme se sert pour manifester sa pensée soient volontaires et ne dépendent que de son caprice. Ainsi, nous verrons plus loin que les lois de formation des mots, dans une langue donnée, sont absolument nécessaires. Et pourtant les mots d'une langue sont des signes, et non pas des indices, parce qu'ils ne sont pas émis spontanément, mais volontairement, et pour exprimer des pensées.

Dès lors la division des signes que nous avons critiquée plus haut va reparaître, mais sous une forme un peu différente de celle qu'on lui donne ordinairement. D'abord, tous les signes sont *artificiels*, au sens et pour les raisons qui ont été indiquées. Mais, ce point admis, il y aura lieu de distinguer les signes *naturels*, c'est-à-dire ceux que la nature nous a suggérés, et les signes *conventionnels*, c'est-à-dire ceux que l'homme a inventés lui-même, et dont l'usage a été établi en vertu d'une convention.

152. Comment les signes sont produits et compris. — Comment les signes conventionnels sont-ils produits et compris ? Il est clair que pour exprimer une idée au moyen d'un signe conventionnel, ou pour comprendre la signification de ce signe, il faut et il suffit que l'on connaisse la convention. Par exemple, pour écrire ou pour lire une dépêche chiffrée, on n'a besoin que de connaître la clef du système. Mais il est moins aisé de rendre compte de la production de tous les indices naturels par lesquels l'homme et les animaux manifestent spontanément leurs émotions. Les causes de ces faits sont probablement très multiples, mais on peut les réduire à un petit nombre de lois principales.

Les physiologistes Charles Bell et Gratiolet ont expliqué la production des indices naturels en disant que ce sont des *actions commencées*, et commencées sous l'empire d'une émotion, pour écarter cette émotion si elle est pénible, ou la prolonger si elle est agréable. Par exemple, un chien en colère montre les dents : c'est le commencement de l'action de mordre.

Darwin a repris le problème, et il a pensé expliquer, non pas peut-être tous les faits, mais du moins un très grand nombre, en les ramenant à trois principes.

1° *L'antithèse* : c'est-à-dire qu'un animal prend spontanément l'attitude contraire à celle qu'il prendrait s'il éprouvait un désir ou une émotion contraires à ceux qu'il éprouve. C'est ainsi qu'un chat qui veut se faire caresser rentre ses griffes, raidit ses pattes, fait le gros dos, actions diamétralement contraires à celles d'un chat qui veut attaquer. On explique par là une foule de gestes et d'attitudes qu'on est étonné de retrouver avec des significations identiques chez tous les peuples et dans tous les temps. Par exemple, toujours les hommes se sont jetés à genoux en joignant les mains pour prier ou pour demander grâce : c'est que cette posture du corps est la moins favorable à l'attaque ou à la défense; de sorte que celui qui la prend témoigne par là qu'il s'abandonne lui-même, et ne veut avoir recours qu'à la miséricorde de celui qu'il implore.

2° *L'association des habitudes utiles :* c'est-à-dire que les mouvements utiles à la satisfaction d'un besoin ou au soulagement d'une sensation pénible finissent, en se répétant, par devenir si habituels qu'ils se reproduisent d'eux-mêmes lorsque ce besoin ou cette sensation reparaissent, et alors même qu'ils ont cessé d'être utiles à cet égard. On voit que cette seconde loi n'est, au fond, que celle de Ch. Bell, complétée heureusement par un recours à la loi d'habitude. Darwin ajoute avec raison que l'habitude dont il s'agit ici sera plus souvent héréditaire qu'individuelle. On ne comprendrait guère, en effet, qu'un homme ou un animal eussent pu acquérir d'eux-mêmes toutes les habitudes sous l'empire desquelles ils manifestent spontanément leurs émotions; mais la possession de ces habitudes se comprend fort bien, au contraire, si l'on en fait remonter l'origine à leurs ancêtres. C'est ainsi que nous naissons avec une foule de dispositions inhérentes à notre organisme, qui sont comme les résidus en nous des habitudes et de la nature de nos pères. A l'appui de cette explication Darwin cite un assez grand nombre de faits. Par exemple, un jeune chien à qui l'on montre de loin un morceau de viande appétissant fixera avec ardeur les yeux sur cet objet, et portera les oreilles en avant. C'est qu'il est naturel à un animal que quelque phénomène extérieur intéresse vivement de tendre tous ses organes pour n'en rien laisser échapper. De même, un homme irrité prendra spontanément une attitude aggressive, bien qu'il n'ait nullement l'intention d'attaquer en effet. Un homme qui rejette une proposition, dit encore Darwin, fermera les yeux et détournera la tête, comme pour ne pas voir ce qu'on lui propose; mais, s'il accepte, il baissera la tête et ouvrira les yeux, comme pour le mieux voir au contraire. Les gestes connus de l'acceptation et du refus ont encore de la sorte une origine naturelle et très facilement explicable.

3° *Le principe de l'action directe du système nerveux sur l'organisme.* Cette loi est extrêmement simple, et d'une vérité incontestable. Il est, en effet, certain que toutes les émotions ont, par l'intermédiaire du système nerveux, une action sur l'organisme entier, et cela indépendamment de la volonté et de l'habitude. Cette action est parfois excitante : par exemple, la joie fait souvent crier, trépigner, battre des mains. Parfois aussi elle est déprimante :

par exemple, la peur fait pâlir et suer; le cœur bat alors tumultueusement, les cheveux se hérissent, et la prostration peut aller jusqu'à la défaillance.

Comment ces indices sont-ils compris? Les Écossais et Jouffroy ont attribué l'interprétation des indices naturels à une faculté irréductible et *sui generis*, ce qui revient à dire que Dieu aurait mis en nous une aptitude innée à remonter des indices naturels aux choses qu'ils signifient, sans que l'expérience nous ait jamais fait connaître aucune connexion entre les uns et les autres. Il y a là un bel exemple de cette *philosophie paresseuse* qui, pour se dispenser de rendre compte des faits, les donne toujours comme premiers et irréductibles. Ici cependant les faits s'expliquent bien simplement par l'association des idées. Si un geste ou une attitude nous révèlent chez un homme un sentiment, c'est que nous-mêmes, sous l'empire de ce sentiment, avons fait ce geste ou pris cette attitude. Ce n'est pas avant toute expérience que nous pouvons dire qu'un homme qui crie souffre, c'est après avoir crié nous-mêmes sous l'action de la souffrance. Il n'y a donc point, à ce sujet, de facultés fondamentales à mettre en jeu.

153. Les différentes formes possibles du langage. — Après ces considérations générales sur les signes, nous pouvons passer à l'étude du langage comme moyen de communication des hommes entre eux. Considéré sous cet aspect, le langage n'est pas autre chose qu'un système de signes homogènes. Il y aura donc divers langages suivant la nature des signes employés. Les aveugles-sourds-muets, comme Laura Bridgmann et le jeune homme dont parle Dugald Stewart, ne peuvent avoir que le langage tactile, consistant en diverses pressions produites par les doigts de celui qui parle sur la main de la personne à laquelle il parle. Un pareil langage est très incommode et très pauvre à tous égards. Comme instrument de la pensée il offre très peu de ressources, parce que les signes auxquels il donne lieu sont peu nombreux et difficiles à se représenter mentalement. Aussi Laura Bridgmann pensait-elle plutôt en exécutant des mouvements de doigts qu'en les imaginant; de sorte que ses doigts étaient perpétuellement agités « comme les antennes d'un insecte ». Comme moyen de communication ce langage est également très imparfait, et pour les mêmes raisons.

Les sourds-muets ont le langage des gestes. Celui-ci est beaucoup plus rapide que le précédent; mais, s'il est rapide, c'est à la condition de rester très synthétique, c'est-à-dire d'exprimer en gros, et sans rien distinguer, des sentiments ou des idées complexes. Dès que le sourd-muet veut détailler un peu, et surtout dès qu'il veut exprimer des idées abstraites dont la représentation sensible n'est pas facile, il faut qu'il figure les mots au moyen des lettres qui les composent, et alors la communication devient lente. De plus, un tel langage a le grave inconvénient de ne pas attirer l'attention de la personne à qui l'on s'adresse, si déjà elle n'a pas les yeux fixés sur celui qui fait les gestes, et de ne pas pouvoir être employé dans l'obscurité. Enfin, il doit être vraisemblablement fort incommode comme instrument de la pensée personnelle, car il paraît assez difficile de penser avec des images de gestes.

Mais il est une forme de langage qui réunit tous les avantages, et qui est à l'abri de tous les inconvénients : c'est le langage vocal. Ce langage est extrêmement varié ; car les sons articulés peuvent se multiplier et se combiner à l'infini. Il est très rapide ; car il a été prouvé que l'on peut prononcer distinctement jusqu'à deux mille lettres dans une seule minute. Il permet d'éveiller l'attention de la personne à qui l'on parle, et de communiquer de loin et dans l'obscurité. Enfin il est incomparable pour les avantages qu'il présente comme véhicule de la pensée ; car la variété et la rapidité des sons vocaux se retrouvent dans la parole intérieure. Aussi le langage par excellence, celui que tous les hommes emploient spontanément dès qu'ils le peuvent, est-il le *langage de la parole*.

154. Comment le langage peut servir à la communication des pensées. — On s'est demandé quelquefois comment est possible la communication des idées par la parole ; et même cette possibilité a été niée par le sophiste Gorgias, pour la raison qu'un mot prononcé ne peut éveiller dans l'esprit de l'auditeur que l'idée qui, chez cet auditeur, était déjà associée à ce mot ; de sorte qu'aucune idée nouvelle n'est transmissible par la parole. Il est certain, en effet, que toute idée simple est nécessairement incommunicable. Par exemple, tout le monde sait qu'il est impossible de faire comprendre aux aveugles-nés ce que c'est que la couleur, parce que le mot *couleur* ne peut éveiller en eux le souvenir de sensations visuelles qu'ils n'ont jamais eues. Mais on n'a pas besoin, en général, de communiquer les idées simples, attendu que, sauf quelques cas particuliers comme celui que nous venons de citer, les personnes à qui l'on s'adresse les possèdent déjà. A l'égard des idées complexes, il en est autrement : on peut toujours les communiquer, pourvu que les éléments en soient connus de celui à qui l'on parle. Par exemple, on peut fort bien faire comprendre ce que c'est qu'un polygone régulier à quelqu'un qui n'en a jamais eu l'idée, parce qu'il suffit pour cela de mettre en jeu chez lui dans un ordre nouveau des idées déjà anciennes.

155. L'écriture. — Le mot prononcé en parlant est fugitif et limité dans l'espace, en ce sens qu'il ne peut être entendu que par un nombre restreint de personnes, et dans un lieu particulier. Mais on peut lui substituer un signe permanent, le mot écrit, qui le représente, qui l'évoque, et par cette substitution on en fait, comme dit Thucydide, « une possession pour toujours ».

Il y a lieu de distinguer deux sortes d'écriture : l'écriture *idéographique* qui figure les objets, et l'écriture *phonétique* qui figure les sons. La première, à son tour, prend deux formes différentes : l'écriture par *portraits*, qui consiste dans le dessin des objets eux-mêmes lorsqu'ils peuvent être figurés, et l'écriture par *symboles*, qui consiste dans la représentation d'objets ayant une certaine analogie avec ceux qu'on veut exprimer, lorsque ceux-ci ne sont pas directement représentables. L'écriture hiéroglyphique des anciens Égyptiens était de ce dernier genre. La longueur et l'incommodité d'un pareil procédé sautent aux yeux. Aussi les Égyptiens eurent-ils recours à des simplifications, en abrégeant leurs dessins. Ainsi, quelques traits disposés d'une certaine manière représentaient conventionnellement une femme dans telle attitude, laquelle elle-même représentait la justice. L'écriture des Chinois est du même genre. Malgré la simplification relative dont nous venons de parler, les inconvénients d'un pareil système demeurent considérables. En effet, dans une société un peu civilisée, et où les idées abstraites ont reçu quelque développement, il n'est pas trop alors de la vie d'un homme pour apprendre la signification précise de tous les symboles et la manière de les figurer, c'est-à-dire pour apprendre à lire et à écrire. C'est précisément ce qui arrive en Chine. L'arrêt du développement de la civilisation chinoise, que l'on constate depuis tant de siècles, vient certainement de là en très grande partie.

C'est pourtant de l'écriture idéographique qu'est sortie, à ce qu'il semble, l'écriture phonétique. La raison en est que les signes graphiques, étant associés non seulement aux images des objets, mais aussi aux sons par lesquels on les désigne, durent être employés de bonne heure pour désigner ces sons à la place des objets eux-mêmes. A l'origine, le signe graphique figura sans doute le son tel quel ; puis, le son se décomposant en syllabes, on représenta chaque syllabe à part par un signe spécial, et l'on eut ainsi l'écriture *syllabique ;* enfin, lorsque l'analyse put être poussée (en Grèce, selon toutes les probabilités) jusqu'à la décomposition des syllabes elles-mêmes en leurs éléments vocaux, voyelles et consonnes, on eut l'écriture *alphabétique ;* et c'est ainsi qu'avec un très petit nombre de signes graphiques (de 22 à 40 lettres environ), qu'ils combinent diversement, les peuples d'origine aryenne ont réussi à figurer des sons d'une variété infinie.

156. L'origine du langage. — De tous temps les philosophes ont été préoccupés de la question de savoir comment le langage a pu prendre naissance dans l'humanité. Mais c'est surtout depuis le XVIII° siècle que cette question est discutée avec suite et avec méthode. Bien des points de détail sont encore aujourd'hui controversés, mais la théorie paraît définitivement constituée, au moins dans ses grandes lignes. Ce sont seulement les résultats les plus généraux et, autant qu'on en peut juger, les plus solides auxquels a abouti la science que nous allons exposer.

La solution la plus simple que comporte le problème de l'origine du langage c'est celle qui consiste à prétendre que, si l'homme a parlé, c'est qu'il l'a voulu. Cette solution est celle d'Adam Smith. Suivant ce philosophe, la création du langage aurait été une affaire de pure convention entre les hommes. L'homme primitif était muet : il ne s'exprimait qu'au moyen de certains mouvements et de certaines attitudes corporelles. Mais un jour vint où, les idées s'étant multipliées, ce mode de communication fut trouvé insuffisant. « On sentit alors, dit A. Smith, la nécessité d'inventer des signes artificiels dont la signification fut déterminée d'un commun accord. » Cette thèse est évidemment insoutenable ; car, comme le fait remarquer J.-J. Rousseau, « la parole paraît avoir été fort nécessaire pour établir l'usage de la parole ». Du reste, à supposer même qu'A. Smith eût raison pour ce qui concerne le langage de la parole, il est certain que la solution qu'il propose ne saurait s'appliquer à tout langage d'une manière générale ; et lui-même le reconnaît, puisqu'il déclare qu'avant le langage conventionnel de la parole il y avait un langage naturel, celui des gestes, par le moyen duquel le langage de la parole put être établi. Quant à la nécessité d'admettre l'existence d'un langage naturel à l'origine, elle n'est pas douteuse, puisque la création même d'un langage conventionnel suppose que déjà l'on s'entend. Il est donc incontestable que le premier langage de l'homme avait son fondement dans la nature, et non pas dans la convention. Quel était ce langage? Était-ce le langage de la parole, ou un autre, celui des gestes par exemple? Voilà ce qu'il serait peut-être difficile de décider, et ce qui, au fond, importe peu. La question qui doit nous occuper c'est la question de l'origine du langage en général, non celle de l'origine de telle ou telle forme particulière de langage. Or le langage de la parole, quelle que soit son importance et sa prééminence sur tous les autres, n'est pourtant qu'une forme particulière de langage. Sans doute l'hypothèse d'A. Smith, d'après laquelle ce langage aurait été créé par les hommes au moyen d'un autre langage plus essentiel, et créé conventionnellement, est extrêmement improbable. L'homme a dû parler de la voix dès le premier jour où il a parlé du geste, c'est-à-dire de tout temps; car l'expérience montre que toujours la voix et le geste s'accompagnent, et que le premier langage est tout autre chose qu'un substitut perfectionné du second, comme A. Smith le supposait. Mais, encore une fois, peu importe pour l'objet que nous nous proposons. Nous avons à rechercher comment, d'une manière générale, les hommes ont pu créer les signes dont ils avaient besoin pour communiquer entre eux; et si nous avons en vue surtout le langage de la parole, ce sera uniquement pour la commodité du discours.

Voici donc un premier point sur lequel le doute n'est pas possible : l'homme a parlé spontanément, non volontairement ni avec réflexion. Il a parlé comme il a pensé, non parce qu'il l'a voulu, mais parce que le langage était dans sa nature. Reste à savoir quelle était l'étendue et la portée du langage dont la nature l'avait doué. Deux hypothèses à ce sujet sont possibles : celle de Condillac, qui prétend que le langage naturel à l'homme, langage inné par conséquent dans les premiers représentants de l'espèce, était un langage rudimentaire; et l'hypothèse suivant laquelle, au contraire, le langage que l'homme devait parler spontanément était un langage tout formé, et plus ou moins analogue à celui que parlent aujourd'hui les peuples civilisés. Mais cette dernière supposition est évidemment à écarter *in limine*. Un langage formé, développé et adulte implique en effet des conditions d'existence et des phases préparatoires, comme tout ce qui est soumis en ce monde à la loi du devenir : par exemple, la langue française n'est pas née et ne s'est pas constituée dès le premier jour telle qu'elle est aujourd'hui. Il est donc impossible, lorsque l'on étudie l'origine du langage, d'admettre, comme étant la forme initiale que le langage aurait prise, une forme complexe et développée, puisqu'une telle forme suppose nécessairement avant elle des étapes progressives qui l'ont amenée à se produire.

Il est vrai qu'au commencement de ce siècle M. de Bonald a pu soutenir, se fondant sur la tradition biblique littéralement interprétée, que le premier homme était sorti des mains de Dieu pourvu d'un langage complet qui lui permettait d'exprimer toutes les idées possibles. Mais comprenons bien le véritable caractère de cette assertion. D'après la tradition biblique, Adam était né adulte quant à son corps, et en pleine possession de ses sens et de sa raison. M. de Bonald ajoute qu'il était aussi né parlant, et, la tradition biblique étant acceptée et prise pour base, rien n'est plus légitime que cette thèse, puisqu'il est très certain que le langage est une condition essentielle de la pensée. Mais l'origine que M. de Bonald assigne par là au langage est une origine *surnaturelle*. Or c'est uniquement de l'origine *naturelle* du langage que le philosophe peut s'occuper ; de sorte que la doctrine que soutient M. de Bonald n'est point de son domaine, et qu'il n'a point à la mettre en discussion.

Dira-t-on que le philosophe n'a pas le droit cependant d'écarter ainsi par une fin de non-recevoir la doctrine de M. de Bonald, attendu que, si le langage a une origine surnaturelle, il est inutile de lui en chercher une naturelle? Ce serait comme si l'on disait qu'Adam étant né adulte, il n'y a plus lieu de constituer la science de l'embryogénie; qu'Adam ayant eu dès son premier jour le parfait usage de tous ses sens, il n'y a plus lieu d'expliquer comment nous acquérons peu à peu l'usage des nôtres. Quel qu'ait été l'état de nos premiers parents dans le paradis terrestre quant à la pensée et quant au langage, il est certain que des langues naissent, se développent, déclinent et meurent comme des hommes, et que tout cela se fait *naturellement*, suivant des lois que la science a pour objet de découvrir. Il y a donc les mêmes raisons pour chercher comment une langue peut se former dans l'humanité, que pour chercher comment un homme peut naître. La théorie de Condillac peut être défectueuse, la solution qu'il propose peut être fausse, mais la méthode qu'il adopte est certainement la seule qui ait un caractère scientifique, et la seule qui soit philosophiquement admissible.

En fait, cette théorie est très vraisemblable, et, sauf certains détails inexacts que nous omettrons, on peut la tenir pour bien fondée. Suivant Condillac [1], en vertu de l'intime corrélation de l'âme et du corps, l'homme a commencé par exprimer spontanément par des mouvements et par des cris ses sensations et les différents états affectifs de son âme. Il n'a donc pas inventé son langage : il a parlé sans le vouloir et sans le savoir. Mais ce langage tout spontané et uniquement composé d'indices naturels n'était rien encore, et ne pouvait servir à la communication des individus entre eux tant qu'ils n'en avaient point découvert la signification. Ce fut le besoin qu'ils avaient les uns des autres qui les contraignit à faire cette découverte. L'association des idées dut jouer ici un grand rôle, quoique Condillac n'en parle point. Un individu ayant exécuté certains mouvements, ou poussé certains cris sous l'empire de certains états d'âme, et constatant chez d'autres individus la production de mouvements et de cris semblables, dut conclure à l'égard de ceux-ci à l'existence d'états d'âme semblables à ceux qu'il se souvenait d'avoir lui-même éprouvés. Comprenant les autres, il pensa que les autres pouvaient le comprendre, et, désirant entrer en communication avec eux, il répéta volontairement, pour exprimer certains sentiments, les actions que ces sentiments lui avaient fait spontanément produire. Ainsi naquirent les premiers signes artificiels et, par conséquent, les premiers *signes* au sens propre et littéral du mot, lesquels n'étaient que des reproductions voulues d'indices naturels. Dès lors le germe du langage était créé. Mais on voit que, suivant une très juste observation de Condillac et de Maine de Biran, cette création avait consisté plutôt dans l'interprétation, toute spontanée d'ailleurs, des signes naturels, que dans la production de ces signes; car c'est l'interprétation seule qui a le caractère d'une opération de l'intelligence.

Peut-on dire que cette théorie soit hypothétique? Non, car elle reçoit chaque jour de l'expérience les confirmations les plus décisives. Un enfant qui vient au monde entend des sons et voit des mouvements; mais tout cela ne peut rien lui révéler, et du reste ne révèle rien à l'animal. La possibilité de parler et de se faire comprendre n'est donc pas une chose qui s'enseigne : c'est une chose que chacun de nous est obligé d'inventer et de découvrir pour son propre compte. Et il faut que cette découverte soit bien aisée et bien naturelle à l'homme, puisque partout on la lui voit faire dès le berceau. De très bonne heure l'enfant remarque qu'aux cris poussés par lui spontanément sa nourrice accourt, et il se sert

---

[1] *Logique,* IIe partie, chap. II.

volontairement de ces cris pour qu'on vienne à lui et qu'on fasse ce qu'il désire. Ainsi, avant qu'on lui ait appris aucun langage, il en a créé un lui-même, tout comme l'homme primitif que nous supposons, et par le même procédé.

Longtemps, suivant Condillac, le langage du geste et celui de la voix furent mêlés ensemble; mais le langage de la voix finit par prévaloir. Pour expliquer comment se formèrent les premiers mots, M. Max Müller a prétendu que l'homme débute dans la pensée par des conceptions générales très simples, et qu'il y a de plus en lui une disposition innée à exprimer ces conceptions par des sons élémentaires qui constitueront les *racines* des langues. Mais cette hypothèse paraît difficilement conciliable avec une théorie aujourd'hui adoptée en philologie, d'après laquelle il existerait au moins trois grandes familles de langues (les familles indo-européenne, sémitique et touranienne), ayant chacune leurs racines primitives propres. En effet, si l'émission des sons-racines est le fruit d'une sorte d'instinct, comme le veut Max Müller, d'où vient que cet instinct varie d'une race humaine à une autre? De plus, M. Michel Bréal a démontré que les cinq ou six cents racines qui forment le fond commun de toutes les langues actuellement connues, au lieu d'être des formes originales et nécessaires par lesquelles l'homme exprimerait les idées générales, sont simplement des débris de langues antérieurement existantes. Il faut donc se passer de l'instinct des sons-racines pour expliquer l'origine du langage. L'opinion la plus communément adoptée aujourd'hui, c'est que les éléments essentiels des langues primitives auraient été des interjections pour exprimer les sentiments, et des onomatopées pour désigner les objets. L'interjection, en effet, jaillit spontanément de la poitrine humaine sous l'action d'une vive émotion, et surtout d'une douleur physique. Quant aux onomatopées, elles étaient la forme naturelle des signes dont les premiers hommes devaient se servir à l'égard des objets. Quoi de plus simple, en effet, pour désigner les objets de la nature qui rendent un son, que de reproduire ce son, et pour désigner les animaux, que d'imiter leurs cris? Il est vrai que le nombre des idées qu'on peut exprimer par là est fort restreint; mais l'expérience prouve que l'homme a tendance à transporter par métaphore analogique le nom d'un objet à un objet différent qui a avec le premier un rapport quelconque. Par là, un même son s'est trouvé appliqué à la désignation de divers objets, ce qui a rendu nécessaires les inflexions, les altérations, et toutes ces formations successives de mots dont la philologie détermine les lois.

Cette dernière explication doit contenir une certaine part de vérité; mais il en est une autre plus simple, et qui permet de mieux comprendre peut-être la formation des mots. Les petits enfants, à partir du sixième mois en général, commencent à articuler spontanément des syllabes dans lesquelles dominent le b, le p, le g, l'm, parmi les consonnes; l'a et l'o parmi les voyelles. Ce fait prouve qu'il y a chez l'homme une tendance naturelle à se servir de l'organe vocal, et à s'en servir pour émettre des sons articulés. Ayant donc émis ainsi spontanément des sons, les premiers hommes n'eurent qu'à en faire l'application aux objets qui les entouraient, ce qui eut lieu par le simple effet de la loi d'association. Du reste, l'intérêt qui s'attache à la question de savoir comment les premières langues ont pu naître est d'ordre philologique plutôt que d'ordre philosophique. Le point important pour nous à déterminer était, non pas si l'homme a pu créer lui-même son langage, car la chose n'était pas douteuse, mais s'il l'a créé volontairement ou spontanément. Or à cet égard l'incertitude aujourd'hui ne paraît plus possible. Le langage est une production spontanée du génie humain. C'en est aussi une production impersonnelle, car c'est un fait non pas individuel, mais social. Chaque race se fait à elle-même sa langue, sans tâtonnements, sans efforts; et cette langue naît, se développe, modifie ses formes, s'assimile certains éléments et en rejette d'autres, par une activité spontanée et irrésistible qui ne peut bien se comparer qu'à la force organique par laquelle sont constitués les corps vivants.

Par cela même qu'elles sont des créations impersonnelles et sociales, les langues, évidemment, sont soustraites à l'action de toute volonté arbitraire. Ainsi ce n'est pas le caprice d'un individu ou d'une collectivité qui a fait dériver du mot latin *patrem* le mot français *père;* c'est, comme le fait observer Max Müller, une loi aussi absolue dans ses manifestations que n'importe quelle loi de la nature physique. Est-ce à dire pourtant qu'une langue soit un système de signes du genre de ceux qu'on appelle proprement signes naturels? Le contraire est manifeste, car d'abord les signes naturels sont universellement les mêmes dans l'humanité, et les mots des langues n'ont pas ce caractère. De plus, il est certain qu'il y a dans toute les langues une part d'accident. Par exemple, on découvre une terre, on invente une machine; c'est celui qui a fait cette découverte ou cette invention qui lui donne un nom, et le choix qu'il fait de ce nom est arbitraire. Enfin il est impossible d'admettre, comme le voulait au siècle dernier le président de

Brosses, et comme l'a prétendu récemment Max Müller, que la nature ait spécialement affecté certains sons à la désignation de certains objets. En ce sens, on peut dire que toutes les formes phonétiques de toutes les langues de l'univers sont factices et accidentelles.

Mais si dans une langue donnée il n'y a rien, ou du moins peu de chose, qui soit nécessaire par rapport à la nature en général, on peut dire que tout est nécessaire, au contraire, par rapport aux antécédents philologiques et à la nature particulière du peuple qui parle cette langue. Dira-t-on que la pensée d'un homme soit une œuvre factice? Non, c'est une œuvre très naturelle par rapport au tour d'esprit particulier de cet homme. Il en est de même pour les langues. Le génie d'un peuple étant ce qu'il est, il était impossible que sa langue fût différente : voilà tout ce que signifie cette proposition que les langues sont des productions naturelles et spontanées, nullement, par conséquent, des productions arbitraires ou seulement réfléchies du génie de l'homme.

TROISIÈME PARTIE
L'ACTIVITÉ

CHAPITRE PREMIER
LA VOLONTÉ

157. L'activité considérée en elle-même. — L'activité, comme on l'a vu, est le fond même de notre être, et c'est en elle qu'est le principe de tous les phénomènes de notre vie tant physique que mentale. En étudiant la sensibilité et l'intelligence c'était donc l'activité que nous étudiions déjà, mais l'activité sous deux formes particulières et déterminées. Il nous faut maintenant considérer l'activité en elle-même, abstraction faite de toutes les formes qu'elle peut prendre. Cette étude donnera lieu à deux questions, que nous aurons à examiner successivement, celle de la *volonté* et celle de l'*habitude*.

158. Analyse de l'acte volontaire. — De même que l'intelligence et la sensibilité se révèlent, en tant que pouvoirs de l'âme, par les faits intellectuels et sensibles, de même la volonté se révèle par l'acte volontaire. C'est donc dans l'acte volontaire surtout que nous devons chercher à découvrir la vraie nature de la volonté.

L'acte propre de la volonté, suivant les idées généralement admises, c'est la *résolution volontaire*. En fait, cependant, prendre des résolutions n'est pas l'unique fonction de la volonté : autrement, la volonté serait une faculté qui, dans la vie commune, n'aurait que de bien rares occasions d'entrer en scène. Son action serait intermittente, non plus en ce sens qu'elle aurait des périodes alternatives de tension et de repos, ce qui serait encore admissible, mais en ce sens que, n'ayant aucune activité, et par suite aucune existence véritable pendant une grande partie de notre vie, elle s'allumerait tout à coup, à un moment donné, comme une étincelle, pour faire son œuvre et mourir aussitôt après. Une telle conception n'a rien de philosophique. Du reste, elle est en opposition avec le sentiment de chaque homme exprimé par le langage. Quand on dit de quelqu'un : « C'est un homme de volonté », on ne veut pas dire par là qu'il y a en cette personne un pouvoir de décider, lequel n'agit que lorsqu'il y a une résolution à prendre : on veut parler au contraire d'une activité permanente, qui, après avoir décidé, produit un effort en vue de l'exécution, et le soutient jusqu'au moment du succès définitif. Donc nous ne devons pas nous attendre à voir l'intervention de la volonté limitée à l'acte de choisir ou de se résoudre ; car ce phénomène constitue seulement un moment décisif, et comme une crise, dans la continuité de notre activité volontaire. Mais la volonté elle-même a plus de portée et d'étendue.

On peut distinguer dans l'acte volontaire trois moments : la *délibération*, la *détermination* et l'*exécution*.

La délibération consiste dans l'examen des motifs que nous pouvons avoir d'agir de telle ou telle manière. En soi, cette opération mentale paraît relever principalement de l'intelligence, puisque c'est avant tout une réflexion sur la nature de l'objet qui nous occupe. Pourtant il est certain que la sensibilité y prend aussi une très grande part. En effet, les raisons toutes spéculatives que nous pouvons avoir d'agir en tel sens, et que l'on nomme *motifs*, ne sont pas les seuls éléments qui interviennent dans la délibération : il s'y joint des *mobiles*, c'est-à-dire des appétits, des désirs, des faits affectifs en général. Du reste, la chose est aisée à comprendre. Tout ce que nous nous représentons par la pensée est nécessairement de nature à produire en nous du plaisir ou de la douleur, et, par conséquent, à exciter des désirs ou des aversions. Tout motif se double donc d'un mobile, et la réciproque est vraie ; car nous ne pouvons pas désirer sans nous représenter, ne fût-ce que très vaguement, ce que nous désirons. On voit par là, pour le dire en passant, combien il est inexact de présenter, ainsi qu'on le fait quelquefois, les motifs et les mobiles comme s'opposant entre eux à la manière de forces adverses qui lutteraient les unes contre les autres, tous les motifs étant supposés être d'un côté, tous les mobiles de l'autre.

Enfin, la volonté à son tour intervient dans la délibération, et même le rôle qu'elle y joue est considérable. En effet, pour commencer, ou pour prolonger, ou pour terminer la délibération, il faut vouloir. Puis, dans le cours même de la délibération, la volonté peut, en portant l'attention dont elle est maîtresse sur un motif préférablement à un autre, donner au premier une force telle que sa victoire sur le motif adverse devienne inévitable. C'est même ainsi que les choses se passent le plus souvent. Sans doute, il est des cas dans lesquels nous sommes entièrement de bonne foi dans la délibération : nous délibérons alors pour nous éclairer, parce que nous sentons que nous avons besoin de lumières, et que nous sommes disposés à tout faire pour ne pas nous tromper. Mais, très souvent aussi, lorsque nous délibérons, l'examen des motifs auquel nous nous livrons n'a pour objet que de chercher des raisons qui puissent justifier à nos propres yeux une résolution qui n'est pas prise encore, mais que nous avons l'intention de prendre, et que nous prendrons presque infailliblement. C'est pourquoi nous écartons alors toutes les considérations qui militent contre le parti qui nous séduit, pour mettre en relief celles-là seulement qui sont en sa faveur; de sorte que la délibération n'est plus, en fait, qu'un vain simulacre et une parade par lesquels nous essayons de tromper les autres, et de nous faire croire à nous-mêmes que nous avions de bonnes raisons pour agir comme nous l'avons fait.

Il ne faut pas confondre avec la délibération cette sorte de fluctuation dans laquelle se trouve une personne que ses passions entraînent tantôt d'un côté tantôt d'un autre, comme Hermione, par exemple, qui, dans l'*Andromaque* de Racine, ordonne à Oreste de tuer Pyrrhus, et ensuite lui reproche en termes violents d'avoir accompli ses ordres. Il est de l'essence de la délibération d'être réfléchie; et la lutte des passions les unes contre les autres est si peu la réflexion que généralement elle l'exclut.

La détermination ou résolution a ceci de particulier qu'elle paraît devoir être rattachée à la volonté toute seule comme constituant son acte propre, alors que dans la délibération, et peut-être même dans tous les faits psychologiques sans exception, toutes les facultés de l'âme interviennent ensemble. Sous ce rapport, la détermination volontaire est donc un phénomène tout à fait à part dans notre vie mentale. De plus, tous les autres phénomènes de conscience durent : celui-là ne paraît pas durer, bien que l'exécution qu'il provoque et qu'il soutient dure certainement : c'est dire qu'il est soustrait à la loi du temps, autre singularité non moins étrange que la première. Si enfin on veut l'analyser, on s'aperçoit qu'il résiste, et qu'il ne se laisse pas décomposer en éléments plus simples.

Aussi, tout ce que l'on en peut dire c'est qu'il est le *fiat* souverain par lequel notre volonté tranche une situation ambiguë, et prend un parti qui sera nécessairement suivi d'exécution, pourvu toutefois que la détermination ait été réelle, et non pas seulement apparente, qu'elle ait été une véritable *volition*, et non pas une simple *velléité* ou *intention* d'agir, comme il arrive assez souvent. Descartes disait que la volonté est un absolu, entendant par là que la faculté de se déterminer n'admet point de degrés ; de sorte qu' « on ne conçoit point l'idée d'une autre volonté plus ample et plus étendue que la nôtre ». (*3ᵉ Médit.*) En cela il avait raison, car on ne conçoit point de degrés dans ce qui est étranger au temps et à l'espace. Du reste, nous voyons bien que l'action de décider entre deux partis contraires ne comporte pas de plus ni de moins. La détermination n'est pas la seule manifestation du pouvoir de la volonté, mais elle en est la manifestation essentielle et caractéristique.

Quant à l'exécution, elle ne fait pas partie, à proprement parler, de l'acte de la résolution volontaire. En effet, elle est en soi quelque chose de physique, tandis que l'acte volontaire est de nature psychologique : aussi ce dernier peut-il être complet alors même que l'exécution manque totalement. Par exemple, un homme qui a voulu frapper son ennemi d'un coup de poignard, et dont le bras a été arrêté dans son mouvement, est aussi réellement assassin que s'il avait pu accomplir son crime. Sans doute, si les événements extérieurs dépendaient de nous en totalité, ils ne seraient pas moins imputables à notre volonté que nos résolutions mêmes : un riche a le mérite, non pas des aumônes qu'il a voulu faire, mais de celles qu'il a réellement faites. Mais, comme notre puissance efficace est limitée dans la plupart des cas, on ne peut imputer à notre volonté que la part qu'elle a prise dans les événements, et non pas le surplus, qui appartient à la nature extérieure. Du reste il est évident que, si la réalité de l'acte volontaire ne suppose point la pleine exécution de ce qui a été résolu, elle suppose au moins le passage à l'action, et un effort sérieux pour l'accomplir. Celui qui, tout en prétendant vouloir, ne fait point d'efforts, ne veut point réellement. Celui qui veut réellement agit, du moins dans la mesure de ses forces ; et l'intensité de son effort est en proportion de l'énergie de son vouloir. Nous avons dit que la volonté est une faculté dont l'action est permanente, et non pas intermittente, comme on pourrait le croire. On voit bien maintenant en quoi consiste cette permanence de son action : c'est dans l'effort pour exécuter qui suit la résolution volontaire.

159. Nature de la volonté. — Maintenant que nous connaissons l'acte volontaire, il nous faut chercher à comprendre la nature de la volonté elle-même. En réalité, il est certain d'avance que nous ne pourrons pas plus, même après une étude approfondie, dire ce qu'est la volonté que nous n'avons pu dire ce qu'est l'intelligence ; car l'intelligence et la volonté sont également deux facultés premières et irréductibles de l'âme humaine, qu'aucune analyse n'atteint, et dont les notions ne peuvent être décomposées en notions plus élémentaires. Mais il est un problème d'importance capitale que nous avons pu résoudre au sujet de l'intelligence ; à savoir, le problème consistant à rechercher si l'intelligence humaine consiste tout entière dans les représentations et dans les images, c'est-à-dire si elle se réduit à la sensibilité, ou si, au contraire, elle est une faculté supérieure et transcendante par laquelle il nous est donné de nous élever au-dessus de la région des choses sensibles. Or ce même problème se pose encore naturellement, quoique dans des termes différents, à propos de la volonté : c'est-à-dire qu'il y a lieu de se demander si la volonté se résout entièrement en des phénomènes sensitifs qui seront, non plus cette fois la sensation ni les images, mais les appétitions et les désirs ; ou si elle est une faculté irréductible à la sensibilité, et métaphysique, par conséquent, dans son fond et dans son essence. On comprend bien que les deux questions qui se posent ainsi séparément à propos de l'intelligence et de la volonté n'en font qu'une en réalité, et qu'il ne peut y avoir qu'une seule et même solution pour l'une et pour l'autre. Le fait que nous avons rejeté le sensualisme comme théorie de l'intelligence nous oblige donc à le rejeter encore comme théorie de la volonté. Il est, du reste, assez facile de montrer que là en effet est la vérité, c'est-à-dire que la volonté ne se réduit pas plus aux désirs que l'intelligence ne se réduit aux images.

160. Distinction du désir et de la volonté. — Le premier reproche que l'on peut faire à la théorie sensualiste qui identifie le désir et la volonté c'est qu'elle rend incompréhensible, en le dénaturant, le phénomène de la résolution volontaire. Ceux qui soutiennent cette théorie sont contraints de considérer la résolution volontaire comme n'étant que la prédominance prise à un certain moment par un désir sur les désirs contraires. Or c'est là une erreur manifeste. Est-il, en effet, dans tout le cours de la délibération à laquelle donne lieu un objet quelconque, un seul moment où l'un des désirs qui sont en balance ne l'emporte plus ou moins sur les désirs opposés? La résolution volontaire accompagnerait donc la délibération au lieu de la suivre; elle durerait autant que celle-ci, et de plus elle serait multiple, puisque c'est tantôt vers l'un, tantôt vers l'autre des partis contraires que les désirs nous font pencher. Mais la résolution volontaire présente des caractères tout opposés à ceux-là : elle ne dure pas avec la délibération; elle la termine, et elle en forme en quelque sorte la limite : elle n'est pas multiple, mais une : enfin, et surtout, elle est quelque chose d'absolu, de définitif et d'irrévocable, caractère que la victoire d'un désir ne peut pas prendre, puisque, s'il n'y a point de volonté pour former une décision souveraine, le retour offensif et le triomphe du désir contraire à celui-là demeurent toujours possibles.

Si maintenant l'on compare directement entre eux le désir et la volonté, il paraîtra étonnant, pour peu qu'on y réfléchisse, que la volonté ait pu jamais être confondue avec le désir; car la volonté est essentiellement active et opérative; elle a pour conséquent inévitable l'effort pour agir; et l'expérience montre qu'il n'en est pas de même du désir, lequel est moteur seulement par accident, et non pas d'une manière universelle et nécessaire.

Que le désir ne tende pas toujours à l'action par laquelle il pourrait se satisfaire, et qu'il y ait, comme on dit, des désirs *platoniques*, c'est un point que personne ne peut contester. Il est heureux d'ailleurs qu'il en soit ainsi; car que deviendrions-nous si toute passion avait en nous une puissance impulsive proportionnelle à son intensité? Ne serions-nous pas par là débordés à tout instant, et entraînés à commettre les actions les plus déraisonnables? C'est encore cette inertie de certains désirs qui seule permet d'expliquer plusieurs faits depuis longtemps signalés par les philosophes. Ainsi Locke a fait remarquer, après Aristote, que l'on ne veut jamais que ce que l'on se sait ou ce que l'on se croit capable d'exécuter; tandis que le désir peut se prendre à tout, même à ce qui est impossible et connu pour tel. Par exemple, on peut bien désirer être empereur de Chine, mais on ne peut pas le vouloir. C'est qu'on peut désirer et s'en tenir là; tandis que vouloir c'est vouloir agir, et qu'il serait absurde de vouloir agir pour réaliser une chose qu'on saurait être irréalisable. On dit encore, et avec raison, que le désir envisage la fin, mais non pas les moyens nécessaires à employer pour y arriver : ainsi on désirerait bien être savant ou être riche, mais on ne désire pas ce par quoi la science ou les richesses peuvent s'acquérir. Au contraire, la volonté ne sépare jamais les moyens de la fin : comme elle veut toujours que la fin se réalise, elle veut aussi les moyens qui permettront de la réaliser. *Qui veut la fin veut les moyens*, dit le proverbe. La raison de cette opposition, qui du reste se ramène à la précédente, c'est encore, évidemment, que la volonté est agissante, et que le désir ne l'est pas, du moins d'une manière nécessaire.

Cette démonstration très simple et très probante de la distinction du désir et de la volonté nous laisse pourtant, il faut le reconnaître, en présence d'une difficulté qui paraît considérable. Comment comprendre, en effet, que le désir puisse n'être pas moteur? Ressemble-t-il donc, comme le disait Spinoza à propos des idées de l'entendement chez Descartes, « à des figures peintes sur un tableau », que l'on contemple, mais qui n'agissent point? Mais comment comprendre surtout qu'il puisse y avoir des désirs moteurs, et d'autres qui ne le soient point? N'est-il pas évident que, si quelques désirs sont capables de mettre en branle notre activité, tous le sont, puisque autrement il y aurait entre la nature des premiers désirs et celle des seconds une opposition tout à fait inintelligible? Il y a là certainement une objection qu'il nous faut résoudre sous peine de voir l'autorité de notre démonstration gravement compromise. On en peut donner d'ailleurs, en se référant à certains principes qui ont été posés plus haut, une solution satisfaisante, qui de plus va nous permettre de bien comprendre la vraie nature de la volonté elle-même.

161. Rapports de la volonté et du désir. — Nous avons vu (116) qu'une idée nouvelle présentée à l'intelligence n'est accueillie, et n'obtient l'assentiment de l'esprit qu'à la condition d'être en harmonie avec les idées préexistantes. La même chose a lieu à l'égard des désirs. De même que les idées, les désirs, avec tout l'ensemble des phénomènes affectifs, loin de demeurer isolés, réagissent les uns sur les autres, s'ordonnent, s'harmonisent, et forment un tout véritablement *organique*, qui constitue pour chaque homme ce que l'on appelle le *caractère*. Il suit de là que, pour qu'un désir particulier soit moteur et détermine en nous l'action, il faut de deux choses l'une : ou bien que ce désir entre naturellement et de lui-même dans le concert de nos désirs, de nos tendances, de nos sentiments habituels; auquel cas ce n'est pas ce désir qui est le moteur véritable, mais le groupe entier des faits affectifs dont il fait partie : ou bien que ce même désir se trouve être assez fort pour l'emporter à lui seul sur tout le groupe en question qui lui est opposé. Si ni l'une ni l'autre de ces conditions ne se réalise, le désir demeure en nous comme demeure dans notre organisme corporel un corps étranger que cet organisme ne peut s'assimiler, et qu'il tend au contraire à rejeter. Ce n'est pas qu'il perde pour cela sa puissance motrice, non plus qu'une idée que l'esprit repousse ne cesse pour cela d'être entendue par lui ; mais cette puissance demeure sans effets, parce qu'elle a devant elle une puissance antagoniste et plus forte qu'elle. Voilà comment il se fait que le désir, quoique étant moteur par nature, soit sans efficacité dans une multitude de circonstances.

Cela étant, nous allons pouvoir comprendre quelle est la véritable nature de la volonté. La volonté n'est pas, comme on pourrait être tenté de se l'imaginer, une entité mystérieuse sans aucun rapport de nature avec le désir, luttant pourtant contre le désir, ou lui donnant satisfaction sans qu'on puisse dire pourquoi c'est l'un ou l'autre cas qui se réalise : elle est le tout organique que les désirs forment. C'est pourquoi il est impossible de vouloir sans désirer, quoiqu'on puisse désirer sans vouloir. Qu'on identifie donc, si l'on veut, la volonté avec les désirs, pourvu que ce soit avec le système entier qu'ils forment. Nous ne protesterons que contre la doctrine qui fait d'un désir pris à part la volonté même, ou une partie de la volonté.

Mais penser ainsi n'est-ce point revenir purement et simplement à l'identité du désir et de la volonté, que nous avions niée d'abord ? Car, que la volonté soit un désir ou tous les désirs à la fois, elle est toujours de la nature du désir.

Cette objection serait fondée si ce que nous appelons *le tout des désirs* n'était qu'une *somme*, c'est-à-dire le résultat d'une addition de parties ; mais il n'en est pas ainsi. Nos désirs dans leur ensemble ne forment pas une somme, mais un *système* — plus ou moins cohérent d'ailleurs ; car la systématisation n'est jamais parfaite, et il est peu de caractères qui soient, comme on dit, *tout d'une pièce* : on peut dire même qu'il n'y a jamais en nous un seul système de désirs et de tendances, mais plusieurs systèmes ; de là les *deux hommes* dont parle saint Paul : mais tout cela importe peu, du point de vue où nous sommes placés maintenant. — Un désir, ne l'oublions pas, du moins un désir permanent et constitutif de notre caractère, est toujours en harmonie avec l'ensemble de nos faits affectifs de tout ordre : il est modifié par eux, et il réagit sur eux à son tour. Il ne s'y ajoute donc pas comme un arbre s'ajoute à des arbres dans une forêt, ou comme une goutte d'eau s'ajoute à des gouttes d'eau dans l'Océan, de façon à grossir simplement la masse préexistante. Le tout de nos désirs et de nos faits affectifs en général est, il faut le redire encore, un tout *organique*. Or peut-on dire qu'il n'y ait rien de plus dans un tout organique que dans ses diverses parties assemblées? Le prétendre reviendrait à soutenir que l'on peut faire de l'intelligence avec des sensations toutes passives et de la vie avec de la matière brute ; et ce serait une erreur. Donc identifier la volonté au tout organique des désirs et des faits affectifs ce n'est nullement réduire la volonté à un phénomène de sensibilité quelconque : c'est au contraire l'opposer aux phénomènes de sensibilité, comme le métaphysique s'oppose au fait d'expérience, comme l'âme s'oppose au corps. Ainsi nous sommes fondés à dire que la volonté, de même que l'intelligence, est une faculté transcendante et irréductible aux facultés sensitives.

Pourtant ce serait se faire de la volonté une idée incomplète et insuffisante que de la considérer comme n'étant que le système général et le tout organique de nos phénomènes affectifs. Ces phénomènes, en effet, ne constituent pas dans l'âme un groupe séparé des phénomènes intellectuels, puisqu'il n'est point de faits affectifs qui ne soient accompagnés de quelque représentation de leurs objets, de même qu'il n'est point de représentations qui n'éveillent en nous quelque affection. Il suit de là que le système organique des faits affectifs comprend encore les faits intellectuels de tout ordre, et l'on peut ajouter les phénomènes de la vie physique eux-mêmes, en raison de la connexion intime qui existe entre ces phénomènes et les phénomènes de conscience : de sorte que la volonté d'un homme c'est l'être entier de cet homme dans son unité indivisible. Les métaphysiciens ont affirmé souvent que la volonté est en nous la faculté primordiale, le fond dernier de l'être : nous pouvons reconnaître maintenant à quel point en cela ils avaient raison.

Par là aussi vont s'expliquer les caractères singuliers de la résolution volontaire qui ont été signalés plus haut.

Seule, disions-nous, parmi les phénomènes psychologiques, la résolution volontaire procède d'une faculté unique, qui est la volonté. — C'est que notre volonté c'est nous-mêmes, et nous-mêmes tout entiers : or en dehors du moi tout entier il n'y a plus rien. La résolution volontaire paraît être l'acte d'une faculté unique et incomplexe, justement parce que toutes les puissances de l'âme y concourent à la fois. Les autres faits psychologiques n'intéressent que ce que l'on pourrait appeler des *parties de l'âme* : c'est pourquoi l'on y retrouve des éléments et des causes multiples.

La résolution volontaire, disions-nous encore, ne dure point, et par suite n'est point dans le temps. — Ce caractère est une conséquence du précédent. Le temps, en effet, est une pluralité de parties, ce qui suppose de même une certaine pluralité dans les choses qui subissent sa loi : il ne peut donc y avoir de temps pour la volonté qui est une et indivisible, ni pour l'acte de la volonté, un et indivisible comme elle.

Enfin, la résolution volontaire est inanalysable, toujours pour la même raison. On n'analyse pas ce qui est simple, on ne décompose pas ce qui est incomplexe. Nous savons parfaitement par expérience ce que c'est que la résolution volontaire ; mais il nous faut renoncer pour jamais à en comprendre la nature.

162. Le problème de la liberté. — Si la volonté c'est nous-mêmes, et si elle est un absolu, on conçoit qu'elle doive être autonome à l'égard de la nature universelle. Ainsi, les considérations qui précèdent nous conduisent jusqu'au seuil du problème de la liberté, en nous imposant d'avance la solution que nous devrons en donner : mais nous ne pouvons pas aller plus loin pour le moment. La question de la liberté est une question de métaphysique qu'il ne nous parait pas utile d'aborder en psychologie. Réservons-la pour plus tard.

CHAPITRE II

L'HABITUDE

Nous venons de considérer dans la volonté l'activité de l'âme en son essence supérieure, à l'état d'autonomie plus ou moins parfaite ; il nous reste à la considérer maintenant sous sa forme inférieure, aliénée d'elle-même en quelque sorte, et devenue aveugle et fatale comme les forces brutes de la nature. Cette forme inférieure de l'activité c'est ce que l'on appelle l'*habitude*.

163. Définition de l'habitude. — On peut définir l'habitude, conformément à la pensée d'Aristote, *une disposition à refaire ce que l'on a fait, disposition qui va croissant avec la répétition de l'acte.*

Toutefois cette définition exige certains compléments, et donne lieu à quelques observations.

La répétition n'est pas toujours nécessaire pour la constitution d'une habitude ; la continuité de l'action produit les mêmes résultats, ainsi qu'Aristote le reconnaît. Il y a même des cas où la continuité est plus avantageuse que la répétition pour la formation de l'habitude ; et l'on peut dire que, d'une manière générale, une certaine continuité est nécessaire, parce que l'habitude laissée par un acte peut se dissiper entièrement si l'acte n'est renouvelé qu'après un trop long intervalle. Du reste, il est clair que la continuité et la répétition doivent avoir mêmes effets, puisque toute la différence entre un acte continué et un acte répété consiste dans les intervalles, lesquels ne contribuent pas à la formation de l'habitude. Ajoutons que l'intensité de l'énergie déployée équivaut encore à la continuité et à la répétition, de même qu'un boulet de canon reçoit tout d'un coup de l'explosion de la poudre la même vitesse que lui aurait donnée, au bout d'un certain temps, l'action continuée de la pesanteur, s'il s'était trouvé en l'air abandonné à lui-même. Ceci se constate surtout par rapport à cette forme de l'habitude qu'on appelle la mémoire. C'est ainsi qu'un événement dont nous n'avons été témoins qu'une fois, mais qui nous a vivement frappés, a pu laisser dans notre esprit des traces ineffaçables.

Si la continuité ou l'intensité de l'action peuvent ainsi suffire à créer l'habitude, comme toute action, même à son début, a nécessairement une certaine continuité et une certaine intensité, on comprend que l'habitude doive commencer avec le premier acte, et avec le commencement même du premier acte. Du reste, la même chose peut se prouver par un raisonnement très simple. Si, en effet, le premier acte n'ébauche pas l'habitude, il faut admettre que ce premier acte ne laisse après lui aucune trace, aucune disposition à le reproduire; car une disposition de ce genre serait précisément une habitude. Dès lors, pour produire le second acte, il faudra déployer exactement la même somme d'efforts que pour produire le premier; c'est-à-dire que le second acte sera produit dans des conditions identiques à celles du premier; et comme les mêmes causes engendrent les mêmes effets, le second acte ne différera en rien du premier; donc il ne pourra pas plus que le premier donner naissance à l'habitude. Le troisième ne le pourra pas davantage, pour les mêmes raisons ; de sorte que l'habitude ne naîtra jamais. On voit par là que c'est le seul fait d'avoir agi qui nous constitue une disposition à agir encore. Donc la cause de l'habitude ce n'est ni la répétition ni la continuité abstraites pour ainsi dire, c'est l'acte. La répétition et la continuité par elles-mêmes n'ont point de puissance. Il n'y a de puissance que dans l'acte accompli, en tant, à la vérité, qu'il se continue ou qu'il se répète.

Du reste, il ne faudrait pas croire qu'il suffise, pour contracter une habitude, de prolonger ou de répéter une action. D'abord, l'habitude a des limites, c'est-à-dire qu'il vient un moment où elle ne peut plus s'accroître. Par exemple, un homme qui s'habitue à sauter sautera de plus en plus haut, mais jusqu'à une certaine hauteur, qu'il lui sera impossible de dépasser. La raison en est que la vie suppose un certain équilibre des forces, et que, par conséquent, il est impossible que l'énergie vitale s'accumule tout entière dans un seul organe et au profit d'une seule fonction.

En second lieu, il est des habitudes qui ne peuvent pas naître, et cela en vertu du même principe d'équilibre des forces, parce qu'elles vont à l'encontre de la nature, et que leur triomphe serait la destruction même de l'organisme. Par exemple, nul ne s'habituera jamais à ne point boire, à ne point manger, à ne point dormir, ce qui prouve bien, ce semble, que la nature n'est pas elle-même une première habitude, comme l'ont dit Pascal et après lui les philosophes évolutionistes, et qu'il y a dans tout être un fond primordial indestructible.

Cependant il faut reconnaître que l'habitude rend quelquefois possibles, et même aisées, des actions qu'au premier abord on aurait jugées impossibles à faire. L'homme, en particulier, est merveilleux sous ce rapport. Il est de tous les êtres le plus souple, le plus *pliable*, et, par suite, le plus capable de progrès. Mais, pour que l'habitude produise en lui tous ses effets, il est nécessaire qu'on ménage les transitions entre l'état d'où il part et celui où il veut atteindre. C'est en s'inspirant de cette pensée que Montaigne nous cite l'exemple, fabuleux sans doute, d'une femme qui, s'habituant à prendre un veau chaque jour dans ses bras depuis sa naissance, arriva à porter un taureau.

164. L'habitude est propre aux vivants. — C'est une importante question de savoir si l'habitude est un fait universel dans la nature, ou si elle appartient en propre aux êtres vivants. Aristote a soutenu la seconde opinion; plusieurs philosophes modernes ont penché vers la première. A notre avis, c'est Aristote qui a raison. Seulement, en attribuant l'habitude aux êtres vivants, nous devons la leur attribuer à tous sans exception, et par conséquent ne pas en exclure les plantes. Du reste, l'expérience montre d'une manière évidente que les plantes sont susceptibles d'habitudes comme les animaux. Par exemple, la *mimosa pudica* ouvre ses pétales le jour sous l'influence de la lumière, et les ferme le soir. Si on l'expose la nuit à une vive lumière, et que pendant le jour on la place dans une cave, elle continuera quelque temps à veiller le jour et à dormir la nuit; mais, peu à peu, de nouvelles habitudes se formeront en elle, et un moment viendra où elle ouvrira ses pétales la nuit pour les fermer le jour.

Voyons pourtant quelles sont les raisons sur lesquelles on s'appuie pour soutenir que l'habitude est une loi de la matière brute aussi bien que de la matière vivante. Ces raisons peuvent se ramener à une seule, à savoir que dans la matière brute toute impression subie persiste, et constitue une modification permanente de l'objet, qui est une véritable habitude. C'est ainsi que, comme le fait observer M. Léon Dumont[1], une feuille de papier se repliera

---

1. *Revue philosophique*, tome Ier.

plus aisément dans les plis qu'elle a déjà reçus ; que l'eau, en coulant, se creuse elle-même un lit dans la terre ; que la caisse d'un violon dont on a joué habilement pendant longtemps vibre d'une manière plus harmonieuse, sans doute en raison des modifications qu'ont subies les molécules du bois sous l'action des vibrations antérieures ; qu'une serrure fonctionne mieux après avoir servi, etc.

Tous ces faits sont incontestables ; mais peut-on bien les nommer des faits d'habitude? On dit que la mémoire, qui certainement est une habitude, ne consiste que dans un fait absolument analogue à ceux que nous venons de rappeler, c'est-à-dire dans la persistance des modifications cérébrales produites par les impressions des organes sensoriels. Mais c'est là précisément qu'est l'erreur. En effet, dans les exemples qu'on cite il n'y a qu'une aptitude de la matière à conserver passivement les modifications reçues du dehors ; mais dans la matière organisée et vivante il y a, ce qui est tout différent, l'aptitude à reconstituer spontanément un état antérieur qui a disparu depuis longtemps peut-être, et auquel ont succédé une foule d'autres états. Or c'est cette seconde aptitude qui seule mérite le nom d'habitude. En réalité, les faits qu'on invoque sont des faits d'inertie ; mais l'inertie est si peu l'habitude qu'on peut la considérer comme le contraire de l'habitude ; puisque l'inertie c'est la persistance indéfinie d'un corps dans son état actuel, sans possibilité aucune de le modifier, tandis que l'habitude est une disposition à sortir spontanément de l'état présent pour reconstituer un état antérieur.

Pour pouvoir attribuer l'habitude à la matière brute il faudrait pouvoir montrer qu'une véritable spontanéité peut être engendrée dans la matière brute par la continuité ou la répétition d'une action ou d'un état. Mais l'expérience rend vaine toute tentative de ce genre. Supposons qu'on ait jeté pêle-mêle dans une boîte de petits cailloux : est-ce que la disposition qu'ont actuellement ces cailloux dans la boîte leur constitue le moindre commencement de tendance à reprendre plus tard la même disposition plutôt qu'une disposition différente? Et si on les laisse dans cet état pendant des siècles, est-ce qu'on leur fera contracter par là la moindre aptitude à s'ordonner comme ils sont maintenant plutôt qu'autrement? Pour en revenir aux exemples de M. Léon Dumont, une clef tourne mieux après avoir tourné plusieurs fois dans la serrure ; c'est que le frottement a éliminé certaines molécules qui faisaient obstacle à son mouvement ; une feuille de papier reprend plus aisément les plis anciens ; c'est que la résistance qu'elle oppose à la force qui tend à la plier a été vaincue une première fois, et qu'elle reste amoindrie, en vertu de la loi d'inertie, sans pouvoir se reconstituer : la qualité acquise par un vieux violon s'expliquerait de même. On ne voit pas dans tout cela la moindre trace de spontanéité acquise, bien au contraire. La seule chose qui, dans la matière brute, ressemble quelque peu à l'habitude, c'est l'élasticité. Une bille d'ivoire qui tombe à terre se déforme momentanément, puis reprend d'elle-même sa forme première. On pourrait, à la rigueur, se demander si ce n'est pas là un fait d'habitude. Mais l'idée que se font les physiciens de l'élasticité ne confirmerait pas de pareilles vues. Puis il est évident que l'aptitude de la bille à reprendre sa forme ne dépend nullement du temps pendant lequel elle l'a eue antérieurement; sans compter qu'une bille primitivement ronde, et qui est restée aplatie, ne tend pas d'elle-même à redevenir ronde. Ainsi l'élasticité, pas plus qu'aucun autre phénomène, n'autorise à attribuer l'habitude à la matière brute.

De là résulte une conséquence dont l'importance est considérable, et que nous devons signaler dès maintenant, quoiqu'elle soit plutôt d'ordre métaphysique que d'ordre psychologique. L'habitude, disons-nous, n'existe pas dans la matière brute : elle ne peut se rencontrer, et ne se rencontre effectivement que dans la matière organisée et vivante. Cela suppose que la matière vivante est irréductible, en tant que telle, à la matière brute; autrement dit, qu'il y a dans la matière vivante quelque chose qui ne se trouve pas dans la matière brute, et que c'est ce quelque chose qui rend l'habitude possible. Une fois de plus, par conséquent, nous sommes amenés à reconnaître que le mécanisme, seule loi de la matière brute, est incapable d'expliquer la vie.

Si l'habitude est propre aux vivants, et si elle se rencontre partout où la vie apparaît, c'est, évidemment, qu'elle a son principe dans les lois les plus fondamentales de la vie. Il faudrait donc, pour en rendre compte, montrer son rapport avec ces lois. Mais c'est ce que nous ne pouvons pas faire. Les lois fondamentales de la vie sont les premières et les plus mystérieuses de toutes les lois. La physiologie les ignore, et paraît condamnée à les ignorer toujours, bien que son objet soit la découverte des lois particulières et déterminables expérimentalement par lesquelles la vie se manifeste. Il reste la métaphysique ; mais il faut avouer que la métaphysique est loin encore d'avoir sur la nature de la vie des conceptions assez précises pour pouvoir y rattacher une explication de l'habitude. Laissons donc de côté la question de savoir ce qu'est l'habitude en soi, et prenons-la comme elle est donnée dans notre expérience, c'est-à-dire comme un simple fait, dont il y a lieu d'étudier seulement les caractères et les effets multiples.

165. Habitudes actives et habitudes passives. — L'habitude prend deux formes : elle est *active* ou *passive*. L'habitude active est l'habitude proprement dite. Elle consiste, suivant la définition que nous avons donnée, dans la disposition à refaire ce que l'on a fait, par cela seul qu'on l'a fait. Ainsi entendue, l'habitude suppose essentiellement une adaptation de toutes les parties d'un être vivant à l'acte qu'il doit accomplir, et surtout une adaptation de ceux de ses organes qui doivent concourir le plus directement à la production de cet acte. Par exemple, chez les petits enfants tous les mouvements sont incoordonnés et ont lieu au hasard. Il faut donc apprendre à marcher, à parler, à écrire, à danser, à nager, etc. Tout cela ne se fait qu'à la condition que les mouvements se coordonnent, et même s'organisent en quelque sorte, de la manière qu'il faut pour produire le résultat désiré. Cette coordination s'obtient par l'effort volontaire. D'abord elle est très imparfaite. A un enfant qui commence à écrire on fait faire, comme on dit, des *bâtons;* encore les fait-il mal. Mais l'habitude active consiste précisément en ceci que les organes contraints par l'effort volontaire à agir suivant un certain ordre gardent une disposition à agir suivant cet ordre; de sorte que pour obtenir à nouveau la coordination obtenue une première fois on aura moins d'efforts à faire, ou, si l'effort reste le même, la coordination sera plus parfaite. Et enfin il viendra un moment où, l'adaptation des organes étant suffisamment avancée, les mouvements s'accompliront comme d'eux-mêmes dans l'ordre voulu. Alors l'habitude sera complète autant qu'elle peut l'être.

Quant à l'habitude passive, dont le vrai nom serait plutôt *accoutumance,* elle a pour résultat de nous permettre, non plus d'agir de mieux en mieux, mais de subir de moins en moins les influences extérieures. Par exemple, chacun sait qu'on peut s'endurcir au froid, au chaud, à la faim, à la soif; qu'un plaisir s'affadit en se prolongeant, que les plus grandes douleurs de l'âme s'émoussent avec le temps, etc.

Faut-il voir là deux formes radicalement distinctes et, par conséquent, deux lois irréductibles de l'habitude? Non; il est évident au contraire que c'est une seule et même cause, à savoir l'adaptation spontanée de l'organisme, qui intervient dans les deux cas. En effet, l'organisme d'un être vivant ne subit pas passivement les impressions qui lui viennent du dehors. Il réagit contre ces impressions, et, par le fait même qu'il réagit, il se rend de plus en plus apte à réagir, conformément à la loi de l'habitude active; de sorte qu'il est de moins en moins modifié. Ainsi, c'est une seule et même loi, la loi suivant laquelle le fait d'agir nous constitue une disposition à agir encore, qui explique à la fois comment notre activité se développe par l'exercice que nous lui donnons, et notre passivité s'amoindrit sous l'action répétée des agents extérieurs.

Du reste, ce serait une erreur de croire que tout l'effet de l'habitude soit une résistance croissante de l'organisme contre ce qui agit sur lui du dehors. L'organisme résiste, mais il se modifie; car, ainsi que nous l'avons dit déjà, il est extrêmement modifiable. L'adaptation qu'il se donne à lui-même dans ce que l'on appelle l'habitude passive est donc double. Il s'adapte lui-même, en ce sens qu'il coordonne ses actions, et il s'adapte aux circonstances, en ce sens qu'il se met en harmonie avec elles. C'est pourquoi l'habitude passive apporte à la constitution d'un vivant des modifications bien autrement profondes, en général, que celles qu'apporte l'habitude active. Celle-ci crée en nous des dispositions sans doute, et en ce sens on peut dire avec Aristote qu'elle est *comme une seconde nature;* mais c'est une seconde nature homogène à la première, qui complète celle-ci et ne la déforme pas. L'habitude passive, au contraire, modifie la nature primitive au point quelquefois de la transformer. Par exemple, les habitudes de l'ivrogne, du fumeur, du morphinomane, sont de véritables transformations de la nature commune à tous les hommes.

Quoi qu'il en soit, si l'habitude est diverse dans ses effets, on peut dire qu'elle est une en elle-même, puisqu'elle consiste toujours dans une adaptation du sujet à l'action qu'il faut produire ou à la réaction qu'il faut exercer. Nous pouvons donc, sans insister davantage sur la distinction de l'habitude active et de l'habitude passive, considérer uniquement ce qui fait le fond commun de l'une et de l'autre, c'est-à-dire l'habitude en général.

166. Effets de l'habitude en général. — Les effets de l'habitude sont aisés à comprendre d'après ce que nous avons dit de sa nature, et nous avons eu occasion déjà d'en signaler quelques-uns.

Les plus importants sont :

1° La tendance à reproduire spontanément l'acte habituel. Ainsi on tend toujours à refaire certains gestes, à prononcer certaines paroles, parce qu'on en a pris l'habitude. Cette tendance n'exige pas d'explication spéciale : on peut dire qu'elle n'est que l'habitude même.

2° La diminution d'effort. En effet, l'action pour s'accomplir exige une certaine adaptation de l'organe, et c'est à produire cette adaptation que tend l'effort au début. L'adaptation une fois réalisée, en vertu de la loi d'habitude, l'effort diminuera jusqu'à pouvoir devenir nul. Nous avons déjà cité à ce propos l'exemple de l'enfant qui apprend péniblement à écrire, à danser, à nager, et qui plus tard accomplira toutes ces actions avec une extrême facilité.

3° L'extinction progressive de la conscience. Cet effet de l'habitude est une conséquence du précédent. La conscience, en effet, est liée à l'effort. Il est donc naturel que, l'effort diminuant, la conscience diminue avec lui, et finisse même par s'éteindre quand l'effort devient nul.

De là résultent un avantage important et aussi un inconvénient grave de l'habitude. L'avantage c'est que, l'action s'exécutant sans effort de l'esprit non plus que du corps, puisqu'elle s'exécute sans conscience, l'attention mise par là en liberté peut se porter sur d'autres objets. Ainsi un pianiste débutant, et tout occupé des mouvements de ses doigts, ne peut pas penser à autre chose : un pianiste exercé ne prête plus d'attention qu'à la musique. C'est par là que l'habitude est pour l'homme une source de progrès. Mais il y a aussi l'inconvénient qui résulte de ce que, l'attention à ce que l'on fait devenant inutile, l'esprit tend à s'endormir, et l'homme court risque de tourner à l'automate. C'est ainsi que l'habitude devient la *routine*. L'habitude n'est donc bonne que pour les esprits actifs, à qui un progrès réalisé sert seulement d'échelon pour s'élever à un progrès nouveau. Elle est mortelle pour le paresseux, chez qui elle détend de plus en plus les ressorts de l'âme et du corps même.

4° La perfection plus grande. En effet, plus l'adaptation de l'organe qui agit est complète, plus l'acte qui dépend de cette adaptation doit être parfait, et plus aussi il doit s'exécuter avec sûreté et rapidité. La parole, par exemple, suppose la mise en jeu du mécanisme de l'organe vocal, lequel est très compliqué ; mais nous parvenons, grâce à l'habitude, à faire marcher ce mécanisme rapidement, sans hésitations et sans erreurs.

5° L'augmentation de puissance de l'agent ou de l'organe par lequel l'acte s'accomplit. Par exemple, un muscle qu'on exerce prend du volume et de la force. Ce fait a donné lieu à des interprétations différentes. On a voulu l'expliquer en disant que l'exercice qu'on donne à un muscle y produit un certain afflux de sang, et que ce sang séjournant dans le muscle donne lieu à une nutrition plus active des tissus dont il se compose. M. Léon Dumont propose l'explication inverse. Suivant lui, c'est plutôt parce que l'organe s'est fortifié que le sang y afflue en plus grande abondance. Cette question est plus physiologique que psychologique ; nous n'avons donc pas à prendre parti entre les deux opinions contraires.

Ce que nous venons de dire a rapport surtout aux effets de l'habitude dans la vie physique ; mais il faut aussi examiner ses effets dans la vie spirituelle, c'est-à-dire étudier son action sur nos différentes facultés.

107. Action de l'habitude sur l'intelligence et la volonté. — L'effet naturel de l'habitude sur l'intelligence et la volonté c'est de les aviver et d'augmenter leur puissance. L'habitude de penser et de vouloir nous rend plus aisé, plus fructueux, et en même temps plus nécessaire l'exercice de l'intelligence et de la volonté. Ainsi, même nos facultés les plus élevées se forment et se développent par l'exercice. On apprend à penser et l'on apprend à vouloir. « Il faut vouloir vouloir », a dit quelqu'un. Cela signifie que l'énergie de notre caractère est une chose qui dépend de nous comme à peu près tout le reste. Ajoutons que ces mêmes facultés que l'exercice développe se rouillent et se perdent faute d'être mises en usage. A force de ne plus penser ou vouloir, on devient incapable de penser ou de vouloir ; et même la faiblesse devient en quelque sorte une habitude comme la force. C'est ainsi qu'on voit souvent un homme qui, une première fois, a cédé lâchement à la volonté injuste d'un autre homme, perdre de plus en plus le pouvoir de résister à cette volonté.

Il faut noter aussi que dans le domaine de l'intelligence et de la volonté, comme partout, l'habitude a ses périls. On se forme à vouloir ; mais l'habitude de vouloir et de commander court risque de nous rendre durs et tyranniques. On développe son intelligence en l'exerçant ; mais si on l'exerce dans un champ trop étroit, si l'on se spécialise trop complètement, surtout dans la jeunesse, on se rend incapable de rien comprendre en dehors du cercle de ses occupations habituelles, et l'on rétrécit son intelligence.

168. Action de l'habitude sur la sensibilité. — Il y a lieu de distinguer dans la sensibilité les faits de passivité, qui sont les sensations agréables ou pénibles, et les faits d'activité, qui sont les affections, les tendances, les désirs, etc. L'habitude agit de façons différentes sur ces deux catégories de faits.

A l'égard des sensations agréables ou pénibles, l'effet naturel de l'habitude est de les émousser. La raison en est dans la loi signalée plus haut, suivant laquelle l'habitude produit une diminution de conscience. Le plaisir et la douleur, en effet, n'étant que la conscience que nous prenons d'un état bon ou mauvais de notre être spirituel ou physique, il est clair que ce qui affaiblit en nous la conscience émousse du même coup le plaisir ou la douleur.

Il y a cependant des exceptions à cette loi de l'habitude; mais ces exceptions sont plus apparentes que réelles. Ainsi nous allons voir que là où la continuité de l'impression n'amortit point la sensation, c'est qu'elle n'engendre pas l'habitude.

1° Il y a des douleurs auxquelles le temps n'apporte point d'adoucissements : par exemple, les douleurs de la goutte. C'est que, apparemment, les douleurs en question proviennent de causes auxquelles la nature ne peut se faire ; de sorte que ces causes ont beau agir, l'adaptation ne se produit jamais, et le sujet, par conséquent, se trouve toujours dans les mêmes conditions qu'au début.

2° Il y a des plaisirs que la continuité et la répétition n'émoussent pas : par exemple, ceux du boire et du manger. Cela tient à ce que ces plaisirs sont attachés à la satisfaction d'un besoin qui revient périodiquement. La cause du plaisir est le besoin satisfait : cette cause se reproduisant, le plaisir aussi devra se reproduire. Ici encore il y a répétition de l'acte sans génération d'une habitude.

3° Il y a des plaisirs que l'habitude avive au lieu de les amoindrir : par exemple, les plaisirs esthétiques, les plaisirs de la science, etc. C'est que ces plaisirs exigent pour être éprouvés une certaine préparation. Ainsi, pour qu'on soit capable des plaisirs esthétiques il faut que l'intelligence et le goût aient été cultivés. Or la culture c'est l'exercice. Bien loin donc que l'exercice de nos facultés esthétiques tende à diminuer la satisfaction qu'elles nous procurent, il tend à l'accroître de plus en plus. Ici l'habitude agit bien, mais pour produire son effet naturel, c'est-à-dire le développement de nos facultés, et par suite l'accroissement des jouissances que nous devons à leur action plus intense.

4° Enfin il y a des douleurs que l'habitude rend plus cuisantes :

par exemple, celles qui tiennent aux excitations du système nerveux. Ainsi, une personne qui a beaucoup souffert et beaucoup pleuré pleurera pour un rien. C'est que chez cette personne le système nerveux, par suite des commotions qu'il a reçues, réagit avec une intensité et une rapidité extrêmes. Ici, comme dans le cas précédent, l'habitude est réelle; mais, malgré l'apparence contraire, elle ne produit que son effet normal.

Quant aux affections et aux inclinations, l'habitude tend à les aviver quand elle avive les plaisirs et les douleurs qui y donnent lieu; elle les affaiblit dans le cas contraire. Ainsi, comme l'habitude avive les plaisirs esthétiques, elle augmente le goût du beau et l'amour de l'art. Au contraire, comme elle déprime les sensations du goût, de l'odorat, et l'on peut dire les sensations en général, elle émousse les inclinations qui nous portent vers les objets produisant ces sensations. C'est ainsi qu'on devient insensible au plaisir de respirer, de voir, d'entendre, etc., et que l'inclination même que nous avons pour l'exercice de ces fonctions naturelles s'émousse en nous. Mais cette inclination ne disparaît pas pour cela, et souvent elle se réveille avec une intensité extrême, lorsque nous sommes privés des objets à la possession desquels nous étions accoutumés. C'est une preuve que sa disparition n'était qu'apparente. On peut dire même que, d'une manière générale, l'habitude, en atténuant la conscience que nous avons de nos désirs, renforce la puissance réelle de ces désirs, et les change en de véritables besoins qui exigeront impérieusement les satisfactions habituelles; de sorte que, ne jouissant pas de la possession des objets auxquels nous sommes accoutumés, nous serons cruellement tourmentés le jour où ils viendront à nous manquer. C'est le châtiment de ceux qui ont abusé des plaisirs de les trouver insipides, et pourtant de ne pas pouvoir s'en passer.

169. Rôle et effets généraux de l'habitude. — L'habitude joue dans l'existence de tous les êtres organisés, et particulièrement dans la vie humaine, un rôle considérable. Si nous n'avions pas l'habitude, le temps passerait sans laisser en nous la moindre trace; et, par conséquent, nous serions à tous les instants de notre vie comme au jour de notre naissance, n'apprenant rien, travaillant sans acquérir, et toujours recommençant la vie. Grâce à l'habitude, au contraire, nous recueillons le fruit de nos efforts. Le passé n'est plus perdu pour nous; nous le retrouvons sous forme d'aptitudes, de dispositions, de connaissances acquises.

C'est comme un capital que nous avons amassé, et qui nous sert pour des acquisitions nouvelles. Par là, non seulement nous sommes les auteurs de nos actes, nous sommes encore les auteurs de notre nature elle-même, puisqu'il dépend de nous de l'améliorer et de la changer si elle est mauvaise. Grâce à la puissance dont il dispose au moyen de son intelligence l'homme transforme le monde; par l'habitude il fait plus encore, il se transforme lui-même.

PSYCHOLOGIE ANIMALE

THÉORIE DE L'INSTINCT

170. Deux opinions extrêmes. — Il existe, au sujet de la nature psychologique des animaux, deux opinions extrêmes qu'il faut écarter l'une comme l'autre. La première, qu'ont professée Montaigne, Réaumur et bien d'autres auteurs, consiste à prétendre que l'animal est intelligent autant que l'homme : Montaigne va même jusqu'à dire *beaucoup plus intelligent que l'homme.* Il est clair qu'il n'y a là qu'une boutade de sceptique. Montaigne veut humilier la raison humaine en lui opposant la raison des animaux ; mais un pareil désir ne saurait passer pour un argument.

Descartes a réfuté ce paradoxe par deux raisons excellentes. La première c'est que les animaux ne parlent point : non pas, dit Descartes, que les conditions matérielles de la parole leur fassent défaut, car on en voit plusieurs qui sont capables d'articuler des sons ; mais c'est faute d'intelligence. Et comme nous voyons que les hommes les plus grossiers et les plus stupides parlent encore, il en faut conclure qu'un très faible degré d'intelligence suffit pour la parole, et que, par conséquent, les animaux, qui n'ont point de langage, n'ont point d'intelligence du tout.

Il est vrai que tout le monde n'accorderait pas à Descartes que les animaux n'ont aucun langage. Bon nombre de gens prétendent au contraire que les animaux communiquent et s'entendent entre eux. Un naturaliste a cru même découvrir que les fourmis se parlent au moyen de leurs antennes. Ceux qui ont fait ces observations auraient pu s'en dispenser, car il suffit d'avoir vu une poule glousser devant ses poussins, pour être absolument convaincu que les animaux s'appellent et s'avertissent les uns les autres. Mais il ne suffit pas, pour posséder le langage, de pouvoir exprimer un nombre restreint d'émotions par un nombre égal de cris différents; il faut encore, comme nous l'avons dit plus haut (99), être capable de former, de manier, de combiner des concepts abstraits, et de leur donner même la forme de l'universalité en dehors de laquelle il n'y a point de jugement. Or rien ne nous révèle chez les animaux une capacité semblable; rien non plus ne nous autorise à la leur attribuer. On ne peut donc pas dire que les animaux parlent. On ne peut même pas dire qu'ils usent de signes entre eux et avec l'homme; car les mouvements et les cris par lesquels ils nous manifestent leurs désirs et leurs émotions, et qui sont des signes pour nous parce que nous savons les comprendre, ne sont pas véritablement des signes pour eux, parce qu'ils ne s'en servent pas à titre de signes. Lorsqu'un chien aboie après un passant, ce n'est pas pour signaler à son maître la présence suspecte d'un inconnu, c'est parce que la nature, l'habitude, l'association des idées, le font aboyer. Cela n'empêche pas, du reste, le maître d'être averti tout aussi bien que si son chien avait eu l'intention de l'avertir. De même, par conséquent, que l'association des idées fournit aux animaux des substituts pratiques du jugement et du raisonnement qui leur manquent, la même association leur fournit encore un substitut pratique du langage : mais, en réalité, l'animal ne parle pas plus qu'il ne juge et qu'il ne raisonne.

La seconde raison qu'invoque Descartes c'est que, s'il fallait attribuer à l'intelligence l'industrie des animaux, il y aurait lieu de reconnaître que certains d'entre eux sont mieux doués que nous-mêmes sous ce rapport, puisque l'art de ces animaux surpasse le nôtre. Mais, au contraire, cette perfection même qu'ils apportent à leurs œuvres doit nous faire juger que la raison n'y est pour rien ; car la raison est un instrument universel, dont rien ne peut restreindre l'emploi; de sorte que, si les animaux agissaient par raison, ils pourraient faire bien une infinité de choses, comme les hommes : or nous voyons que leur aptitude est limitée aux travaux qu'ils exécutent, et qu'ils sont inaptes pour tout le reste. A quoi un auteur contemporain[1] ajoute cette fine remarque, que la sûreté même et la perfection que les animaux atteignent tout d'un coup doivent nous rendre défiants à l'égard de leur intelligence pour une autre raison encore; car ils feraient plutôt preuve de réflexion s'ils hésitaient quelquefois, et s'ils commettaient des maladresses, puisque c'est le propre de la réflexion d'hésiter, de se tromper et de corriger ses fautes.

1. M. Rabier.

Mais, après avoir ainsi reconnu l'erreur de Montaigne, Descartes lui-même tombe dans une erreur contraire et tout aussi condamnable, lorsqu'il soutient que, non seulement les animaux ne pensent pas comme des êtres raisonnables, mais encore qu'ils ne sentent pas, et que leurs corps sont de pures machines, analogues, sauf la complexité beaucoup plus grande, aux machines que l'art humain construit. Comment, en effet, admettre que les mêmes organes qui donnent lieu chez nous à des phénomènes de sensibilité n'y donnent pas lieu chez les animaux? Descartes eût répondu à cela que les organes ne suffisent pas pour produire la sensation, qu'il y faut encore l'âme, et que chez les animaux il n'y a point d'âme. Mais, si l'âme raisonnable n'appartient qu'à l'homme, il y a une âme inférieure, qu'Aristote appelait l'*âme sensitive*, qui est inhérente à l'organisme animal, et qui suffit pour la sensation. Descartes ne voit pas de degrés dans l'âme. Pour lui l'âme ne peut être que spirituelle, intelligente et immortelle, ou bien elle n'est rien. De plus, il la sépare complètement du corps organisé, qu'il réduit à n'être qu'un mécanisme très complexe. Ce sont là de graves erreurs, que nous aurons occasion de retrouver plus tard, mais qu'il nous faut signaler dès maintenant. L'âme ne se caractérise pas tant par la pensée que par l'organisation et la vie : il est donc impossible de refuser une âme aux animaux.

Enfin Descartes lui-même nous suggère une autre objection, qui n'est pas moins décisive contre sa théorie. « Les organes, dit-il, ont besoin de quelque particulière disposition pour chaque action particulière; d'où vient qu'il est moralement impossible qu'il y en ait assez de divers en une machine pour la faire agir en toutes les occurrences de la vie de même façon que notre raison nous fait agir. » (*Discours de la méthode,* 5ᵐᵉ partie.) Mais, précisément, nous voyons bien que la variété des mouvements dont un animal est capable va à l'infini, et que même, tout privé qu'il est de raison, il peut s'adapter, sous l'empire des lois de l'association, à une multiplicité indéfinie de circonstances, et agir en chacune de ces circonstances de la manière la plus convenable, ce qu'une machine ne saurait faire, de l'aveu même de Descartes. Le même auteur que nous avons déjà cité ajoute ici encore avec beaucoup de raison que la nature agit économiquement en donnant aux animaux la conscience. La conscience, chez l'animal, c'est comme cet œil intelligent qui, dans l'usine, veille à tout, et qui fait à lui seul ce que ne feraient pas mille machines adaptées le plus savamment du monde.

171. Conclusion. — La conclusion de tout ceci c'est qu'il faut refuser aux animaux l'intelligence proprement dite, et ce que nous avons appelé les *opérations supérieures de l'esprit;* mais qu'il faut leur attribuer la sensibilité et, d'une manière générale, les *opérations sensitives,* c'est-à-dire le plaisir et la douleur avec les désirs et les aversions qu'ils engendrent, puis la sensation représentative avec la perception, l'association des faits de conscience en général et la mémoire, mais, autant du moins qu'on en peut juger, sans reconnaissance ni localisation des souvenirs dans le passé.

172. Le problème de l'Instinct. — La question de la psychologie animale serait résolue tout entière par la conclusion que nous venons d'énoncer si tous les actes que nous voyons produire aux animaux étaient explicables par les facultés que nous leur avons reconnues. Mais c'est ce qui n'a pas lieu. Il est des espèces animales qui accomplissent des œuvres d'une perfection étonnante, et dénotant, en apparence au moins, une prévision admirable de l'avenir et des besoins futurs de l'animal. Attribuer ces œuvres au seul jeu des facultés sensitives est impossible, en raison même de leur complexité. Par exemple, Maclaurin a montré que les abeilles résolvent dans la construction de leurs cellules un problème de *maxima* et de *minima* qui relève des mathématiques supérieures : il est certain que ce n'est pas la sensation ni l'association des idées qui ont pu les conduire jusque-là. Faire de ces mêmes œuvres un produit de l'intelligence et de la réflexion est également impossible, parce que, si l'on devait accorder quelque chose aux animaux de ce côté-là, il faudrait leur accorder trop, et leur reconnaître, comme nous l'avons dit déjà, une intelligence égale ou même supérieure à la nôtre, ce qui est absurde. Il faut donc admettre, chez les animaux dont nous parlons, l'existence d'un principe qui n'est pas l'intelligence, soit sous sa forme inférieure et animale, soit sous sa forme supérieure et humaine, et qui leur fait accomplir les actions merveilleuses que nous constatons. Ce principe est ce qu'on appelle l'*instinct*.

Nous avons à rechercher quelle est la nature de ce principe, c'est-à-dire, en définitive, à déterminer la cause des actes instinctifs. Pour cela, c'est de l'étude des actes instinctifs eux-mêmes que nous devons partir, car nous n'avons évidemment pas d'autre base. Voyons donc d'abord quels sont au juste les actes auxquels le nom d'*instinctifs* peut convenir, et nous chercherons ensuite quels sont les caractères particuliers de ces actes.

173. Qu'est-ce qu'un acte instinctif? — Le mot *instinct* reçoit dans la langue philosophique plusieurs acceptions assez différentes ; mais un acte instinctif, au sens précis où nous l'entendons ici, est un acte qui ne paraît explicable ni par la sensation immédiate, ni par l'association des idées, ni par la réflexion, et dans lequel cependant on remarque un ordre analogue à celui que produit la réflexion d'un être intelligent tendant à une fin. Par exemple : « L'ammophile hérissée est un hyménoptère qui nourrit sa larve d'un ver gris d'une belle taille. La larve ne s'accommode que de chair fraîche ; il faut donc que le gibier mis à sa portée reste vivant, mais soit paralysé, car le moindre mouvement risquerait de compromettre l'œuf de l'ammophile déposé sur le ver ; bien mieux, à la moindre velléité d'attaque, le ver aurait vite raison de la larve. La paralysie complète du ver s'obtient par la lésion de neuf centres nerveux qui s'échelonnent dans le corps de la bête. Mais la lésion des ganglions cervicaux ne doit pas être assez profonde pour entraîner la mort ; il suffit qu'elle détermine une sorte d'engourdissement, la suspension de toute faculté motrice. L'ammophile procède à l'opération en anatomiste et en physiologiste consommé. Sa proie saisie, neuf coups d'aiguillon, pas un de plus, pas un de moins, font l'affaire. Il n'y a pas d'hésitation. Les centres nerveux sont atteints. Reste le cerveau. Ici l'insecte ne joue plus du stylet ; le coup serait mortel. Il se contente de mâchonner légèrement la tête du ver gris, jusqu'à ce que la pression ait donné le résultat voulu[1]. »

L'instinct ici est le fait de l'individu ; mais il est aussi des instincts collectifs et, pour ainsi dire, sociaux. Ce sont ceux qui portent des animaux d'une même espèce à s'associer pour une œuvre commune, et à prendre dans l'accomplissement de cette œuvre des rôles différents et coordonnés entre eux : tels sont les instincts des abeilles, des fourmis, des castors, etc. Du reste, dans un cas comme dans l'autre, les caractères généraux de l'instinct demeurent les mêmes.

174. Caractères de l'instinct. — L'instinct ainsi compris, quels en sont les caractères ?

1° L'instinct est *spécial* ; c'est-à-dire que, à la différence de la raison, qui est bonne à tout, il rend l'animal capable de certains actes bien déterminés, sans lui permettre d'en sortir. A quoi il

---

1. Rabier, *Psychologie*, p. 669. D'après H. Fabre, *Nouveaux Souvenirs entomologiques*.

faut ajouter que, à la différence encore de la raison, qui n'est point assujettie aux temps ni aux lieux, l'instinct est *intermittent*, c'est-à-dire que la plupart au moins des instincts ne s'exercent qu'à des époques précises. Par exemple, l'oiseau ne construit pas des nids toute l'année, mais seulement au printemps ; l'ammophile ne se livre à l'opération de chirurgie savante dont nous venons de parler qu'à l'automne.

2° L'instinct est *une forme d'activité spontanée,* comme l'habitude, ce qui même a donné lieu à un grand nombre de philosophes et de naturalistes de l'identifier avec l'habitude. Nous voulons dire par là que l'animal obéissant aux suggestions de l'instinct agit sans savoir ce qu'il fait, tend à un but qu'il ignore, et est incapable de modifier le train de son activité, même sous la pression du besoin le plus urgent, parce qu'il agit sans réflexion. C'est ce que prouvent des observations multiples et décisives. Par exemple, « si l'on perce le fond de la cellule d'une abeille maçonne au moment où elle est occupée à la remplir de miel, l'hyménoptère, tout entier à son travail actuel, néglige de mettre un tampon à ce tonneau des Danaïdes. Il s'obstine à vouloir remplir son récipient percé, d'où les provisions disparaissent aussitôt déposées... Finalement, l'œuf est pondu dans la cellule vide, et celle-ci fermée par le haut avec les précautions ordinaires, sans que l'abeille ait rien fait pour réparer la ruineuse brèche[1]. »

3° L'instinct est *parfait dès l'origine,* et ne suppose chez l'animal ni éducation ni étude. Nous venons de voir un exemple de cette perfection chez l'ammophile : on ne conçoit pas comment il pourrait faire mieux qu'il ne fait. Quant à l'absence d'initiation et d'exemples, elle est évidente, puisque l'ammophile n'a jamais connu ses parents, et n'a pu, par conséquent, les voir à l'œuvre.

4° L'instinct est *immuable*. Il résulte de la perfection immédiate de l'acte instinctif et de l'absence de réflexion qui le caractérise que l'instinct est immuable, et ne comporte aucun progrès, du moins en général ; car on a constaté dans les instincts de certains animaux de légères variations, résultant de la nécessité où s'est trouvé l'animal de s'adapter à des circonstances différentes. Par exemple, depuis que les hommes filent le lin et le coton, la fauvette *sutoria* construit son nid avec des brins de fil. Il est clair que c'est là un instinct transformé. Néanmoins il reste vrai, d'une manière générale, que l'instinct d'une espèce animale est invariable

---

1. Rabier, *Psychologie,* p. 669. D'après H. Fabre, *Nouveaux Souvenirs entomologiques.*

et dans les individus et dans l'espèce même, du moins pour de très longues périodes.

5° L'instinct est *spécifique*, c'est-à-dire qu'il est identique chez tous les individus d'une même espèce ; d'où il suit que partout où l'instinct règne seul, les individus, n'ayant point de caractères distinctifs, sont tous absolument semblables les uns aux autres, et représentent tous parfaitement l'espèce entière. Par ce caractère encore l'instinct diffère profondément de l'intelligence, puisque, par leur nature et par leurs dispositions intellectuelles, les hommes présentent un ensemble si varié et des physionomies si différentes. Du reste, c'est une remarque vraie en général que les êtres d'une même espèce sont toujours d'autant plus dissemblables entre eux que l'espèce est d'un ordre plus élevé.

Il nous faut maintenant chercher à expliquer l'acte instinctif, c'est-à-dire chercher à déterminer la nature de l'instinct ; car l'instinct n'est qu'un mot, et par conséquent n'explique rien, si nous ne pouvons pas donner à ce mot un sens en ramenant à des principes connus le fait qu'il désigne. C'est surtout à l'habitude, comme nous l'avons dit, qu'on a cherché à rattacher l'acte instinctif.

175. Théorie de Condillac. — Le premier philosophe qui ait songé d'une manière positive à ramener l'instinct à l'habitude est Condillac. Suivant Condillac, « l'acte instinctif n'est qu'un acte habituel duquel la réflexion s'est retirée », suivant la loi générale de l'habitude. L'animal a commencé par agir en calculant son action dans la mesure où il en était capable ; puis, au bout d'un certain temps, il a agi avec la spontanéité et l'automatisme qui sont la conséquence de l'habitude. Condillac appuie cette thèse sur une analogie. Les actions qui nous paraissent aujourd'hui les plus naturelles, comme mesurer une distance avec les yeux ou percevoir un relief, ont exigé un apprentissage. Il en doit être de même chez les animaux. Il n'y a point chez eux de principes innés d'action, mais simplement des habitudes dont on ne voit plus l'origine. Quant à l'uniformité de l'instinct chez tous les animaux d'une même espèce, Condillac l'explique par la similitude des besoins et des conditions de l'existence. C'est ainsi que nous jugeons tous des distances par des procédés analogues.

Cette ingénieuse théorie est contredite par les faits. L'instinct, en effet, ne suppose aucune éducation chez l'animal qui l'exerce. Il est, comme nous l'avons vu, parfait dès l'origine. Au contraire, l'aptitude à juger à l'œil des distances, et les autres aptitudes du même genre sur lesquelles se fonde Condillac, croissent avec l'âge et l'exercice. Du reste, comment attribuer à une habitude acquise par eux-mêmes la disposition qu'ont certains animaux à produire des actes qui n'ont lieu qu'une fois dans leur vie, et qu'ils font très bien dès le début, comme le prouve l'exemple de l'ammophile?

176. Théories de Lamarck et de M. H. Spencer. — L'instinct est inné : le tort de Condillac avait été de méconnaître cette vérité essentielle. Lamarck la reconnaît au contraire; mais il pense pouvoir conserver l'explication de l'acte instinctif par l'habitude, en substituant à l'habitude individuelle de Condillac une *habitude héréditaire*. De plus, il n'est pas vrai que l'acte primitif duquel l'habitude est née ait été un fruit de la réflexion. L'origine de cet acte n'a pu être qu'inconsciente et automatique. Voilà donc deux points très importants sur lesquels Lamarck croit nécessaire de réformer la théorie de Condillac, sans pourtant en abandonner le fond. Pour cela il considère que c'est l'habitude même qui est la véritable créatrice des organes des animaux. Le milieu et les circonstances extérieures contraignent un animal à se servir fréquemment d'un organe et à en laisser un autre inactif. Il en résulte que le premier organe se développe, tandis que le second s'atrophie; de sorte qu'au bout d'un certain nombre de générations la constitution anatomique de l'espèce pourra se trouver profondément modifiée. C'est ainsi que les membres antérieurs et postérieurs des cétacés ont pris la forme de nageoires lorsque ces animaux ont été appelés à vivre exclusivement dans l'eau. « L'usage et le défaut d'usage », c'est-à-dire l'habitude et son contraire, voilà donc ce qui, au dire de Lamarck, constitue le facteur principal de la constitution organique des animaux ; et comme l'instinct n'est pas autre chose que la tendance qu'a naturellement un animal à se servir de ses organes, on peut dire de l'instinct, comme de l'organisme, qu'il est inné chez les différents représentants de l'espèce à l'époque présente, mais qu'il est une acquisition de l'espèce elle-même, et que son principe est dans l'habitude.

Comme Lamarck, M. H. Spencer fait de l'instinct une habitude héréditaire; mais il entend autrement que lui l'origine de cette habitude. C'est une loi générale de la nature, suivant M. Spencer, que tout être vivant réponde spontanément aux excitations qui lui viennent du dehors, et s'y adapte aussi parfaitement que possible ; de telle sorte qu'il est de moins en moins modifié par les influences qu'il subit, et que même, lorsque son adaptation est complète, il n'en est plus modifié du tout. Cette adaptation de l'organisme aux conditions d'existence que lui fait la nature extérieure, c'est l'habitude. Tant que l'habitude n'est pas parfaite chez l'être vivant, les actions qu'il subit et les réactions qu'il exerce contre les choses du dehors sont en lui accompagnées de conscience, et même d'un degré plus ou moins élevé de réflexion. Si l'homme est intelligent, c'est que la multiplicité des relations qu'il entretient avec la nature est telle qu'il est impossible qu'il soit parfaitement adapté à toutes. C'est donc le défaut d'adaptation qui maintient la tonalité générale de la conscience, et qui rend la réflexion possible. L'adaptation croissant, la conscience tend à disparaître, et à l'action réfléchie se substitue de plus en plus l'action automatique. Tant que l'adaptation demeure particulière à l'individu, parce qu'elle résulte de relations qui n'ont de fréquence que pour lui, vu les circonstances particulières où il se trouve, on lui conserve le nom d'*habitude;* et c'est pourquoi il est juste de dire que les habitudes sont individuelles et acquises par chacun de nous dans l'exercice de son activité propre. Lorsque l'adaptation, au contraire, résulte de relations assez générales et assez constantes pour affecter l'espèce entière, on l'appelle *instinct;* aussi l'instinct est-il inné dans l'individu, puisqu'il est le fait de l'espèce, laquelle se retrouve dans l'individu et cependant lui préexiste.

La théorie de l'instinct réduit à n'être qu'une habitude héréditaire donne lieu à des objections de toutes sortes. Nous nous contenterons d'en formuler une, qui est une objection de fait, et qui a été présentée pour la première fois par Darwin (*Origine des espèces,* chap. VIII). Les instincts des abeilles et ceux des fourmis sont certainement parmi les plus étonnants que nous connaissions. Or il est impossible, dit Darwin, que ces instincts aient pour origine une habitude héréditaire, attendu que les insectes qui les possèdent sont des neutres et, par conséquent, n'ont pas le pouvoir de propager leur espèce. Quant aux insectes féconds, les instincts en question leur manquent totalement. Il est donc tout à fait impossible d'admettre que, dans ces espèces, les habitudes acquises des ascendants prennent, en s'accentuant, le caractère d'instincts innés chez les descendants. Cette critique est généralement, et à bon droit, considérée comme décisive contre l'hypothèse de Lamarck et contre celle de M. Spencer.

177. Théorie de Darwin. — Darwin, comme on vient de le voir, rejette le principe de l'habitude, du moins pour un grand nombre de cas, mais il garde celui de la transmission héréditaire. La conséquence de cette modification c'est qu'il faut substituer à l'habitude un autre principe d'explication de l'instinct. Cet autre principe, Darwin le trouve dans les lois générales desquelles résulte la transformation graduelle des espèces. C'est une loi de la nature que les êtres organisés se multiplient beaucoup plus rapidement que les subsistances qui leur sont nécessaires; de là entre eux une *concurrence vitale* ou *lutte pour la vie*. Mais lesquels l'emporteront dans cette concurrence? Les plus forts, évidemment, ou les mieux doués de quelque qualité utile. La conséquence est une *sélection naturelle*, c'est-à-dire une sélection opérée par la nature elle-même en faveur des meilleurs, et cela sans aucune action d'un Dieu providence. Reste à savoir pourquoi certains individus d'une espèce seront mieux doués que d'autres pour la concurrence vitale. Ce qui fait la supériorité à cet égard d'un individu sur ses congénères, c'est, suivant Darwin, un *accident heureux*. En effet, tous les individus d'une espèce ne sont pas constitués identiquement de la même manière. Parmi eux il s'en trouve certains qui sont pourvus par hasard de quelque qualité qui les rend plus aptes à vivre que les autres. Ceux-là, naturellement, écraseront leurs adversaires dans la concurrence vitale, et comme, en vertu de la loi d'hérédité, ils transmettront à leurs descendants les qualités qui les distinguent, ces qualités deviendront bientôt des caractères de l'espèce entière. Dès lors la formation des instincts est aisée à comprendre. L'instinct ayant son principe dans l'organisme, toute modification organique qui aura pour corrélatif un instinct utile à la conservation de l'individu ou à celle de sa race constituera un accident heureux, et tendra à se généraliser dans l'espèce entière, en même temps que l'instinct qui en est la conséquence.

Cette théorie est certainement plus forte que les précédentes, et elle répond à plusieurs difficultés graves que ces dernières laissaient sans solution. Ainsi Darwin explique comment l'instinct a pu se développer progressivement et par voie d'hérédité chez des insectes pourtant inféconds, en disant que, pour les insectes féconds, la condition du triomphe dans la concurrence vitale était la procréation d'insectes neutres possédant précisément les instincts que nous constatons aujourd'hui. On objecte encore à sa théorie qu'il est bien difficile d'admettre qu'un simple accident heureux ait pu donner naissance à des instincts compliqués comme ceux des abeilles et des fourmis. Il répond que ces instincts ne se sont pas formés tout d'un coup, qu'ils se sont développés par degrés, et que, par exemple, il y a une progression régulière et facile à suivre des cellules imparfaites que font les bourdons aux cellules cylindriques de la *Melipona domestica* du Mexique, et enfin aux cellules hexagonales des abeilles de nos pays. La génération des instincts les plus compliqués par une série d'accidents heureux, ajoute Darwin, n'est point invraisemblable, pourvu qu'on tienne compte des phases intermédiaires qui ont précédé et préparé ces instincts. Voilà donc deux points sur lesquels l'hypothèse de Darwin fournit des solutions qui peuvent paraître satisfaisantes, et il est bien d'autres difficultés encore que cette hypothèse permet de résoudre; mais il est aussi des objections qu'elle laisse sans réponse, et qui la condamnent. Par exemple, il est des instincts, comme celui de l'ammophile, qui ont dû être parfaits de tout temps, sans quoi l'espèce même se fût éteinte avec la première génération qui la représentait : il est donc impossible que de pareils instincts se soient formés progressivement à travers une longue suite de générations. Puis il y a des instincts collectifs et sociaux : comment admettre que des accidents heureux aient pu donner lieu à la coordination des actes d'un individu avec les actes d'individus différents pour la réalisation d'une œuvre commune, ainsi qu'on le voit chez les abeilles, les fourmis, les castors? Enfin est-il admissible que l'accident heureux qui avait donné à un animal une supériorité sur les autres animaux de son espèce se soit transmis à tous ses descendants ; et n'est-il pas beaucoup plus probable qu'il n'a dû être parmi ceux-ci qu'un cas isolé, qui même n'aura pas tardé à disparaître tout à fait? Ainsi la théorie de Darwin est encore insuffisante; de sorte qu'il nous faut chercher ailleurs, et même dans une direction tout opposée, la solution du problème de l'instinct.

178. Théorie métaphysique de l'instinct. — Ce qui rend ce problème si embarrassant, c'est que toujours l'instinct apparaît comme un fait absolument à part dans la nature. Quoi de plus extraordinaire, en effet, et de plus anormal, à ce qu'il semble, qu'une activité innée qui s'exerce sans réflexion aucune, et qui crée des œuvres dont la réflexion la plus savante serait à peine capable? Mais si, au contraire, on pouvait trouver à ce fait étrange des analogies dans la nature, nous ne disons pas qu'on l'expliquerait par là même, mais du moins on diminuerait l'étonnement qu'il cause, et jusqu'à un certain point même on le comprendrait; car, dans bien des cas, comprendre un fait n'est pas autre chose que lui trouver des analogies avec des faits différents, et le rattacher en même temps que ces faits à une loi plus générale. Or, précisément, l'instinct n'est pas aussi isolé dans l'ensemble des choses qu'on serait tenté de le croire. Il a au contraire des analogues, à tel point que nous le retrouvons, du moins en son essence, dans trois faits de la plus haute importance et de la plus grande généralité.

Tout d'abord, si nous considérons les êtres vivants, nous devons reconnaître que chacun d'eux entretient son corps par une activité qui lui est propre, en s'assimilant les aliments qu'il digère, et en les faisant servir à la reconstitution de ses organes usés par leur fonctionnement même. Non seulement le vivant entretient son corps, mais encore il le répare, expulsant les corps étrangers, cicatrisant les blessures, refaisant même quelquefois des membres amputés, comme on le voit chez les lézards, les salamandres, les écrevisses. Aussi peut-on dire sans nulle exagération que l'être organisé est lui-même le créateur de son organisme ; car c'est véritablement créer que de donner tous les accroissements. Or, si nous examinons le *processus* vital, qu'y voyons-nous ? Une inconscience absolue de la fin à laquelle tend chez le vivant l'activité organique, et des moyens par lesquels elle réalise cette fin, c'est-à-dire précisément les caractères essentiels de l'instinct. Créer son corps et le conserver par les actes dits *instinctifs* sont donc pour l'animal une seule et même chose. Mais ce n'est pas seulement la conservation de l'individu que les actes instinctifs tendent à assurer, c'est encore celle de l'espèce : le même caractère se retrouve dans le *processus* vital. Par exemple, lorsqu'un animal du genre mammifère vient d'avoir des petits, certaines glandes ordinairement inactives commencent à sécréter la substance dont l'animal nouveau-né a besoin pour se nourrir, d'abord une sorte de sérum, puis un lait très faible encore, puis, à mesure que le petit avance en âge, un lait de plus en plus fort et nourrissant. Ne voit-on pas que cette série d'opérations si merveilleusement adaptée aux besoins d'un animal, qui n'est pas celui dans le corps duquel elles se produisent, est parfaitement analogue à celle qu'accomplit, par exemple, l'ammophile afin d'assurer à sa larve une provision de nourriture fraîche pour le printemps suivant? Ainsi l'instinct se retrouve tout entier dans l'activité spontanée par laquelle la vie se crée, s'entretient et se répare : le *processus* vital est véritablement un *instinct vital*.

Considérons en second lieu l'activité intellectuelle de l'homme : nous allons voir que la part de la spontanéité y est énorme, comme dans l'activité organique et vitale.

D'abord il est certain que l'esprit de l'homme accomplit avec une perfection étonnante, et sans pourtant s'en rendre compte le moins du monde, des œuvres d'une complexité extrême, dont la réflexion la plus aiguisée a ensuite beaucoup de peine à découvrir l'économie. Ainsi un enfant perçoit des formes, des distances, des directions dans l'espace avec une aisance et une sûreté admirables; mais il faut de longues études à un philosophe pour démêler les secrets de l'art ingénieux dont cet enfant use sans s'en douter pour percevoir le monde des corps : encore n'est-on jamais sûr d'être arrivé sur ce point à des explications qui soient vraies. Il en est de même à l'égard de l'acquisition du langage, de la formation et du maniement des idées abstraites et générales. Autre exemple. Les mathématiques sont une vaste construction, merveilleusement appropriée à la nature des phénomènes qui se produisent dans l'espace et aux conditions générales de la science. Ceux qui ont le sens de ces spéculations s'y meuvent avec facilité, et y font sans cesse des découvertes. Mais, quand il faut examiner les fondements sur lesquels cette belle construction repose, et rechercher les procédés par lesquels elle a été édifiée, on est arrêté dès le début par la difficulté des questions; et, tandis que le mathématicien raisonne sans hésiter d'après les définitions qu'il s'est faites et les axiomes qu'il s'est donnés, le philosophe en est encore à se demander ce que c'est que la ligne droite, et comment elle est conçue en mathématiques. Il est donc certain que, dans la vie mentale comme dans la vie physique, l'activité spontanée qui est en nous va infiniment au delà de l'activité réfléchie. D'un côté comme de l'autre, la spontanéité pose à la réflexion des problèmes dont celle-ci n'arrive à résoudre qu'une infime partie.

Ce que nous venons de dire concerne des créations du génie de l'humanité plutôt que du génie de l'homme individuel, puisque la manière dont se font la perception des corps, l'acquisition du langage, la construction des mathématiques, est la même chez tous les hommes. Considérons maintenant les œuvres du génie individuel. On reconnaîtra que la part de la spontanéité n'y est pas moins grande, et que là encore nous agissons plutôt sous l'action d'un *dieu intérieur*, comme disaient les anciens, que par l'effet d'une pensée pleinement consciente et entièrement maîtresse d'elle-même.

Est-il possible de s'imaginer que l'artiste qui peint ou qui chante, que l'architecte qui construit le plan d'un édifice, que le philosophe qui crée un système, fassent, chacun en ce qui le concerne, une œuvre de tout point consciente et voulue? Le contraire est évident; car, pour vouloir une chose, il faut commencer par la penser; de sorte qu'on pense une chose parce qu'on l'a dans l'esprit, et non pas parce qu'on veut la penser. Qui donc est parfaitement conscient de l'œuvre qu'il accomplit, si bien qu'il ne fait rien que ce qu'il veut faire? C'est le maçon qui exécute le plan de l'architecte; mais non pas l'architecte lui-même : autrement il faudrait que ce dernier, en établissant son plan, copiât un plan antérieur, lequel à son tour supposerait un plan antérieur encore, et ainsi de suite indéfiniment. Ainsi l'activité créatrice de l'esprit lui-même est spontanée tout autant que, par exemple, l'activité vitale; et même on ne voit pas que, dans sa forme et dans ses procédés, elle diffère en rien de cette dernière. Comme le germe végétal ou animal se sert des substances étrangères qu'il s'assimile pour construire le corps organisé de l'animal ou de la plante, le germe d'une conception mentale s'empare de tout ce qu'il trouve en nous d'idées, d'images, de tendances susceptibles de lui être appropriées; et, donnant à tous ces éléments l'organisation et la vie, il en fait l'œuvre d'art ou le système philosophique. Sans doute ces créations du génie humain montrent de la convenance et de l'harmonie; mais les créations de l'instinct vital montrent une convenance et une harmonie bien plus étonnantes encore; car quelle est l'œuvre de l'esprit de l'homme qui approche de la complexité savante de l'organisme chez le plus chétif animal? Si donc il faut reconnaître la spontanéité dans ce dernier cas, quelle difficulté y aura-t-il à la reconnaître dans le premier? On pourra dire encore que dans les créations du génie humain la réflexion a une part énorme, puisque certainement rien de sérieux ne peut se faire sans travail. Nous l'accordons; mais, si la réflexion juge de la valeur des idées, ce n'est pourtant pas elle qui les suscite. « L'esprit souffle où il veut », et c'est spontanément que les idées naissent de notre fonds. Il est vrai que ce fonds est modifiable par la réflexion même, comme l'être vivant est modifiable par le milieu dans lequel il est appelé à vivre : le germe d'une pensée a même besoin d'être beaucoup modifié ainsi pour devenir fécond, et c'est pourquoi le travail est si nécessaire. Néanmoins, l'effort conscient de l'esprit ne peut jamais exercer sur la suggestion des idées qu'une action indirecte. Si la réflexion intervient dans les créations de l'esprit, c'est à la manière dont l'hygiène et la médecine interviennent dans la formation des corps organisés, pour diriger et réformer, mais toujours en laissant agir la spontanéité de la nature. Donc toute production intellectuelle est le fait d'une activité qui n'est pas aveugle sans doute, puisque la raison exerce sur elle un contrôle incessant, mais qui pourtant s'ignore elle-même quant à sa nature intime et à ses procédés. Le génie crée spontanément, et c'est pourquoi nul art ne le donne, nulle étude ne le supplée : c'est un *instinct poétique*, au sens premier et étymologique du mot (ποιέω, *je crée*).

Enfin la réflexion elle-même suppose avant elle une spontanéité qui la dirige, et qui lui garantit sa propre valeur. L'esprit réfléchit sur les choses, mais il ne peut pas réfléchir sur sa réflexion, parce que cette sorte de réflexion à la seconde puissance exigerait à son tour une réflexion à la troisième puissance, et ainsi de suite indéfiniment. Il faut donc que la pensée réfléchie qui considère un objet se fie à elle-même, et se tienne elle-même pour bonne et valable, et cela sans discussion ni examen. Par exemple, je réfléchis sur un jugement que j'ai porté, et par un second jugement je le déclare bon ou mauvais. Mais je ne puis pas réfléchir sur le second jugement comme sur le premier : il faut que je m'arrête, et que je renonce à examiner la valeur de ce second jugement. Ainsi le principe de toute connaissance réfléchie est une connaissance irréfléchie ; le fond de toute pensée qui se connaît et qui se juge c'est une pensée qui ne se connaît pas et qui ne se juge pas. Le plus beau des attributs propres à l'homme, et celui duquel procèdent tous les autres, c'est le pouvoir qu'il a de revenir sur soi et de penser qu'il pense ; par quoi il est rendu maître de sa pensée, tandis que les animaux pensent comme ils digèrent, avec une égale inconscience et une égale spontanéité. Mais ce merveilleux pouvoir a des limites, et il se trouve qu'en définitive le fondement sur lequel repose la réflexion elle-même c'est encore quelque chose de spontané, un instinct par conséquent, mais un *instinct rationnel*.

Ainsi l'instinct est partout dans la nature, et l'on peut dire que toute activité, qu'elle soit vitale ou intellectuelle, est instinctive dans son fond. Que l'on ne considère donc pas l'instinct qui fait accomplir aux animaux tant d'œuvres admirables comme un fait à part et anormal dans l'ordre universel des choses. L'homme comme l'animal a son instinct, et c'est cet instinct qui le fait vivre, agir et penser. Toute la différence c'est que l'instinct de l'animal, qui ne réfléchit point, est immobile et figé pour jamais, tandis que l'instinct de l'homme, qui réfléchit, est un instinct souple, perfectible, sans cesse en voie de transformation et de progrès. Mais le principe est le même de part et d'autre. Que l'animal puisse seulement s'apercevoir qu'il agit, et la fatalité de son instinct disparait : que nous cessions de nous apercevoir que nous agissons, et nos actes prennent le même caractère de sagesse inconsciente et passive que nous constatons dans les actes des animaux. L'abeille qui construit des cellules, le castor qui bâtit sa hutte, ne font rien autre chose que ce que nous faisons nous-mêmes quand nous vivons et quand nous pensons ; sauf que le castor et l'abeille n'analyseront jamais les actes qu'ils ont accomplis dans la spontanéité de leur nature, tandis que nous réfléchissons sur les nôtres, et que nous formons des théories sur les phénomènes biologiques et sur les caractères de la connaissance intellectuelle.

179. Domaine de l'instinct. — L'instinct étant partout dans la nature, il peut paraître superflu de demander quel est son domaine. Mais, si la question ne peut pas se poser à l'égard de l'instinct pris au sens le plus étendu du mot, c'est-à-dire au sens de spontanéité vitale ou intellectuelle, elle se pose très légitimement, au contraire, à propos de cette forme particulière de la spontanéité naturelle que nous avons considérée seule au commencement de ce chapitre. Lors donc que nous nous demandons quel est le domaine de l'instinct, nous entendons rechercher quelles sont les conditions générales d'apparition de ces phénomènes qu'on appelle proprement *actes instinctifs*, et qui, ainsi que nous l'avons montré, sont tout à fait du même ordre et procèdent du même principe que les phénomènes biologiques, sauf cette différence qu'ils se passent hors de l'organisme, tandis que les phénomènes biologiques ne dépassent pas l'organisme même.

On entend dire quelquefois, et c'était même l'opinion de savants considérables comme Cuvier et Flourens, que l'instinct est, chez les animaux, destiné à remplacer l'intelligence, ce qui suppose que les animaux doivent être d'autant mieux pourvus sous le rapport de l'instinct qu'ils le sont moins bien sous le rapport de l'intelligence. Mais c'est là une opinion inadmissible. D'abord, en effet, s'il en était ainsi, l'instinct ne serait chez les animaux qu'un simple accident ayant son principe dans une disposition particulière et bienveillante de la Providence à leur égard, et non pas dans la constitution même de leur être. Or il résulte des explications que nous avons données que l'instinct est chez un animal, non pas quelque chose d'accidentel, ni par conséquent de surérogatoire, mais au contraire quelque chose d'essentiel, qui tient à la nature de cet animal, et qui en est inséparable. Si la Providence a donné à l'animal son instinct, ce n'est pas après coup, comme par une sorte de faveur, c'est en constituant sa nature, et comme conséquence de cette nature même. L'instinct de faire des ruches est aussi peu un accident chez l'abeille que son dard ou ses antennes. Ensuite l'expérience montre bien qu'il est des animaux très mal pourvus sous le rapport de l'intelligence, et même de la simple sensation, et non moins mal pourvus sous le rapport de l'instinct : c'est le cas de tous les animaux tout à fait inférieurs, comme l'éponge ou le polype. Pour qu'un animal ait des instincts, il ne suffit donc pas qu'il manque d'intelligence, il faut qu'il ait des fonctions à remplir et des besoins à satisfaire. Les animaux dont l'organisme est très simple, n'ayant également que des fonctions très simples, n'ont point besoin d'instincts spéciaux et compliqués.

Cependant il est à croire que la spontanéité naturelle qui fait le fond de toute existence doit donner lieu chez tous les êtres vivants capables de mouvements, c'est-à-dire chez tous les animaux, à quelques-unes de ces actions extérieures qui sont comme le complément et le prolongement hors de nous des actions vitales, et qu'on appelle actions instinctives. C'est, en effet, ce qui a lieu. Mais il faut faire observer que, si l'instinct est un fait universel du haut en bas de l'échelle animale, il n'a pas partout les mêmes caractères. Aux plus bas degrés de cette échelle il est, comme nous venons de le dire, presque nul, ou si faible qu'on ne l'aperçoit pas. Un peu plus haut, chez les insectes, les oiseaux, les mammifères inférieurs, il se développe, et se montre dans sa complexité la plus étonnante. C'est que là les fonctions vitales sont elles-mêmes très complexes. Plus haut, chez les mammifères supérieurs, les fonctions vitales sont plus complexes encore, et pourtant l'instinct perd de sa puissance : il n'apparaît plus que par intervalles, et ne donne plus lieu à ces merveilles d'adaptation et de prévoyance apparente auxquelles il donnait lieu au degré précédent. La raison en est que chez les mammifères supérieurs les sensations sont multiples, distinctes, susceptibles de s'associer entre elles, et suffisantes, par conséquent, pour permettre à l'animal de diriger sa marche, de chercher sa proie et d'éviter le péril. Mais l'instinct ne disparaît pas totalement pour cela. Ainsi, un chien malade saura, dans une prairie, choisir parmi mille sortes d'herbes différentes celle qui convient à son mal : voilà très certainement le résultat d'un instinct. Enfin, au degré le plus élevé de tous, chez l'homme, les causes que nous venons de signaler, agissant bien plus puissamment encore que chez les animaux supérieurs, rendent l'instinct de moins en moins nécessaire. L'homme est de tous les êtres vivants celui qui doit le moins à la nature et le plus à lui-même. Il faut qu'il apprenne tout, jusqu'à marcher et à faire entendre sa voix. Les poëtes l'en ont plaint quelquefois, et ont jugé sa condition moins heureuse sous ce rapport que celle des animaux. Là est pourtant le secret de sa force. Le même effort par lequel l'homme, parti de plus bas que les animaux, se met à leur niveau, le porte ensuite infiniment au-dessus d'eux, et fait de lui le roi de la nature entière. Du reste, chez l'homme même l'instinct subsiste à l'état de vestiges que la raison et l'expérience acquise pourront recouvrir sans jamais les faire complètement disparaître. Par exemple, il est certain que l'amour maternel est un instinct avant d'être un sentiment, et l'on constate quelquefois que, chez des natures grossières, l'instinct subsiste encore alors que le sentiment a disparu. Ainsi l'instinct est un fait général, comme tout ce qui a sa racine dans les lois fondamentales de la vie.

180. Les sociétés animales. — Il nous reste, pour achever l'étude de la psychologie des animaux, à rechercher s'il existe des sociétés animales, et ce que ces sociétés peuvent être.

Au sujet du fait même de l'existence de sociétés animales aucun doute n'est possible. Nous voyons une multitude d'animaux se réunir pour vivre ensemble ou pour exécuter des œuvres collectives. Il y a donc, au moins pour un certain nombre d'espèces animales, une véritable vie sociale.

Mais quelle idée faut-il se faire de ces associations que forment les animaux, et des œuvres qu'elles leur permettent d'accomplir en commun? Par exemple, qu'est-ce qu'un essaim d'abeilles, et comment expliquer la construction de la ruche par l'essaim? La ruche présentant tous les caractères de l'unité, qui sont l'ordre et la corrélation harmonieuse des parties, il faut nécessairement admettre que l'essaim qui l'a construite a agi à la manière d'un individu unique. Mais, si l'essaim est un par son action, il est un aussi en lui-même; et s'il est un en lui-même, il faut admettre qu'il est, non pas un *être de raison*, ni une simple collectivité à la manière d'un tas de pierres, mais un être véritable et substantiel, puisque, comme le dit Leibniz, *ens et unum convertuntur*. Telle est, en effet, la vérité à notre avis; mais il faut s'entendre. Quand nous disons que l'essaim ne résulte pas du groupement des abeilles comme le tas de pierres résulte du rapprochement des pierres, cela ne signifie nullement qu'il existe avant elles ou en dehors d'elles. Dire qu'il existe après elles serait également inexact, puisque ce serait en faire un composé et un être fictif comme est le tas de pierres. Dès lors nous n'avons plus qu'un parti à prendre : c'est d'admettre que l'essaim, qui n'est ni avant ni après les abeilles, est tout entier dans les abeilles mêmes, avec le génie qui lui est propre, c'est-à-dire avec l'instinct auquel répond la construction de la ruche. Donc dans un animal comme l'abeille il y a une double nature et, par suite, un double instinct : une nature et un instinct individuels, attendu que l'individualité ne peut jamais perdre entièrement ses droits ; une nature et un instinct sociaux, qui font que l'abeille vit d'une vie commune et collective, celle de l'essaim, en même temps que de sa vie propre. Et ce n'est pas seulement chez l'abeille que cette dualité se rencontre ; c'est chez tous les animaux, sans en excepter l'homme. Chez certaines espèces la nature individuelle prévaut sur la nature sociale, de sorte que ces animaux vivent plus ordinairement solitaires, sans pourtant demeurer dans un isolement qui serait incompatible avec la permanence de leur race ; chez d'autres espèces, comme les abeilles et les fourmis, la nature sociale laisse peu de place aux manifestations de la nature individuelle ; mais les deux tendances se retrouvent partout, et surtout chez l'homme, dans lequel seul peut-être elles gardent un harmonieux équilibre.

Voyons maintenant ce que peuvent être les sociétés animales, et pour cela comparons-les aux sociétés humaines.

La première différence entre les unes et les autres qui frappe nos regards, c'est que, tandis que les sociétés humaines sont pour leurs membres de puissants agents de formation intellectuelle, morale et même physique, les sociétés animales n'exercent aucune action sur les leurs, qu'elles laissent dans l'état où les a mis la nature. Aussi tout le progrès dont les animaux sont capables se réduit-il à celui que peuvent réaliser les individus dans le cours de leur existence. L'individu mort, sa descendance a le même chemin à parcourir qu'il a parcouru lui-même, pour arriver au même terme ; de sorte que tout est toujours à recommencer, comme si chaque génération nouvelle était la première de la race. La cause de ce perpétuel avortement est aisée à découvrir : c'est l'absence de langage, conséquence de l'absence d'intelligence. Il est clair, en effet, que là où le langage manque les individus demeurent isolés intellectuellement les uns des autres, de sorte que chaque individu est réduit à ses propres forces, lesquelles ne peuvent jamais le mener bien loin. De même, par conséquent, qu'il existe deux formes de la vie, la vie de l'instinct et celle de la réflexion, il faut reconnaître aussi deux formes de l'état social, qui consistent dans la mise en commun, l'une de l'activité spontanée et instinctive, l'autre de l'activité consciente et réfléchie. De ces deux formes de l'état social la première, tout en rapprochant physiquement les individus les uns des autres, les laisse pourtant isolés au sens que nous avons dit. La seconde, au contraire, établit entre les existences et les destinées une connexion si étroite que chaque individu apparaît comme n'étant en très grande partie que le produit et l'expression du milieu social dans lequel il vit. Et comme le principe sur lequel repose cette forme supérieure de la vie en société, à savoir la réflexion, est éminemment un principe de progrès, il en résulte que le progrès, ou tout au moins l'évolution, — car le progrès peut être momentanément entravé, — est la loi d'une société de ce genre; ce qui justifie ce mot de Pascal: « L'humanité tout entière est comme un seul homme qui vieillit sans cesse et apprend continuellement. »

Voici une autre différence importante à noter, et qui se rattache à la précédente. Les sociétés animales sont toujours constituées par des groupes d'individus, jamais par l'espèce elle-même. Par exemple, les essaims d'abeilles naissent, vivent et meurent dans un état d'isolement absolu les uns à l'égard des autres. Dans l'humanité on retrouve des groupes sociaux. Ainsi la famille, l'État et toutes les associations particulières dont nous pouvons faire partie sont limitées à un nombre restreint de personnes. Mais l'humanité elle-même forme une société qui comprend tous les hommes, et en même temps tous les groupes sociaux partiels que certains hommes forment entre eux. Alors, par conséquent, que les animaux n'appartiennent qu'à des sociétés restreintes et périssables, l'abeille à son essaim, la fourmi à sa fourmilière, l'homme appartient à la fois à des sociétés restreintes et périssables, et à une société universelle et perpétuelle qui est l'humanité elle-même. Les espèces animales ne constituent pas des sociétés : l'espèce humaine, au contraire, constitue la société par excellence, puisque tous les membres qui la composent sont en relation de solidarité les uns avec les autres et avec tout le reste de la nature.

De là une nouvelle raison qui va achever de nous faire comprendre pourquoi les espèces animales ne réalisent aucun progrès, tandis que l'espèce humaine, au moins dans ses races supérieures, progresse sans cesse. C'est que pour progresser il faut durer; or les espèces animales ne durent pas, à proprement parler, parce que chacune d'elles, tenant en quelque sorte tout entière dans l'un quelconque des individus qui la composent sans déborder ces limites étroites, s'éteint aussi tout entière chaque fois que l'un de ces individus périt. Peut-on dire même qu'il existe véritablement des espèces animales? A le bien prendre, une espèce animale n'est rien de plus qu'une loi morphologique présidant à la formation et au développement de certains organismes issus les uns des autres, loi presque aussi abstraite que peuvent être les lois de la physique ou de la chimie, et qui, par conséquent, ne présente nullement les caractères de ce qu'on appelle un être. L'espèce humaine, au contraire, dure et est immortelle, parce que son existence, au lieu de se renfermer dans la vie d'un homme unique ou de plusieurs hommes, embrasse la totalité des vies humaines individuelles, dont elle fait un tout continu et permanent. Aussi constitue-t-elle un être véritable, et même un véritable vivant; car les caractères de croissance et de progrès, et sans doute aussi de déclin et de mort qu'elle présente, sont les caractères essentiels de la vie. On peut parler d'espèces animales, on peut parler de sociétés animales, et nous-même l'avons fait; mais, à vrai dire, il n'existe au monde qu'une seule espèce, l'espèce humaine, et une seule société, la société humaine.

ESTHÉTIQUE

CHAPITRE PREMIER

DE L'ART

181. Nature et origine de l'art. — L'art, en général, peut être défini la reproduction intentionnelle d'objets qui nous ont procuré des émotions, dans le but de reproduire en nous ces mêmes émotions. On pourrait croire, d'après cette définition, que l'art ne doit jamais chercher à éveiller que des émotions agréables. Il n'en est rien pourtant. Souvent, au contraire, l'artiste se plaît à évoquer des objets capables de réveiller en nous des émotions douloureuses. C'est que les émotions douloureuses ont encore leur charme, et souvent même un charme plus pénétrant que les émotions agréables. Seulement il y a à cela une condition, c'est que l'objet qui donne lieu à ces émotions soit imaginaire, et non réel. Tout peut être beau à la condition d'être transfiguré par l'imagination. C'est pourquoi l'artiste par excellence c'est le souvenir. Les mêmes objets qui nous ont fait souffrir autrefois pourront nous faire pleurer encore quand leur image nous reviendra à la pensée ; mais ces larmes renfermeront plus de plaisir que de peine :

> Forsan et hæc olim meminisse juvabit.
> (Virgile.)

Il ne faudrait pas croire, par conséquent, que cette reproduction volontaire des objets qui nous ont émus autrefois soit quelque chose d'accidentel dans la vie, et le privilège de quelques mortels favorisés qu'on appelle *artistes*. A le bien prendre, nous sommes tous artistes, et cela dès le plus bas âge. Ainsi on voit les enfants, dans leurs jeux, imiter la vie réelle. On les voit même se donner facticement des émotions douloureuses, ou plutôt des douleurs moitié vraies moitié feintes, et y trouver un plaisir extrême ; jouer *au loup, aux brigands*, pour se faire peur à eux-mêmes, et jouir de leurs frayeurs imaginaires. Tous les arts en sont là à des degrés divers. Tous sont des jeux, puérils ou sérieux, ridicules ou sublimes ; mais tous ont pour objet de représenter la vie sous des formes capables d'agréer à l'imagination, et, par là, de provoquer en nous cette émotion, qui est de jeu aussi, qui diffère beaucoup de l'émotion produite par la réalité même, et qu'on nomme l'*émotion esthétique*. Nous pouvons donc dire avec Kant que l'art est un *jeu ;* mais nous ne le dirons pas tout à fait dans le même sens que lui. Pour Kant l'art est un jeu en ce qu'il crée des objets sans résultat utile. On peut accepter cette manière de voir ; mais il faudrait ajouter, ce semble, que ces créations de l'art ne sont jamais quelconques, et qu'elles sont toujours de libres imitations de la nature, ce que Kant ne dit pas, du moins expressément.

Du reste, c'est une erreur de croire qu'en faisant de l'art un jeu on le rabaisse. Les métaphysiciens allemands du commencement de ce siècle, Fichte, Schelling, Hegel, ont cru voir dans l'art comme un premier échelon par lequel l'esprit humain s'élèverait au-dessus de la nature phénoménale, et jusqu'à la région de l'absolu. Il y a du vrai dans cette conception. Il est certain que l'art d'un Shakespeare, d'un Raphaël, d'un Michel-Ange, nous ouvre en quelque sorte des horizons sur les choses éternelles. Si donc on est décidé à ne voir dans le jeu qu'un amusement plus ou moins semblable à celui des enfants, on aura raison de dire qu'un tel art est beaucoup plus qu'un jeu. Mais le jeu n'est pas seulement un amusement d'enfants. Pris en lui-même, il est l'activité de l'homme se déployant librement pour créer, sans but utile, une œuvre qui plaise. Or, à l'entendre ainsi, et c'est ainsi qu'il faut l'entendre, il est évident que le plus grand art est un jeu.

182. Les moyens dont l'art se sert. — Pour réaliser la fin qu'il se propose, à savoir, éveiller des émotions, l'art a besoin d'user de certains moyens. Mais il est clair que ces moyens valent pour la fin à laquelle ils servent, et non par eux-mêmes ; d'où il suit qu'ils devront demeurer subordonnés à cette fin, et au besoin même lui être sacrifiés. De là les *conventions*, si nécessaires dans tous les arts. Pour l'artiste il ne s'agit pas de reproduire la vie réelle, ni même de nous en donner l'illusion ; il suffit que, par l'objet qu'il met sous nos yeux, il éveille des émotions. Dès lors il lui est permis d'abréger, de simplifier, même de faire violence à certaines lois de la nature, pour réaliser son but plus vite ou plus sûrement. Seulement il est nécessaire que nous soyons disposés à accepter cette violence ; autrement nous serions choqués, et l'effet de l'art serait manqué. C'est pourquoi les conventions artistiques supposent toujours un accord tacite entre l'artiste et le spectateur.

Ce pouvoir de disposer de la nature même, au moins dans de certaines limites, voilà le premier, le plus grand et le plus nécessaire des privilèges de l'art. Aussi s'explique-t-on difficilement que la règle des trois unités ait été si longtemps considérée en France comme un principe inviolable. Sans doute, l'unité d'action est essentielle, parce que là où l'unité d'action manque il n'y a plus de sujet, et que là où il n'y a plus de sujet il n'y a plus rien ; mais les unités de temps et de lieu ne sont que d'inutiles concessions faites au réalisme. Il n'y a aucune raison sérieuse pour que ce qui aurait mis, dans la réalité, six mois ou dix ans à se produire, ne puisse pas, au théâtre, se dérouler en quelques heures sous les yeux du spectateur.

183. L'art et le métier. — Pour créer des objets propres à mettre en jeu nos sentiments et nos passions, il y a une certaine part à faire à l'artifice, ou, comme on dit, au *métier*. Le métier, ou la technique de chaque art, est chose très importante. Il est clair, par exemple, que nul ne peut être peintre s'il ne sait dessiner ni colorier. Mais c'est une erreur d'attribuer au métier une importance prédominante, et surtout de vouloir y réduire l'art lui-même. Certaines écoles poétiques contemporaines ont donné dans ce travers. Faire consister tout l'art dans la facture et dans l'exécution c'est sacrifier la fin aux moyens. L'habileté d'exécution est nécessaire sans doute pour produire l'effet esthétique sur des spectateurs cultivés ; mais elle vaut à ce titre, non à un autre ; et l'on peut dire même que plus les moyens d'exécution seront simples, plus l'art sera grand, pourvu que l'effet esthétique soit produit. C'est la marque d'une civilisation en décadence que le goût du raffinement et la recherche à outrance du délicat et du subtil dans les œuvres d'art. Chez les anciens l'art était simple, et il n'en était que plus puissant. Dans Homère on ne voit point d'analyses psychologiques ni de descriptions savantes. Eschyle construit ses tragédies avec trois personnages, quatre au plus, et il n'en met jamais que deux à la fois sur la scène. Ce qui rend cet art si grand, ce n'est que la noblesse et la puissance des sentiments exprimés. De même en France l'art au xvii° siècle est noble et simple. Au xviii° siècle il se raffine et se subtilise : on tombe de Molière en Marivaux.

184. Nature et conditions des émotions que l'art doit éveiller. — Il nous faut maintenant chercher quelles sont la nature et les conditions des émotions que produisent les œuvres d'art. Ces émotions tiennent à nos sentiments et à nos passions, dont elles sont les concomitants naturels. Le but de l'art c'est d'éveiller, non pas précisément les sentiments, ni surtout les passions elles-mêmes, mais plutôt en quelque sorte l'ombre ou l'écho lointain de ces sentiments ou de ces passions, ce qui suffira, en général, pour provoquer l'éveil des émotions associées. Par exemple, ce n'est pas évidemment l'amour maternel ou paternel que Racine cherche à faire vibrer en nous dans *Andromaque*, mais c'est quelque chose de semblable, à savoir ce quelque chose qui fait que, dans la vie réelle, nous prenons part aux alarmes d'une mère qui craint de perdre son enfant.

Quand une œuvre d'art atteint ce résultat, on peut dire qu'elle est belle. Pourtant il ne faudrait pas croire que l'œuvre d'art soit belle par cela seul qu'elle provoque des émotions. D'abord, tous nos sentiments ne sont pas de même valeur. L'amour de la patrie, par exemple, est un sentiment plus noble que l'ambition ou l'amour de la vengeance. Il en est de même, naturellement, des émotions correspondantes aux divers sentiments et aux diverses passions. Dès lors, ce ne serait pas faire œuvre d'artiste que d'éveiller les émotions qui correspondent aux passions basses ou honteuses. Ce sont seulement les sentiments les plus élevés de la nature humaine que l'artiste doit chercher à faire vibrer en nous, à l'exclusion des autres. De plus, même si l'on considère un sentiment de nature supérieure, on remarquera que ce sentiment prend des formes diverses, et atteint des degrés divers d'élévation et de beauté suivant la valeur intellectuelle et morale des âmes dans lesquelles il naît. Par exemple, l'amour de la patrie est naturellement au cœur de tous les hommes; mais il n'est pas chez tous également pur et généreux. Ce qui fait la beauté suprême d'une œuvre d'art, c'est le pouvoir d'éveiller les sentiments les plus élevés tels qu'ils se rencontrent chez les natures les plus nobles, et non chez les autres.

Mais ce n'est pas tout. La beauté d'une œuvre d'art requiert encore une certaine qualité des moyens mis en jeu pour émouvoir. Ainsi, il est facile de provoquer l'enthousiasme patriotique d'une foule dans un théâtre de barrière ; mais, généralement, les œuvres qui produisent cet effet sont sans caractère artistique, à cause de leur grossièreté. L'excitation des mouvements de l'âme n'est donc pas tout l'art, c'en est seulement la fin : l'art lui-même est tout autre chose.

Enfin, il importe beaucoup de ne pas exagérer ce principe que l'art est fait pour exciter des émotions, ou plutôt il importe de le bien comprendre. Tous les arts à cet égard n'ont pas la même nature. Il en est, comme l'art dramatique, et surtout la musique, qu'on peut qualifier proprement d'*expressifs*, parce que leur objet est d'émouvoir en faisant vibrer tous les sentiments de l'âme ; mais il en est d'autres, comme la peinture et la sculpture, qui sont plutôt *plastiques*, et dont le but est de nous charmer sans éveiller en nous d'autres émotions que celles que produit le spectacle de la beauté naturelle. Ainsi, tandis que le poète dramatique, par exemple, pourra faire crier et pleurer ses personnages pour nous arracher des larmes, il est interdit au peintre et au sculpteur, non pas d'exprimer des émotions, car ce serait peut-être trop restreindre le champ de leur action, mais du moins de prétendre faire passer dans nos âmes des émotions semblables à celles qu'ils expriment. Un tableau, une statue qui émeuvent peuvent avoir des qualités brillantes ; ils sont certainement en dehors des conditions de l'art véritable. Les Grecs l'avaient bien compris : leurs statues, qui sont si belles pour la plupart, ont fort peu de mouvement et disent fort peu de chose. Qui pourrait dire ce que signifie la *Vénus de Milo*? Au contraire, quand l'art grec tombe en décadence, il produit des œuvres comme le *Laocoon*. Les modernes aussi ont essayé de faire parler le marbre : il ne paraît pas que cela leur ait réussi. Sans doute il faut admirer l'imposante majesté du *Moïse* de Michel-Ange ; mais cela est encore du plastique, de même que le mouvement du *Lutteur* antique. Le *Moïse*, tout majestueux qu'il est, n'exprime rien. Le *Laocoon* exprime la douleur actuelle et sentie, la douleur qui fait crier, et c'est ce qui gâte cette œuvre, belle d'ailleurs à d'autres égards. Ainsi la beauté plastique a sa nature propre. C'est la forme triomphante s'imposant à notre admiration ; mais ce n'est pas quelque chose qui doive éveiller dans l'âme des sentiments ni des passions.

185. L'art réaliste. — Il est une forme de l'art qui repose sur de tout autres principes que ceux que nous venons d'exposer ; c'est l'art *réaliste*. L'art réaliste consisterait, suivant ses partisans, à chercher en toutes choses l'imitation la plus fidèle possible de la nature; de sorte que les créations de l'art ne seraient plus que des copies de la réalité. On peut, avec un critique contemporain[1], distinguer deux formes du réalisme : le réalisme *didactique,* qui nous met la réalité sous les yeux dans un but moral ou scientifique ; et le réalisme *indifférent,* ou *naturalisme,* qui copie la nature simplement pour le plaisir qu'il y trouve, et parce qu'il lui paraît que la réalité est toujours plus intéressante que la fiction. Mais nous n'avons pas besoin d'entrer dans ces distinctions de doctrines et d'écoles. Tenons-nous-en à la considération du réalisme en général.

Le réalisme renferme certainement une part de vérité : il est bien vrai que tout artiste sérieux doit s'inspirer de la nature. Ce que nous recherchons dans les créations artistiques c'est en effet la vie, embellie sans doute et transfigurée, mais pourtant la vie véritable. Or la vie n'est pas une chose qui s'invente, ni qu'il soit possible de créer par un artifice quelconque. Quand Prométhée, suivant la fable, animait l'ouvrage de ses mains, c'était avec le feu du ciel; mais ce feu, Prométhée l'avait ravi à sa source. Il en est de même dans l'art. L'artiste, s'il veut communiquer la vie aux œuvres qu'il crée, doit la ravir d'abord là où elle se trouve, c'est-à-dire dans la nature. Il faut donc qu'il entretienne avec la nature un commerce constant et intime, et qu'il pénètre jusqu'à son âme, puisque c'est l'âme qui est le principe de la vie. Le commun des hommes vit, en quelque sorte, à la superficie des choses. Le véritable artiste pénètre, grâce à l'intuition supérieure dont il est doué, jusqu'au foyer même de l'existence. C'est pour cela que l'art est une si grande chose quand il est sérieux et vraiment inspiré. On pourrait dire que la science, étant limitée aux phénomènes, s'arrête au vestibule du temple; l'art pénètre jusqu'au sanctuaire, et voit le dieu face à face.

Il ne s'agit donc point de prétendre que la réalité n'est rien pour l'artiste, puisque au contraire elle est tout. Mais autre chose est l'étude de la nature pour la comprendre, pour s'en inspirer, pour en dégager l'âme, autre chose est l'imitation servile qui ne tend qu'à reproduire ses œuvres par des procédés factices. Ceux qui, sous prétexte d'amour pour la nature, rêvent de s'en faire, pour ainsi dire, les photographes, ne se rendent pas compte que leur servilité même les rend infidèles à son égard. Ce qu'ils imitent en effet, et ce qu'ils reproduisent, ce sont les dehors, le corps matériel, moins

---

1. M. David Sauvageot, *le Réalisme et le Naturalisme dans la nature et dans l'art.*

que cela encore, le vêtement de la réalité ; mais l'âme leur échappe, parce que l'âme n'est pas une chose qui se copie ni qui se représente. Or l'âme c'est l'essentiel, ou plutôt c'est le tout, car le reste n'est rien. Quand vous aurez saisi l'âme des choses, peu importe le corps dont vous la revêtirez. Il sera même désirable, en général, que le corps créé par l'art pour traduire et exprimer cette âme soit aussi peu semblable que possible au corps que lui a donné la nature, afin que nous, spectateurs, nous soyons moins exposés à prendre le change, et à chercher une matière et une vie effective là où il n'y a qu'une forme et qu'une vie idéale. C'est de là que vient la grande supériorité esthétique des statues de marbre ou de bronze sur les figures de cire. Si une figure de cire pouvait parler et marcher, ce serait un homme. Comme elle est immobile et muette, c'est un cadavre. Ce que nous nous attendons à trouver en elle c'est la vie d'un corps de chair : il n'y a rien là pour l'art. Au contraire, en présence d'une belle statue de marbre ou de bronze, toute idée de chair et toute idée de mort sont écartées. Nous avons sous les yeux un être qui vit, non pas de notre vie périssable à nous, mais d'une vie impassible et immortelle ; et les formes corporelles que nous percevons ne sont plus que la manifestation de l'âme dans un langage approprié à notre nature d'êtres sensibles.

Ainsi l'art peut idéaliser, et parce qu'il le peut il le doit. Cela veut dire qu'il doit créer des êtres de simple apparence, lesquels, en raison de ce qu'il n'y a point en eux de matière, plairont par leur forme seule. Vouloir réaliser la vie effective par l'art est une sottise ; vouloir en donner l'illusion est une erreur. Il ne peut être question ici que d'une vie idéale : mais c'est une vie idéale que nous cherchons dans les œuvres d'art, car le concret des choses n'est point un des éléments de leur valeur esthétique.

180. On juge de l'art et de la beauté par l'effet produit. — De tout ce que nous venons de dire il résulte que le but de l'art, et le but unique, c'est de plaire en réalisant la beauté.

Cette conception implique d'abord une conséquence importante : c'est qu'on ne peut juger du beau que par l'effet produit, et de la valeur de l'art que par l'émotion esthétique qu'il provoque. Certains auteurs ont prétendu que ce principe était trop vague, et qu'il fallait un autre criterium pour juger de la valeur artistique d'une œuvre et de sa beauté. Cela revenait à dire que la beauté tient à certaines conditions déterminables ; et ceux qui l'ont dit s'en sont bien rendu compte, puisque le plus souvent ils se sont mis à rechercher ces conditions, et en ont désigné plusieurs. Mais, si la beauté tenait à des conditions déterminables, qui empêcherait de les déterminer? Et une fois qu'on les aurait déterminées, qui empêcherait de les remplir? La conséquence c'est qu'il serait possible de donner des préceptes pour faire à coup sûr un beau poème ou une belle statue, comme il y a des préceptes pour réaliser à coup sûr une machine à vapeur de cent chevaux. C'est bien ainsi, du reste, que l'entendaient ces faiseurs de poèmes épiques, dont Boileau s'est tant moqué, et qui supposaient que, pour faire une œuvre d'art, la condition nécessaire et suffisante c'est de connaître ce qu'ils appelaient les *règles du genre*, et de les appliquer. Il y a là une erreur évidente, et qui n'a pas besoin de réfutation[1]. Mais ce n'est pas assez de reconnaître que, pour réaliser la beauté, la fidélité aux règles prescrites ne suffit pas, et que le génie est nécessaire : il faut aller plus loin, et dire que les règles peuvent être utiles à suivre, mais qu'en général on ne doit pas les considérer comme des lois absolues et inviolables ; de sorte que l'artiste aura toujours le droit de s'en affranchir, pourvu qu'il ait du génie. La raison en est que les règles ne sont pas autre chose que certains procédés dont les grands maîtres se sont spontanément servis. Or ces procédés ne sauraient enchaîner le génie, puisqu'ils viennent du génie lui-même. Sans doute il peut être dangereux de s'en écarter, et la seule chose qui puisse justifier une audace pareille c'est le succès qui l'aura suivie. Mais enfin, sauf la règle de l'unité du sujet, qui tient à la nature même des choses, toutes les règles en matière d'art ont quelque chose d'un peu factice et d'un peu arbitraire. Il peut donc être permis quelquefois à un artiste original de se dispenser de les observer.

187. Rapport de l'art avec la science, la morale et la religion. — Une autre conséquence de ce principe que l'art ne peut avoir pour but que la réalisation de la beauté, c'est que l'art est libre. Mais il importe de bien entendre le vrai sens de ce mot la *liberté de l'art*. L'art est libre ; cela veut dire qu'il est autonome, qu'il se suffit à lui-même, et que la fin qu'il se propose

---

[1]. Cette erreur est pourtant celle dans laquelle tombent, avec les Chapelain et les Saint-Sorlin, tous les matérialistes. La thèse fondamentale des matérialistes c'est, en effet, que la nature produit la vie chez les animaux et chez les plantes en assemblant mécaniquement des atomes ; ce qui est identiquement la même chose pour le fond que de prétendre donner des règles pour la création d'une œuvre d'art réalisant un degré déterminé de beauté. L'art témoigne donc à sa manière que le mécanisme ne saurait engendrer la vie organique, et par là il est lui-même une démonstration vivante de l'inanité du matérialisme.

est une fin *en soi*, ou une fin *absolue*. On peut éclaircir ceci par un exemple. Lorsque nous recherchons le plaisir, c'est pour le plaisir lui-même, et non pour une fin ultérieure à laquelle le plaisir servirait de moyen. Aussi, pourvu que des principes supérieurs, comme ceux de la morale, ne reçoivent aucune atteinte, le plaisir devient-il le terme unique de nos efforts, la loi unique de notre activité. Il en est de même à l'égard de l'art. Que l'artiste réalise la beauté, et son œuvre est parfaite, sans avoir besoin d'autres mérites que celui-là.

Il suit de là d'abord que l'art ne peut se mettre au service de la science. Considérons, en effet, combien le but de celui qui fait progresser la science ou qui l'enseigne, et le but de l'artiste sont différents. L'homme qui veut instruire doit avant tout éclairer et convaincre. Tout autre but, comme, par exemple, celui de plaire, est pour lui subordonné à ce but-là; et le monde est sévère, à bon droit d'ailleurs, pour le savant qui se préoccupe de donner de l'agrément à ses discours au risque de leur faire perdre quelque chose de leur solidité. Donc l'homme de science ne doit chercher que la vérité, et s'il rencontre la beauté, ce sera en quelque sorte d'une manière accidentelle. Pour l'artiste c'est l'inverse. La beauté est l'objet unique qu'il se propose; mais montrer la vérité ne peut être pour lui ni le but principal, ni un but accessoire, ni même un but quelconque. Qu'il plaise esthétiquement, voilà tout ce qu'on est en droit de lui demander.

A l'égard de la morale et de la religion c'est la même chose. De même que l'artiste ne peut pas se faire professeur de science, il ne peut pas se faire prêcheur de vertu ou de religion. Sans doute il faut que quelqu'un s'occupe d'inspirer aux hommes des idées morales et des sentiments religieux, mais ce quelqu'un n'est pas l'artiste; autrement il n'y a plus d'art. Dans la mesure où l'artiste se ferait savant, ou moraliste, ou prédicateur, il cesserait d'être artiste. Cela ne veut pas dire que son œuvre subirait de ce fait une déchéance; car il n'est certainement pas vrai que l'art soit, comme l'a dit un artiste contemporain, « au-dessus de tout » en ce monde : elle pourrait même valoir beaucoup mieux, absolument parlant, mais elle serait moins artistique. Que celui qui est artiste soit artiste et rien autre chose : voilà tout ce que nous disons.

Cette doctrine, très saine en elle-même, a pourtant donné lieu à des exagérations regrettables, particulièrement au sujet des rapports de l'art avec la morale. L'art, ont dit certains théoriciens, a sa fin en lui-même et dans la production de la beauté. Donc, quels que soient les moyens par lesquels il tend à cette fin, il est justifié pourvu qu'il la réalise. Quant à la morale, elle n'a point ici à intervenir. L'art est en dehors de la morale, parce qu'il ne relève que de lui-même. Il ne lui est point soumis, parce qu'il ne connaît de lois que les siennes propres. Demander si une œuvre d'art est morale ou immorale, c'est comme si l'on demandait si un son est chaud ou froid. L'art et la morale sont deux choses hétérogènes, qui ne peuvent courir aucun risque de se choquer, attendu qu'elles n'ont aucun point de contact possible. Telle est la fameuse doctrine de *l'art pour l'art*.

Cette doctrine serait acceptable peut-être si l'homme pouvait, lorsqu'il contemple une œuvre d'art, dépouiller d'une manière absolue ses passions et ses appétits, et faire en quelque sorte deux parts de lui-même, mettant d'un côté l'homme mortel avec toutes ses faiblesses, et de l'autre côté l'esthéticien pur esprit, inaccessible à tout autre sentiment qu'à celui de la beauté pure. On dira que, si ce n'est pas là la réalité, c'est du moins un idéal auquel on peut s'efforcer d'atteindre. Mais non, ce n'est pas un idéal, c'est simplement une absurdité. L'homme n'est pas double. En matière d'art, comme partout, il juge avec son âme tout entière, et il ne dépend pas de lui de supprimer une partie de lui-même quand il fait œuvre d'esthéticien.

Donc l'art ne peut pas revendiquer une indépendance absolue, comme s'il occupait dans l'âme humaine un domaine à part et séparé de tout le reste. Il demeure, au contraire, soumis aux lois de la morale, comme toutes les autres manifestations de notre activité. Et c'est un malheur pour lui s'il y manque : d'abord, parce que c'est toujours un malheur, et même le suprême malheur, que d'outrager la morale ; et ensuite parce que, au point de vue même qui est le sien, celui de l'effet esthétique, il travaille par là contre lui-même. En effet, qu'une œuvre d'art soit immorale : le spectateur qui la contemple est honnête ou il ne l'est pas. S'il est honnête, il se détournera avec dégoût ; s'il ne l'est pas, il sentira en lui-même s'éveiller des passions incompatibles avec la contemplation pure et désintéressée du beau. Dans un cas comme dans l'autre l'effet esthétique est manqué.

Voici donc comment, en définitive, il convient d'envisager les rapports de l'art avec la morale. La morale, ainsi que nous l'avons vu plus haut, ne saurait fournir à l'art le principe fécond et inspirateur des œuvres de génie. L'artiste ne doit point prétendre à la mission du moraliste. Mais l'art doit être scrupuleusement respectueux des conditions limitatives que la morale lui impose ; et cela, d'abord parce que la morale prime tout, l'art comme le reste, et ensuite parce qu'en dehors de l'obéissance aux lois de la morale la beauté même perd tout son prix et tout son charme.

Du reste, ce n'est pas à l'art seulement que cette solution s'applique. Elle est d'une portée beaucoup plus générale, et peut servir de règle pour toutes les manifestations de l'activité humaine dans les affaires commerciales, en politique, en économie politique, etc. Ce n'est pas la vertu que cherche le marchand, c'est la fortune ; mais, en s'enrichissant, il lui est interdit de rien faire qui soit injuste. Platon voulait que l'homme d'État s'appliquât avant tout à rendre les hommes justes et saints. C'était une erreur : l'homme d'État ne doit songer qu'à faire les affaires de la nation qui l'a mis à sa tête ; mais, en les faisant, il doit se garder sur toutes choses de manquer à la justice. Partout ainsi nous voyons la morale soumettre à des lois restrictives des actions que d'ailleurs elle n'inspire pas.

188. L'art religieux. — Ce que nous venons de dire de la morale est également vrai de la religion ; car les raisons sont les mêmes de part et d'autre. Mais ici une objection se présente d'elle-même. En fait, l'art religieux existe, et même il a produit des œuvres admirables, telles que nos cathédrales gothiques, les peintures d'un Fra Angelico, un grand nombre de chants d'église, le *Dies iræ* par exemple. Comment donc peut-on dire que la religion, pas plus que la morale, ne peut inspirer des œuvres d'art?

Il y a dans cette objection une confusion d'idées, facile à démêler du reste. Ce que nous avons dit, c'est que le désir d'inspirer aux hommes un sentiment religieux ne produira jamais par lui-même une œuvre d'art ; mais la même chose est vraie à l'égard du sentiment patriotique, du sentiment paternel ou maternel, et de tous les sentiments en général. Cependant on ne peut nier que l'*Horace* de Corneille ne remue puissamment en nous la fibre patriotique ; que Racine ne sache faire vibrer dans nos âmes la pitié, l'amour et toutes les passions. A quoi cela tient-il? C'est que ces grands poètes ont exprimé des émotions qu'ils ressentaient eux-mêmes, et ont su les faire passer dans l'âme du spectateur. Mais, s'ils l'ont fait, ce n'était pas qu'ils eussent le dessein de le faire : ils n'ont cédé qu'au besoin d'exprimer ce qu'ils sentaient. Ils ont été éloquents parce qu'ils étaient inspirés. Il en est de même pour l'art religieux. Le sentiment religieux peut animer un artiste, de même que l'amour de la patrie, par exemple ; et comme il est le plus puissant, en même temps que le plus élevé, des sentiments de la nature humaine, on conçoit qu'il ait inspiré des œuvres sublimes. Mais c'est que les artistes dont l'âme était pénétrée de ce sentiment se contentaient de l'exprimer sans songer à autre chose. Ils chantaient comme l'oiseau chante, pour dire à toute créature ce dont leur cœur était plein. Si, au contraire, leur dessein avait été d'instruire ou de convertir, leur enthousiasme eût été un mensonge, dont ils eussent été punis par la froideur de leurs œuvres. En art, comme partout, la grande force du penseur c'est la sincérité.

Du reste, gardons-nous de rien exagérer. « On peut, dit très bien M. Rabier, accorder à l'artiste le droit, quelquefois même c'est son devoir, de se proposer par delà la satisfaction esthétique un but moral ; mais à une condition : c'est que ce but ne soit ni trop déterminé ni trop manifeste, sans quoi le désintéressement et le jeu disparaîtraient, et pour l'artiste lui-même et pour le spectateur. Lorsque l'œuvre d'art a un but moral, il faut que ce but soit plutôt *senti* que *pensé*. Et, règle générale, l'artiste se confie à l'harmonie naturelle du beau, du vrai et du bien ; il cherche le beau sans préoccupation étrangère ; et s'il l'atteint, le vrai et le bien sont obtenus par surcroît. » (*Psychol.*, p. 645.)

189. Effet moralisateur de l'art. — Indépendamment du pouvoir qu'il possède d'éveiller en nous les sentiments les plus élevés, l'art a encore par lui-même un effet moralisateur. Cela tient d'abord à sa nature et à son essence. La raison pour laquelle nous recherchons la beauté est aisée à comprendre : c'est le besoin de perfection inné à l'âme humaine. Dans l'impuissance où nous sommes de nous satisfaire du monde réel, n'étant créés que pour l'infini, nous cherchons dans l'art un moyen de contenter les aspirations qui nous portent vers une beauté supérieure aux beautés naturelles. L'art naît ainsi spontanément de l'effort que fait l'homme pour s'élever vers l'absolu ; et c'est en quoi le sentiment esthétique est frère du sentiment religieux, bien qu'il subsiste entre eux cette différence essentielle que les satisfactions que le sentiment esthétique cherche dans le monde sensible, le sentiment religieux les cherche dans un monde supérieur.

En second lieu, l'art, ainsi que l'avait bien vu Kant, a le très grand mérite de nous disposer à aimer quelque chose, même sans intérêt, et de nous dégager des passions misérables que tend à développer la vie active avec ses nécessités souvent brutales. Quiconque aime les arts se place, toutes les fois qu'il en jouit, dans une sphère supérieure où son âme ne peut manquer de s'épurer. Toutefois, il y a ici un excès à craindre. Il est plus aisé et plus doux de rêver que d'agir. Nous devons donc prendre garde que le goût des plaisirs esthétiques ne nous fasse trop oublier les devoirs et les réalités de la vie pratique. « Si la contemplation nous élève au-dessus de l'égoïsme grossier et vulgaire, elle peut dégénérer à son tour en une sorte d'égoïsme transcendant, non moins condamnable quoique plus raffiné. La contemplation du beau et du vrai est, comme l'a dit Aristote, une vie divine. Mais, comme l'a dit Kant, n'oublions pas que nous avons à cultiver notre jardin. » (RABIER, *Psychologie,* p. 653.)

CHAPITRE II

LE BEAU ET LE SUBLIME

190. Nature du beau. — Le but de l'art, avons-nous dit, c'est de réaliser la beauté. Mais qu'est-ce que la beauté? Quelle en est la nature et quel en est le principe?

Un grand nombre de philosophes, à la suite de Platon, ont cru voir en Dieu lui-même le type idéal et la source première de toute beauté. Cette doctrine est acceptable en un sens, et même elle s'impose; car il est certain que Dieu est le principe du beau comme il est le principe de toutes choses. Mais il importe de la bien comprendre. Entre Dieu et nous, en effet, il y a toujours cette fondamentale différence de nature que nous appartenons au temps et à l'espace par tout ce que nous sommes, par notre corps qui est divisible, par notre intelligence qui est discursive, par notre volonté qui est un *complexus* d'aspirations diverses et souvent contradictoires entre elles, tandis que Dieu est en dehors et au-dessus de la région du temps et de l'espace. Il suit de là que la perfection divine ne peut descendre dans cette région du temps et de l'espace, pour y constituer la perfection et l'être des choses de notre monde, qu'à la condition d'y perdre son unité absolue et, par conséquent, sa pureté; de même qu'un rayon de soleil ne peut traverser un prisme sans s'y diviser en forme d'arc-en-ciel. C'est ce qu'exprimaient très bien les Scolastiques, et après eux Descartes, lorsqu'ils disaient que toutes les perfections que possèdent les créatures se retrouvent dans le Créateur, non pas *formellement*, c'est-à-dire sous la forme que nous leur connaissons et seulement à un degré plus élevé, mais *éminemment*, c'est-à-dire sous une forme supérieure, hétérogène à l'autre, et la dépassant de toute la distance de l'infini au fini. Que l'on dise donc, si l'on veut, que le principe de toute beauté est en

Dieu, pourvu qu'il soit bien entendu que la beauté divine est autre chose que la beauté créée, même élevée à l'infinité[1].

Mais, sans insister davantage sur la question transcendante de savoir quel est le principe du beau, tâchons de déterminer ce qu'est le beau en lui-même.

Vouloir isoler le beau du bien pour en faire une essence à part est certainement une erreur. Le beau et le bien ne sont que deux aspects différents de l'être ou de la perfection. Qu'est-ce donc qui fait dans l'univers l'être ou la perfection? Nous l'avons dit ailleurs, c'est l'ordre et la corrélation de tous les phénomènes les uns à l'égard des autres, l'harmonie qui unit entre eux tous les êtres de la nature, en un mot la *finalité générale*. Cet ordre, cette harmonie, cette finalité, en tant qu'ils rendent possibles l'existence de l'univers et celle des êtres qui le composent, constituent le bien : en tant qu'ils donnent satisfaction à la raison et à la partie supérieure de la sensibilité de l'homme, ils constituent le beau. La beauté n'est donc pas, comme le pensait Kant, une pure apparence et une illusion subjective ; c'est une réalité : et l'on peut dire même que c'est la chose la plus réelle qui existe, puisque nous savons que les choses n'ont d'existence qu'en proportion de la perfection relative, c'est-à-dire de la beauté qui est en elles.

Cette solution satisfait-elle aux conditions du problème que nous avons en vue? La finalité est un rapport qui unit entre eux tous les êtres de la nature. Il sera donc aisé, avec cette théorie, d'expliquer la beauté de l'univers dans son ensemble, puisqu'il suffira pour cela de dire que cette beauté tient à la finalité générale des choses. Mais comment rendre compte des beautés particulières? Comment rendre compte de ce jugement par lequel nous prononçons que tel objet est beau parmi tous les autres objets de la nature, et que Kant appelle *jugement de goût*? D'où vient, par exemple, que nous trouvons le cheval plus beau que le pourceau, alors que cependant le cheval et le pourceau concourent l'un comme l'autre à l'harmonie universelle? La réponse c'est qu'apparemment cette harmonie, au lieu de rester en quelque sorte diffuse, se concentre comme en autant de foyers en certains êtres privilégiés, qui l'expriment avec plus de puissance et de clarté que les autres, et

---

[1]. C'est pour cela qu'il faut rejeter absolument la doctrine suivant laquelle l'*idéal* serait une beauté homogène aux beautés que réalisent l'art ou la nature, mais *parfaite*, au lieu que celles-ci sont toujours *imparfaites*. Une *beauté parfaite*, à l'entendre ainsi, est une contradiction dans les termes, puisque la beauté suppose le temps et l'espace et que la perfection les exclut. Nous avons vu plus haut, en discutant le réalisme (183), quel est le véritable sens qu'il convient d'attacher aux mots *idéal* et *idéaliser*.

que, pour cette raison, nous déclarons beaux. Cela suppose, à la vérité, que le spectacle de ces objets éveille en nous au moins un sentiment confus de l'harmonie universelle qu'ils expriment; mais pourquoi n'en serait-il pas ainsi? Ne sommes-nous pas en communion constante avec la nature entière par notre corps qui y est lié et qui en dépend, par nos perceptions qui nous la révèlent à des degrés divers de clarté et de distinction, et même, au point de vue moral, par la solidarité qui nous fait participants de la destinée de tous les autres êtres? Et si l'harmonie universelle a un écho dans notre conscience, comment s'étonner que nous trouvions du charme aux objets qui nous la rendent plus manifeste et plus sensible?

Mais, si les beautés de la nature et les jugements de goût dont elles sont les objets peuvent se comprendre dans cette théorie, en est-il de même à l'égard des beautés que produit l'art? Oui, pourvu que l'on entende bien les rapports de l'art avec la nature. On peut, en effet, considérer dans un objet naturel, soit cet objet lui-même isolé du reste des êtres, soit ce même objet en tant qu'il fait partie intégrante de la nature totale et qu'il en exprime à sa manière l'unité et l'harmonie; c'est-à-dire, en d'autres termes, que l'on peut considérer soit l'être abstrait et la matière inerte des choses, soit, au contraire, ce qui fait les choses concrètes et vivantes, et ce que plus haut nous avons appelé leur *âme*. L'art réaliste ne voit dans les choses que le premier aspect, et c'est cet aspect seul qu'il cherche à rendre : aussi, au point de vue du réalisme, la beauté naturelle et la beauté artistique sont-elles également incompréhensibles. Mais toutes deux, au contraire, se comprennent fort bien du point de vue de l'idéalisme, qui ne cherche dans les choses que l'*âme*, c'est-à-dire ce par quoi l'harmonie du monde s'exprime en elles. Nous venons de le montrer pour la beauté naturelle; et, à l'égard de la beauté créée par l'art, l'application du même principe n'est pas moins certaine, puisque l'art, suivant l'idéalisme, n'a pour but que de faire passer l'âme ou la forme des objets du corps fragile que leur a donné la nature en un corps différent, relativement au moins impassible et impérissable, dans lequel elle brillera d'un plus vif éclat.

Ces considérations, si elles sont bien comprises, fournissent, ce semble, la solution d'un problème difficile, qui est celui-ci : Sur quels fondements reposent en général nos jugements de goût? ou, en d'autres termes : Qu'est-ce qui nous détermine à prononcer que tel objet est beau, et que tel autre ne l'est pas? En fait, s'il s'agit de juger, par exemple, de la beauté ou de la laideur d'un visage, tout le monde le plus souvent sera d'accord. On pourrait donc croire que les raisons du jugement porté sont extrêmement frappantes, puisqu'elles se présentent les mêmes à tous les esprits; et cependant, lorsque l'on cherche à dégager ces raisons, on reconnaît vite qu'elles sont fort malaisées à apercevoir. La seule peut-être parmi les causes de nos jugements de goût qui soit bien manifeste, c'est l'habitude. Ainsi, pour nous, le type grec est beau, le type chinois est laid. Pourquoi? C'est évidemment parce qu'un long usage nous a familiarisés avec le premier, et, par conséquent, nous a mal disposés à l'égard du second, qui présente avec celui-là des différences si notables; tandis que pour des Chinois c'est assurément le type chinois qui a le plus de charme. Mais il s'en faut de beaucoup que l'habitude soit ici un principe d'explication suffisant; car ce ne sont pas toujours les types et les formes auxquels nous sommes le plus accoutumés qui nous plaisent le mieux. Il doit donc y avoir une autre cause de nos jugements de goût, et beaucoup plus déterminante que l'habitude. Or cette cause pourrait être celle que nous avons indiquée, c'est-à-dire un sentiment confus et tout à fait inanalysable de l'harmonie universelle des choses en tant que s'exprimant d'une manière particulière dans l'objet naturel ou artificiel que nous considérons. Par exemple, l'admiration qu'on éprouve quelquefois en présence d'une fleur ou d'un visage humain tiendrait, si notre explication est exacte, à ce que l'on reconnaît, comme d'instinct, dans chacun de ces objets une expression brillante de la finalité générale de la nature.

A quoi il faut ajouter que dans tout jugement de goût intervient nécessairement une conception plus ou moins obscure de la hiérarchie naturelle des êtres, conception qui fait que nous nous montrons plus ou moins exigeants à l'égard de chaque individu suivant le rang que son espèce occupe dans cette hiérarchie. Par exemple, il est certain qu'il y a dans un homme quelconque une expression beaucoup plus puissante et plus élevée de la finalité universelle, et, par conséquent, beaucoup plus de *beauté absolue* que dans n'importe quel cheval. Cependant il nous arrive souvent de trouver un homme laid et un cheval beau. C'est que cet homme, tout en étant plus beau qu'un cheval, absolument parlant, est inférieur au type de son espèce, tandis que ce cheval exprime brillamment le type de la sienne.

101. La laideur. — A la beauté s'oppose la *laideur*. Les mêmes principes auxquels nous venons de faire appel pour expliquer la beauté et le sentiment que nous en avons doivent servir aussi à expliquer la laideur en renversant les termes. Le jugement par lequel nous déclarons qu'une chose est laide aurait donc pour fondement, suivant ces principes, la conscience indistincte en nous que cette chose est l'expression d'un manque d'harmonie dans la nature en général. Il ne saurait y avoir à cela de difficultés, attendu que, s'il y a de l'harmonie dans l'univers, il est certain que cette harmonie n'est pas parfaite; en sorte que l'on peut comprendre que les choses belles et les choses laides expriment tour à tour ces deux aspects opposés de la finalité universelle. Voyons maintenant quel usage l'art peut faire de la laideur.

Puisque c'est la beauté que l'artiste doit réaliser, il peut sembler que la laideur doive être rigoureusement bannie du domaine de l'art. Or l'expérience prouve au contraire que de véritables monstruosités, surtout quand ce sont des monstruosités d'ordre moral, peuvent devenir esthétiquement intéressantes au plus haut point. Quoi de plus admirable, par exemple, que l'Othello de Shakespeare ou le Néron de Racine? et quels sont les types de vertu idéale dont l'art ait jamais tiré des effets esthétiques plus puissants? Comment se fait-il donc que nous trouvions ainsi de l'attrait à ce qui est difforme et monstrueux?

Une solution évidemment insuffisante de cette difficulté c'est la théorie des *repoussoirs*. La laideur, a-t-on dit quelquefois, a sa place nécessaire dans les œuvres d'art pour faire ressortir la beauté par le contraste.

C'est une ombre au tableau qui lui donne du lustre.

Comme si les types dont nous parlons n'intéressaient pas par eux-mêmes! Comme si, dans les drames où ils figurent, ils n'occupaient pas le premier plan, et n'attiraient pas d'abord tous les regards! D'ailleurs, le contraste est toujours chose réciproque ; et si l'on peut dire que la fureur d'Othello, par exemple, fait ressortir l'innocence et la résignation de Desdémone, il est également vrai que l'innocence et la résignation de Desdémone font ressortir la fureur d'Othello. Il faut donc chercher autre chose.

La vraie cause de ces effets que peuvent produire la perversité morale la plus horrible et la passion la plus effroyable, c'est peut-être qu'en art les choses nous intéressent par leur grandeur plus que par tout le reste. Pourvu que le personnage qu'on nous représente soit grandiose, peu nous importe qu'il le soit dans le bien ou dans le mal. Peut-être même les types qui sont grands dans le mal ont-ils l'avantage sur les autres, parce qu'il est plus facile de pousser en ce sens-là les choses à l'extrême. Le Satan de Milton se rappelle son bonheur perdu, et exhale son désespoir dans cette parole terrifiante et sublime : « J'ai dit au mal : Vous êtes mon bien! » Si nous rencontrions dans la vie réelle un homme capable d'un sentiment pareil, cet homme nous ferait horreur, et nous en détournerions nos yeux. Ici nous sommes attirés au contraire. C'est qu'au fond nous savons bien (sans pourtant en avoir une conscience trop distincte qui nous gâterait notre plaisir) que tout cela n'est qu'un jeu, que toute cette perversité n'est qu'un spectacle ; et alors nous nous abandonnons au plaisir de contempler une difformité morale dont la grandeur nous étonne en même temps qu'elle nous cause une sorte d'effroi. C'est, en effet, le privilège de l'art de savoir dépouiller les objets de leur matérialité grossière, par où ils pourraient nous froisser, et de les réduire à une forme pure capable d'agréer à l'imagination.

Toutefois, il est impossible de se dissimuler que l'intérêt incontestable que l'art nous fait prendre quelquefois à la laideur morale — et cela quelque honnêtes que nous soyons d'ailleurs — est difficilement conciliable avec ce que nous avons dit plus haut du caractère moralisateur de l'art. A vrai dire, si la contemplation esthétique peut être morale par ses effets, elle ne l'est guère par elle-même, et il y a lieu de se demander si elle ne tendrait pas plutôt à nous éloigner de la moralité véritable. La raison en est que l'art est un jeu, et qu'il transforme en jeu tout ce dont il s'empare, la morale comme le reste, ce que la morale, en réalité, ne peut souffrir, attendu qu'elle est un absolu. Envisager la morale en esthéticien n'est certainement pas la bonne manière pour la comprendre. A l'austère devoir on substitue par là quelque chose d'assez différent, et souvent même de très opposé, qui s'appelle l'*honneur*. L'honneur c'est le commandement moral dépouillé de sa nécessité intrinsèque, et transformé esthétiquement en un autre idéal qui plaît davantage à l'imagination et au sentiment, mais qui ne saurait suffire à la conscience. C'est pour cela que l'honneur, comme règle de conduite, ne peut remplacer l'idée du devoir. Il est, comme la beauté que crée l'art, quelque chose de séduisant, mais de superficiel : c'est le jeu de la conscience. Mais une conscience vraiment morale ne joue pas, car elle a dans le devoir une œuvre sérieuse à accomplir.

102. Le joli et le ridicule. — On considère souvent le

joli comme un degré inférieur du beau. Il semble pourtant qu'entre ces deux choses il y ait plus qu'une simple différence de degré : nous voulons dire, une différence de nature. Expliquer d'après des principes certains ce que c'est que le joli serait difficile. Sur ce point, comme sur tant d'autres en esthétique, il n'est pas aisé de justifier ses opinions par des raisons solides. Voici l'explication que nous proposerons.

Kant avait distingué soigneusement le plaisir du beau des plaisirs que procurent à nos sens les objets sensibles, couleurs, odeurs, saveurs, etc. Cette distinction est certainement fondée si l'idée que nous nous sommes faite de la nature du beau est exacte ; car la finalité générale exprimée d'un certain point de vue par l'objet que nous appelons beau plaît à l'intelligence, mais non pas aux sens. Le beau, comme dit Kant, n'est donc pas l'agréable. Au contraire, le joli paraît pouvoir se réduire à l'agréable, étant admis que l'agréable c'est, suivant l'expression de Kant, « ce qui plaît aux sens dans la sensation » : ce qui ne veut pas dire que, réciproquement, l'agréable soit le joli ; car le qualificatif de *jolis* ne convient qu'aux objets de nos sensations représentatives, particulièrement à celles de la vue et de l'ouïe lorsqu'elles sont agréables, mais non pas aux objets de nos sensations affectives. Le joli consisterait donc, d'après cela, dans de certains arrangements naturels ou artificiels de sons, de couleurs, quelquefois même d'idées ou de sentiments, capables d'éveiller en nous des sensations agréables, ou des émotions légères qui ne font qu'effleurer l'âme sans la pénétrer. Quoiqu'il soit loin de valoir le beau, le joli a encore son prix ; mais il faut pour cela que l'art qui l'a produit ne se fasse pas trop voir. On aime bien les mets délicats ; mais on se soucie peu de pénétrer dans la cuisine où ils s'apprêtent. Lorsque l'art devient trop visible, le joli, au lieu de plaire, court risque d'agacer, et nous le qualifions alors de mièvre, de précieux et de maniéré.

Le *ridicule* s'oppose au joli comme le laid s'oppose au beau. Ce qui produit le ridicule c'est donc le manque de justesse dans un arrangement qui était fait pour plaire aux sens, et qui en réalité leur déplaît. Ainsi, un assemblage de couleurs mal harmonisées dans un ameublement ou dans un costume est souvent déclaré *laid* : le vrai mot serait plutôt *ridicule*. On peut dire aussi que le ridicule c'est ce qui froisse en nous des sentiments légitimes, mais d'ordre inférieur. Par exemple, la vanité est ridicule, parce qu'un homme vain est simplement un homme qui veut s'en faire accroire, qui s'exalte lui-même pour des qualités plus ou moins insignifiantes, et qui veut des louanges sans prétendre pour cela s'imposer à notre admiration ; mais l'orgueil est laid et odieux, parce qu'il est un sentiment injuste et contre nature, qui consiste non seulement à s'estimer plus qu'on ne vaut, mais encore à vouloir se subordonner les autres hommes et à faire de soi le centre universel des choses.

Il ne faut pas confondre le ridicule avec le risible. Par lui-même le ridicule ne fait pas rire : il exciterait plutôt la pitié des gens sensés. Pour que nous riions, en général, il faut un contraste, et c'est seulement quand il donne lieu à un contraste que le ridicule provoque le rire. Par exemple, la vanité d'un homme, qui par elle-même n'est que ridicule, peut devenir risible si nous voyons cet homme, pour se faire valoir, faire des efforts qui n'aboutissent qu'à mettre en relief ses défauts. C'est pour cela que la recherche excessive dans le costume est simplement ridicule ; mais la fausse élégance est à la fois ridicule et risible.

103. Le sublime. — A l'inverse du joli, le sublime est souvent considéré comme n'étant qu'un degré supérieur du beau. Kant, qui a traité en perfection la question du sublime, ne serait pas de cet avis, et peut-être aurait-il raison. Dans tous les cas, il faut reconnaître que la différence de degré, si tant est qu'il n'y en ait pas d'autres, engendre ici des différences de nature, et que le beau et le sublime sont loin d'avoir à tous égards les mêmes caractères.

Le caractère principal du beau c'est de plaire et de charmer. Le sublime ne charme pas, il transporte ; il fait sortir l'homme de lui-même, et lui donne une sorte de contact momentané avec l'infini. Ce qui fait que le beau plaît et charme c'est qu'il donne satisfaction à toutes nos facultés : le sublime leur fait plutôt violence, en nous élevant au-dessus de nous-mêmes. Il suit de là que le sentiment du beau est pur, c'est-à-dire parfaitement serein et joyeux : le sentiment du sublime est mélangé au contraire : la joie qu'il nous cause a quelque chose de grave, et même d'austère, ce qui ne veut pas dire qu'elle perde par là de son intensité, bien au contraire. Par ce caractère de gravité le sentiment du sublime se rapproche du sentiment moral, que du reste il suppose, sans pour cela se confondre avec lui. Si, en effet, pour goûter le beau il suffit, à ce qu'il semble, d'avoir des sens et de l'intelligence, il faut pour être sensible au sublime avoir de l'âme et, par conséquent, une certaine moralité. Le sublime est une intuition idéale de laquelle les esprits vulgaires sont incapables.

Mais qu'est-ce qui produit en nous le sentiment du sublime? ou, en d'autres termes, quels caractères peuvent donner à un objet la sublimité? Il est manifeste que cette question ne comporte pas une réponse définitive et complète : la sublimité, pas plus que la beauté, n'est déterminée par un nombre restreint de conditions assignables. Cependant on peut dire, ce semble, que la caractéristique des choses sublimes en général c'est l'illimitation et l'indétermination. Ce qui est à contours précis, ce que l'intuition des sens ou celle de l'intelligence réussissent à embrasser tout entier, peut être beau, mais n'est jamais sublime. Le sublime ne se perçoit pas, et surtout ne s'analyse pas. Un objet sublime produit dans l'âme une impression confuse, dont l'imagination s'empare, et où, précisément en raison de ce qui s'y trouve d'indéterminé, elle découvre un infini. C'est pour cela que les choses, en général, ne sont sublimes que par leurs qualités expressives : le plastique, qui veut être analysé, compris et goûté dans le détail, qui par conséquent est déterminé et plaît en tant que tel, ne saurait être sublime. La beauté est dans les objets; la sublimité, dans les sentiments que les objets évoquent : l'objet sublime disparaît, en quelque sorte, devant le sentiment qu'il a fait naître, et nous laisse en présence de ce sentiment seul.

Si ces considérations sont justes, on comprendra sans peine que l'impression du beau s'éveille plus aisément dans les contrées où l'air est pur et transparent, et où le soleil projette sur les objets une lumière éblouissante, comme la Grèce et l'Italie. Le sublime, au contraire, sera plus familier aux races habitant sous un climat froid et sombre, où la vision est indistincte à faible distance, même dans les plus beaux jours. Les peuples du Midi vivent surtout par les sens, c'est pourquoi ils ont le culte de la beauté; ceux du Nord vivent plutôt par l'imagination, et c'est l'imagination qui enfante le sublime.

Le sublime est-il du domaine de l'art? On ne peut le contester, car il est certain qu'Homère, Shakespeare, Corneille, sont souvent sublimes; et pourtant il est difficile de comprendre comment un artiste peut donner à son œuvre ce cachet d'illimitation qui est la condition de la sublimité. Évidemment, un pareil résultat ne saurait s'obtenir par un effort conscient; mais on conçoit que l'artiste, lorsque son imagination s'est exaltée et a enfanté des images grandioses, puisse faire passer en nos âmes des impressions semblables. A vrai dire, cependant, le sublime paraît être du domaine de la nature plus que du domaine de l'art. La montagne, la mer, le ciel étoilé, les grands déchaînements des forces naturelles, toutes ces choses sont sublimes, parce qu'elles nous ouvrent l'infini. La nature paraît donc avoir plus de puissance pour produire le sublime, et l'art pour créer le beau.

FIN

SOCIÉTÉ ANONYME D'IMPRIMERIE DE VILLEFRANCHE-DE-ROUERGUE
Jules Bardoux, Directeur.

A LA MÊME LIBRAIRIE

Ouvrages à l'usage de la classe de philosophie

Traité élémentaire de philosophie, à l'usage des classes, par Paul JANET, nouvelle édition revue, corrigée et augmentée d'un résumé analytique conforme au programme du baccalauréat ès lettres. 1 très fort volume in-8 broché..... 9 50

Histoire de la philosophie, les problèmes et les écoles par Paul JANET et G. SÉAILLES, 1 très fort vol. in-8 br. . 10 50

Histoire contemporaine de 1789 à 1875 par DAURAN et GRÉGOIRE, in-2 cart . 6 »

Histoire contemporaine de 1789 à 1875 par TOUSSENEL, nouvelle édition, entièrement refondue, par E. DARSY, in-12 cart. 6 »

Histoire naturelle par V. DESPLATS, docteur ès sciences, professeur au collège Chaptal:
Zoologie in-8 broché......... 7 50
— cartonné......... 8 25
Botanique, in-8 broché....... 4 50
— cartonné 5 10

Leçons de chimie à l'usage des classes de rhétorique et de philosophie, par Paul POIRÉ, in-12 broché..... 3 »
Cartonné 3 50

Leçons de physique à l'usage de la classe de philosophie, PAR LE MÊME, in-12 br. 6 »

Leçons d'anatomie et de physiologie animales, par E. BESSON, in-8 br. 6 50

Sommaire d'anatomie et de physiologie animales, par LE MÊME, in-8º broché............. 3 »

Leçons d'anatomie et de physiologie végétales, par E. BESSON, in-8º br. 4 50

Sommaire d'anatomie et de physiologie végétales, par E. BESSON, in-8º br. 2 75

AUTEURS PHILOSOPHIQUES
Prescrits par les Programmes du 28 janvier 1890

DESCARTES. Discours de la méthode avec une notice biographique, une analyse et des notes, par E. RABIER, maître de conférences à l'école normale supérieure, in-12 broché............ 1 25
— Le même, suivi d'études critiques sur les points de la philosophie de Descartes donnés comme sujets de dissertation à l'examen du baccalauréat ès lettres, d'une analyse des **Méditations et d'Extraits** PAR LE MÊME, in-12 broché... 2 »
— Les **principes de la philosophie**, avec une introduction et un commentaire, par LIARD, ancien recteur de l'Académie de Caen, in-12 broché.......... 1 50

MALEBRANCHE. De l'imagination (livre II de la Recherche de la vérité,) avec notes, par G. LYON, professeur au Lycée Henri IV. Un vol. in-12, cart. . 2 »

PASCAL. Opuscules, comprenant: De l'autorité en matière de philosophie; Réflexions sur la géométrie en général; De l'art de persuader. Nouv. édit. où le texte authentique a été restitué, avec une introduction et des notes par E. HAVET, membre de l'Institut, professeur au Collège de France, in-12 br. » 75
— Entretien avec M. de Sacy sur Epictète et Montaigne et de l'Autorité en matière de philosophie, avec introduction, notes et éclaircissements sur Montaigne et sur l'idée de progrès, par GUYAU. In-12 broché........ 3 50
— Les mêmes, sans les éclaircissements, in-12 broché........... 1 »

LEIBNITZ. La Monadologie, publiée d'après les manuscrits et accompagnée d'éclaircissements par Émile BOUTROUX, maître de conférences à l'École normale supérieure, suivie d'une note sur les principes de la mécanique dans Descartes, et dans Leibnitz, par Henry POINCARÉ, ingénieur des mines, professeur à la Faculté des sciences de Paris, in-12 broché . 2 50

LEIBNITZ. Nouveaux essais sur l'entendement humain, avant-propos et livre I, par E. BOUTROUX, in-12 br. . 2 50

CONDILLAC. Traité des sensations, livre I, avec une introduction et des notes, par PICAVET, agrégé de philosophie, 1 volume, in-12 cartonné 2 50

XÉNOPHON. Entretiens mémorables de Socrate, traduction de Gail, suivie d'extraits de Platon, Aristote, Sénèque, Épictète, etc., avec introduction et notes philosophiques par M. A. FOUILLÉE. 2 50
— Mémoires sur Socrate, texte grec avec un argument, des sommaires et des notes en français par Th.-H. MARTIN, in-12 cartonné 1 75
— Livre I, seul, in-12 broché .... » 50

ÉPICTÈTE. Manuel, traduction nouvelle, suivie d'extraits des Entretiens d'Épictète et des pensées de Marc-Aurèle, avec une étude sur la philosophie d'Épictète et des notes par GUYAU, in-12 broché. . 2 50
— Le même ouvrage, sans les Extraits, in-12 broché............ 1 50

CICÉRON. De Officiis (1er livre), avec une traduction en regard du texte latin et des notes au bas des pages, précédée d'une introduction, d'une analyse suivie d'un appendice, par PONSOT, ancien prof. de philosophie au lycée Fontanes, in-12 br. 2 »

SÉNÈQUE. Lettres à Lucilius. Édition avec une traduction française en regard du texte et des notes au bas des pages; précédée d'une introduction et d'une analyse, par CHAUVET, professeur de philosophie à la Faculté des lettres de Caen. In-12 br. . 2 50

Extraits des principaux philosophes par FOUILLÉE, maître de conférences à l'École normale supérieure. In-8º, br. 6 »

Histoire de la philosophie, par LE MÊME, in-8º broché........... 6 »

Paris. — Imp. Noizette.

www.ingramcontent.com/pod-product-compliance
Lightning Source LLC
Chambersburg PA
CBHW072004150426
43194CB00008B/994